제8판

Introduction to Police Administrative Law

경찰행정법입문

박균성·김재광

박영사

제 8 판 머리말

이번 제 8 판에서는 2023년 2월 간행된 제 7 판 이후의 이론 및 판례의 발전과 법령의 제정·개정을 전반적으로 반영하였다. 특히 「행정기본법」, 「경찰관 직무집행법」, 「개인정보 보호법」 등 주요 법률들을 반영하였다.

이 책은 방대한 분량의 「경찰행정법」(제7판)의 기본적이고 중요한 내용을 중심으로 구성하였기 때문에 내용이 상당히 압축적으로 이루어져 있다. 그런 점을 고려하여 이번 제 8 판 개정에서도 독자들이 이해하기 쉽도록 다양한 사례들을 발굴하고 실무적으로 도움이 되는 구체적인 사례들을 많이 추가하여 이해력과 가독성을 높이고자 하였다. 풍부한 사례들의 제시와 뛰어난 가독성이 이 책의 커다란 특징이라 할 수 있다.

독자들께서 보다 심화적인 학습을 원한다면 공저자가 쓴 「경찰행정법」(제7판, 박영사, 2024년)을 순차적으로 공부하기를 권한다. 위의 「경찰행정법」에는 학설, 판례 및 법령이 구체적이고 풍부하게 설명되어 있어 경찰행정법의 이해에 많은 도움이 될 수 있을 것이다.

이번 제 8 판에서도 책 전반에 걸쳐 많은 보완이 이루어져 독자들의 따뜻한 성원과 격려에 조금이나마 보답할 수 있어 다행으로 생각한다. 앞으로도 성실하게 독자들의 입장에 서서 내용을 다듬고 충실히 보완할 것을 약속드리는 바이다. 또한 이 자리를 빌려 이 책을 강의교재로 채택해 주시고 강의해 주시는 교수님들께 머리 숙여 감사를 드린다.

공저자가 오랜 기간 경찰청 성과평가위원회 위원(2006~2017), 경찰청 새경찰 추진자문위원회 위원, 충남경찰청 경찰개혁자문위원회 위원장, 국립경찰대학교 발전자문협의회 위원, 경찰수사연수원 발전자문위원회 위원 등으로 활동하는 동안 경찰과 경찰행정법에 대해 깊은 이해를 할 수 있도록 배려해 주신 경찰청 장님을 비롯한 경찰관계자 여러분에게 이 자리를 빌려 감사한 마음을 전하는 바이다. 국민들에게 신뢰받고 존중받는 '국민의 든든한 경찰'로 하루빨리 자리매김하기를 기대한다.

선문대학교 대학원 법학과 박사과정 제자들인 양지수 대표, 김선태 도의원, 전희영 팀장, 김진용 박사와 석사과정의 김보성 변호사, 남심원 양의 학운을 비는 바이다.

마지막으로 어려운 출판환경에도 불구하고 제8판의 출간을 허락해 주신 박영사 안종만 회장님과 안상준 대표님께 감사드린다. 그리고 편집뿐만 아니라 교정까지 보며 좋은 책을 만들기 위해 각별히 애써주신 편집부 이승현 차장님과 개정작업을 적극적으로 지원해 주신 조성호 이사님과 노현 상무이사님 그리고 정연환 과장님을 비롯한 박영사 관계자 여러분께 감사드린다.

2024년 2월

공저자 씀

머 리 말

　　이 책은 경찰행정법을 처음으로 접하는 사람을 위한 경찰행정법 입문서로
집필되었다.

　　경찰의 임무에는 범죄를 수사하는 사법경찰뿐만 아니라 범죄를 예방하고
국민의 생명과 재산을 보호하는 행정경찰이 있다. 종래 사법경찰이 경찰의 주를
이루었지만 오늘날 행정경찰의 중요성이 커지고 있다. 행정경찰은 행정법의 규
율대상이 되고, 행정경찰을 규율하는 행정법을 경찰행정법이라 할 수 있다. 경
찰행정법도 행정법의 일부이기 때문에 행정법의 일반이론은 경찰행정법에도 동
일하게 적용된다. 그런 측면에서 행정법의 기본구조와 법개념은 그대로 유지하
면서 경찰행정법의 특유한 내용을 추가하고 경찰행정법 관련 예와 판례를 풍부
하게 제시하는 것으로 하였다.

　　이 책의 특징은 다음과 같다. 첫째, 이 책은 법학을 전공하지 않은 사람도
경찰행정법을 이해할 수 있도록 쉽게 쓰려고 하였다. 그리하여 중요한 사항은
표로 정리하여 제시하였고 경찰행정법 관련 예와 판례를 최대한 제시하였다. 둘
째, 경찰행정학과, 경찰법학과 및 경찰행정법학과 등에서 경찰행정법을 한 학기
로 강의하는 경우가 적지 않은 점을 고려하여 내용을 최대한 축약하여 기술하
고자 하였다. 셋째, 일반적으로 법률용어는 어렵다고 한다. 그래서 독자들이 법
률용어를 쉽게 이해할 수 있도록 어려운 법률용어나 꼭 알아야 하는 법률용어
에 대해서는 상세한 용어설명을 하였다. 넷째, 이 책에 인용된 법령의 내용을
법제처의 「알기 쉬운 법령 만들기를 위한 정비 기준」에 따라 다듬었다. 그리고
가장 최근의 법령을 모두 반영함으로써 책의 최신성을 도모하였다. 다섯째, 차
례 마지막 부분에 독자들이 본문에 인용된 주요 법령을 쉽게 검색할 수 있도록
QR코드를 수록하였다.

　　아무쪼록 독자들이 이 책을 통해 경찰행정법에 대한 정확한 이해를 가지게

되고 아울러 굳건한 사랑을 가져준다면 공저자로서는 더할 수 없는 기쁨일 것이다.

　이 책의 출간을 수락해 주신 박영사 안종만 회장님, 특별한 관심과 배려를 보여주신 안상준 상무님과 강상희 과장님, 좋은 책이 될 수 있도록 편집과 교정에 각별한 정성을 쏟아주신 김선민 부장님과 이승현 선생님, 그리고 멋진 표지 디자인을 해 주신 최은정 선생님 등 박영사 관계자 여러분께 깊이 감사드린다.

2014년 5월
공저자 씀

차   례

제 2 편 | 경찰행정조직법

Introduction to Police Administrative Law

제 3 편 | 경찰행정작용법

제 1 장 경찰행정작용의 근거와 한계

제 2 장 행정입법

제 4 편 | 경찰행정구제법

Introduction to Police Administrative Law

표 차례

독자들의 법령 검색의 편의를 위하여 본문에 인용된 주요 법령은 스마트폰, 태블릿 PC 등으로 아래 QR코드를 스캔하여 쉽게 검색할 수 있도록 하였다. 링크된 주소는 법제처 국가법령정보센터(http://www.law.go.kr)의 해당법령이다.

행정기본법

대한민국헌법

정부조직법

국가경찰과 자치경찰의 조직 및 운영에 관한 법률

경찰공무원법

경찰관직무집행법

행정조사기본법

행정대집행법

행정절차법

정보공개법

개인정보 보호법

행정심판법

행정소송법

제1편
경찰행정법
총칙

제1장
경찰행정법 개설

제1절 경찰의 개념

Ⅰ. 경찰개념의 연혁

경찰개념은 논리적인 개념이 아니라 역사적으로 발전·형성된 개념이다. 경찰은 행정법의 가장 오래된 제도이고 경찰개념의 내용은 국가관의 변천에 따라 크게 변화하여 왔다. '경찰'이라는 용어가 우리 법제상 처음으로 사용된 것은 1894년(고종 31년)의 「신관제」와 1895년의 「내무관제」(칙령 53호)에서인데, 이는 영어 및 불어의 Police와 독어의 Polizei의 역어로 알려지고 있다. Police와 Polizei는 고대 그리스의 'politeia'(국가관리)와 고대 로마의 'politia'에서 연유한 것이다.

고대부터 중세에 이르기까지 경찰은 이상적인 상태, 국가·헌법 또는 국가활동 등을 의미하는 다의적(多義的)인 말이었다.

15, 16세기에는 경찰의 의미가 다소 축소되어 교회행정의 권한을 제외한 일체의 국가행정을 의미하였다.

17세기에 들어서면서 국가활동의 확대와 그에 따른 국가작용의 분화·전문화는 종래 경찰개념 속에 포함되었던 외정·군정·재정 및 사법 등이 경찰에서 분리됨으로써 경찰은 내무행정(일반행정)을 의미하게 되었다(박윤흔; 朴正勳).

18세기의 절대주의하에서 경찰권은 군주가 갖는 절대적 국가권력, 즉 ius politiae(사회공공의 질서와 복리를 위해 봉건영주가 행사하는 특별한 통치권한을 뜻함)를 총칭하는 개념이 되었다. 그런 이유로 18세기의 절대주의 국가를 경찰국가, 경찰권에 따라 행해진 활동을 경찰이라고 부르기도 하였다.

18세기 중엽의 계몽기를 거쳐 자연법적 자유주의사상의 영향 아래 실현된 1776년의 미국독립, 1789년의 프랑스혁명을 계기로 시민적 법치국가가 성립함에 따라 시민의 자유보장을 주목적으로 하는 법치국가적 경찰개념이 성립하였다. 이와 같은 법치국가적 경찰개념이 처음으로 법제화된 것은 1794년의 「프로이센 일반주법」(Das Preußische Allgemeine Landrecht) 제17장 제2부 제10조와 1795년의 프랑스 「경범죄처벌법」(Code des délits et des peines) 제16조이다.

1882년의 크로이쯔베르크(Kreuzberg)판결은 경찰개념에 중요한 변화를 가져온 사건이다. 프로이센의 고도(古都)인 베를린의 크로이쯔베르크라는 지역에 전승기념비의 전망확보를 위해 일정한 지역에서 건축의 고도제한을 하는 경찰하명(Polizeiverordnung)이 발령되었는데, 그 법적 효력이 문제되었다. 프로이센 고등법원은 1882년 6월 14일 경찰권은 소극적인 위해방지를 위한 조치만을 할 수 있고, 적극적으로 공공복리의 증진을 위한 조치를 할 권한이 없다는 이유로 위 경찰명령이 1794년의 「프로이센 일반주법」 제17장 제2부 제10조에 위반하여 무효라고 선언하였다(ProVG 9, 353ff.)(정남철). 이 판결을 통하여 법원은 경찰의 권한을 위험방지(공공의 안녕과 질서 유지)에 국한시켰으며, 공공의 이익의 증진(복리증진)을 경찰의 임무에서 제외시켰다. 또한 1931년의 「프로이센 경찰행정법」 제14조는 "경찰관청은 현행법의 한도 내에서 의무에 적합한 재량에 따라 공공의 안전 또는 질서를 위협하는 위험을 일반 및 개인으로부터 방지하기 위해 필요한 조치를 취하여야 한다"고 규정하였다. 학설도 이러한 규정을 근거로 하여 경찰의 개념을 적극적인 공공의 복리증진의 작용이 아니라 소극적인 치안유지의 목적을 위한 작용에 한정하였다.

그 후 19세기 말부터 20세기에 걸쳐 국가가 공공복리의 증진을 위한 활동을 광범위하게 전개하게 됨에 따라 국가는 일반공안의 유지 외에 복리행정에 부수하는 질서유지작용을 다시 그 임무로 하게 되었다.

현대국가에 있어서 경찰개념은 경찰행정과 복리행정 간의 관계를 보는 관점에 따라 달라진다(예 경찰적극설과 경찰소극설의 대립).

일반적으로 보안경찰 외에 다른 행정에 부수하는 질서유지작용을 의미하는 좁은 의미의 행정경찰은 관장기관은 다르지만 그 법적 성질 및 적용법원리가 같다는 점에서 학문상으로는 넓은 의미의 행정경찰개념에 양자를 포괄하여 이해되고 있다.

Ⅱ. 경찰의 개념

경찰개념은 역사적으로 발전되고 형성된 개념이기 때문에 근대국가에서의 일반적인 경찰개념, 즉 '공공의 안녕과 질서유지를 위한 권력작용'은 반드시 각국의 실정법상 경찰개념과 일치되는 것은 아니다.

세계 각국의 경찰제도는 형식적 의미의 경찰과 실질적 의미의 경찰이, 그리고 각종 경찰의 종류가 혼재되어 형성되고 있으므로 그 개념을 사전에 명확히 파악할 필요가 있다. 또한 경찰이 실제로 수행하는 과제와 기능이 매우 다양하기 때문에 경찰의 개념에 대한 올바른 이해를 위하여 다양한 접근방법이 필요하다.

1. 형식적 의미의 경찰(제도적 의미의 경찰)

형식적 의미의 경찰이란 실정법상 보통경찰기관의 권한으로 되어 있는 모든 작용을 말한다. 형식적 의미의 경찰개념은 경찰조직의 관점에서 규정되기 때문에 제도적 의미의 경찰이라고도 한다.

형식적 의미의 경찰에는 실질적 의미의 경찰(행정경찰: 위험방지에 기여하는 국가의 고권적 활동) 외에 사법경찰(＝수사경찰: 범죄를 수사하고 범인을 체포하는 권력작용)이 포함되어 있다.

2. 실질적 의미의 경찰(행정경찰)

실질적 의미의 경찰이란 직접 공공의 안녕과 질서를 유지하기 위하여 일반 통치권에 근거하여 개인에게 명령·강제하는 작용을 말한다(위험방지에 기여하는 국가의 모든 고권적 활동). 이러한 정의에 대해 위해방지작용은 명령·강제와 같은 권력적 수단뿐만 아니라 비권력적 수단(예 교통교육의 실시, 교통방송을 통한 교통안내, TV에서의 범죄예방의 홍보 등)을 행사하는 경우가 점차 확대되고 있다고 보는 견해(정하중)도 있다.

경찰행정법에서의 경찰은 행정경찰을 의미한다.

이러한 의미의 행정경찰을 넓은 의미의 행정경찰이라 하며 넓은 의미의 행정경찰을 보안경찰과 좁은 의미의 행정경찰로 구분하는 것이 일반적 견해이다. 보안경찰은 독립의 경찰기관이 관할하지만, 좁은 의미의 행정경찰은 각종의 일반행정기관이 함께 관장하는 경우가 많다.

① 보안경찰   보안경찰이란 보통경찰기관이 수행하는 행정경찰과 같이 공공의 안녕과 질서를 유지하기 위하여 다른 종류의 행정작용에 부수하지 아니하고 독립적으로 행하여지는 행정경찰을 말한다(치안경찰이라고도 한다. 예 외국인, 집회, 결사, 집단시위행진에 대한 규제). 보안경찰은 공공의 안녕과 질서유지를 사명으로 하고 특히 그 중에서도 질서교란의 가장 큰 요인인 범죄의 예방을 주임무로 한다.

② 좁은 의미의 행정경찰   좁은 의미의 행정경찰이란 다른 행정작용을 수행하는 행정기관(경찰이라는 명칭이 붙지 않은 행정기관)이 부수적으로 행하는 행정경찰을 말한다(예 공중위생, 건축, 교통, 산업 등의 행정분야에서 행해지는 경찰작용).

보안경찰과 좁은 의미의 행정경찰은 작용의 성질은 동일하므로 기본적으로 동일한 법리(경찰행정의 법리)에 구속된다. 다만, 수행기관의 차이 및 좁은 의미의 행정경찰의 다른 행정작용과의 융합경향에 비추어 보안경찰과 다른 규율을 할 필요가 있는 경우가 있다.

(1) 행정경찰과 사법경찰의 구별

「경찰관 직무집행법」은 경찰관의 직무범위(법 제 2 조)에 대하여 규정하고 있으나 경찰기능에 따른 구별을 명백히 하고 있지 않다. 경찰조직상으로도 일반경찰기관으로 하여금 사법경찰사무를 겸하도록 하고 있다.

동일한 기관 또는 공무원이 행정경찰업무와 사법경찰업무를 동시에 담당하는 경우에는 양자의 구분이 쉽지 않다(예 경찰관이 도로교통법에 따라 호흡측정 또는 혈액검사의 방법으로 운전자가 음주한 상태에서 운전했는지를 조사하는 활동: 현행법상 경찰기관은 행정경찰과 사법경찰을 함께 관장하고 있다(「경찰관 직무집행법」 제 2 조, 형사소송법 제197조)).

경찰기관이 아닌 행정기관에 사법경찰권이 부여되는 경우가 있다. 이를 특별사법경찰권이라 한다(예 환경공무원에게 일정한 요건하에서 환경범죄에 대한 사법경찰권의 부여).

1) 개념상 구별

행정경찰은 사법경찰과 그 목적 및 성질이 다르다.

① 사법경찰은 범죄자를 재판에 넘기기 위하여 범죄자를 추적, 체포하는 것을 목적으로 하는 반면에, 행정경찰은 공공의 안녕과 질서에 대한 모든 혼란의 억제와 예방조치를 취하는 것을 목적으로 한다.

② 사법경찰은 그 성질이 사법작용인 데 반하여 행정경찰은 그 성질이 행정작용이다.

③ 사법경찰은 사후적·제재적 작용인 반면에 행정경찰은 사전적·예방적 작용이다.

2) 구별실익

행정경찰과 사법경찰의 구별실익은 적용할 법 및 소송절차의 결정에 있다. 행정경찰활동에 대하여는 행정법원리가 적용되고 행정소송의 대상이 되지만, 사법경찰은 소송법에 따라 규율되고 사법경찰에 대한 불복은 소송법상 특별한 절차의 대상이 된다.

3) 구별기준

양자의 구별은 행위의 성격(예 경찰관이 교통정리를 할 때에는 행정경찰의 임무수행, 범칙금을 부과할 때에는 사법경찰의 임무수행)과 함께 업무수행자의 의도(예 질서에 대한 침해를 피하기 위하여 음란물의 압수를 명령할 때에는 행정경찰, 그 음란물의 압수가 범죄를 확인하여 범죄자를 재판에 회부하기 위한 것일 때에는 사법경찰)를 기준으로 행하여져야 한다. 특히 후자의 경우에 양자의 구분은 쉽지 않다.

(2) 행정경찰의 개념상 특징

행정경찰(실질적 의미의 경찰)은 목적, 수단 및 권력적 기초의 세 가지 점에서 다른 행정작용과는 다른 특징을 가지고 있다.

1) 경찰의 목적

경찰은 공공의 안녕과 질서를 유지하고 그에 대한 위해(危害)를 예방 또는 제거하는 것을 목적으로 한다.

2) 경찰의 수단

경찰은 권력으로 개인에게 명령하고 강제하는 것을 그 주된 수단으로 한다. 그렇다고 하더라도 비권력적 수단이 전혀 사용되지 않는 것은 아니며 예외적으로 비권력적인 수단(㉘ 행정지도)도 사용될 수 있다.

3) 경찰권의 기초

경찰은 국가의 일반통치권에 그 권력의 기초를 둔 작용이다.

Ⅲ. 경찰의 종류

1. 예방경찰과 진압경찰

예방경찰이란 경찰상 위해의 발생을 방지하기 위하여 예방적으로 발동되는 경찰을 말한다(㉘ 경찰의 방범활동). 예방은 손해가 발생할 때를 기다리는 것이 아니라, 위험의 단계에서부터 대처하고 그를 통해 손해의 발생을 방지함으로써 일반국민을 그들의 권리영역에 대한 침해로부터 보호하는 것을 그 목적으로 한다. 진압경찰이란 이미 발생한 경찰상 위해를 제거하기 위하여 행해지는 경찰작용을 말한다(㉘ 폭동진압, 인질구출). 다만, 진압경찰은 사법경찰(㉘ 범인의 체포)인 경우도 있고, 행정경찰(㉘ 교통사고의 수습)인 경우도 있다.

2. 평시경찰과 비상경찰

평시경찰이란 일반경찰기관이 일반경찰법규에 따라 평시에 행하는 경찰작용을 말한다(㉘ 국민의 생명·신체 및 재산의 보호, 범죄의 예방·진압 및 수사, 범죄피해자 보호, 경비·요인경호 및 대간첩·대테러 작전수행, 공공안녕에 대한 위험의 예방과 대응을 위한 정보의 수집·작성 및 배포, 교통의 단속과 위해의 방지, 외국 정부기관 및 국제기구와의 국제협력, 그 밖의 공공의 안녕과 질서유지). 비상경찰이란 전시, 계엄이 선포된 경우 등 비상시에 군대가 행하는 경찰작용을 말한다(㉘ 비상계엄시 계엄사령관의 경찰사무 집행).

3. 국가경찰과 자치경찰

국가경찰이란 국가에 속해 있는 경찰을 말하는데, 우리나라에서 경찰은 원칙상 국가경찰이다. 자치경찰이란 지방자치단체에 속한 경찰을 말한다. 「제주특별자치도 설치 및 국제자유도시 조성을 위한 특별법」(이하 '「제주특별법」'이라 한다)에 따라 제주특별자치도에만 자치경찰이 도입되어 운용되었으나, 2021년 1월 1일부터 전국적으로 시행되었다.

제 2 절   경찰행정법

경찰행정법이란 경찰의 행정조직, 행정작용 및 행정구제에 관한 법이다.

경찰행정조직법이란 경찰의 조직에 관한 법이며 경찰행정작용법이란 경찰의 작용에 관한 법이며 경찰행정구제법은 경찰권 행사로 침해된 국민의 권익을 구제하기 위한 법을 말한다.

경찰행정법은 역동적인 법영역으로서 복잡성, 예기치 못한 상황에 신속하게 대처할 수 있기 위한 융통성, 규범적 다양성과 내용적 개방성을 그 특징으로 한다.

제 2 장
경찰행정법의 법원(法源)

제 1 절 법원의 의의

법원(法源)이란 법의 존재형식을 말한다. 경찰행정법의 법원의 문제는 경찰행정법이 어떠한 형식의 법규범으로 이루어져 있는가에 관한 문제이다.

[행정법의 법원]

성문법원	불문법원
① 헌법	① 관습법: 행정선례법, 민중적 관습법
② 법률	② 판례법
③ 명령·규칙	③ 행정법상 일반 법원칙
④ 국제법규	④ 조리
⑤ 자치법규: 조례, 규칙	

제 2 절 행정법상 법원의 특징

법치행정의 원칙의 내용이 되는 법률유보의 원칙 및 법률의 법규창조력의 원칙에 비추어 볼 때 행정법은 성문법임을 원칙으로 한다.

행정법의 규율대상인 행정은 매우 복잡하고 다양하기 때문에 행정에 관한 단일 법전을 만드는 것이 매우 어렵다. 그리하여 행정법에는 아직 법전이 없다. 그러나 행정기본법, 행정법총칙, 일반행정작용법의 성격을 갖는 「행정기본법」

과 행정절차에 관한 일반법인 행정절차법이 제정되어 있다.

「행정기본법」은 행정법의 일반원칙 등 행정법 총칙을 명문화하고, 행정에 관한 공통사항을 정하고 있다. 따라서 「행정기본법」은 행정법총칙과 일반행정작용법의 성격을 갖는다. 즉, 행정에 관하여 다른 법률에 특별한 규정이 있는 경우를 제외하고는 「행정기본법」에서 정하는 바에 따른다(법 제5조 제1항). 또한 「행정기본법」은 기본법으로서의 성격을 갖는다. 즉, 행정에 관한 다른 법률을 제정하거나 개정하는 경우에는 이 법의 목적과 원칙, 기준 및 취지에 부합되도록 노력하여야 한다(동법 제5조 제2항). 다만, 「행정기본법」은 완결된 법은 아니다. 「행정기본법」이 완결된 행정법총칙, 일반행정작용법, 행정기본법이 되기 위해서는 보완해야 할 사항이 적지 않다.

「행정기본법」의 주요내용은 다음과 같다: ① 행정법의 일반원칙의 명문화(법 제8조부터 제13조까지), ② 기간 계산에 관한 규정(동법 제6조 및 제7조), ③ 법령등[1] 개정 시 신법과 구법의 적용 기준(동법 제14조), ④ 위법 또는 부당한 처분[2]의 취소 및 적법한 처분의 철회(동법 제18조 및 제19조), ⑤ 자동적 처분(동법 제20조), ⑥ 제재처분의 제척기간 제도 도입(동법 제23조), ⑦ 인허가의제의 공통 기준(동법 제24조부터 제26조까지), ⑧ 공법상 계약에 관한 일반규정(동법 제27조), ⑨ 수리가 필요한 신고의 효력규정(동법 제34조), ⑩ 처분에 대한 이의신청의 일반제도화(동법 제36조), ⑪ 처분 재심사 제도의 도입(동법 제37조) 등.

「행정기본법」은 공포한 날(2021. 3. 23.)부터 시행한다. 다만, 제22조, 제29조,

---

[1] 「행정기본법」에서 "법령등"이란 다음 각 목의 것을 말한다. 가. 법령: 다음의 어느 하나에 해당하는 것, 1) 법률 및 대통령령·총리령·부령, 2) 국회규칙·대법원규칙·헌법재판소규칙·중앙선거관리위원회규칙 및 감사원규칙, 3) 1) 또는 2)의 위임을 받아 중앙행정기관(「정부조직법」 및 그 밖의 법률에 따라 설치된 중앙행정기관을 말한다. 이하 같다)의 장이 정한 훈령·예규 및 고시 등 행정규칙(법령보충적 행정규칙), 나. 자치법규: 지방자치단체의 조례 및 규칙(행정기본법 제2조 제1호). 「행정기본법」에서 "법령등"은 법규의 효력을 갖는(법규로서 법적 구속력을 갖는) 규범 일반을 의미하는 것으로 보고, 「행정기본법」 제2조 1호 각 목의 법령등은 예시적 열거로 보는 것이 타당하다. 예를 들면, 상위법령의 위임을 받아 제정된 지방자치단체장의 행정규칙(고시 등)은 법규명령의 효력을 갖는 법령보충적 행정규칙으로서(대판 2004. 5. 28, 2002두4716) 「행정기본법」 제2조 제1호에 열거된 법령등은 아니지만, 「행정기본법」상의 '법령등'에 해당하는 것으로 보아야 한다.

[2] 「행정기본법」상의 처분은 행정절차법, 행정심판법 및 행정소송법상의 처분과 동일한 개념으로 규정되어 있다. 즉, "처분"이란 행정청이 구체적 사실에 관하여 행하는 법 집행으로서 공권력의 행사 또는 그 거부와 그 밖에 이에 준하는 행정작용을 말한다(행정기본법 제2조 제4호).

제38조부터 제40조까지는 공포 후 6개월이 경과한 날(2021. 9. 24.)부터 시행하고, 제23조부터 제26조까지, 제30조부터 제34조까지, 제36조 및 제37조는 공포 후 2년이 경과한 날(2023. 3. 24.)부터 시행한다(법 부칙 제 1 조).

제 3 절 성문법원

I. 헌 법

헌법은 최고의 효력을 갖는다.

헌법 중 행정조직법정주의를 규정한 제96조, 국가안전보장·질서유지를 위한 국민의 자유와 권리의 제한의 법정주의를 규정한 제37조 제 2 항 등은 경찰행정법의 법원이 된다.

II. 국제법규

① 헌법 제 6 조 제 1 항에 따라 국제법규가 별도의 입법조치 없이 일반적으로 국내법으로 수용된다.

② 통설은 국제법규는 헌법보다는 하위에 있고 경우에 따라 법률(국회의 동의를 받은 경우) 또는 대통령령(국회의 동의를 받지 않은 경우)과 동일한 효력이 있다고 보고 있다. 법률의 효력을 갖는 조약에 위반한 명령은 무효라는 것이 일반적 견해이며 판례도 이러한 입장을 취하고 있다.

③ 국제법규는 본래 국가 간의 관계를 규율하는 것을 직접적인 목적으로 한다. 그러나 국제법규가 국내에서 행정법관계에 직접 적용될 수 있는 성질을 갖는 경우에는 국내에서 행정법관계에 직접적인 법적 구속력을 갖는다(예 범죄인인도조약, 형사사법공조조약, 비자면제협정 등).

Ⅲ. 법   률

법률이란 헌법에서 정해진 절차에 따라 국회에서 제정된 법규범을 말한다. 이는 형식적 의미의 법률개념이다.

기본적이거나 중요한 사항은 법률로 정하여야 하고(중요사항유보설, 의회유보설), 국민의 기본권의 제한은 법률로 하여야 한다(헌법 제37조 제 2 항). 원칙상 행정권에 포괄위임을 해서는 안 된다(헌법 제75조).

경찰행정조직에 관한 법률로는「국가경찰과 자치경찰의 조직 및 운영에 관한 법률」(경찰법), 경찰공무원법,「의무경찰대 설치 및 운영에 관한 법률」,「제주특별법」이 있다.

경찰행정작용에 관한 법률에는 일반법인「경찰관 직무집행법」과 법치행정에 필수적인 사항들을 규정한「행정기본법」이 있다. 다만,「경찰관 직무집행법」을 경찰작용에 관한 일반법이라고 하기에는 다소 미흡한 점이 없지 않다. 보안경찰작용에 관한 개별법률로는「경찰직무 응원법」,「집회 및 시위에 관한 법률」, 경비업법, 청원경찰법, 도로교통법 등이 있고, 좁은 의미의 행정경찰에 관한 법률로는 건축법, 환경관련 법률, 식품위생법,「청소년 보호법」, 철도사업법, 출입국관리법 등이 있다.

경찰행정구제에 관한 법률로는 행정절차법, 국가배상법,「경찰관 직무집행법」, 행정심판법, 행정소송법 등이 있다.

Ⅳ. 명   령

명령이란 행정권이 정립하는 법을 말한다. 명령은 헌법에서 인정한 것으로 긴급명령과 긴급재정ㆍ경제명령(헌법 제76조), 대통령령(헌법 제75조), 총리령과 부령(헌법 제95조) 등이 있다. 그리고 명령 중에는 법률에서 인정한 것도 있다(예 감사원규칙(감사원법 제52조) 등).

경찰행정관련 주요 명령(대통령령)으로는「경찰공무원 교육훈련규정」,「경찰공무원 복무규정」,「경찰공무원 징계령」,「위해성 경찰장비의 사용기준 등에 관한 규정」등이 있다.

Ⅴ. 자치법규

자치법규란 지방자치단체의 기관이 제정하는 지방자치에 관한 법규범을 말한다. 자치법규에는 지방의회가 제정하는 조례와 지방자치단체의 집행기관이 제정하는 규칙이 있다(예 자치경찰사무에 관한 자치법규).

제4절   불문법원

Ⅰ. 관 습 법

관습법이란 계속적인 관행이 성립되고 이 관행이 법적 요구에 응하는 것이라는 것이 관계당사자의 확신에 따라 인정됨으로써 성립하는 법규범이다(법적확신설).

판례는 "공유수면(하천)으로부터 용수(用水)를 함에 있어서 하천법 제25조에 의하여 하천관리청으로부터 허가를 얻어야 한다고 하더라도 그 허가를 필요로 하는 법규의 공포·시행 전에 원고가 위화덕상보에 의하여 용수를 할 수 있는 권리를 관습에 의하여 취득하였음이 뚜렷하므로 위 하천법의 규정에도 불구하고 그 기득권이 있다"(대판 1972. 3. 31, 72다78)고 본다.

관습법은 성문법 및 일반 법원칙이 존재하지 않거나 불완전한 경우에 보충적으로만 인정된다.

Ⅱ. 판   례

법원(法院)은 법을 집행하는 권한만을 갖고 법을 창설하는 권한은 갖지 못하는 것이 원칙이다. 따라서 판례는 법적 구속력을 갖지 못한다. 그러나 실제에 있어서 판례는 사실상 구속력을 갖는다.

Ⅲ. 행정법상 일반 법원칙

1. 의 의

행정법상 일반 법원칙이란 현행 행정법질서의 기초를 이룬다고 생각되는 일반 법원칙을 의미한다.

행정법상 일반 법원칙은 헌법이나 「행정기본법」 등 법률에 규정되어 있다고 하더라도 이들 규정은 불문법인 일반 법원칙을 선언한 것에 불과하다고 보아야 한다.

헌법으로부터 도출되는 행정법상 일반 법원칙으로는 법치행정의 원칙, 평등의 원칙, 비례의 원칙, 신뢰보호의 원칙, 적법절차의 원칙 및 부당결부금지의 원칙 등이 있으며 이들 원칙은 헌법적 효력을 갖는다.

2. 법치행정의 원칙

> 행정기본법
> 제 8 조(법치행정의 원칙) 행정작용은 법률에 위반되어서는 아니 되며, 국민의 권리를 제한하거나 의무를 부과하는 경우와 그 밖에 국민생활에 중요한 영향을 미치는 경우에는 법률에 근거하여야 한다.

(1) 법치행정의 원칙의 의의

법치행정의 원칙이란 행정권도 법에 따라 행해져야 하며(행정에 대한 법의 지배), 만일 행정권 행사로 인해 국민의 권익이 침해된 경우에는 이의 구제를 위한 제도가 보장되어야 한다는 것(행정통제제도 또는 행정구제제도의 확립)을 의미한다.

「행정기본법」 제 8 조는 법률우위의 원칙과 법률유보의 원칙을 선언하고 있다. 즉, 행정작용은 법률에 위반되어서는 아니 되며(법률우위의 원칙), 국민의 권리를 제한하거나 의무를 부과하는 경우와 그 밖에 국민생활에 중요한 영향을 미치는 경우에는 법률에 근거하여야 한다(법률유보의 원칙).

(2) 법치행정의 원칙의 내용

1) 법률의 법규창조력의 원칙

법률의 법규창조력의 원칙이란 국가작용 중 법규(국민의 권리의무에 관한 새로운 규율)를 정립하는 입법은 원칙상 의회가 행하여야 한다는 원칙을 말한다. 즉, 위험 방지를 위한 경찰행정은 국민의 권리·의무에 직접적인 영향을 미치므로 반드시 법률로 정하여야 한다. 다만, 법률에서 중요사항을 정하고 하위법령(시행령, 시행규칙, 조례 등)에 구체적으로 위임하는 것은 허용된다.

2) 법우위의 원칙

(가) **의   의**   법우위의 원칙이란 법은 행정에 우월한 것이며 행정이 법에 위반하여서는 안 된다는 원칙을 말한다(행정기본법 제8조).

(나) **위반의 법적 효과**   행정작용이 법우위의 원칙을 위반하면 위법한 행정작용이 되는데, 위법한 행정작용의 효력은 행정의 행위형식에 따라 다르다. 즉, 행정행위(◎ 허가, 시정명령 등 구체적·권력적·법적 행위)의 경우 그 위법이 중대하고도 명백하면 무효인 행정행위가 되고, 그 위법이 중대하고 명백하지 않은 경우에는 취소할 수 있는 행정행위가 된다. 위법한 법규명령은 후술하는 법규명령의 하자론에 따른 효력을 갖는다. 위법한 공법상 계약은 원칙상 무효이다.

위법한 행정작용으로 손해가 발생한 경우에는 손해배상이 인정될 수 있다.

3) 법률유보의 원칙

법률유보의 원칙이란 행정권의 발동에는 법령(작용법)의 근거가 있어야 하며(보다 정확히 말하면 법률의 직접적 근거 또는 법률의 위임에 근거하여 제정된 명령에 따른 근거가 있어야 하며) 법률의 근거가 없는 경우에는 행정개입의 필요가 있더라도 행정권이 발동될 수 없다는 것을 의미한다.

법률유보의 원칙이 적용되는 경우에는 행정상 필요하다는 사실만으로 행정권은 행사될 수 없고, 법적 근거가 있어야 행정권 행사가 가능하다.

법률유보의 원칙에서 요구되는 법적 근거는 작용법적 근거를 말한다. 조직법적 근거(조직법상 권한)는 모든 행정권 행사에 있어서 당연히 요구된다. 행정권 행사의 근거가 되는 법(근거규범, 작용법상 권한규범)은 원칙상 법률이지만, 법률에 근거한 명령일 수도 있다. 행정권 행사에 요구되는 작용법적 근거는 원칙상 개별적 근거를 말하는데, 예외적으로 포괄적 근거도 가능하다(◎ 경찰권의 발동 등).

법률유보의 원칙에 있어서는 법률유보의 원칙이 적용되는 행정의 범위가 문제된다. 이에는 침해유보설, 전부유보설, 급부행정유보설, 권력행정유보설, 중요사항유보설(본질성설) 등이 대립된다. 「행정기본법」은 중요사항유보설(본질성설)

을 취하고 있다. 즉, 행정작용은 국민생활에 중요한 영향을 미치는 경우에는 법률에 근거하여야 한다(법 제8조). 예를 들면, 자격이나 신분 등을 취득 또는 부여할 수 없거나 인가, 허가, 지정, 승인, 영업등록, 신고 수리 등(이하 "인허가"라 한다)을 필요로 하는 영업 또는 사업 등을 할 수 없는 사유(이하 "결격사유"라 한다)는 법률로 정한다(동법 제16조 제1항).

【판례 1】 오늘날의 법률유보원칙은 단순히 행정작용이 법률에 근거를 두기만 하면 충분한 것이 아니라, 국가공동체와 그 구성원에게 기본적이고도 중요한 의미를 갖는 영역, 특히 국민의 기본권 실현에 관련된 영역에 있어서는 행정에 맡길 것이 아니고 국민의 대표자인 입법자 스스로 그 본질적 사항에 대하여 결정하여야 한다는 요구, 즉 의회유보원칙까지 내포하는 것으로 이해되고 있다. 여기서 어떠한 사안이 국회가 형식적 법률로 스스로 규정하여야 하는 본질적 사항에 해당되는지는, 구체적 사례에서 관련된 이익 내지 가치의 중요성, 규제 또는 침해의 정도와 방법 등을 고려하여 개별적으로 결정하여야 하지만, 규율대상이 국민의 기본권과 관련한 중요성을 가질수록 그리고 그에 관한 공개적 토론의 필요성 또는 상충하는 이익 사이의 조정 필요성이 클수록, 그것이 국회의 법률에 의하여 직접 규율될 필요성은 더 증대된다. 따라서 국민의 권리·의무에 관한 기본적이고 본질적인 사항은 국회가 정하여야 하고, 헌법상 보장된 국민의 자유나 권리를 제한할 때에는 적어도 그 제한의 본질적인 사항에 관하여 국회가 법률로써 스스로 규율하여야 한다(대판 전원합의체 2020. 9. 3, 2016두32992[법외노조통보처분취소]).

【판례 2】 도시환경정비사업시행인가 신청시 요구되는 토지등소유자의 동의정족수를 정하는 것은 국민의 권리와 의무 형성에 관한 기본적이고 본질적인 사항으로 법률유보 내지 의회유보의 원칙이 지켜져야 할 영역이다. 따라서 사업시행인가 신청에 필요한 동의정족수를 자치규약에 정하도록 한 이 사건 동의요건조항(구 「도시 및 주거환경정비법」 제28조 제5항)은 법률유보 내지 의회유보원칙에 위배된다(헌재 2012. 4. 24, 2010헌바1).

[법률유보원칙의 적용범위에 관한 학설]

학 설	배경 및 내용	비 판
침해유보설	**배경:** 자유주의, 입헌군주제 **내용:** 국민의 자유와 재산을 침해 (규제)하는 침해행정작용에만 법률의 근거를 요한다는 견해	① 입헌군주제의 유물 ② 행정작용의 중점이 소극적인 침해행정에서 적극적인 급부행정으로 옮겨지게 된 오늘날의 복지국가에서는 그 기반을 상실
급부행정유보설 (사회유보설)	**배경:** 사회적 복리국가 **내용:** 국민의 자유와 재산에 대한 침해행정뿐만 아니라 급부행정 전반에도 법률의 근거가 있어야 한다는 견해	① 급부행정의 범위 애매 ② 급부행정 영역에서도 법률의 유보가 있어야 한다면 법률의 수권이 없는 경우에 행정기관은 국민에게 급부를 행할 수 없게 되어 오히려 부당
권력행정유보설	침해행정이나 수익행정이거나를 막론하고 모든 권력행정은 법률의 근거를 요한다는 견해	법률유보의 범위를 침해유보설보다 다소 확대하였지만 기본적으로 침해유보설의 틀을 벗어나지 못함
전부유보설	**배경:** 국민주권주의와 의회민주주의 **내용:** 모든 행정작용에 법률의 근거가 필요하다고 보는 견해	① 행정필요에 응하여 행정권이 즉각적으로 개입하여야 한다는 행정의 현실 및 탄력성의 요청이라는 측면에서 볼 때 타당성이 없음 ② 의회만이 민주적 정당성을 갖는다고 보는 것은 타당하지 않음
신침해유보설	침해행정 이외에 특별권력관계에서도 구성원의 자유와 권리를 침해하기 위해서는 법률의 근거를 요한다는 견해	다른 학설과는 달리 법률의 범위를 형식적 법률에 한정하지 않고 조직법이나 예산을 포함시키고 있어 학설 이해에 혼란을 초래할 여지가 있음
중요사항유보설 (본질성론, 단계설)	법률유보의 범위와 강도는 해당 행정분야의 내용·기능, 국민의 법적 지위나 이익과의 관계 등을 고려하여 개별적·단계적으로 판단하여야 한다는 견해	본질적인 것과 비본질적인 것의 구별기준이 매우 모호하여 법률유보의 범위를 판단하는 구체적 기준이 되지 못함

(3) 행정통제제도(행정구제제도)의 확립

위법·부당한 공권력 행사에 따라 국민의 권익이 침해된 경우에는 이 침해된 권익을 구제해 주는 제도가 보장되어야만 법치행정의 원칙이 실질적으로 실현되고 있다고 말할 수 있다(실질적 법치행정의 원칙의 실현). 행정구제제도는 행정에 대한 통제를 수반하므로 행정구제제도는 행정에 대한 통제제도로서의 성격도 갖는다.

(4) 법치행정의 원칙의 예외

오늘날에도 일정한 행정활동에는 법치행정의 원칙이 적용되지 않는다. 통치행위와 예외적 상황의 이론이 적용될 수 있는 일정한 경우 및 내부행위가 그러하다.

1) 통치행위

통치행위란 정치적 성격이 강하기 때문에 법에 의해 규율되거나 사법심사의 대상이 되는 것이 적당하지 않은 행위를 말한다(예 비상계엄의 선포(대판 1964. 7. 21, 64초4 제 1 부 재정), 국민투표의 실시, 법률의 공포, 외교적 권한의 행사, 국제조약의 체결절차, 남북정상회담의 개최, 이라크파병결정, 사면 등 국가원수로서의 행위 등).

대통령의 서훈취소는 통치행위가 아니고, 처분이므로 취소소송의 대상이 된다(대판 2015. 4. 23, 2012두26920[독립유공자서훈취소처분의취소]).

2) 예외적 상황의 이론

예외적 상황이란 공권력으로 하여금 법규정을 준수하는 것을 불가능하게 하는 사회생활의 중대한 혼란을 말한다(예 전쟁, 극심한 자연재해 등). 이러한 경우에는 법치주의 원칙에 대한 예외가 인정될 수밖에 없다.

3) 내부행위

내부행위란 어떠한 행위가 아직 외부에 표시되지 아니한 채 내부적 단계에 머물러 있는 행위를 말한다(예 운전면허 정지 또는 취소처분의 준비를 위한 결정). 전통적으로 내부행위는 법에 의한 통제 및 사법심사의 대상이 되지 않는다고 보고 있다.

3. 평등원칙

행정기본법
제 9 조(평등의 원칙) 행정청은 합리적 이유 없이 국민을 차별하여서는 아니 된다.

「행정기본법」은 행정청[3]은 합리적 이유 없이 국민을 차별하여서는 아니 된

---

3 「행정기본법」에서 "행정청"이란 다음 각 목의 자를 말한다. 가. 행정에 관한 의사를 결정하여 표시하는 국가 또는 지방자치단체의 기관, 나. 그 밖에 법령등에 따라 행정에 관한 의사

다고 평등원칙을 규정하고 있다(법 제9조).

평등원칙이란 불합리한 차별을 하여서는 안 된다는 원칙을 말한다. 따라서 합리적인 이유가 있어서 다르게 취급하는 것은 평등원칙 위반이 아니다. 평등의 원칙은 '같은 것은 같게, 다른 것은 다르게'로 요약될 수 있다.

① 합리적 이유없이 동일한 사항을 다르게 취급하는 것은 자의적(恣意的)인 것으로서 평등원칙에 위반된다(예 같은 정도의 비위를 저지른 공무원 사이에 있어서도 그 직무의 특성 등에 비추어, 반성 여부에 따라 징계의 종류의 선택과 양정에 있어서 차별적으로 취급하는 것은, 사안의 성질에 따른 합리적 차별로서 이를 자의적 취급이라고 할 수 없는 것이어서 평등원칙 또는 형평에 반하지 아니한다(대판 1999. 8. 20, 99두2611[파면처분취소등])). 헌법재판소는 공무원시험에서의 군가산점제도는 그 자체가 여성과 장애인들의 평등권과 공무담임권을 침해하는 위헌인 제도라고 하였다(헌재 1999. 12. 23, 98헌마363).

② 상대방의 사정이 다른 경우에는 다르게 취급하는 것이 정당화될 수 있지만 비례성(목적과 수단 사이의 합리적 균형)을 결여한 과도한 차별취급은 합리적인 차별이 아니므로 평등의 원칙에 반한다.

예를 들면, 국가기관이 채용시험에서 국가유공자의 가족에게 가산점을 부여하는 것 자체는 정당화될 수 있지만, 10%의 가산점을 부여하는 것은 그 차별의 효과가 지나치므로 평등의 원칙에 반한다(헌재 2006. 2. 23, 2004헌마675·981·1022(병합)).

③ 불법 앞의 평등 요구는 인정되지 않는다.

4. 행정의 자기구속의 원칙

(1) 의   의

행정의 자기구속의 원칙이란 행정관행이 성립된 경우에 행정청은 특별한 사정이 없는 한 같은 사안에서 그 행정관행과 같은 결정을 하여야 한다는 원칙을 말한다.

(2) 성립요건

① 행정관행이 존재하여야 한다. 판례는 재량준칙(재량권 행사의 기준이 되는 행정

를 결정하여 표시하는 권한을 가지고 있거나 그 권한을 위임 또는 위탁받은 공공단체 또는 그 기관이나 사인(私人)(법 제2조 제2호).

규칙)이 되풀이 시행되어 행정관행이 성립한 경우에는 자기구속의 법리가 적용될 수 있다고 본다. ② 행정관행과 동일한 사안이어야 한다. ③ 그리고 불법에 있어서 평등대우는 인정될 수 없으므로, 행정관행이 위법한 경우에는 행정청은 자기구속을 당하지 않는다.

(3) 효   력

판례는 자기구속의 원칙이 인정되는 경우에는 행정관행과 다른 처분은 특별한 사정이 없는 한 위법하다고 본다.

5. 비례의 원칙

행정기본법
제10조(비례의 원칙) 행정작용은 다음 각 호의 원칙에 따라야 한다.
  1. 행정목적을 달성하는 데 유효하고 적절할 것
  2. 행정목적을 달성하는 데 필요한 최소한도에 그칠 것
  3. 행정작용으로 인한 국민의 이익 침해가 그 행정작용이 의도하는 공익보다 크지 아니할 것

(1) 의   의

비례의 원칙이란 과잉조치금지의 원칙이라고도 하는데, 행정작용에 있어서 행정목적과 행정수단 사이에는 합리적인 비례관계가 있어야 한다는 원칙을 말한다. 즉, 모든 행정작용은 다음 각 호의 원칙에 따라야 한다: 1. 행정목적을 달성하는 데 유효하고 적절할 것(적합성의 원칙), 2. 행정목적을 달성하는 데 필요한 최소한도에 그칠 것(필요성의 원칙), 3. 행정작용으로 인한 국민의 이익 침해가 그 행정작용이 의도하는 공익보다 크지 아니할 것(상당성의 원칙)(행정기본법 제10조). 비례의 원칙은 특히 경찰권 발동의 한계가 된다.

(2) 내   용

1) 적합성의 원칙

적합성의 원칙이란 행정은 추구하는 행정목적의 달성에 적합한(유용한) 수단을 선택하여야 한다는 원칙을 말한다.

2) 필요성의 원칙(최소침해의 원칙)

필요성의 원칙(최소침해의 원칙)이란 적합한 수단이 여러 가지인 경우에 국민의

권리를 최소한으로 침해하는 수단을 선택하여야 한다는 원칙이다(예 어떤 건물에 붕괴위험이 있는 경우에 적절한 보수로 붕괴위험을 막을 수 있음에도 불구하고 철거라는 수단을 선택하여 철거명령을 내린 경우에 그 철거명령은 필요성의 원칙에 반하는 위법한 명령이다).

3) 좁은 의미의 비례원칙(법익균형성의 원칙, 상당성의 원칙)

좁은 의미의 비례원칙(상당성의 원칙)이란 행정조치를 취함에 따른 불이익이 그것으로 달성되는 이익보다 심히 큰 경우에는 그 행정조치를 취해서는 안 된다는 원칙을 말한다.

예를 들면, 음주운전을 이유로 운전면허를 취소한 것은 운전면허의 취소를 통하여 달성하고자 하는 공익(그러한 처분으로 음주운전을 막고 그로 인하여 국민의 안전을 보장한다는 이익)보다 운전면허의 취소로 상대방이 받는 불이익(면허의 취소로 인한 생업의 상실 등 불이익)이 큰 경우에는 비례원칙 위반으로 위법하다. 행정심판의 실무에서는 운전면허취소로 인하여 운전자가 받을 불이익을 행정소송에서 보다 크게 고려하고 있다. 판례에 따르면, 음주운전으로 인한 운전면허취소처분의 재량권 일탈·남용 여부를 판단할 때, 운전면허의 취소로 입게 될 당사자의 불이익보다 음주운전으로 인한 교통사고를 방지하여야 하는 일반예방적 측면이 더욱 강조되어야 한다(대판 2019. 1. 17, 2017두59949).

6. 신뢰보호의 원칙

> **행정기본법**
> 제12조(신뢰보호의 원칙) ① 행정청은 공익 또는 제 3 자의 이익을 현저히 해칠 우려가 있는 경우를 제외하고는 행정에 대한 국민의 정당하고 합리적인 신뢰를 보호하여야 한다.
> ② 행정청은 권한 행사의 기회가 있음에도 불구하고 장기간 권한을 행사하지 아니하여 국민이 그 권한이 행사되지 아니할 것으로 믿을 만한 정당한 사유가 있는 경우에는 그 권한을 행사해서는 아니 된다. 다만, 공익 또는 제 3 자의 이익을 현저히 해칠 우려가 있는 경우는 예외로 한다.

(1) 의   의

신뢰보호의 원칙이란 행정기관의 어떠한 언동(말 또는 행동)에 대해 국민이 신뢰를 갖고 행위를 한 경우 그 국민의 신뢰가 보호가치 있는 경우에 그 신뢰를 보호해 주어야 한다는 원칙을 말한다.

「행정기본법」은 불문법인 신뢰보호의 원칙을 행정법의 일반원칙의 하나로 선언하고 있다. 즉, 행정청은 공익 또는 제 3 자의 이익을 현저히 해칠 우려가 있는 경우를 제외하고는 행정에 대한 국민의 정당하고 합리적인 신뢰를 보호하여야 한다(법 제12조 제 1 항). 행정절차법은 "행정청은 법령등의 해석 또는 행정청의 관행이 일반적으로 국민들에게 받아들여졌을 때에는 공익 또는 제 3 자의 정당한 이익을 현저히 해칠 우려가 있는 경우를 제외하고는 새로운 해석 또는 관행에 따라 소급하여 불리하게 처리하여서는 아니 된다"고 규정하고 있다(법 제 4 조 제 2 항).

   (2) 요   건

행정상의 법률관계에 있어서 행정청의 행위에 대하여 신뢰보호의 원칙이 적용되기 위하여는, 첫째 행정기관이 개인에 대하여 신뢰의 대상이 되는 공적인 견해표명을 하여야 하고, 둘째 행정기관의 견해표명이 정당하다고 신뢰한 것에 대하여 그 개인에게 귀책사유(고의 또는 중과실)가 없어야 하며, 셋째 그 개인이 그 견해표명을 신뢰하고 이에 어떠한 행위를 하였어야 하고, 넷째 행정청이 위 견해표명에 반하는 처분을 함으로써 그 견해표명을 신뢰한 개인의 이익이 침해되는 결과가 초래되어야 한다.

행정청의 견해표명이 신뢰보호의 원칙을 주장하는 구체적인 행정권 행사에 대한 국민의 신뢰와 관련되어 있지 않은 일반적·추상적 견해표명이거나 견해표명에 대해 국민이 갖는 신뢰와 다른 행정권 행사의 가능성이 있으면 구체적인 행정권 행사에 대한 신뢰를 주는 견해표명으로 볼 수 없다. 즉, 행정청이 앞서 표명한 공적인 견해에 반하는 행정처분을 함으로써 달성하려는 공익이 행정청의 공적 견해표명을 신뢰한 개인이 그 행정처분으로 인하여 입게 되는 이익의 침해를 정당화할 수 있을 정도로 강한 경우에는 신뢰보호의 원칙을 들어 그 행정처분이 위법하다고는 할 수 없다.

   예를 들면, 택시운전사가 교통법규 위반행위(운전면허 정지기간 중의 운전행위)를 하다가 적발되어 당시 형사처벌(벌금)을 받았으나 피고(행정청)로부터는 아무런 행정조치가 없어 안심하고 계속 운전업무(영업용택시)에 종사하여 왔는데, 행정청이 위 위반행위가 있은 이후 장기간에 걸쳐 아무런 행정조치를 취하지 않은 채 방치하고 있다가 3년여가 지나서 이를 이유로 행정제재를 하면서 가장 무거운 운전면허를 취소하는 행정처분을 한 것은 신뢰보호의 원칙에 반하는 것으로 볼 수 있다. 또한, 이 사례에서 위반행위(운전면허 정지기간 중의 운전행위)를 단속한 것도 경찰기관이고, 운전면허취소처분을 하는 것도 경찰기관이므로 행정청이 철회사유를 알 수 있었고, 철회권 행사의 가능성도 있었다고 볼 수 있으므로 후술하는 실권의 법리를 적용할 수도 있을 것이다.

7. 실권의 법리

> 행정기본법
> 제12조(신뢰보호의 원칙) ① 행정청은 공익 또는 제 3 자의 이익을 현저히 해칠 우려가 있는 경우를 제외하고는 행정에 대한 국민의 정당하고 합리적인 신뢰를 보호하여야 한다.
> ② 행정청은 권한 행사의 기회가 있음에도 불구하고 장기간 권한을 행사하지 아니하여 국민이 그 권한이 행사되지 아니할 것으로 믿을 만한 정당한 사유가 있는 경우에는 그 권한을 행사해서는 아니 된다. 다만, 공익 또는 제 3 자의 이익을 현저히 해칠 우려가 있는 경우는 예외로 한다.

(1) 의   의

실권(失權)의 법리란 행정청에게 취소권, 영업정지권 또는 철회권 등 권리의 행사의 기회(가능성)가 있음에도 불구하고 행정청이 장기간에 걸쳐 그의 권리를 행사하지 아니하였기 때문에 상대방인 국민이 행정청이 그의 권리를 행사하지 아니할 것으로 신뢰할 만한 정당한 사유가 있게 된 경우에는 그 권리를 행사할 수 없다는 법리를 말한다. 실권의 법리는 신뢰보호원칙의 파생법리이다.

「행정기본법」은 실권(실효)의 법리를 행정법의 일반원칙의 하나로 선언하고 있다. 즉, 행정청은 권한 행사의 기회가 있음에도 불구하고 장기간 권한을 행사하지 아니하여 국민이 그 권한이 행사되지 아니할 것으로 믿을 만한 정당한 사유가 있는 경우에는 그 권한을 행사해서는 아니 된다. 다만, 공익 또는 제 3 자의 이익을 현저히 해칠 우려가 있는 경우는 예외로 한다(법 제12조 제 2 항). 실권의 법리는 「행정기본법」 제23조의 제재처분의 제척기간과 중첩하여 적용될 수 있다.

(2) 적용요건

실권의 법리가 적용되기 위하여는 ① 행정청이 취소사유나 철회사유 등을 앎으로써 권리행사 가능성을 알았어야 한다. ② 행정권 행사가 가능함에도 불구하고 행정청이 장기간 권리행사를 하지 않았어야 한다. ③ 상대방인 국민이 행정청이 이제는 권리를 행사하지 않을 것으로 신뢰하였고 그에 정당한 사유가 있어야 한다. ④ 공익 또는 제 3 자의 이익을 현저히 해칠 우려가 있는 경우가 아니어야 한다.

8. 적법절차의 원칙

적법절차의 원칙이란 개인의 권익을 제한하는 모든 국가작용은 적법절차 (due process)에 따라 행하여져야 한다는 원칙이다.

헌법 제12조 제 1 항에서 규정하고 있는 적법절차의 원칙은 형사소송절차에 국한되지 아니하고 모든 국가작용 전반에 대하여 적용된다.

9. 신의성실의 원칙(성실의무의 원칙)

> 행정기본법
> 제11조(성실의무 및 권한남용금지의 원칙) ① 행정청은 법령등에 따른 의무를 성실히 수행하여야 한다.
> ② 행정청은 행정권한을 남용하거나 그 권한의 범위를 넘어서는 아니 된다.

신의성실의 원칙은 민법상 인정된 법의 일반원칙이지만 민법만의 법원칙은 아니며 행정법을 포함한 모든 법의 일반원칙이다(민법 제 2 조 제 1 항, 행정절차법 제 4 조 제 1 항, 국세기본법 제15조).

「행정기본법」은 불문법인 신의성실의 원칙을 행정법의 일반원칙의 하나로 선언하고 있다. 다만, 성실의무의 원칙으로 명칭을 달리하여 규정하고 있다. 즉, 행정청은 법령등에 따른 의무를 성실히 수행하여야 한다(법 제11조 제 1 항). 행정절차법은 행정청은 직무를 수행할 때 신의(信義)에 따라 성실히 하여야 한다고 규정하고 있다(법 제 4 조 제 1 항).

(1) 의   의

신의성실의 원칙이란 모든 사람은 공동체의 일원으로서 상대방의 신뢰를 헛되이 하지 않도록 성의 있게 행동하여야 한다는 원칙이다.

(2) 적용요건

신의성실의 원칙에 위배된다는 이유로 그 권리의 행사를 부정하기 위하여
는 ① 상대방에게 신의를 주었다거나 객관적으로 보아 상대방이 그러한 신의를
가짐이 정당한 상태에 이르러야 하고, ② 이와 같은 상대방의 신의에 반하여 권
리를 행사하는 것이 정의 관념에 비추어 용인될 수 없는 정도의 상태에 이르러
야 하고, ③ 일반 행정법관계에서 관청의 행위에 대하여 신의칙이 적용되기 위
해서는 합법성의 원칙을 희생하여서라도 처분의 상대방의 신뢰를 보호함이 정
의의 관념에 부합하는 것으로 인정되는 특별한 사정이 있을 경우에 한하여 예외
적으로 적용된다(대판 2004. 7. 22, 2002두11233[개발부담금부과처분취소]).

[판례] 지방공무원 임용신청 당시 잘못 기재된 호적상 출생년월일을 생년월일로
기재하고, 이에 근거한 공무원인사기록카드의 생년월일 기재에 대하여 처음 임용
된 때부터 약 36년 동안 전혀 이의를 제기하지 않다가, 정년을 1년 3개월 앞두고
호적상 출생년월일을 정정한 후 그 출생년월일을 기준으로 정년의 연장을 요구하
는 것이 신의성실의 원칙에 반하지 않는다고 본 사례(대판 2009. 3. 26, 2008두
21300[공무원지위확인]).

행정청이 심히 부당하게 처분을 늦추고, 그 사이에 허가기준을 엄격하게 변
경하는 법령개정을 하고 개정된 법령에 근거하여 거부처분을 하는 것은 신의성
실의 원칙에 반한다(대판 1984. 5. 22, 84누77).

행정법상 신청을 할 수 없게 한 장애사유를 행정청이 만든 경우에 행정청
이 원인이 된 장애사유를 근거로 그러한 신청을 인정하지 않는 것은 신의성실
의 원칙에 반하여 허용될 수 없다(대판 2019. 1. 31, 2016두52019 등).

10. 권한남용금지의 원칙

> 행정기본법
> 제11조(성실의무 및 권한남용금지의 원칙) ① 행정청은 법령등에 따른 의무를 성실히
> 수행하여야 한다.
> ② 행정청은 행정권한을 남용하거나 그 권한의 범위를 넘어서는 아니 된다.

「행정기본법」은 불문법인 권한남용금지의 원칙을 행정법의 일반원칙의 하

나로 선언하고 있다. 즉, 행정청은 행정권한을 남용하거나 그 권한의 범위를 넘어서는 아니 된다(법 제11조 제2항).

권한남용금지의 원칙이란 행정기관은 권한을 개인적 이익을 위해 행사해서는 안 될 뿐만 아니라 법상 정해진 공익 목적과 다른 부정한 목적으로 행사해서는 안 된다는 것을 말한다. 권한남용금지의 원칙은 법치국가원리 또는 법치주의에 기초한 것이다(대판 2016. 12. 15, 2016두47659).

11. 부당결부금지의 원칙

> **행정기본법**
> 제13조(부당결부금지의 원칙) 행정청은 행정작용을 할 때 상대방에게 해당 행정작용과 실질적인 관련이 없는 의무를 부과해서는 아니 된다.

(1) 의   의

부당결부금지의 원칙이란 행정기관이 행정권을 행사함에 있어서 그것과 실질적인(실제적인) 관련이 없는 반대급부를 결부시켜서는 안 된다는 원칙을 말한다.

「행정기본법」은 불문법인 부당결부금지의 원칙을 행정법의 일반원칙의 하나로 선언하고 있다. 즉, 행정청은 행정작용을 할 때 상대방에게 해당 행정작용과 실질적인 관련이 없는 의무를 부과해서는 아니 된다(법 제13조).

(2) 내   용

행정권의 행사와 그에 결부된 반대급부나 의무 사이에 실질적 관련성이 있어야 하며 실질적 관련성이 없는 경우에 해당 행정권 행사는 부당결부금지의 원칙에 반한다(예 이륜자동차로서 제2종 소형면허를 가진 사람만이 운전할 수 있는 오토바이는 제1종 대형면허나 보통면허를 가지고서는 이를 운전할 수 없는 것이어서 이륜자동차의 운전은 제1종 대형면허나 보통면허와는 아무런 관련이 없는 것이므로 이륜자동차를 음주운전한 사유만 가지고서는 제1종 대형면허나 보통면허의 취소나 정지를 할 수 없다(대판 1992. 9. 22, 91누8289[자동차운전면허취소처분취소])).

12. 공익목적의 원칙

행정권은 공익목적을 위해 행사되어야 한다. 행정은 사익을 추구할 수는 없다. 다만, 공익을 목적으로 하면서 관련되는 사익을 부수적으로 고려하고 조정하는 것은 가능하다.

Ⅳ. 조   리

조리(條理)란 사회 일반의 정의감에서 마땅히 그러하여야 할 것이라고 인정되는 것을 말한다.

조리는 법해석의 기본원리가 되고, 법의 흠결이 있는 경우에 최종적이고 보충적인 법원이 된다.

제 5 절 법원의 단계구조

Ⅰ. 법원의 상호관계

행정법의 법원(法源)은 다음과 같은 상하의 관계에 있다. 헌법 및 헌법적 효력을 갖는 법의 일반원칙 ― 법률, 국회의 동의를 받은 조약, 국회의 승인을 받은 긴급명령 및 법률적 효력을 갖는 법의 일반원칙 ― 명령(대통령령-총리령 또는 부령) ― 자치법규.

명령은 제정권자의 우열에 따라 다음과 같이 상위법과 하위법의 효력관계에 있다. 대통령령 ― 총리령 또는 부령(총리령과 부령은 상하의 관계에 있지 않다).

자치법규는 다음과 같이 상위법과 하위법의 관계에 있다. 광역자치단체의 자치법규(조례-규칙) ― 기초자치단체의 자치법규(조례-규칙). 동일단계의 자치단체의 조례와 규칙 사이에는 지방의회가 제정하는 조례가 지방자치단체의 장이 제정하는 규칙보다 상위법이다.

동일한 효력을 갖는 법 상호간에 모순이 있는 경우에는 특별법우선의 원칙과 신법우선의 원칙에 따라 특별법이 일반법보다, 신법이 구법보다 우선한다. 또한 특별법우선의 원칙이 신법우선의 원칙보다 우월하므로 구법인 특별법이 신법인 일반법보다 우선한다.

Ⅱ. 위헌·위법인 법령의 효력과 통제

상위법에 위반되는 하위법규정은 위법한 법규정이 된다.

① 헌법에 위반되는 법률은 법원의 위헌법률심판의 제청에 따라 헌법재판소의 위헌법률심사의 대상이 된다. 헌법재판소의 결정에 의해 위헌판결이 나면 그 법률은 장래에 향하여 효력을 상실한다.

② 헌법 및 상위법령에 위반하는 명령 또는 자치법규는 구체적인 사건에서 재판의 전제가 된 경우에 법원의 심사의 대상이 된다. 위헌 또는 위법이 확인된 명령 또는 자치법규는 당연히 효력을 상실하는 것이 아니며 그 사건에 한하여 적용이 배제된다.

③ 처분적 명령이 무효확인소송의 대상이 되어 무효확인된 경우에는 처음부터 효력이 없었던 것으로 확인된다.

④ 명령에 대한 헌법소원이 인용된 경우에는 해당 명령의 효력은 결정의 유형(단순위헌결정, 불합치결정(입법촉구결정), 한정위헌결정(전면적으로 위법은 아니지만, 개념이 불확정적이거나 다의적으로 해석이 가능한 명령조항에 대하여 한정축소해석을 하고 그 이상으로 적용범위를 확대하는 경우에 위헌이라고 결정하는 것), 한정합헌결정)에 따라 다르다.

⑤ 상위법령에 반하는 조례안은 일정한 요건하에 지방자치법상의 기관소송(무효확인소송)의 대상이 된다.

제 6 절   행정법의 효력

행정법령은 시간적·장소적·인적 범위 내에서 효력을 갖는다.

Ⅰ. 시간적 효력

1. 효력발생시기

행정법령은 시행일부터 그 효력을 발생한다. 법령의 제정·개정시 시행일을 규정하는 것이 통례이다.

법령에서 시행일을 규정하지 않은 경우에는 공포한 날부터 20일이 경과함으로써 그 효력을 발생한다(「법령 등 공포에 관한 법률」 제13조).

헌법개정·법률·조약·대통령령·총리령 및 부령의 공포는 관보에 게재하여 이를 행하고(동법 제11조 제 1 항), 국회의장이 법률을 공포하고자 할 때에는 서울특별시에서 발행되는 둘 이상의 일간신문에 게재함으로써 한다(동조 제 2 항).

2. 소급적용금지의 원칙

소급적용금지의 원칙이란 법령은 원칙적으로 그 효력이 생긴 때부터 그 후에 발생한 사실에 대하여서만 적용된다는 원칙을 말한다.

다만, 법령을 소급적용하더라도 ① 일반 국민의 이해에 직접 관계가 없는 경우, ② 오히려 그 이익을 증진하는 경우, ③ 불이익이나 고통을 제거하는 경우 등의 특별한 사정이 있는 경우에 한하여 예외적으로 법령의 소급적용이 허용된다(대판 2005. 5. 13, 2004다8630).

Ⅱ. 지역적 효력

1. 원   칙

행정법령은 해당 법령을 제정한 기관의 권한이 미치는 지역 내에서만 효력을 가지는 것이 원칙이다. 즉, 국가의 법령은 대한민국의 영토 전역에 걸쳐 효력을 가지고, 지방자치단체의 조례·규칙은 지방자치단체의 구역 내에서만 효력을 가지는 것이 원칙이다.

2. 예   외

위의 원칙에는 다음과 같은 예외가 있다. ① 국제법상 치외법권이 인정되는 시설(예 대사관, 영사관) 내에는 국내법령의 효력이 미치지 않는다. ② 국가의 법령이 일부 지역에만 적용되는 경우가 있다(예 「제주특별법」은 제주특별자치도에만 미친다). ③ 행정법령이 그 제정기관의 권한이 본래 미치는 지역을 넘어 적용되는 경우가 있다(예 국가법령이 공해상에 있는 자국의 선박에 적용되고, 지방자치단체가 다른 지방자치단체의 구역 내에 공공시설을 설치한 경우에는 동 공공시설을 설치한 지방자치단체의 공공시설에 관한 조례는 동 공공시설에 적용된다).

Ⅲ. 대인적 효력

1. 원 칙

행정법령은 속지주의에 따라 원칙적으로 그 영토 또는 구역 내에 있는 모든 人(예 내국인, 내국법인, 외국인, 외국법인)에게 적용된다.

2. 예 외

위의 원칙에는 다음과 같은 예외가 있다. ① 국제법상 치외법권을 가지는 자에 대하여는 국내법령이 적용되지 않는다(예 외국의 국가원수 또는 외교관). ② 국내에 거주하는 미합중국군대 구성원에 대하여는 「한미행정협정」에 따라 국내법령의 적용이 제한된다. ③ 외국인에 대하여 상호주의가 적용되는 경우가 있고(예 국가배상책임) 외국인에 대하여 특칙을 두는 경우(예 외국인의 참정권을 부인하는 경우)가 있다. ④ 국외의 자국인에 대하여 국내법령이 적용되는 경우가 있다(예 여권법).

제 7 절 행정법규정의 흠결과 보충

Ⅰ. 개 설

적용할 법규정이 없다는 이유로 재판을 거부할 수는 없다. 법의 흠결이 있는 경우에는 해석을 통하여 법을 보충하여야 한다.

Ⅱ. 행정법규정의 유추적용

성문의 행정법규정의 흠결이 있는 경우에는 우선 유사한 행정법규정(공법규정)을 유추적용(적용할 법령이 없는 경우에 유사한 법령규정을 적용하는 것)하여야 한다. 행정법규정의 유추적용에 있어서는 헌법규정이 함께 고려될 수 있다.

Ⅲ. 헌법규정 및 행정법상 일반 법원칙의 적용

유추적용할 행정법규정이 없는 경우에는 헌법규정 및 행정법상 일반 법원칙을 적용할 수 있다.

Ⅳ. 사법(私法)규정의 적용

행정법관계를 규율할 어떠한 공법도 존재하지 않는 경우에는 사법(私法)규정을 적용 또는 유추적용할 수 있다.

Ⅴ. 조리의 적용

조리는 최종적인 법원이다. 행정법관계에 적용할 어떠한 공법이나 사법도 없는 경우에는 조리를 적용한다. 법원은 적용할 법이 없다는 이유로 재판을 거부할 수 없고, 이 경우에는 조리에 따라 재판하여야 한다.

제8절 행정법의 집행과 행정법의 해석

행정법의 집행은 구체적인 행정문제에 일반적·추상적인 행정법을 적용하는 과정이다. 이는 삼단논법의 방식에 따른다. ① 행정문제를 조사하여 확인하고, ② 적용할 행정법을 선택하여 일반적이고 추상적인 행정법을 해석하고, ③ 행정법을 구체적인 행정문제에 적용한다.

일반법보다 특별법을 우선 적용하고, 특별법에 규정이 없는 사항에 대해서는 일반법을 적용한다.

법령에 따라 처분을 하려면 처분요건의 충족이 사실로 인정되어야 한다. 처분요건충족사실은 관련서류만으로 인정되는 경우도 있고, 관련서류만으로 인정되지 못하는 경우에는 관련서류와 함께 사실조사를 통해 인정되어야 한다. 처분사실의 존재는 단순한 가능성만으로는 안 되고 최소한 개연성이 인정되어야 한다.

　　행정법의 해석은 행정법규정의 문언이나 문구의 의미를 명확히 하는 해석(문언해석 또는 문리해석)을 기본으로 하면서도 행정법의 입법목적에 합치되게 해석(목적론적 해석)하도록 노력하여야 하고, 상하 또는 동일한 법규정 상호간에 모순 없이 체계적이고 논리적으로 해석(체계적·논리적 해석)하여야 한다.

　　누구든지 법령등의 내용에 의문이 있으면 법령을 소관하는 중앙행정기관의 장(이하 "법령소관기관"이라 한다)과 자치법규를 소관하는 지방자치단체의 장에게 법령해석을 요청할 수 있다(행정기본법 제40조 제1항). 법령 소관 행정기관의 법령해석을 유권해석이라 한다.

　　법령소관기관이나 법령소관기관의 해석에 이의가 있는 자는 대통령령으로 정하는 바에 따라 법령해석업무를 전문으로 하는 기관(민사법과 형사법의 경우 법무부, 그 밖의 법의 경우 법제처)에 법령해석을 요청할 수 있다(행정기본법 제40조 제3항).

제3장
경찰행정상 법률관계

제1절 행정법관계의 의의 및 공법관계와 사법관계의 구별

Ⅰ. 행정법관계의 의의

행정법관계란 행정상 법률관계 중 공법이 적용되는 법률관계(법주체 상호간의 권리의무관계)를 말한다. 따라서 행정법관계는 공법관계와 동의어로 사용된다.

경찰행정상 법률관계란 경찰행정활동을 기초로 하여 맺어지는 법률관계를 말한다.

Ⅱ. 공법관계와 사법관계의 구별

1. 공법관계와 사법관계의 구별실익

(1) 적용법규 및 적용법원리의 결정

행정상 법률관계가 사법관계(국고관계)로 판정된 경우에는 사법규정 및 사법원리가 적용된다. 다만, 행정사법관계에는 일부 공법원리가 적용된다.

공법관계를 적용대상으로 하는 법은 공법이 되며 공법원리에 맞게 해석되어야 한다.

(2) 소송형식 및 소송절차의 결정

① 공법관계에 관한 소송은 행정소송으로 제기하여야 하고, 사법관계에 관한 소송은 민사소송으로 제기하여야 한다. 처분에 대하여는 항고소송을 제기하

고, 공법상 법률관계에 관한 분쟁에 있어서는 공법상 당사자소송을 제기하여야
한다.

② 행정소송절차는 민사소송절차와 다른 특별한 소송절차이다. 민사소송절
차는 민사소송법과 민사집행법에 따라 규율된다. 행정소송절차는 행정소송법에
따라 규율되는데, 행정소송법에 특별한 규정이 없는 사항에 대하여는 법원조직
법과 민사소송법 및 민사집행법의 규정을 준용한다(행정소송법 제8조 제2항).

2. 공법관계와 사법관계의 구별기준

공법관계와 사법관계의 구별은 관련법규정과 법률관계의 성질을 고려하여
결정하여야 한다.

우선 공법규정에 의해 규율되는 법률관계는 공법관계이다.

법률관계의 성질을 기준으로 한 공법관계와 사법관계의 구별에 관하여 다
음과 같이 학설이 대립하고 있다.

(1) 주 체 설

주체설이란 적어도 한 쪽 당사자가 행정주체인 법률관계를 공법관계로 보
고, 양 당사자 모두 사인인 법률관계를 사법관계라고 보는 견해이다.

그러나 한 쪽 당사자가 행정주체라 하더라도 행정주체가 재산권의 주체인
경우에는 사법관계로 보고, 행정주체의 국고행위나 사법형식에 따른 공행정작
용은 사법행위(사법관계)로 보아야 하므로 주체설은 타당하지 않다.

오늘날 주체설을 주장하는 학자는 없다.

(2) 권력설(종속설, 복종설)

권력설이란 행정주체에게 우월적 지위가 주어지는 지배복종관계인 법률관계
는 공법관계이고, 양 당사자가 대등한 법률관계를 사법관계라고 보는 견해이다.

행정주체가 당사자가 되는 권력관계(권력행위)는 공법관계(공법행위)라는 점에
그 의의가 있다. 그러나 이 견해는 오늘날 비권력적인 공법관계(행정법관계)가 널
리 인정되고 있는 점에서 문제가 있다. 사법관계에도 예외적이기는 하지만 지배
복종관계(🔲 친자관계)가 있다.

(3) 이 익 설

이익설이란 공익의 보호와 관계가 있는 법률관계를 공법관계로 보고, 사익

의 보호와 관계가 있는 법률관계를 사법관계라고 보는 견해이다.

공법관계는 권력관계이든 비권력관계이든 모두 공익의 보호와 관련이 있고, 사법관계는 사익의 보호와 관련이 있는 점에서 이익설은 공법관계와 사법관계의 일반적인 구별기준이 된다는 점에 그 의의가 있다.

그러나 공익과 사익의 구별이 상대적이고, 공법관계는 공익의 보호와 함께 사익의 보호와도 관련이 있고(예 이웃의 채광을 보호하는 건축법의 규정은 주거환경의 보호라는 공익목적과 함께 인근주민의 채광(일조)의 이익을 아울러 보호하는 것을 목적으로 한다), 사법관계도 공익과 관련이 있는 경우가 있다는 점에서 이익설의 한계가 있다. 즉, 사법관계 중 행정사법관계(예 공기업관계)는 공익과 밀접한 관련이 있지만 기본적으로 사법관계이다.

(4) 귀속설(신주체설)

귀속설이란 공권력의 담당자(=공권력주체)의 지위를 갖는 자에게만 권리 또는 의무를 귀속시키는 법률관계가 공법관계이고, 모든 권리주체에게 권리 또는 의무를 귀속시키는 법률관계가 사법관계라고 보는 견해이다. 여기서 공권력은 공행정주체 일반에 부여되는 우월적 지위를 의미하며 일방적인 명령강제권을 의미하는 것은 아니다. 권력행정주체뿐만 아니라 비권력적 공행정주체도 공권력주체가 된다.

귀속설은 권력관계와 비권력관계를 포함하여 공법관계 일반과 사법관계의 통일적인 구별기준이 된다는 점에 그 의의가 있다.

그러나 귀속설의 문제점은 ① 구체적인 법률관계에서 행정주체가 공권력주체로서의 지위를 가지는지 그렇지 않은지가 불분명한 경우가 있다는 점 및 ② 공권력의 담당자(=공권력주체)의 지위는 공법관계를 전제로 해서 인정되는 것이므로 논리순환의 모순에 빠져있다는 점이다.

(5) 결어: 복수기준설

공법관계과 사법관계의 구별기준으로 제시된 이익설, 종속설 및 귀속설은 모두 중요한 구별기준을 제시하고 있지만 공법관계과 사법관계의 구별에 관한 완벽한 이론이 되지 못한다. 따라서 위의 세 이론을 종합적으로 고려하여 문제의 법률관계(행위)가 공법관계(공법행위)인지 사법관계(사법행위)인지를 개별적으로 판단하여야 한다. 이를 복수기준설이라고 한다.

복수기준설은 일관성있는 법이론이 되지 못하는 문제점을 갖고 있지만 공법관계와 사법관계의 구별에 관한 이론 중 가장 현실적인 이론이다. 판례도 복수기준설을 취하고 있다.

공법관계와 사법관계의 구별은 법률관계 전체에 대해 개괄적으로 하는 것이 아니라 개별적 법률관계마다 개별적으로 행하여진다. 그 이유는 오늘날 하나의 개괄적인 법률관계에 있어서 공법관계와 사법관계가 혼재되어 있는 경우가 적지 않기 때문이다.

Ⅲ. 2단계설

행정상 법률관계가 경우(예 보조금지급관계)에 따라서는 기본적 결정과 구체화결정(발전적 결정)으로 단계적으로 형성되는 것으로 보면서 기본적 결정(예 보조금지급결정)은 공법관계이고, 기본적 결정의 구체화결정(발전적 결정)(예 보조금지급계약)은 사법관계로 보는 견해가 있는데, 이를 2단계설이라 한다.

일반적으로 2단계설은 2단계가 공법관계와 사법관계로 형성되는 경우만을 의미하는 것으로 보고 있는데, 성질이 다른 2개의 공법관계로 형성되는 경우(예 행정행위인 우선협상대상자의 결정＋공법상 계약인 민자유치계약)도 2단계의 행정결정으로 보는 것이 타당하다.

제 2 절 행정상 법률관계의 종류

Ⅰ. 공법관계

공법이 적용되는 법률관계를 공법관계라 한다. 공법관계는 권력관계와 관리관계로 구별된다. 관리관계는 비권력적 공행정관계라고도 한다.

1. 권력관계

권력관계란 공권력주체로서의 행정주체가 우월적인 지위에서 국민에 대하여 일방적인 조치(법률행위(일정한 법률효과의 발생을 목적으로 하는 하나 또는 수개의 의사표시를 없어서는 안 되는 꼭 필요한 요소로 하는 법률요건) 또는 사실행위(표시된 의식내용을 문제로 하지 아니하고 단지 행위가 행하여지고 있다는 사실 또는 그 행위에 의하여 생긴 결과만에 대하여 법률효과가 부여된 행위))를 취하는 관계를 말한다.

권력관계의 예로는 ① 권력적 법률행위인 행정행위(예 운전면허 취소 및 정지처분)와 ② 권력적 사실행위인 행정강제(예 주차위반차량의 견인·보관조치)가 있다.

권력관계는 사인 상호간의 관계와는 그 성질이 크게 다른 관계이므로 사법과는 다른 공법원리에 의해 규율된다.

2. 관리관계(비권력적 공법관계)

관리관계란 행정주체가 사인과 대등한 관계에서 공행정을 수행함에 있어서(공익목적을 달성하기 위하여 사업을 수행하거나 재산을 관리함에 있어서) 국민과 맺는 관계를 말한다. 관리관계의 예로는 공법상 계약관계(예 공무원채용계약, 민자유치계약, 국가연구비지급계약 등) 등을 들 수 있다.

관리관계는 비권력관계라는 점에서 권력관계와 구별되고, 사법관계와 유사하나 사법관계와 달리 공익성이 강하기 때문에, 공익목적을 달성하기 위하여 필요한 한도에서는 특수한 공법적 규율이 행하여지는 관계이다. 그 이외에 관리관계에는 사법이 널리 적용된다.

Ⅱ. 사법관계

사법관계란 행정주체가 사인과 같은 지위에서 국민과 맺는 관계를 말한다.

1. 국고관계

국고관계란 행정주체가 일반 사인과 같은 지위에서(사법상의 재산권의 주체로서) 사법상의 행위를 함에 있어 사인과 맺는 관계를 말한다(예 경찰행정에 필요한 물품의 구매계약, 경찰청사의 건축도급계약, 국유재산(일반재산)의 매각, 수표의 발행, 금전차입 등).

국고관계는 전적으로 사법에 따라 규율된다는 것이 통설의 입장이다. 행정주체의 국고관계에서의 활동에 대하여는 「국가를 당사자로 하는 계약에 관한

법률」, 국유재산법, 「공유재산 및 물품 관리법」 등에서 특수한 규율을 하고 있
는 경우가 있는데, 이들 특수한 규정은 공법규정이 아니라 사법규정이다.

2. 행정사법관계

(1) 의의와 필요성

행정사법관계란 행정주체가 사법형식에 따라 공행정(공적 임무)을 수행함에
있어서 국민과 맺는 법률관계를 말한다.

행정주체가 공법규정하에서의 여러 가지 부담과 제약에서 벗어나 사적 부
문의 자율성과 창의성에 기초하여 공행정을 효율적으로 수행할 수 있도록 하기
위하여 일정한 경우에 행정주체를 공법적 제약으로부터 해방시켜 공행정을 사
법형식에 따라 수행하도록 하고 있다.

(2) 행정사법관계의 인정범위와 한계

사법형식에 따른 행정이 행해질 수 있는 대표적인 영역은 급부행정(예 철도
사업, 시영버스사업, 전기·수도·가스 등 공급사업, 우편사업, 하수도관리사업, 쓰레기처리사업)과 자
금지원행정(예 보조금의 지급·융자)이다. 그러나 경찰, 조세 등 고권적 행정과 공익
성이 강하게 요구되는 행정은 사법형식에 따른 관리가 인정될 수 없다고 보아
야 한다. 다만, 수도료 부과와 이에 따른 수도료의 납부관계는 공법상 권리의무
관계이다(대판 1977. 2. 22, 76다2517).

(3) 행정사법관계의 법적 규율

행정사법관계는 기본적으로 사법관계이며 사법에 의해 규율된다. 다만, 공
행정의 공공성을 최소한으로 보장하고, 국민의 기본권을 보장하기 위하여 행정
사법관계에는 해석상 일정한 공법원리가 적용된다. 사법형식에 따른 공행정에
적용되는 공법원리에는 평등의 원칙, 비례의 원칙, 공역무(공행정)계속성의 원칙,
행정권의 기본권 보장의무 등이 있다.

(4) 권리구제

행정사법관계는 기본적으로 사법관계이므로 행정사법관계에 관한 법적 분
쟁은 민사소송의 대상이 된다.

[행정상 법률관계의 종류]

행정상 법률관계	행정조직법적 관계	조직내부관계	
	행정작용법적 관계	행정주체와 행정객체간의 관계	
	공법관계 (=행정법관계)	권력관계	일반권력관계 (특별권력관계)
		관리관계(비권력행정관계, 단순고권행정관계)	
	행정상 사법관계 (=넓은 의미의 국고관계)	좁은 의미의 국고관계	조달작용
			영리작용
		행정사법관계	

제 3 절   행정법관계의 당사자(행정주체와 행정객체)

Ⅰ. 행정주체

행정주체란 행정을 행하는 법주체를 말한다. 즉, 행정주체는 행정법관계에서 행정권을 행사하고 그 행위의 법적 효과가 궁극적으로 귀속되는 당사자를 말한다. 그리고 행정청은 행정에 관한 의사를 결정하여 표시하는 국가 또는 지방자치단체의 기관, 그 밖에 법령 또는 자치법규에 따라 행정권한을 가지고 있거나 위탁을 받은 공공단체나 그 기관 또는 사인을 말한다.

행정주체에는 국가, 지방자치단체, 공공조합, 영조물법인, 공법상 재단, 공무수탁사인이 있다. 이 중 지방자치단체, 공공조합, 영조물법인, 공법상 재단을 공공단체라 한다(넓은 의미의 공공단체: 지방자치단체+좁은 의미의 공공단체(공공조합·영조물법인·공법상 재단)). 공공단체는 공법상의 법인이다.

행정주체가 법인인 경우에는 행정을 실제로 행하는 것은 행정주체가 아니라 행정주체의 기관이다. 그러나 이들 기관의 행위의 법적 효과는 법인격체인 행정주체에게 귀속된다.

공공조합이란 법정의 자격을 가진 조합원으로 구성된 공법상의 사단법인이다(예 농지개량조합, 상공회의소, 의료보험조합, 재개발조합, 재건축조합, 대한변호사협회(헌재 2019. 11. 28, 2017헌마759; 대판 2021. 1. 28, 2019다260197) 등).

영조물법인이란 행정법상의 영조물에 독립된 법인격이 부여된 것을 말한다. 한국은행과 국립서울대학교는 독립된 법인격이 부여되어 있으므로 영조물법인이며 행정주체이다. 영조물이란 특정한 국가목적에 제공된 인적·물적 종합시설을 말한다(예 국립경찰대학(교육시설＋교수), 국립경찰병원(의료시설＋의사), 국립도서관(도서＋사서), 국공립학교, 한국은행 등)이 있다. 영조물과 영조물법인의 관계는 다음과 같다. 행정주체가 운영하는 영조물은 인사·회계 등에 있어 법령상 엄격한 통제를 받기 때문에 능률적인 업무 수행에 제약을 받게 된다. 따라서 영조물의 능률적인 경영을 보장하기 위하여 독립적인 법인격을 부여하는 경우가 있는데, 이를 영조물법인이라 한다(이일세,「행정법총론」, 66쪽).

공법상 재단이란 국가나 지방자치단체가 공공 목적을 위하여 출연한 재산을 관리하기 위하여 설립된 공법상의 재단법인을 말한다(예 한국연구재단, 총포·화약안전기술협회).

공무수탁사인이란 공행정사무를 위탁(좁은 의미의 위탁)받아 자신의 이름으로 처리하는 권한을 갖고 있는 행정주체인 사인을 말한다. 이에 반하여 공무수탁사인의 행정주체성을 부인하고 공무수탁사인에게 행정청의 지위만을 인정하는 견해도 있다. 그러나 공무수탁사인은 처분을 함에 있어서는 행정주체인 동시에 행정청의 지위를 갖는다고 보는 것이 타당하다. 공무수탁사인은 자연인일 수도 있고 사법인 또는 법인격 없는 단체일 수도 있다.

공무수탁사인의 직무상 불법행위로 손해를 입은 경우에는 「국가배상법」제 2 조 제 1 항에 따라 국가배상청구를 할 수 있다.

공무수탁사인의 예로는 ① 사립대학이 교육법에 따라 학위를 수여하는 경우, ② 사선(私船)의 선장 또는 해원(海員)이 일정한 경찰사무를 행하는 경우, ③ 민간철도회사의 직원이 철도경찰사무를 수행하는 경우, ④ 사인이 별정우체국의 지정을 받아 체신업무를 경영하는 경우, ⑤ 사인이 산림 감시 또는 수렵 감시업무를 수행하는 경우, ⑥ 교정업무를 위탁받은 민영교도소, ⑦ 사인이 사업시행자로서 토지를 수용하고 이주대책을 수립하는 경우가 있다.

변호사협회, 의사협회 등 공공성이 강한 직업별 협회를 공공단체로 보는 견해가 전통적인 견해이지만, 오늘날 변호사협회 등 직업별협회는 공익성이 있는 공익단체이지만 자율적인 사법상 단체로 보는 것이 타당하다. 변호사의 등록과 변호사에 대한 징계는 처분으로서 행정행위의 성질을 갖지만 이는 공무수탁사인인 변호사협회가 위탁받은 행정권을 행사하는 것으로 보는 것이 타당하다. 판례는 대한변호사협회를 공법인으로 본다(헌재 2019. 11. 28, 2017헌마759; 대판 2020. 1. 28, 2019다260197). 공법인은 공공목적을 위하여 특별한 법적 근거에 따라서 설립된 법인을 말한다.

행정주체인 공무수탁사인과 구별해야 할 개념이 행정보조인과 행정대행이다. 사인이 공행정사무를 수행하는 경우에도 행정기관의 보조인에 불과한 경우(＝행정보조인)(예 ① 불법주정차나 사고차량의 견인을 위탁받은 견인업체, ② 경찰에 의해 혈액검사를 위탁받은 의사, ③ 통학교통안내원, ④ 표준지의 적정가격의 조사·평가 및 개별공시지가의 타당성 여부에 대하여 검증하는 감정평가사)나 행정을 단순히 대행하는 것(＝행정대행)에 불과한 경우(예 자동차검사대행)에는 공무수탁사인이 아니다. 실정법령상 대행 중에는 강학상 위탁인 경우(예 고속국도의 관리 대행)도 있고, 강학상 대행(예 자동차검사의 대행)인 경우도 있다.

공무수탁사인, 공무대행사인, 행정보조자를 통칭하여 공무수행사인이라 한다.

공적 임무의 실현을 위한 공의무를 부담하는 사인을 공의무부담사인이라 하는데, 공의무부담사인은 행정권을 수탁받아 행사하는 것이 아닌 점에서 공무수탁사인이 아니다. 공의무부담사인의 예로는 소득세 원천징수의무자(판례도 공무수탁사인이 아니라고 봄(대판 1990. 3. 23, 89누4789)), 석유비축의무자, 공무원에 대한 원조의무자(경범죄처벌법 제 3 조 제 1 항 제29호: 공무원 원조불응) 등이 있다.

【판례】원천징수의무자의 법적 성격: 원천징수하는 소득세에 있어서는 납세의무자의 신고나 과세관청의 부과결정이 없이 법령이 정하는 바에 따라 그 세액이 자동적으로 확정되고, 원천징수의무자는 소득세법 제142조 및 제143조의 규정에 의하여 이와 같이 자동적으로 확정되는 세액을 수급자로부터 징수하여 과세관청에 납부하여야 할 의무를 부담하고 있으므로, 원천징수의무자가 비록 과세관청과 같은 행정청이더라도 그의 원천징수행위는 법령에서 규정된 징수 및 납부의무를 이행하기 위한 것에 불과한 것이지, 공권력의 행사로서의 행정처분을 한 경우에 해당되지 아니한다(대판 1990. 3. 23, 89누4789).

[행정주체의 종류]

행정주체의 종류	국 가	
	공공단체	지방자치단체 공공조합 영조물법인 공법상 재단
	공무수탁사인	

Ⅱ. 행정객체

행정의 상대방을 행정객체라 한다. 행정객체에는 사인, 공공단체와 지방자치단체가 있다. 국가에 대한 수도료의 부과에서와 같이 국가도 예외적이지만 행정객체가 될 수 있다.

제 4 절   사인의 공법상 행위

Ⅰ. 개   념

사인의 공법상 행위란 사인이 공법상의 권리와 의무로서 하는 행위를 말한다. 사인의 공법행위란 사인의 공법상 행위 중 법률행위의 성질을 갖는 것만을 지칭하는 것이다.

Ⅱ. 종   류

사인의 공법상 행위는 행위의 효과를 기준으로 그 행위 자체로서 법률효과를 완결하는 자기완결적 공법행위(예 신고, 사인 상호간의 공법행위, 투표행위)와 행정주체의 어떠한 공법행위의 요건이 되는 데 그치고 그 자체로서 완결된 법률효과를 발생시키지 못하는 행위요건적 공법행위(예 신청행위, 동의, 승낙, 사직원의 제출)로 나눈다.

1. 신   청

(1) 의   의

신청이란 사인이 행정청에 대하여 일정한 조치를 취하여 줄 것을 요구하는 의사표시를 말한다(예 운전면허의 신청).

행정절차법은 제17조에서 처분을 구하는 신청의 절차를 규정하고 있다.

(2) 신청의 요건

신청의 요건이란 신청이 적법하기 위하여 갖추어야 할 요건을 말한다. 신청의 대상인 처분(예 허가, 등록)의 요건과는 구별하여야 한다.

신청이 적법하기 위하여는 ① 신청인에게 신청권이 있어야 하며 ② 신청이 법령상 요구되는 구비서류 등의 요건을 갖추어야 한다.

(3) 신청의 효과

1) 접수의무

행정청은 신청을 받았을 때에는 다른 법령등에 특별한 규정이 있는 경우를 제외하고는 그 접수를 보류 또는 거부하거나 부당하게 되돌려 보내서는 아니 되며, 신청을 접수한 경우에는 신청인에게 접수증을 주어야 한다(행정절차법 제17조 제 4 항).

2) 보완조치의무

행정청은 신청에 구비서류의 미비 등 흠이 있는 경우에는 보완에 필요한 상당한 기간을 정하여 지체 없이 신청인에게 보완을 요구하여야 한다(동법 제17조 제 5 항).

3) 처리의무(응답의무)

적법한 신청이 있는 경우에 행정청은 상당한 기간 내에 신청에 대하여 응답(가부(可否)의 처분 등)을 하여야 한다. 여기에서의 응답의무는 신청된 내용대로 처분할 의무와는 구별되어야 한다. 처분을 구하는 신청행위에 대하여 행정기관은 신청에 따른 행정행위를 하거나 거부처분을 하여야 한다. 신청을 받아들이는 처분에는 신청을 전부 받아들이는 처분과 일부 받아들이는 처분이 있다. 경우에 따라서는 신청을 일부 받아들이는 처분을 하여야 하는 경우도 있다(대판 2013. 7. 11, 2013두2402[국가유공자유족등록거부처분취소]). 신청한 내용과 다른 내용으로 행정행위를 행하는 것, 즉 변경허가는 상대방이 이를 받아들이면 그대로 유효하고, 상대방이 받아들이지 않으면 그 변경허가를 거부처분으로 보고 거부처분취소소송 등을 제기하여야 한다.

상당한 기간이 지났음에도 응답하지 않으면 부작위가 된다.

(4) 신청과 권리구제

신청에 대한 거부처분에 대하여는 의무이행심판이나 취소심판 또는 취소소송으로, 부작위에 대하여는 의무이행심판 또는 부작위위법확인소송으로 다툴 수 있다.

2. 신   고

행정기본법
제34조(수리 여부에 따른 신고의 효력) 법령등으로 정하는 바에 따라 행정청에 일정한 사항을 통지하여야 하는 신고로서 법률에 신고의 수리가 필요하다고 명시되어 있는 경우(행정기관의 내부 업무 처리 절차로서 수리를 규정한 경우는 제외한다)에는 행정청이 수리하여야 효력이 발생한다.

행정절차법
제40조(신고) ① 법령등에서 행정청에 일정한 사항을 통지함으로써 의무가 끝나는 신고를 규정하고 있는 경우 신고를 관장하는 행정청은 신고에 필요한 구비서류, 접수기관, 그 밖에 법령등에 따른 신고에 필요한 사항을 게시(인터넷 등을 통한 게시를 포함한다)하거나 이에 대한 편람을 갖추어 두고 누구나 열람할 수 있도록 하여야 한다.
② 제 1 항에 따른 신고가 다음 각 호의 요건을 갖춘 경우에는 신고서가 접수기관에 도달된 때에 신고 의무가 이행된 것으로 본다.
 1. 신고서의 기재사항에 흠이 없을 것
 2. 필요한 구비서류가 첨부되어 있을 것
 3. 그 밖에 법령등에 규정된 형식상의 요건에 적합할 것
③ 행정청은 제 2 항 각 호의 요건을 갖추지 못한 신고서가 제출된 경우에는 지체 없이 상당한 기간을 정하여 신고인에게 보완을 요구하여야 한다.
④ 행정청은 신고인이 제 3 항에 따른 기간 내에 보완을 하지 아니하였을 때에는 그 이유를 구체적으로 밝혀 해당 신고서를 되돌려 보내야 한다.

(1) 신고의 의의

신고란 사인이 행정기관에게 일정한 사항을 알리는 것을 말한다. 좁은 의미

의 신고는 신고의무에 따른 신고를 말한다. 그런데 법적으로 신고의무가 없는 신고도 있다. 화재예방, 「소방시설의 설치·유지 및 안전관리에 관한 법률」 제47조의3에 따른 위반행위의 신고 등이 그에 해당한다.

등록(전형적 등록)은 공적 장부인 등록부에 등재하여 공시하는 행정행위(공증행위)의 성질을 갖는다. 전형적 등록은 신청을 전제로 하는 점에서 신고와 구별되고, 항상 금지해제의 효과를 갖는 것은 아닌 점에서 허가와 구별된다. 그런데 실정법령상 전형적 등록과 신고는 명확히 구별되지 않고 있다. 예를 들면, 주민등록은 학문상 등록으로 보아야 하는데, 실정법령상 신고로 규정되어 있다(주민등록법 제10조). 등록은 기속행위인 점, 오늘날 신고의 경우에도 신고된 사항을 기재하여 공시하는 경우가 늘어나고 있는 점 등에서 신고와 전형적 등록은 접근해가고 있다. 실정법령상 등록이라는 명칭을 사용하는 경우 중 요건이 완화되었을 뿐 실질은 허가인 경우(예 석유판매업등록)가 많다. 이러한 등록을 변형된 등록이라 할 수 있는데, 변형된 등록은 허가 보다 요건이 완화되었을 뿐 실질은 허가라고 보아야 한다.

(2) 신고의 종류

1) 자기완결적 신고와 수리를 요하는 신고의 구별

「행정기본법」은 수리를 요하는 신고를 규정하고 있고, 행정절차법은 자기완결적 신고를 규정하고 있다.

㈎ **자기완결적 신고**　　자기완결적 신고란 신고의 요건을 갖춘 신고만 하면 신고의무를 이행한 것이 되는 신고를 말한다. 자족적 신고라고도 한다. 자기완결적 신고는 정보제공적 신고(예 집회신고)인 경우도 있고, 건축신고 등과 같이 금지해제적 신고인 경우도 있다.

자기완결적 신고의 경우에는 적법한 신고(신고요건을 갖춘 신고)만 있으면 신고의무를 이행한 것이 된다. 따라서 적법한 신고만 있으면 행정청의 수리가 없더라도 신고의 대상이 되는 행위를 적법하게 할 수 있고, 과태료나 벌금의 부과 등 어떠한 불이익도 받지 않는다.

자기완결적 신고의 수리행위나 수리거부행위는 원칙상 항고소송의 대상이 되는 처분이 아니다. 다만, 자기완결적 신고 중 금지해제적 신고의 경우에 신고가 반려될 경우 해당 신고의 대상이 되는 행위를 하면 시정명령, 이행강제금, 벌금의 대상이 되는 등 신고인이 법적 불이익을 받을 위험이 있는 경우에는 신고거부(반려)행위는 처분이며 항고소송의 대상이 된다(대판 전원합의체 2010. 11. 18, 2008 두167: 건축신고반려행위의 처분성을 부인한 종전의 판례를 변경한 판례).

(나) **수리를 요하는 신고**　　　수리를 요하는 신고는 신고가 수리되어야 신고 의 효과가 발생하는 신고를 말한다. 수리를 요하는 신고는 금지해제적 신고이 다. 행위요건적 신고, 수리행위가 있는 신고 등으로도 불린다.

수리를 요하는 신고는 규제완화를 위해 허가제를 신고제로 바꾸면서 허가 와 자기완결적 신고 사이에 규제의 격차가 너무 큰 점에 착안하여 허가와 자기 완결적 신고 사이에 위치하는 규제수단이 필요하다는 행정의 필요에서 탄생한 규제수단의 하나이다.

수리를 요하는 신고에서 신고의 요건을 갖춘 신고가 있었다 하더라도 수리 되지 않으면 신고의 효과가 발생하지 않는 것으로 보는 것이 다수설 및 판례의 입장이다. 다만, 처리기간 내에 신고의 수리가 이루어지지 않은 경우 신고의 수 리가 이루어진 것으로 간주하는 신고수리간주규정을 두는 경우가 많다(예 폐기물 관리법 제46조 제4항 등). 판례는 "수리란 신고를 유효한 것으로 판단하고 법령에 의 하여 처리할 의사로 이를 수령하는 수동적 행위이므로 수리행위에 신고필증 교 부 등 행위가 꼭 필요한 것은 아니"라고 본다(대판 2011. 9. 8, 2009두6766).

수리를 요하는 신고의 경우에 수리는 행정행위인 수리행위이고, 수리거부는 거부처분에 해당하며 항고소송의 대상이 된다.

수리를 요하는 신고를 실질적으로 허가라고 보는 견해, 실질적으로 등록이 라고 보는 견해, 허가 및 등록과 구별되는 독자적 행위형식으로 보는 견해가 있 다. 판례는 수리를 요하는 신고를 허가와 구별하고 있다(대판 2014. 4. 10, 2011두6998 [노동조합설립신고반려처분취소]).

(다) **자기완결적 신고와 수리를 요하는 신고의 구별기준**　　　「행정기본법」 제 34조에 따르면 자기완결적 신고와 수리를 요하는 신고의 구별기준은 신고를 규정한 개별법령의 규정, 달리 말하면 입법자의 객관적 의사이다. 즉, 「행정기본 법」에 따르면 '법률에서 신고를 수리해야 한다고 명시하고 있는 경우'에는 그 신고는 수리를 요하는 신고라는 것이 「행정기본법」(법제처)의 입장이다. 즉, 「행 정기본법」은 법령등으로 정하는 바에 따라 행정청에 일정한 사항을 통지하여야 하는 신고로서 법률에 신고의 수리가 필요하다고 명시되어 있는 경우(행정기관의

내부 업무 처리 절차로서 수리를 규정한 경우는 제외한다)에는 행정청이 수리하여야 효력이 발생한다고 규정하고 있다(법 제34조: 2023. 3. 24.부터 시행). 신고로서 법률에 신고의 수리가 필요하다고 명시되어 있는 경우 해당 신고는 수리를 요하는 신고이고, 신고의 수리가 필요하다는 규정이 없는 경우 자기완결적 신고라는 것이 「행정기본법」제34조의 취지이다. '법률에서 신고를 수리해야 한다고 명시하고 있는 경우'의 예로는 '신고에 대해 수리 여부를 통지하도록 규정하고 있는 경우', '신고 수리 간주규정이 있는 경우' 등을 들 수 있다. 다만, '행정기관의 내부업무 처리 절차로서 수리를 규정한 경우'(예 「가족간관계의 등록 등에 관한 법률」제21조의 출생·사망의 경우 신고 등)는 「행정기본법」제34조의 수리를 요하는 신고로 보지 않는다.

입법자의 의사가 명확하지 않는 경우에 판례는 관련법규정에 따르되 기본적으로 신고요건 및 심사방식을 기준으로 자기완결적 신고와 수리를 요하는 신고를 구별하고 있다고 보는 것이 타당하다(대판 전원합의체 2011. 1. 20, 2010두14954[건축(신축)신고불가취소]). ① 자기완결적 신고와 수리를 요하는 신고는 신고요건과 심사의 내용을 구분기준으로 하여 신고요건이 형식상의 요건만이고, 따라서 행정청은 신고요건에 대한 형식적 심사권만을 갖는 신고는 자기완결적 신고이고(행정절차법 제40조 제2항), 신고요건이 형식상의 요건 이외에 실질적 심사를 할 수 있는 실질적 요건도 포함하고 있는 경우에는 수리를 요하는 신고로 보아야 할 것이다. 예외적으로 실질적 요건이 신고요건에 포함되어 있더라도 형식적 심사만 가능한 경우에는 자기완결적 신고로 보아야 한다.

형식적 요건이란 신고서, 첨부서류 등 신고서류만으로 확인되는 요건을 말한다. 실질적(실체적) 요건이란 안전 등 공익을 보장하기 위하여 요구되는 인적·물적 요건을 말한다.

형식적 심사란 신고요건의 충족 여부를 신고서류만으로 행하는 것을 말한다.

실질적 심사란 신고요건의 충족 여부를 심사함에 있어 신고서류를 심사할 뿐만 아니라 필요한 경우에는 현장조사 등을 통해 실질적으로 행할 수 있는 심사를 말한다.

[판례 1] 자기완결적 신고로 본 사례: ① 수산제조업의 신고, ② 건축법상 건축신고, ③ 체육시설의 설치·이용에 관한 법률 제18조에 따른 골프장이용료변경신고.

[판례 2] 수리를 요하는 신고로 본 사례: ① 유료노인복지주택의 건설신고, ② 체육시설의 회원을 모집하고자 하는 자의 시·도지사 등에 대한 회원모집계획서 제출,

③ 주민등록전입신고, ④ 구 체육시설의 설치·이용에 관한 법률 제 8 조(현행법 제20조)의 규정에 따른 체육시설업(볼링장업)신고, ⑤ 식품위생법에 따른 영업허가명의변경신고, ⑥ 구 액화석유가스의 안전 및 사업관리법 제 7 조 제 2 항의 사업양수에 따른 지위승계신고, ⑦ 채석허가를 받은 사람의 명의변경신고, ⑧ 건축물 양수인의 건축대장상의 수리 또는 건축주 명의변경신고, ⑨ 납골당설치신고, ⑩ 수산업법 제44조소정의 어업신고, ⑪ 인허가의제의 효과를 수반하는 건축신고.

② 신고의 수리로 구체적인 법적 효과가 발생하는 경우에 해당 신고(예 혼인신고)는 수리를 요하는 신고이다.

③ 신고에 대해 신고수리 여부를 통지하도록 하거나(예 건축신고), 신고수리 여부를 통지하도록 할 뿐만 아니라 수리 간주제(처리기간 내에 신고의 수리가 이루어지지 않은 경우 신고의 수리가 된 것으로 간주하는(보는) 제도)를 도입한 경우(예 건축물의 착공신고)가 적지 않다. 법령상 신고수리 여부 통보제가 규정되어 있거나 수리 간주제도가 규정되어 있는 신고를 수리를 요하는 신고로 보는 견해가 있지만, 신고수리 여부 통지규정 및 수리 간주규정은 해당 신고를 수리를 요하는 신고로 보는 데 있어 고려사항은 될 수 있지만, 결정적인 근거는 되지 않는 것으로 보는 것이 타당하다. 신고수리 여부 통보나 수리 간주는 민원인의 편의를 위한 제도이고, 신고의 자기완결성을 부정하거나 수리를 요하는 신고로 간주하는 것은 아닌 것으로 보는 것이 타당하다.

2) 정보제공적 신고와 금지해제적 신고의 구별

(가) 정보제공적 신고(사실파악형신고)　　　행정청에게 행정의 대상이 되는 사실에 관한 정보를 제공하는 기능을 갖는 신고(예 집회신고: 대판 전원합의체 2012. 4. 19, 2010도6388)를 정보제공적 신고(사실파악형신고)라고 한다. 정보제공적 신고는 항상 자기완결적 신고이다.

(나) 금지해제적 신고(규제적 신고)　　　본래 자유로운 영업활동 또는 건축활동 등 사적 활동을 일반적으로 금지하고 적법한 신고가 있으면 이를 해제하는 경우에는 그 신고를 금지해제적 신고(신고유보부 금지)라고 한다(예 건축법상 건축신고).

금지해제적 신고의 경우에는 신고 없이 한 행위는 법상 금지된 행위로서 위법한 행위가 되므로 행정벌의 대상이 될 수 있으며 시정조치의 대상이 된다. 금지해제적 신고는 자기완결적 신고인 경우도 있고 수리를 요하는 신고인 경우도 있다.

(3) 부적법한 신고와 신고요건의 보완

신고가 신고의 요건을 충족하지 못한 경우에 신고는 부적법한 신고가 된다. 행정청은 요건을 갖추지 못한 신고서가 제출된 경우에는 지체 없이 상당한 기간을 정하여 신고인에게 보완을 요구하여야 한다(행정절차법 제40조 제 3 항).

신청기간이 제척기간이고 강행규정인 경우 신청기간을 준수하지 못하였음을 이유로 한 거부처분은 적법하다(대판 전원합의체 2021. 3. 18, 2018두47264).

자기완결적 신고의 경우 신고의 형식적 요건을 갖추어 신고하면 적법한 신고가 되므로 행정관청은 그 신고를 수리(접수)하여야 하며 법령에서 요구하고 있지 아니한 실체적인 사유를 내세워 신고의 수리(접수)를 거부할 수는 없다.

수리를 요하는 신고의 수리는 원칙상 기속행위이므로 적법한 신고(법령에서 정한 신고요건을 갖춘 신고)가 있으면 원칙상 그 신고를 수리하여야 한다. 다만, 판례는 사설봉안시설설치신고, 건축신고, 숙박업 영업신고 등의 경우에는 법령에 따른 적법한 신고가 있더라도 중대한 공익상 필요가 있는 경우에는 그 수리를 거부할 수 있다고 한다. 즉 예외적으로 거부재량(기속재량)을 인정하고 있다.

Ⅲ. 사인의 공법행위에 대한 법적 규율

사인의 공법행위에 대한 일반법은 없다. 다만, 행정절차법은 처분의 신청절차, 신고절차에 대한 일반적 규정을 두고 있다.

사인의 공법행위에 적용할 법규정이 없는 경우에는 민법상의 법원칙, 의사표시나 법률행위에 관한 규정을 원칙상 적용할 수 있다. 다만, 사인의 공법행위와 사법행위 사이에 성질상의 차이가 있는 경우에는 그 한도 내에서 사법규정을 적용할 수 없거나 수정하여 적용하여야 한다. 사인의 공법행위는 행정의 일환으로 행하여지는 행위이므로 법적 안정성과 행위의 정형화가 요청되는 경우가 있다.

[사인의 공법행위의 분류]

분류기준	종 류		구체적 예
사인의 지위	기관구성자로서의 지위		투표행위
	행정의 상대방으로서의 지위		신고, 신청, 동의 또는 승낙, 협의, 보고, 의견서 제출
의사표시의 수	단순행위		신고, 신청, 등록
	합성행위		선거행위
성 질	단독행위		허가신청, 쟁송제기
	쌍방적 행위	공법상 계약	사인상호간의 토지수용의 협의
		공법상 합동행위	도시재개발조합 등 공공조합 설립행위
효 과	자기완결적 공법행위		선거의 투표행위, 신고, 사인상호간의 합동행위
	행위요건적 공법행위		신청, 동의·승낙·협의 등

제 5 절   행정법관계의 특질

행정법관계에 대하여는 사법관계(私法關係)에서와는 다른 여러 특질이 인정되고 있다. 그 주된 이유는 공익목적을 달성하기 위하여 행정주체에게 일정한 우월적인 지위가 부여되어야 한다는 데 있다.

공권력주체로의 행정주체에게는 특권만이 부여되는 것은 아니다. 공권력주체로서의 행정주체에게는 특별한 부담이 가하여진다. 법에 의한 엄격한 기속과 엄격한 국가배상책임이 인정되고 있다.

Ⅰ. 행정주체의 특권

1. 일방적 조치권

일방적 조치권이란 법률유보의 원칙에 비추어 원칙상 법률의 근거가 있어야 하는데, 법률상 행정주체에게 '행정결정'에 따라 일방적으로 법질서에 변경을 가할 수 있는 권한을 말한다(예 감염병환자를 물리력으로 강제격리하는 경우, 화재진압에 장애가 되는 물건을 일방적으로 파괴하는 경우 등).

2. 행정행위의 공정력과 구성요건적 효력

(1) 공정력과 구성요건적 효력의 구별

전통적 견해는 공정력(公定力)과 구성요건적 효력을 구분하지 않는다. 전통적 견해에 따르면, 공정력이란 일단 행정행위가 행하여지면 비록 행정행위에 하자(흠)가 있다 하더라도(위법 또는 부당하더라도) 그 흠이 중대하고 명백하여 무효로 되는 경우를 제외하고는 공적 기관(취소권 있는 행정기관 또는 수소(受訴)법원)이 취소하기 전까지는 상대방 및 이해관계인뿐만 아니라 다른 행정청 및 법원에 대하여 일단 유효한 것으로 통용되는 힘을 말한다고 정의하고 있다. 즉, 전통적 견해는 공정력을 행정행위의 상대방 및 이해관계인뿐만 아니라 다른 국가기관에도 미치는 효력이라고 보고 있다.

그런데 최근에 공정력과 구성요건적 효력을 구분하는 견해가 유력하게 제기되고 있다. 공정력과 구성요건적 효력을 구분하는 논거는 공정력과 구성요건적 효력은 아래 〔대비표〕에서와 같이 그 효력의 내용과 범위 및 이론적·법적 근거를 달리한다는 점에서 찾고 있다.

[공정력과 구성요건적 효력의 구별]

구 분	공 정 력	구성요건적 효력
내 용	행정행위가 무효가 아닌 한 상대방 또는 이해관계인은 행정행위가 공적 기관이 취소하기까지는 그 효력을 부인할 수 없는 힘	유효한 행정행위가 존재하는 이상 비록 흠(하자)이 있는 행정행위일지라도, 모든 국가기관(지방자치단체기관을 포함한 행정기관 및 법원 등)은 그의 존재, 유효성 및 내용을 존중하며, 스스로의 판단의 기초 또는 구성요건으로 삼아야 하는 구속력
범 위	상대방 또는 이해관계인에 대한 구속력	모든 국가기관(지방자치단체기관을 포함한 행정기관 및 법원)에 대한 구속력
이론적 근 거	행정의 안정성과 실효성 확보	권한과 직무 또는 관할을 달리하는 국가기관이 상호 다른 기관의 권한을 존중하며 침해해서는 안 된다.

구 분	공 정 력	구성요건적 효력
실정법상의 근 거	행정기본법 제15조, 행정소송법상의 취소소송에 대한 규정, 처분의 쟁송기간을 제한하는 규정, 처분의 집행(부)정지제도, 직권취소에 관한 규정	행정권과 사법권의 분립규정, 행정기관 상호간의 사무분장규정

(2) 공정력(행정행위의 잠정적 통용력)

행정기본법
제15조(처분의 효력) 처분은 권한이 있는 기관이 취소 또는 철회하거나 기간의 경과 등으로 소멸되기 전까지는 유효한 것으로 통용된다. 다만, 무효인 처분은 처음부터 그 효력이 발생하지 아니한다.

1) 개   념

공정력이란 일단 행정행위가 행하여지면 비록 행정행위에 하자(흠)가 있다 하더라도(위법 또는 부당하더라도) 그 흠이 중대하고 명백하여 무효로 되는 경우를 제외하고는 공적 기관(취소권 있는 행정기관 또는 수소법원)이 취소하기 전까지는 상대방 및 이해관계인에 대하여 일단 유효한 것으로 통용되는 힘을 말한다.

예를 들면, 위법한 금전부과처분(예 조세부과처분, 부담금부과처분)에 근거하여 금전을 납부한 경우 행정처분이 취소되거나 당연무효가 아닌 이상 공정력이 인정되므로 그 위법한 금전부과처분은 효력이 있고, 납부한 금전은 법률상 원인 없는 이득(부당이득)이라고 할 수 없다.

2) 근   거

공정력은 행정의 원활한 수행, 행정법관계의 안정성(행정의 안정성과 행정행위의 상대방이나 제3자의 신뢰보호)을 보장하기 위하여 필요하다.

「행정기본법」 제15조는 공정력(잠정적 통용력)을 명확하게 규정하고 있다. 즉, 처분은 권한이 있는 기관이 취소 또는 철회하거나 기간의 경과 등으로 소멸되기 전까지는 유효한 것으로 통용된다. 다만, 무효인 처분은 처음부터 그 효력이 발생하지 아니한다(법 제15조). 취소소송의 배타적 관할, 행정행위의 직권취소를 인정하는 규정 및 집행부정지원칙에 관한 규정은 공정력의 묵시적 근거가 된다.

3) 공정력의 한계

공정력은 행정행위에 대해 인정되는 효력이다.

행정행위가 무효 또는 부존재인 경우에는 공정력이 인정되지 않는다는 것이 일반적 견해이다.

(3) 구성요건적 효력

1) 개   념

구성요건적 효력이란 행정행위가 존재하는 이상 비록 흠(하자)이 있는 행정행위일지라도 무효가 아닌 한, 제3의 국가기관은 법률에 특별한 규정이 없는 한, 그 행정행위의 존재 및 내용을 존중하며, 스스로의 판단의 기초 또는 구성요건으로 삼아야 하는 구속력을 말한다(예 법무부장관이 갑에게 귀화허가를 해 준 경우에는 그 귀화허가는 무효가 아닌 한 모든 국가기관을 구속하므로 ① 각부 장관은 갑을 국민으로 보고 공무원으로 임명하여야 한다. ② 경찰청장은 운전면허의 신청발급시 한국국적을 인정하고 운면면허증을 발급하여야 한다).

2) 근   거

구성요건적 효력을 직접 인정하는 법규정은 없다. 그러나 국가기관 상호간의 권한분배에서 그 근거를 찾을 수 있다.

3) 구성요건적 효력의 범위와 한계

일반적 견해는 행정행위가 무효인 경우에는 구성요건적 효력이 미치지 않는다고 보고 있다.

구성요건적 효력은 행정소송의 수소(受訴)법원에는 미치지 않는다. 왜냐하면, 행정소송법에 행정소송사건의 심리·판단권이 명문으로 규정되어 있기 때문이다. 문제는 구성요건적 효력이 민사소송이나 형사소송을 담당하는 법원에 미치는가, 미친다면 어느 범위에서 미치는가 하는 것이다.

먼저 민사소송에서의 선결문제와 구성요건적 효력을 보자.

① 행정행위의 효력을 상실시키는(부인하는) 것이 민사소송에서 선결문제가 된 경우에 민사법원은 위법한 행정행위의 효력을 부인할 수 없다(예 국민이 조세부과처분의 위법을 이유로, 이미 납부한 세금의 반환을 청구하는 소송(이 소송을 과오납금환급소송이라고 하는데 그 성질은 부당이득반환청구소송이다)을 제기한 경우에, 해당 민사법원은 조세부과처분이 무효가 아닌 한, 스스로 조세부과처분을 취소하고, 납부된 세금의 반환을 명할 수 없다. 조세부과처분의 취소가 본안문제(납부한 세금이 부당이득인지의 문제)에 대해 선결문제이며, 조세부과처분이 취소되지 않는 한,

이미 납부한 세금은 위법하지만 유효한 조세부과처분에 따라 납부된 것이므로 부당이득이 되지 않는다).

② 구성요건적 효력은 행정행위가 무효인 경우에는 인정되지 않는다. 누구든지 행정행위의 무효를 주장할 수 있고, 어느 법원도 행정행위의 무효를 확인할 수 있다.

③ 판례는 행정행위의 효력을 부인하는 것이 아니라 행정행위의 위법성을 확인하는 것이 민사소송에서 선결문제가 된 경우(예 국가배상청구소송)에 민사법원은 행정행위의 위법을 확인할 수 있다고 본다(예 영업허가의 취소에 따라 손해를 입은 자가 국가배상을 청구한 경우에, 영업허가의 취소가 위법한지의 여부가 국가배상청구소송에서 선결문제가 된다. 왜냐하면, 가해행위(손해를 발생시킨 행위)의 위법이 국가배상의 요건 중의 하나이기 때문이다. 국가배상책임을 인정하기 위하여는 영업허가의 취소의 위법만을 인정하면 되는 것이지 영업허가의 취소를 취소할 필요는 없다).

다음으로 형사소송에서의 선결문제와 구성요건적 효력을 보자.

① 형사소송에서도 민사소송에서와 동일하게 형사법원이 행정행위의 무효를 확인할 수 있다는 것이 판례의 입장이다(예 연령미달의 결격자인 피고인이 소외인(訴外人: 자신의 형)의 이름으로 운전면허시험에 응시하여 합격함으로써 교부받은 운전면허를 가지고 운전한 것에 대해 무면허운전으로 기소된 사건에서, 해당 운전면허는 당연무효가 아니고 취소되지 않는 한 유효하므로 무면허운전행위에 해당하지 않는다고 판시한 사례(대판 1982. 6. 8, 80도2646). 이 사례의 경우 운전면허가 무효가 아니므로 형사법원의 무효확인이 불가함).

② 형사소송에서 행정행위의 위법성을 확인하는 것이 선결문제인 경우 민사소송에서와 동일하게 행정행위의 위법성을 확인하는 것은 행정행위의 효력을 부인하는 것은 아니므로 공정력(또는 구성요건적 효력)에 반하지 않고, 따라서 형사법원이 同 행정행위의 위법성을 확인할 수 있다고 보는 것이 판례와 일반적 견해이다.

그리고 판례는 자동차 운전면허 취소처분을 받은 사람이 자동차를 운전하였으나 운전면허 취소처분의 원인이 된 교통사고 또는 법규 위반에 대하여 범죄사실의 증명이 없는 때에 해당한다는 이유로 무죄판결이 확정된 경우에는 그 취소처분(운전면허 취소처분)이 취소되지 않았더라도 도로교통법에 규정된 무면허운전의 죄로 처벌할 수는 없다고 보았다(대판 2021. 9. 16, 2019도11826).

③ 한편 형사소송에서 행정행위의 효력 여부의 판단이 선결문제가 되는 경우는 ⅰ) 행정행위가 취소되어야 범죄가 성립되는 경우와 ⅱ) 행정행위가 취소

되어야 범죄가 불성립되는 경우로 나누어 살펴볼 필요가 있다(정하중). ⅰ)의 경우에 행정행위의 하자가 취소사유에 그치는 경우에는 구성요건적 효력 때문에 형사법원은 행정행위가 취소되기 전에는 그 효력을 부인할 수 없다는 것이 학설과 판례(대판 1982. 6. 8, 80도2646)의 입장이다. ⅱ)의 경우에 다수설은 행정행위의 하자가 취소사유에 그치는 경우에는 구성요건적 효력 때문에 형사법원은 행정행위가 취소되기 전에는 그 효력을 부인할 수 없다고 한다. 그런데 다수설에 따르게 되면 불복기간이 지난 경우 위법하게 영업허가취소처분을 당한 자는 그 위법한 행정처분의 취소를 청구할 수 없고 그에 따라 처벌을 받게 되는바, 이는 피고인의 인권보장과 형평의 원칙상 문제가 있다. 따라서 형사소송에서는 피고인의 인권보장이 고려되어야 하고 신속한 재판을 받을 권리가 보장되어야 한다는 형사소송의 특수성을 이유로 형사재판에는 공정력(또는 구성요건적 효력)이 미치지 않는다고 보는 견해가 있다. 이 견해가 타당하다.

예를 들면 영업허가가 취소되었음에도 영업을 계속한 자에 대하여 무허가영업을 한 죄로 기소한 경우에 영업허가 취소처분의 효력을 부인하여야 무허가영업이 되지 않으므로 영업허가 취소처분의 효력을 부인하는 것이 형사재판에서 선결문제가 되는데, ① 형사법원이 행정행위의 하자를 심사하여 행정행위의 효력을 부인하는 것은 민사소송에서처럼 공정력(또는 구성요건적 효력)에 반하므로 인정될 수 없다고 보는 견해(다수설)에 따르면 허가취소처분 후 영업을 하면 무허가영업이 되고, 형사법원이 허가취소처분의 효력을 부인할 수 없으므로 형사법원은 해당 영업허가취소처분이 위법하더라도 유죄판결을 내려야 한다. 만일 형사법원이 판결을 내리기 전에 해당 영업허가 취소처분이 취소소송에서 취소되면 그 영업허가 취소처분은 소급하여 효력을 상실하여 허가취소처분 후의 영업행위는 무허가행위가 아닌 것이 되므로 형사법원은 무죄를 선고하여야 한다. ② 인권보장을 위하여 형사법원이 위법한 행정행위의 효력을 부인할 수 있다고 보는 견해에 따르면 형사법원이 판단하기에 영업허가취소처분이 위법한 경우 형사법원은 그 행정행위의 효력을 부인하여 무죄판결을 내려야 한다.

3. 구 속 력

(1) 의   의
행정행위의 구속력이란 유효한 행정행위의 내용상 구속력을 말한다. 행정행위는 효력이 있는 한 처분청 및 관계 행정청 그리고 상대방 및 이해관계인에 대하여 미친다. 무효인 행정행위는 구속력이 없다.

구속력은 공정력과 다르다. 공정력은 위법하더라도 무효가 아닌 한 유효한 행위로 하는 효력이고, 구속력은 적법한 행위(위법한 행위에서는 공정력을)를 전제로 하는 유효한 행정행위의 내용상의 구속력이다.

행정행위가 철회 또는 취소되거나 실효되면 행정행위는 효력과 구속력을 상실한다.

(2) 종류 및 한계

행정행위의 구속력은 그 상대방에 따라 자기구속력, 구성요건적 효력, 규준력(선행행위의 후행행위에 대한 구속)으로 나뉜다.

일례로 단계적 행정결정(확약, 부분허가, 사전결정, 가행정행위)의 경우 자기구속력은 다음과 같다.

1) 자기구속력

자기구속력이란 행정행위가 내용에 따라 처분행정청을 구속하는 힘을 말한다. 처분청은 자신이 한 행정행위의 내용에 구속되며 그 내용과 모순되는 결정을 하여서는 안 된다는 효력이다. 자기구속력은 자박력(自縛力)이라고도 한다.

① 확약에 대해 행정절차법은 "확약을 한 후에 확약의 내용을 이행할 수 없을 정도로 법령등이나 사정이 변경된 경우와 확약이 위법한 경우에는 행정청은 확약에 기속되지 아니한다"고 규정하고 있다(법 제40조의2 제4항). 확약의 대상이 위법한 경우 확약의 구속력을 인정할 수 없다는 판례의 입장은 타당하다.

② 부분허가(예 원자로시설 부지사전승인처분(대판 1998. 9. 4, 97누19588))의 자기구속력에 관하여는 자기구속력이 인정된다는 것에 대해서는 이견(異見)이 없다.

③ 사전결정(예 폐기물처리사업계획서의 적합통보)이 자기구속력을 갖는지에 관하여는 후술하는 바와 같이 긍정설과 부정설이 대립하고 있다. 판례는 부정하고 있다.

④ 가행정행위(잠정적 행정행위)(예 소득액 등이 확정되지 아니한 경우에 과세관청이 상대방의 신고액에 따라 잠정적으로 세액을 결정하는 것)는 행정행위이지만 자기구속력을 갖지 않는다(후술 '단계적 행정결정' 참조).

행정결정이 되풀이 시행되어 관행이 성립된 경우에는 자기구속력을 갖는다는 것이 판례의 입장이다.

2) 구성요건적 효력

구성요건적 효력이란 행정행위가 관계 행정청 및 법원 등 국가기관을 구속하는 효력을 말한다. 이에 관하여는 전술한 바와 같다. 구성요건적 효력은 위법하더라도 무효가 아닌 한 효력을 부인할 수 없게 하는 효력과 그 내용에 따라 관계 행정청 및 법원을 구속하는 효력이다.

3) 규 준 력

선행행정행위를 전제로 후행행정행위가 행해지는 경우에 선행행정행위가 후행행정행위에 미치는 구속력을 규준력(規準力)이라 한다(후술 '하자의 승계' 참조).

4. 존속력(또는 확정력)

(1) 불가쟁력(형식적 확정력)

1) 의   의

불가쟁력이란 하자 있는 행정행위라 할지라도 그에 대한 불복기간(행정불복제기기간 또는 출소기간)이 경과하거나 쟁송절차가 종료된 경우에는 더 이상 그 행정행위의 효력을 다툴 수 없게 하는 효력을 말한다.

이와 같은 불가쟁력을 인정하는 것은 행정행위의 효력을 신속히 확정하여 행정법관계의 안정성을 확보하기 위한 것이다.

2) 효   력

행정행위의 불가쟁력은 행정행위의 상대방이나 이해관계인이 행정행위의 효력을 더 이상 다투지 못하는 효력이다. 따라서 취소권을 가진 행정청(처분행정청 또는 상급감독청)이 직권으로 불가쟁력이 발생한 행정행위를 취소 또는 철회하는 것은 가능하다. 또한 국가배상청구소송은 처분의 효력을 다투는 것이 아니므로 불가쟁력이 발생한 행정행위로 손해를 입은 국민은 국가배상청구를 할 수 있다. 무효인 행정행위에 대해 무효확인소송을 제기할 수 있는 기간이 제한되고 있지 않으므로 무효인 행정행위에는 불가쟁력이 발생하지 않는다.

3) 불가쟁력의 예외: 재심사청구

불가쟁력은 일정한 불복기간이 지난 후에는 더 이상 다툴 수 없게 함으로써 행정법관계의 조속한 안정을 확보할 수 있지만, 개인의 권리구제가 크게 희생되는 문제가 있다. 더욱이 확정판결의 경우에도 일정한 경우에 재심이 인정되는데 일정한 불복기간 내에 불복을 제기하지 않았다고 하여 행정처분에 대한 재심사의 기회를 전혀 주지 않는 것은 타당하지 않다. 이러한 이유로 행정기본법 제37조는 불가쟁력이 발생한 처분에 대한 재심사청구를 인정하고 있다.

(2) 불가변력(실질적 확정력)

1) 의   의

불가변력이란 행정행위의 성질상 인정되는 것으로 행정청이 해당 행정행위를 취소 또는 변경할 수 없게 하는 힘을 말한다. 불가변력을 실질적 확정력이라고도 부른다.

2) 근   거

불가변력은 법령에 명문의 규정이 없는 경우에도 행정행위의 성질에 비추어 인정되는 효력이다.

3) 인정범위

① 준사법적 행정행위(예 행정심판의 재결, 토지수용재결)에 불가변력을 인정하는 것이 일반적 견해이다. 준사법적 행정행위에는 소송법상의 확정력에 준하는 불가변력이 인정된다.

② 확인행위(예 국가시험합격자결정 또는 당선인결정 등)는 성질상 처분청이 스스로 변경할 수 없고, 다만 중대한 공익상 필요가 있거나 상대방에게 귀책사유가 있는 경우에 예외적으로 취소할 수 있는 상대적 불가변력이 발생하는 것으로 보는 것이 다수 견해이다.

③ 수익적 행정행위도 불가변력이 인정되는 행위로 보는 견해가 있다. 그러나 수익적 행정행위의 취소권이 제한되는 경우로 보는 것이 타당하다. 왜냐하면 수익적 행정행위의 취소가 제한되는 것은 행정행위의 성질상 그러한 것이 아니라 외부사유인 상대방의 신뢰보호나 법률생활의 안정성을 보장하기 위한 것이기 때문이다.

4) 효   력

행정청은 불가변력이 있는 행정행위를 직권으로 취소 또는 철회할 수 없다.

불가변력이 있는 행정행위에 대하여도 그 상대방 또는 이해관계인은 행정불복기간 내에 행정쟁송수단을 통하여 그 행정행위의 효력을 다툴 수 있다.

5. 강 제 력

행정결정의 실효성을 확보하기 위하여 행정결정에 강제력이라는 우월한 힘이 인정된다. 강제력에는 자력집행력과 제재력이 있다.

(1) 자력집행력

자력집행력이란 행정법상의 의무를 이행하지 아니할 경우에 행정청이 직접 실력을 행사하여 자력(自力)으로 그 의무의 이행을 실현시킬 수 있는 힘을 말한다.

자력집행력이 인정되기 위하여는 법률의 근거가 있어야 한다.

(2) 제 재 력

행정행위의 상대방이 행정행위에 의해 부과된 의무를 위반하는 경우에는 그에 대한 제재로서 행정벌(행정형벌, 행정질서벌 및 범칙금)이 과해지는 경우가 많다.

행정벌이 과하여지기 위하여는 명시적인 법률의 근거가 있어야 한다.

Ⅱ. 공권과 공의무의 특수성

1. 개   설

공법상의 권리 또는 의무는 공익의 실현을 위하여 인정되는 것이므로 공법상의 권리 또는 의무에는 사익만을 위하여 인정되는 사법상의 권리 또는 의무와는 다른 특수성이 인정된다.

① 공법상의 권리는 동시에 의무의 성격을 띠는 상대적 성질을 가진다.

② 공권과 공의무는 이전성과 포기성이 제한되는 경우가 있다(예 공무원연금청구권이나 생활보호를 받을 권리는 양도가 금지된다).

그러나 공권 중에서도 경제적 가치를 주된 대상으로 하는 것은 사권과 같이 이전성이 인정되는 경우가 있다(예 공무원 봉급청구권은 2분의 1 이하의 한도 내에서 압류의 대상이 된다).

공권의 포기와 불행사는 구별하여야 하며 공권의 포기가 인정되지 않는 경우에도 공권의 불행사는 허용된다.

일신전속적인 공의무(예 이행강제금 납부의무)는 법령상 또는 이론상 그 포기와 이전이 제한된다.

③ 공권에는 특별한 보호가 행하여지고, 공의무에는 특별한 강제가 가하여진다.

2. 공권과 공의무의 승계

사인이 지는 공의무의 승계가 가능한지는 공의무가 일신전속적인가 아니면 대체성이 있는가에 좌우된다. 일신전속적인 공의무는 이전과 승계가 인정되지 않는다(예 이행강제금 납부의무(대결 2006. 12. 8, 2006마470)). 대체적 공의무(예 유해폐기물의 처리의무, 과징금납부의무)는 원칙상 승계가 가능하다.

제 6 절   공   권

Ⅰ. 공법관계와 공권

공법관계란 공법상의 권리의무관계, 즉 공권과 공의무로 이루어지는 관계를 말한다. 공권이란 공법관계에서 직접 자기를 위하여 일정한 이익을 주장할 수 있는 법률상의 힘을 말한다. 공의무란 의무자의 의사에 가하여진 공법상의 구속을 말한다.

공권에는 국가적 공권과 개인적 공권이 있다. 국가적 공권이란 행정주체가 우월한 의사의 주체로서 행정객체에 대하여 가지는 권리를 말한다. 그 권리의 목적을 기준으로 할 때 조직권, 경찰권, 행정계획권, 공용부담특권, 공기업특권, 조세권, 전매권, 재정권 등으로 나누어지고, 권리의 내용을 기준으로 명령권, 강제권, 형성권, 공법상의 물권으로 나누어진다. 국가적 공권은 권한의 성격이 강하다.

개인적 공권이란 개인이 직접 자기의 이익을 위하여 행정주체에게 일정한 행위를 할 것을 요구할 수 있는 공법에 의해 주어진 법적인 힘을 말한다(예 정보공개청구권, 국가배상청구권 등). 개인적 공권에 대응하여 행정권에게는 일정한 작위 또는 부작위의 의무가 부과된다. 개인적 공권을 통하여 국민은 행정과의 관계에서 행정객체일 뿐만 아니라 주체로서의 지위도 함께 가진다.

Ⅱ. 개인적 공권의 성립요건

오늘날 공권이 성립하기 위하여는 다음의 두 요건을 갖추어야 한다. ① 강행법규(공법)에 따라 행정주체에게 일정한 행위(작위 또는 부작위)를 하여야 할 의무가 부과되고 있어야 한다(강행법규의 존재). ② 그 강행법규가 공익의 보호와 함께 사익의 보호를 목적으로 하고 있어야 한다(강행법규의 사익보호성).

Ⅲ. 공권, 법적 이익 및 반사적 이익의 구별

1. 공권과 법적 이익

종래에는 공권과 법적 이익을 구별하였다. 법에 의해 보호된 이익이라도 재판을 통한 이익의 실현이 보장되지 않는 경우(청구권능이 부여되지 않은 경우)는 법적 이익(법상 보호된 이익)이지만 권리는 아니라고 보았다.

그러나 오늘날 공권의 성립에 별도의 청구권능의 부여는 요구되지 않게 되었고 공법에 의한 사익의 보호만으로 공권이 성립되는 것으로 되었으므로 공권과 법적 이익의 구별은 없어졌고 법적 이익은 공권에 포섭되었다(개인적 공권=법적 이익).

2. 공권(법적 이익)과 반사적 이익의 구별

(1) 반사적 이익의 의의

반사적 이익이란 공법이 공익을 위하여 행정주체나 그 객체에게 어떠한 작위 또는 부작위의 의무를 부과하거나(예 공공의 안녕이나 질서의 유지의무 부과, 의료법에서 의사에게 환자진료의무 부과) 또는 행정주체가 어떠한 공공시설(예 도로)을 운영함으로써 결과적으로 개인이 반사적으로 받게 되는 이익(예 도로통행의 이익 등)을 말한다.

(2) 공권과 반사적 이익의 구별실익

반사적 이익은 법이 직접 보호하는 이익이 아니므로 그 이익이 침해되어도 재판을 통하여 구제되지 않는다. 공권(법적 이익 포함)이 침해된 자는 재판을 통하여 권익의 구제를 청구할 수 있지만, 반사적 이익이 침해된 자는 재판을 통한 구제를 청구할 수 없고 그 이익의 침해를 감수하여야 한다. 달리 말하면 공권이 침해된 자는 행정소송에서 원고적격(소송을 제기할 자격)이 인정되지만, 반사적 이익이 침해된 자는 원고적격이 인정되지 않는다. 원고적격은 소송요건(본안심리를 하기 위하여 갖추어야 하는 요건)이므로 원고적격이 인정되지 않는 경우 그 소송은 부적법 각하된다.

국가배상에서 단순한 반사적 이익이 침해된 경우에는 손해가 발생하였다고 할 수 없다.

(3) 공권(법적 이익)과 반사적 이익의 구별기준

공권(법적 이익)이란 처분의 근거법규(공익목적을 위하여 행정주체에게 일정한 작위 또는 부작위를 발생시키는 실정법규)와 관계법규에 의해 보호된 개인의 이익을 말한다. 보다 정확히 말하면 공익을 보호하는 법규가 개인의 이익도 아울러 보호하고 있는 경우에 그 보호된 개인의 이익(예 건축법상 건축물 간 이격거리(離隔距離)에 의해 보호된 일조(日照)의 이익)이 공권이다. 이에 반하여 실정법규가 공익의 보호만을 목적으로 하고 있고 개인은 그로 인하여 반사적으로 이익을 누리는 경우에 그 개인의 이익(예 미관의 이익)은 반사적 이익이다. 즉, 공권과 반사적 이익의 구별기준은 처분의 근거법규 및 관계법규의 목적이 된다.

예를 들면, 이웃의 채광(일조)을 보호하는 건축법의 규정은 주거환경의 보호라는 공익목적과 함께 인근주민의 채광(採光)의 이익(개인적 이익)을 아울러 보호하는 것을 목적으로 하고 있다고 해석되는데 이 경우 인근주민의 채광의 이익은 공권이다. 이에 반하여 건축물의 색채의 규제는 미관의 보호라는 공익목적만을 갖는 규정이므로 건축물의 색채의 규제에 따라 주민이 향유하는 미관의 이익은 반사적 이익이다.

3. 공권의 범위: 공권(법적 이익)의 확대

공권의 확대는 여러 측면에서 행해졌다. 반사적 이익의 보호이익화, 기본권의 공권화, 적극적 청구권, 무하자재량행사청구권 등의 인정이 그것이다. 전통적 견해에 따르면 공권이 성립하기 위해서는 근거법령이 강행법규(기속법규)여야 하며, 따라서 법이 행정청에게 재량권을 부여하고 있는 경우에는 공권이 성립할 수 없다고 보았다. 그런데 오늘날 재량에 대한 통제이론이 발전함에 따라 재량행위의 경우에도 일정 범위에서 공권이 성립할 수 있음이 인정되게 되었다(이일세, 「행정법총론」, 73쪽). 그 예가 무하자재량행사청구권과 행정권발동청구권이다.

(1) 반사적 이익의 보호이익(공권)화

종래 반사적 이익으로 여겨졌던 것이 법적 이익으로 인정되고 있는 경향이 있다. 그러나 법적 이익과 반사적 이익의 구별기준이 변경된 것은 아니다. 구별기준은 여전히 근거법규 또는 관계법규의 목적이다. 다만, 근거법규 또는 관계법규의 해석에 있어서 근거법규 또는 관계법규가 공익의 보호뿐만 아니라 개인의 이익을 또한 보호하고 있다는 것을 널리 인정함으로써 반사적 이익이 공권으로 발전되고 있는 것이다.

반사적 이익의 보호이익화는 주로 행정처분에 대하여 이해관계 있는 제 3 자의 이익(웹 인근주민의 이익 및 경업자의 이익)이 반사적 이익에서 법적 이익으로 발전됨에 따라 이루어지고 있다. 종래 행정처분의 상대방이 아닌 제 3 자가 갖는 이익은 반사적 이익에 불과하다고 보는 경우가 많았으나 오늘날에는 법적 이익으로 보는 경향이 있다.

(2) 공권과 기본권

헌법상의 기본권(웹 경쟁의 자유)도 그것이 구체적인 내용을 갖고 있어 법률에 의해 구체화되지 않아도 직접 적용될 수 있는 경우에는 재판상 주장될 수 있는 공권으로 보아야 할 것이다(웹 자유권, 평등권, 재산권 등. 그러나 환경권은 부정(대판 전원합의체 2006. 3. 16, 2006두330[새만금판결])).

(3) 새로운 형태의 공권: 무하자재량행사청구권

1) 의   의

무하자재량행사청구권이란 행정청에게 재량권이 부여된 경우에 행정청에 대하여 재량권을 흠 없이 행사하여 줄 것을 청구할 수 있는 권리를 말한다.

행정청에게 재량권이 인정되는 경우에는 행정청이 처분을 함에 있어서 재량권의 한계를 준수하여 줄 것을 청구할 수밖에 없고, 어떤 특정한 행위를 하여 줄 것을 청구하는 권리가 개인에게 주어질 수 없다.

2) 무하자재량행사청구권의 독자성 인정 여부

무하자재량행사청구권을 독자적 권리로 인정할 필요가 있는가에 관하여 견해가 대립하고 있는데, 다수의 견해는 무하자재량행사청구권을 별도의 독자적인 권리로 인정하고 있다.

생각건대, 무하자재량행사청구권은 재량행위에 대한 항고소송에서 원고적격을 인정하기 위하여는 그 실익이 없으나(무하자재량행사청구권이라는 개념이 없어도 원고적격이 인정될 수 있으므로), 재량행위에서도 공권이 인정될 수 있다는 것과 인정되는 권리가 어떠한 권리인지를 설명하여 줄 수 있고, 의무이행심판이나 의무이행소송에서 적법재량행사를 명하는 재결이나 판결의 실체법적 근거가 된다는 점에서 그 인정 실익이 있다.

3) 무하자재량행사청구권의 인정범위

무하자재량행사청구권은 재량권이 인정되는 모든 행정권의 행사에 인정된다. 수익적 행정행위뿐만 아니라 부담적 행정행위에도 인정된다.

4) 무하자재량행사청구권의 성립요건

무하자재량행사청구권도 공권이므로 무하자재량행사청구권의 성립요건은 공권의 성립요건과 같다. 즉, ① 행정청에게 강행법규에 의해 재량권을 행사하여 어떠한 처분을 하여야 할 의무가 부과되어야 한다(처분의무). ② 재량권을 부여하는 법규가 공익뿐만 아니라 관계 개인의 이익도 보호하는 것을 목적으로 하여야 한다(사익보호성).

5) 무하자재량행사청구권의 내용

무하자재량행사청구권이 인정되는 경우에는 행정청은 그의 재량권을 올바르게 행사하여 처분할 의무가 있고, 이에 대응하여 관계 개인은 재량권의 올바른 행사에 근거한 처분을 받을 권리(실체적 권리)를 갖게 된다. 즉, 재량권 한계의 일탈이나 남용이 없는 적법한 응답을 요구할 권리를 가진다.

재량권이 영(零)으로 수축하는 경우에는 무하자재량행사청구권은 특정한 내용의 처분을 하여 줄 것을 청구할 수 있는 행정행위발급청구권 또는 행정개입청구권으로 전환된다.

6) 재량권의 영(零)으로의 수축

(가) 의　의　　재량권의 영으로의 수축이란 일정한 예외적인 경우에 재량권이 있는 행정청에게 선택의 여지가 없어지고 특정한 내용의 처분을 하여야 할 의무가 생기는 것을 말한다.

(나) 판단기준　　일반적으로 다음과 같은 경우에 재량권이 영으로 수축된다고 본다: ① 사람의 생명, 신체 및 재산 등 중요한 법익에 급박하고 현저한(중대한) 위험이 존재하여야 한다(예 공장으로부터 배출기준을 초과하는 유해한 폐수가 하천으로

배출되어 식수로 사용하는 인근의 지하수를 오염시키고 있는 경우). ② 그러한 위험이 행정권의 발동(예 시정명령 또는 조업중지명령)에 의해 제거될 수 있는 것으로 판단되어야 한다. ③ 피해자의 개인적인 노력으로는 권익침해의 방지가 충분하게 이루어질 수 없다고 인정되어야 한다.

(다) 효   과   재량권이 영으로 수축하는 경우에 행정청은 특정한 내용의 처분을 하여야 할 의무를 진다(예 경찰관의 주취운전자에 대한 권한 행사가 관계법률의 규정형식상 경찰관의 재량에 맡겨져 있다고 하더라도, 그러한 권한을 행사하지 아니한 것이 구체적인 상황하에서 현저하게 합리성을 잃어 사회적 타당성이 없는 경우에는 경찰관의 직무상 의무를 위배한 것으로서 위법하게 된다(대판 1998. 5. 8, 97다54482)).

(4) 새로운 형태의 공권: 행정권발동청구권

행정권발동청구권이란 자신의 권익을 위하여 행정권의 적극적 발동을 청구할 수 있는 권리이다. 넓은 의미의 행정개입청구권이라고도 한다.

1) 행정행위발급청구권

(가) 개   념   행정행위발급청구권이란 개인이 자기의 권익을 위하여 자기에 대하여 특정한 내용의 행정권을 발동하여 줄 것을 청구할 수 있는 권리를 말한다.

(나) 성립요건   행정행위발급청구권이 인정되기 위하여는 ① 강행법규가 행정청에게 일정한 행위를 하여야 할 의무를 부과하고 있고(강행법규성 및 발급의무), ② 그러한 법규가 공익의 보호뿐만 아니라 개인의 이익도 보호하는 것을 목적으로 하고 있어야 한다(사익보호성).

(다) 인정범위   행정행위발급청구권은 원칙적으로 기속행위에 인정되고 재량행위에는 원칙상 인정되지 않는다.

다만, 재량행위의 경우에도 재량권이 영으로 수축되는 경우에는 행정청에게 특정 행정행위를 할 의무가 생기므로 행정행위발급청구권이 인정된다.

2) 좁은 의미의 행정개입청구권

(가) 개   념   좁은 의미의 행정개입청구권이란 어떠한 행정권의 발동(예 유해한 폐수를 배출하는 기업에 대한 조업중지명령)이 그 상대방(예 기업)에 대하여는 침해적이고 제 3 자(예 인근 주민)에 대하여는 수익적인 경우에 그 행정권의 발동으로 이익을 받는 제 3 자(예 인근 주민)가 행정청에게 그 상대방(예 기업)에 대한 행정권의 발동을 청구할 수 있는 권리를 말한다.

(나) **성립요건**   행정개입청구권이 인정되기 위하여는 ① 행정청에게 개입의무(행정권의 발동의무)가 있어야 하고(강행법규성 및 개입의무), ② 행정권의 발동에 관한 법규가 공익뿐만 아니라 제 3 자의 사익을 보호하고 있어야 한다(사익보호성).

(다) **인정범위**   행정개입청구권은 기속행위의 경우에는 당연히 인정된다. 재량행위의 경우에는 무하자재량행사청구권이 인정되고 행정개입청구권은 원칙상 인정되지 않지만, 전술한 바와 같이 재량권이 영으로 수축하는 경우와 이익형량상 개입의무가 인정되는 경우에는 무하자재량행사청구권은 행정개입청구권으로 전환되어 행정개입청구권이 인정된다.

예를 들면, 공장으로부터 배출기준을 초과하는 유해한 폐수가 하천으로 배출되어 식수로 사용되고 있는 인근 지하수를 오염시키고 있는 경우에 지하수를 이용하는 인근주민은 공장사업자에게 공해배출의 금지를 명하도록 행정청에게 청구할 수 있는가. 달리 말하면 인근주민에게 행정개입청구권이 있는가 하는 것이 문제된다. 이 경우 인근주민의 이익은 법적 이익으로 보이고, 행정청의 공해배출금지명령은 원칙상 재량행위이나 사안에서 행정청의 재량권이 영으로 수축하는 것으로 보이므로 인근주민은 공해배출금지를 명하도록 행정청에게 청구할 수 있고, 행정청은 공해배출금지명령을 발할 의무가 있다고 할 수 있다.

(라) **실현수단**   권리침해가 이미 발생하여 항고쟁송의 제기로 구제될 수 있는 이익(소의 이익)이 존재하지 않는 경우에는 국가배상만이 가능하다(예 무장공비가 민가에 침입하여 주민과 격투가 벌어진 경우에 경찰력의 출동을 요청하였음에도 출동하지 않아 주민이 사망하게 된 경우).

(5) 절차적 공권

행정절차상 권리가 확대되고 있고, 소송법상 원고적격이 확대되고 있다.

제 7 절 **특별행정법관계**(종전의 특별권력관계)

Ⅰ. 특별행정법관계의 개념

특별행정법관계란 특별한 행정목적을 달성하기 위하여 특별권력기관과 특별한 신분을 가진 자와의 사이에 성립되는 특별한 법률관계를 말한다. 특별행정법관계는 행정주체와 일반 국민 사이에 성립되는 일반행정법관계에 대응하는 개념이다(예 경찰공무원의 근무관계, 군인의 군복무관계, 교도소 재소관계, 국공립학교의 재학관계 등).

특별행정법관계는 특별권력관계라는 개념을 대체하는 개념으로 사용된다.

Ⅱ. 특별권력관계이론의 성립, 쇠퇴와 특별행정법관계이론의 등장

1. 의   의

특별권력관계란 특별한 행정목적을 달성하기 위하여 성립된 관계로서 특별권력주체에게 포괄적인 지배권이 부여되고 상대방인 특별한 신분에 있는 자는 이에 복종하여야 하는 관계를 말한다. 특별권력관계는 일반권력관계에 대응하는 개념이다.

2. 종래의 특별권력관계이론

특별권력관계이론은 19세기 후반 독일에서 성립된 독일법에 특유한 이론이다. 프랑스법에는 특별권력관계이론이 존재하지 않는다. 특별권력관계이론이란 특별권력주체와 상대방은 행정목적의 달성상 필요하므로 국가와 일반 국민 사이의 관계보다는 밀접한 관계에 있다고 보고 나아가 특별권력관계의 상대방은 행정조직에 통합된 것으로 보았다. 따라서 특별권력관계는 행정의 내부관계로 보고 그 결과 법치주의가 적용되지 않는다고 보았다.

특별권력관계는 법률에 따라 규율되어야 하는 것이 아니라 자율적인 내부규칙에 따라 규율될 영역으로 보았고, 특별권력관계의 목적상 필요한 경우에는 법률의 근거 없이도 기본권이 제한될 수 있는 것으로 보았고, 특별권력관계 내에서의 행위는 내부행위이므로 사법심사의 대상이 되지 않는다고 보았다.

3. 오늘날의 특별권력관계이론

(1) 특별권력관계 긍정설(제한적 긍정설 또는 수정설)

오늘날 특별권력관계를 인정하는 견해도 법치주의의 적용을 완전히 배제하지는 않고, 원칙적으로 법치주의가 적용된다고 보면서 특별한 행정목적을 달성함에 필요한 한도 내에서 법치주의가 일부 제한되거나 완화되어 적용될 수 있다고 볼 뿐이다.

(2) 특별권력관계 부정설

특별권력관계 부정설은 오늘날 법치국가하에서는 법치주의의 예외를 인정하는 특별권력관계이론은 인정될 수 없다고 한다. 이에는 특별행정법관계설과 일반행정법관계설이 있다. 특별행정법관계설이 타당하다.

> 【판례】〈다수의견〉상명하복에 의한 지휘통솔체계의 확립이 필수적인 군의 특수성에 비추어 군인은 상관의 명령에 복종하여야 한다. (중략) 군인이 일반적인 복종의무가 있는 상관의 지시나 명령에 대하여 재판청구권을 행사하는 경우에는 재판청구권이 군인의 복종의무와 외견상 충돌하는 모습으로 나타날 수 있다. 그러나 상관의 지시나 명령 그 자체를 따르지 않는 행위와 상관의 지시나 명령은 준수하면서도 그것이 위법·위헌이라는 이유로 재판청구권을 행사하는 행위는 구별되어야 한다. 법원이나 헌법재판소에 법적 판단을 청구하는 것 자체로는 상관의 지시나 명령에 직접 위반되는 결과가 초래되지 않으며, 재판절차가 개시되더라도 종국적으로는 사법적 판단에 따라 위법·위헌 여부가 판가름 나므로 재판청구권 행사가 곧바로 군에 대한 심각한 위해나 혼란을 야기한다고 상정하기도 어렵다. 따라서 군인이 상관의 지시나 명령에 대하여 재판청구권을 행사하는 경우에 그것이 위법·위헌인 지시와 명령을 시정하려는데 목적이 있을 뿐, 군 내부의 상명하복관계를 파괴하고 명령불복종 수단으로서 재판청구권의 외형만을 빌리거나 그 밖에 다른 불순한 의도가 있지 않다면, 정당한 기본권의 행사이므로 군인의 복종의무를 위반하였다고 볼 수 없다(대판 전원합의체 2018. 3. 22, 2012두26401[전역처분등취소]).

Ⅲ. 특별행정법관계의 성립

① 상대방의 동의 없는 법률의 규정에 따른 성립. 특별행정법관계가 법률의 규정에 근거하여 상대방의 동의 없이 성립하는 경우이다(예 군입대(병역법 제4장), 수형자의 교정시설 수용(「형의 집행 및 수용자의 처우에 관한 법률」 제16조), 감염병환자의 강제입원(「감염병의 예방 및 관리에 관한 법률」 제42조), 공공조합에의 강제가입(산림조합법 제18조, 「도시 및 주거환경정비법」 제39조)).

② 상대방의 동의에 따른 성립. 특별행정법관계가 상대방의 동의에 근거하여 성립되는 경우이다. 상대방의 동의가 그의 자유로운 의사에 기초한 경우(⬛ 경찰공무원의 임명)와 상대방의 동의가 법률에 따라 강제되는 경우(⬛ 학령아동의 초등학교 취학)가 있다.

Ⅳ. 특별행정법관계와 법치주의

1. 법률유보의 원칙

특별행정법관계설에 따르면 법률유보의 원칙은 원칙상 그 관계에 적용된다. 즉, 국민의 권리를 제한하거나 의무를 부과하는 명령 또는 강제는 법률에 근거하여야 하고 법규사항을 정하는 특별명령은 법령에 근거가 있어야 제정될 수 있다(사관생도는 일반 국민보다 상대적으로 기본권이 더 제한될 수 있으나, 그러한 경우에도 법률유보원칙, 과잉금지원칙 등 기본권 제한의 헌법상 원칙들이 지켜져야 한다. 사관학교가 금주제도를 시행하는 취지에 비추어 보더라도 사관생도의 기본권을 지나치게 침해하는 것이므로, 위 금주조항(「예규」에서 음주행위 2회 위반시 원칙으로 퇴학조치하도록 정하고 있음)은 사관생도의 일반적 행동자유권, 사생활의 비밀과 자유 등 기본권을 과도하게 제한하는 것으로서 무효인데도 위 금주조항을 적용하여 내린 퇴학처분이 적법하다고 본 원심판결에 법리를 오해한 잘못이 있다고 한 사례(대판 2018. 8. 30, 2016두60591[퇴학처분취소]).

다만, 특별한 행정목적을 효율적으로 달성할 수 있도록 하기 위하여 필요한 한도 내에서는 다소 포괄적인 수권도 가능하다.

2. 사법심사

특별권력관계를 부인하는 특별행정법관계설과 일반행정법관계설에 따르면 문제의 행위가 처분인지에 따라 사법심사의 범위를 정한다. 특별행정법관계 내에서의 행위가 외부적·법적 효과를 미치는 처분인가 아니면 순수하게 내부적인 행위로서 처분이 아닌가는 애매한 경우가 있다(⬛ 경찰공무원의 임명·해임·정직·감봉 및 견책은 처분이다. 이에 반하여 경찰공무원의 훈련이나 그 방법과 관련된 행위, 단순 경고행위는 내부행위로 처분이 아니다. 서면경고는 처분이라고 보아야 한다. 경찰공무원의 승진 또는 승진에서의 탈락도 처분으로 보아야 한다. 경찰공무원에 대한 전보명령이 처분인가에 대하여는 논란이 있다).

제 8 절 행정법관계의 변동(발생·변경·소멸)

Ⅰ. 법률요건

법률관계의 발생·변경·소멸의 원인이 되는 것을 법률요건이라 한다. 법률요건은 법률관계의 변동원인이다. 법률요건에는 행위, 사건 등이 있다.

행정법상의 법률관계는 행정주체의 공법행위 또는 사인의 공법행위 및 사건에 의해 발생·변경·소멸된다.

Ⅱ. 행정주체의 행위

행위란 법률상의 효과 발생의 원인이 되는 의사 활동을 말한다.

행정주체의 공법행위는 매우 다양하다. 행정주체의 공법행위를 성질에 따라 유형화한 것이 행위형식인데, 행정입법, 행정행위, 공법상 계약, 사실행위 등이 이에 속한다. 이에 관하여는 후술한다.

법적 행위만이 법률관계에 변동을 가져오며 사실행위는 법률관계의 변동을 가져오지 않는다.

법률행위는 의사표시를 불가결의 요소로 하는 법률요건을 말하고, 사실행위는 외부에 표시하지 않는 내심적 의사로서 일정한 사실을 행하는 것이며 법률요건 중의 적법행위의 하나이다.

Ⅲ. 행정법상 사건

사람의 정신작용과는 관계가 없는 사실로서 법률요건이 되는 것이 사건이다(예 자연적 사실: 출생, 사망, 시간의 경과, 물건의 점유, 일정한 장소에의 거주 등).

1. 기간의 경과

행정상 법률관계가 일정한 기간의 경과에 따라 변동되는 경우가 있다(예 허가의 존속기간 경과시 허가의 효력 상실).

2. 시   효

시효란 일정한 사실상태가 오랫동안 계속한 경우에 그 사실상태에 따라 권리관계를 형성(취득 또는 소멸)하는 법률요건을 말한다. 시효에는 소멸시효와 취득시효가 있다.

민법의 시효에 관한 규정은 행정법관계에도 유추적용된다.

(1) 소멸시효

소멸시효란 권리자가 그의 권리를 행사할 수 있음에도 불구하고 일정한 기간 동안 그 권리를 행사하지 않은 경우에 그 권리를 소멸시키는 시효를 말한다.

국가재정법은 금전의 급부를 목적으로 하는 국가의 권리 또는 국가에 대한 권리는 시효에 관하여 다른 법률에 규정이 없는 한 5년간 행사하지 아니할 때에는 시효로 인하여 소멸한다고 규정하고 있다(법 제96조). 여기서 '다른 법률의 규정'이란 5년의 소멸시효기간보다 짧은 기간의 소멸시효의 규정이 있는 경우를 가리키는 것으로, 이보다 긴 소멸시효를 규정하고 있는 것은 해당하지 않는다(대판 2001. 4. 24, 2000다57856). 공법상 금전채권뿐만 아니라 사법상 금전채권도 이 규정의 적용대상이 된다.

「경찰관 직무집행법」상 보상을 청구할 수 있는 권리는 손실이 있음을 안 날부터 3년, 손실이 발생한 날부터 5년간 행사하지 아니하면 시효의 완성으로 소멸한다(법 제11조의2 제 2 항).

(2) 취득시효

취득시효란 어떤 사람이 권리자인 것과 같이 권리를 행사하고 있는 상태가 일정한 기간 동안 계속한 경우에 처음부터 그 사람이 권리자이었던 것으로 인정하는 제도를 말한다.

민법상 취득시효규정이 공물(도로, 하천 등 공적 목적에 제공된 물건)에도 적용되는지에 관하여 견해의 대립이 있는데, 판례는 부정설을 취하고 있다.

3. 제척기간

제척기간이란 일정한 권리에 관하여 법률이 정한 존속기간을 말한다(🔲 행정심판제기기간, 행정소송제기기간). 제척기간이 소멸시효와 다른 점은 제척기간의 목적은 법률관계를 속히 확정하려는 데 있으므로 그 기간이 상대적으로 짧고, 중단제도가 없다는 점 등이다.

[제척기간과 소멸시효의 비교]

구 분	제척기간	소멸시효
법조문 표현상 구별기준	'시효'란 표현이 없고 "~을 행사하여야 한다" 등의 표현이 있음	"시효로 인하여 완성한다" 등의 표현이 있음
존재이유	권리관계의 조속한 확정	사회질서의 안정, 입증곤란의 구제
중단 및 정지제도	없음	있음
포기제도	없음	있음
법적 효과	기간이 경과한 때부터 장래를 향하여 소멸	소멸시효기간이 경과하면 기산일에 소급하여 효력이 발생
소송상의 주장 여부	당사자가 주장하지 않더라도 법원이 이를 당연히 고려하여야 하는 직권조사사항	「민사소송법」의 변론주의의 원칙상 그 사실을 주장한 때에 비로소 고려되는 사항

4. 공법상 사무관리

사무관리란 법률상 의무없이 타인의 사무를 관리하는 행위를 말한다. 공법분야에서도 사무관리가 인정된다는 것이 일반적 견해이다(예 시·군·구의 행려병자의 관리, 자연재해시 빈 상점의 물건의 처분 등 관리). 그러나 「경찰관 직무집행법」상 보호조치(법 제4조) 등 법령상 또는 조리상 보호조치의무에 근거한 행위는 사무관리가 아니다.

공법상 사무관리에는 특별한 규정이 없는 한 민법상 사무관리에 관한 규정이 준용된다. 공법상 사무관리를 행한 행정기관은 통지의무를 지고, 비용상환청구권을 갖는다.

[공법상 사무관리의 유형](최계영 교수의 분류)

구 분	공법상 사무관리
유형1	행정주체가 사인을 위하여 사무를 관리한 경우 예 행정청이 위험방지를 위하여 경찰행정상 조치를 취한 후 위험 발생에 책임이 있는 자에게 비용의 상환을 청구하고자 하는 경우 ① 시·군·구의 행려병자 관리 ② 자연재해시 빈 상점의 물건의 관리
유형2	사인이 행정주체를 위하여 사무를 관리한 경우 예 유조선에서 원유가 유출되는 사고가 발생하자 해상방제업 등을 영위하는 주식회사가 피해 방지를 위해 해양경찰의 직접적인 지휘를 받아 방제작업을 보조하였던 실제 사례
유형3	사인이 다른 사인을 위하여 사무를 관리한 경우 예 겨울에 통행로의 눈을 이웃을 대신하여 치워주는 경우
유형4	행정주체 상호간의 사무관리 예 경찰이 서울시가 설치·관리하는 쓰레기통에 발생한 화재를 진화한 경우, 경찰이 서울시에 대하여 화재 진화에 소요된 비용의 상환을 청구하는 경우

5. 공법상 부당이득

(1) 의의 및 법적 규율

공법상 부당이득이란 공법상 원인(예 무효인 조세부과처분에 근거한 조세납부)에 따라 발생한 부당이득(법률상 원인 없이 이익을 얻고 타인에게 손해를 가하는 것)을 말한다.

부당이득반환의 법리는 공법관계에서도 인정된다. 공법상 부당이득이 있는 경우에는 특별한 규정이 없는 한 민법상 부당이득의 반환의 법리(부당이득은 이를 반환하여야 한다는 법리)에 따라 반환하여야 한다.

(2) 공법상 부당이득반환청구권의 성질

공법상 부당이득으로 손해를 입은 자는 부당이득반환청구권을 갖는다. 공법상 원인에 따른 부당이득반환청구권이 공권인지 사권인지가 권리구제수단과 관련하여 다투어진다. 부당이득반환청구권을 공권으로 보면 부당이득반환청구소송을 당사자소송으로 제기하여야 하고, 사권으로 보면 부당이득반환청구소송을 민사소송으로 제기하여야 한다.

우리 판례는 공법상 부당이득반환청구권을 사권으로 본다.

[공법상 부당이득의 유형](최계영 교수의 분류)

구 분	공법상 부당이득
유형1	사인의 부당이득(행정주체의 사인에 대한 부당이득반환청구권) 예 보조금, 사회보장급여, 조세환급금 등을 잘못 지급하거나 과다하게 지급한 경우(과오급(過誤給))
유형2	행정주체의 부당이득(사인의 행정주체에 대한 부당이득반환청구권) 예 조세나 공과금을 잘못 납부하거나 과다하게 납부한 경우(과오납(過誤納))
유형3	행정주체 상호간의 부당이득(행정주체의 행정주체에 대한 부당이득반환청구권)

제4장
기간의 계산등

제1절 기간의 계산

Ⅰ. 행정에 관한 기간의 계산

> 행정기본법
> 제6조(행정에 관한 기간의 계산) ① 행정에 관한 기간의 계산에 관하여는 이 법 또는 다른 법령등에 특별한 규정이 있는 경우를 제외하고는 「민법」을 준용한다.
> ② 법령등 또는 처분에서 국민의 권익을 제한하거나 의무를 부과하는 경우 권익이 제한되거나 의무가 지속되는 기간의 계산은 다음 각 호의 기준에 따른다. 다만, 다음 각 호의 기준에 따르는 것이 국민에게 불리한 경우에는 그러하지 아니하다.
>   1. 기간을 일, 주, 월 또는 연으로 정한 경우에는 기간의 첫날을 산입한다.
>   2. 기간의 말일이 토요일 또는 공휴일인 경우에도 기간은 그 날로 만료한다.

행정에 관한 기간의 계산에 관하여는 법령(행정기본법 또는 다른 법령등)에 특별한 규정이 있는 경우를 제외하고는 「민법」을 준용한다(행정기본법 제6조 제1항). 민법상 기간에 관한 규정은 일반법원리적 규정으로서 행정법관계에도 직접 적용 또는 유추 적용된다. 특히 민법상 기간의 계산방법에 관한 규정은 행정법에도 그대로 적용된다. 기간의 계산에 있어서 기간의 초일은 원칙상 산입하지 않으며 익일(다음 날)부터 기산한다(민법 제157조). 기간말일의 종료로 기간은 만료하는데(동법 제159조), 기간의 말일이 토요일 또는 공휴일에 해당한 때에는 기간은 그 익일로 만료한다(동법 제161조).

법령등 또는 처분에서 국민의 권익을 제한하거나 의무를 부과하는 경우 권익이 제한되거나 의무가 지속되는 기간의 계산은 민법과 달리 다음 각 호의 기준에 따른다. 다만, 다음 각 호의 기준에 따르는 것이 국민에게 불리한 경우에는 그러하지 아니하다. 1. 기간을 일, 주, 월 또는 연으로 정한 경우에는 기간의 첫날을 산입한다. 2. 기간의 말일이 토요일 또는 공휴일인 경우에도 기간은 그 날로 만료한다(행정기본법 제6조 제2항).

Ⅱ. 법령등(훈령·예규·고시·지침 등을 포함) 시행일의 기간 계산

> 행정기본법
> 제7조(법령등 시행일의 기간 계산) 법령등(훈령·예규·고시·지침 등을 포함한다. 이하 이 조에서 같다)의 시행일을 정하거나 계산할 때에는 다음 각 호의 기준에 따른다.
> 　1. 법령등을 공포한 날부터 시행하는 경우에는 공포한 날을 시행일로 한다.
> 　2. 법령등을 공포한 날부터 일정 기간이 경과한 날부터 시행하는 경우 법령등을 공포한 날을 첫날에 산입하지 아니한다.
> 　3. 법령등을 공포한 날부터 일정 기간이 경과한 날부터 시행하는 경우 그 기간의 말일이 토요일 또는 공휴일인 때에는 그 말일로 기간이 만료한다.

법령등(훈령·예규·고시·지침 등을 포함)의 시행일을 정하거나 계산할 때에는 다음 각 호의 기준에 따른다. 1. 법령등(훈령·예규·고시·지침 등을 포함)을 공포한 날부터 시행하는 경우에는 공포한 날을 시행일로 한다. 2. 법령등(훈령·예규·고시·지침 등을 포함)을 공포한 날부터 일정 기간이 경과한 날부터 시행하는 경우 법령등(훈령·예규·고시·지침 등을 포함)을 공포한 날을 첫날에 산입하지 아니한다. 3. 법령등(훈령·예규·고시·지침 등을 포함)을 공포한 날부터 일정 기간이 경과한 날부터 시행하는 경우 그 기간의 말일이 토요일 또는 공휴일인 때에는 민법상의 원칙과 달리 그 말일로 기간이 만료한다(동법 제7조).

법령 등의 공포일 또는 공고일은 해당 법령 등을 게재한 관보 또는 신문이 발행된 날로 한다(법령공포법 제12조).

제 2 절   수수료 및 사용료

> 행정기본법
> 제35조(수수료 및 사용료) ① 행정청은 특정인을 위한 행정서비스를 제공받는 자에게 법령으로 정하는 바에 따라 수수료를 받을 수 있다.
> ② 행정청은 공공시설 및 재산 등의 이용 또는 사용에 대하여 사전에 공개된 금액이나 기준에 따라 사용료를 받을 수 있다.
> ③ 제 1 항 및 제 2 항에도 불구하고 지방자치단체의 경우에는 「지방자치법」에 따른다.

행정청은 특정인을 위한 행정서비스를 제공받는 자에게 법령으로 정하는 바에 따라 수수료를 받을 수 있다(행정기본법 제35조 제 1 항).

행정청은 공공시설 및 재산 등의 이용 또는 사용에 대하여 사전에 공개된 금액이나 기준에 따라 사용료를 받을 수 있다(동법 제35조 제 2 항). 사용료는 사용료(예 행정재산 사용료), 이용료(예 자연휴양림 등의 이용료), 점용료(예 도로 점용료, 공유수면 점용료), 입장료(예 자연공원 입장료) 등 다양한 명칭으로 사용되고 있다.

제 1 항 및 제 2 항에도 불구하고 지방자치단체의 경우에는 「지방자치법」에 따른다(동법 제35조 제 3 항).

제2편
경찰
행정조직법

제1장
경찰행정조직법 개설

제1절 행정조직법의 의의

행정조직법이란 행정주체의 조직에 관한 법을 말한다. 보다 구체적으로 정의하면 행정조직법은 행정기관의 설치, 폐지, 구성, 권한 및 행정기관 상호간의 관계를 정한 법이다.

행정조직법은 행정의 내부조직을 규율하는 법으로서 행정작용을 규율하는 행정작용법과 구별된다. 다만, 행정조직에 관한 사항 중 행정기관의 권한 및 행정규칙 등은 국민의 권리의무에 법상 또는 사실상 일정한 영향을 미치므로 그 한도 내에서는 행정작용법상의 법적 통제의 대상이 될 수 있다. 또한 행정 내부에서의 의사형성과정과 결정과정 중 국민의 권익과 관련이 있는 절차는 행정절차로 보아 작용법적 통제의 대상이 되고 있다.

경찰행정조직도 행정조직의 일부로서, 행정조직 일반에 관한 법원리가 그대로 타당하다. 경찰의 조직에 관한 일반법은 「국가경찰과 자치경찰의 조직 및 운영에 관한 법률」(경찰법)이며 제주특별자치도 자치경찰의 조직법으로 「제주특별법」이 있다.

제 2 절   행정조직법정주의와 경찰조직의 구성원리

I. 행정조직법정주의

행정조직에 관한 사항은 기본적으로 법률로 정하여야 한다는 원칙을 행정조직법정주의라고 한다. 행정조직법정주의는 행정권한법정주의를 포함하지만, 행정권한법정주의는 그 나름의 문제를 가지고 있으므로 별도로 후술하기로 한다.

현행 헌법 제96조는 "행정각부의 설치·조직과 직무범위는 법률로 정한다"고 규정하여 행정조직법정주의를 채택하고 있다. 이에 근거하여 정부조직법이 제정되었다. 정부조직법은 중앙행정기관(부·처·청)의 설치와 직무범위는 법률로 정하도록 하고 있다(법 제 2 조 제 1 항·제 2 항). 행정기관의 소관사무의 일부를 독립하여 수행하도록 하기 위하여 행정기관에 설치하는 행정위원회 등 합의제행정기관은 법률로 정한다(동법 제 5 조).

행정조직법정주의하에서도 정부조직에 관한 세부적인 사항에 관하여는 법률에서 구체적인 범위를 정하여 명령에 위임할 수 있다(헌법 제75조, 제95조).

법령에서 정한 행정조직보다 세부적인 행정조직에 관한 사항은 행정규칙에 따라 정하여질 수도 있다. 행정조직에 관한 사항을 정하는 행정규칙을 조직규칙이라 한다.

II. 경찰조직의 구성원리

경찰행정조직법의 특징은 경찰기관이 국민의 통제하에 국민에 대하여 통일적인 책임을 지면서 민주적이면서 효율적으로 경찰사무를 수행할 수 있도록 하는 데 있다(「국가경찰과 자치경찰의 조직 및 운영에 관한 법률」 제 1 조).

경찰조직의 구성원리로는 경찰조직의 민주성, 경찰조직의 능률성, 경찰조직의 전문성을 드는 것이 일반적인 견해이다.

제2장
경찰기관

제1절 경찰기관의 개념

경찰기관이란 경찰권한을 행사하는 경찰조직의 구성단위를 말한다(예 보통경찰기관, 좁은 의미의 행정경찰기관, 비상경찰기관 등). 경찰기관은 경찰기관의 구성자인 경찰공무원과는 구별된다.

경찰법상 경찰의 사무는 다음과 같다(경찰법 제4조 제1항).

> 경찰법
> 제4조(경찰의 사무) ① 경찰의 사무는 다음 각 호와 같이 구분한다.
> 1. 국가경찰사무: 제3조에서 정한 경찰의 임무를 수행하기 위한 사무. 다만, 제2호의 자치경찰사무는 제외한다.
> 2. 자치경찰사무: 제3조에서 정한 경찰의 임무 범위에서 관할 지역의 생활안전·교통·경비·수사 등에 관한 다음 각 목의 사무
> 가. 지역 내 주민의 생활안전 활동에 관한 사무
>   1) 생활안전을 위한 순찰 및 시설의 운영
>   2) 주민참여 방범활동의 지원 및 지도
>   3) 안전사고 및 재해·재난 시 긴급구조지원
>   4) 아동·청소년·노인·여성·장애인 등 사회적 보호가 필요한 사람에 대한 보호 업무 및 가정폭력·학교폭력·성폭력 등의 예방
>   5) 주민의 일상생활과 관련된 사회질서의 유지 및 그 위반행위의 지도·단속. 다만, 지방자치단체 등 다른 행정청의 사무는 제외한다.
>   6) 그 밖에 지역주민의 생활안전에 관한 사무
> 나. 지역 내 교통활동에 관한 사무
>   1) 교통법규 위반에 대한 지도·단속

　　2) 교통안전시설 및 무인 교통단속용 장비의 심의·설치·관리
　　3) 교통안전에 대한 교육 및 홍보
　　4) 주민참여 지역 교통활동의 지원 및 지도
　　5) 통행 허가, 어린이 통학버스의 신고, 긴급자동차의 지정 신청 등 각종 허가 및
　　　신고에 관한 사무
　　6) 그 밖에 지역 내의 교통안전 및 소통에 관한 사무
　다. 지역 내 다중운집 행사 관련 혼잡 교통 및 안전 관리
　라. 다음의 어느 하나에 해당하는 수사사무
　　1) 학교폭력 등 소년범죄
　　2) 가정폭력, 아동학대 범죄
　　3) 교통사고 및 교통 관련 범죄
　　4) 「형법」 제245조에 따른 공연음란 및 「성폭력범죄의 처벌 등에 관한 특례법」 제
　　　12조에 따른 성적 목적을 위한 다중이용장소 침입행위에 관한 범죄
　　5) 경범죄 및 기초질서 관련 범죄
　　6) 가출인 및 「실종아동등의 보호 및 지원에 관한 법률」 제 2 조 제 2 호에 따른 실
　　　종아동등 관련 수색 및 범죄
② 제 1 항 제 2 호 가목부터 다목까지의 자치경찰사무에 관한 구체적인 사항 및 범위
등은 대통령령으로 정하는 기준에 따라 시·도조례로 정한다.
③ 제 1 항 제 2 호 라목의 자치경찰사무에 관한 구체적인 사항 및 범위 등은 대통령령
으로 정한다.

제 2 절　보통경찰기관

　　보통경찰기관이란 경찰작용을 주된 업무로 수행하는 행정기관을 말한다. 보
통경찰기관에는 행정관청의 지위를 갖는 경찰관청, 의결기관인 경찰위원회 그
리고 집행기관인 경찰집행기관이 있다. 경찰관청은 국민들에게는 '제복을 입은
경찰'로서 등장하는 것이 전형적이다. 이를 통하여 경찰은 그들이 — 시각적으로
경찰이 존재한다는 것을 포함하여 — 안전의 보장을 그의 직무로 한다는 것을
외부에 대해서도 보여준다(서정범·박병욱 역, 9쪽).
　　보통경찰관청으로는 경찰청장, 시·도경찰청장, 경찰서장과 해양경찰청장,
지방해양경찰청장, 해양경찰서장이 있다.

I. 보통경찰관청

1. 경찰청장

치안에 관한 사무를 관장하게 하기 위하여 행정안전부장관 소속으로 경찰청을 두며(동법 제12조), 경찰청에 경찰청장을 둔다. 경찰청장은 치안총감으로 보하며(동법 제14조 제 1 항), 국가경찰위원회의 동의를 받아 행정안전부장관의 제청으로 국무총리를 거쳐 대통령이 임명하는데, 인사청문을 거쳐야 한다(동법 제14조 제 2 항).

경찰청장은 국가경찰사무를 총괄하고 경찰청 업무를 관장하며 소속 공무원 및 각급 경찰기관의 장을 지휘·감독한다(동법 제14조 제 3 항). 경찰청장의 임기는 2년으로 하고, 중임(重任)할 수 없다(동법 제14조 제 4 항). 경찰청장은 비상사태시 자치경찰에 대한 지휘·명령권을 가진다(동법 제32조).

2. 국가수사본부장

경찰청에 국가수사본부를 두며, 국가수사본부장은 치안정감으로 보한다(동법 제16조 제 1 항). 국가수사본부장은 「형사소송법」에 따른 경찰의 수사에 관하여 각 시·도경찰청장과 경찰서장 및 수사부서 소속 공무원을 지휘·감독한다(동법 재16조 제 2 항). 국가수사본부장의 임기는 2년으로 하며, 중임할 수 없다(동법 제16조 제 3 항).

3. 시·도경찰청장

경찰의 사무를 지역적으로 분담수행하기 위하여 시·도에 시·도경찰청을 둔다(동법 제13조). 시·도경찰청에 시·도경찰청장을 두며, 시·도경찰청장은 치안정감·치안감(治安監) 또는 경무관(警務官)으로 보한다(동법 제28조 제 1 항). 「경찰공무원법」 제 7 조에도 불구하고 시·도경찰청장은 경찰청장이 시·도자치경찰위원회와 협의하여 추천한 사람 중에서 행정안전부장관의 제청으로 국무총리를 거쳐 대통령이 임용한다(동법 제28조 제 2 항). 시·도경찰청장은 국가경찰사무에 대해서는 경찰청장의 지휘·감독을, 자치경찰사무에 대해서는 시·도자치경찰위원회의 지휘·감독을 받아 관할구역의 소관 사무를 관장하고 소속 공무원 및 소속 경찰기관의 장을 지휘·감독한다. 다만, 수사에 관한 사무에 대해서는 국가수사본부장의 지휘·감독을 받아 관할구역의 소관 사무를 관장하고 소속 공무원 및 소속 경찰기관의 장을 지휘·감독한다(동법 제28조 제 3 항). 제 3 항 본문의 경우 시·도자치경찰위원회는 자치경찰사무에 대해 심의·의결을 통하여 시·도경찰청장을 지휘·감독한다. 다만, 시·도자치경찰위원회가 심의·의결할 시간적 여유가 없거나 심의·의결이 곤란한 경우 대통령령으로 정하는 바에 따라 시·도자치경찰위원회의 지휘·감독권을 시·도경찰청장에게 위임한 것으로 본다(동법 제28조 제 4 항).

시·도경찰청은 국가기관인 경찰청 소속의 국가기관(국가의 지방행정기관)이다(경찰청과 그 소속기관 직제 제 2 조 제 3 항).

4. 경찰서장

경찰서에 경찰서장을 두며, 경찰서장은 경무관, 총경(總警) 또는 경정(警正)으로 보한다(경찰법 제30조 제 1 항). 경찰서장은 시·도경찰청장의 지휘·감독을 받아 관할구역의 소관 사무를 관장하고 소속 공무원을 지휘·감독한다(동법 제30조 제 2 항). 경찰서장 소속으로 지구대 또는 파출소를 두고, 그 설치기준은 치안수요·교통·지리 등 관할구역의 특성을 고려하여 행정안전부령으로 정한다. 다만, 필요한 경우에는 출장소를 둘 수 있다(동법 제30조 제 3 항). 시·도자치경찰위원회는 정기적으로 경찰서장의 자치경찰사무 수행에 관한 평가결과를 경찰청장에게 통보하여야 하며 경찰청장은 이를 반영하여야 한다(동법 제30조 제 4 항).

Ⅱ. 경찰의결기관: 국가경찰위원회

국가경찰행정에 관하여 제10조 제 1 항 각 호의 사항을 심의·의결하기 위하여 행정안전부에 국가경찰위원회를 둔다(동법 제 7 조 제 1 항). 국가경찰위원회는 위원장 1명을 포함한 7명의 위원으로 구성하되, 위원장 및 5명의 위원은 비상임(非常任)으로 하고, 1명의 위원은 상임(常任)으로 한다(동법 제 7 조 제 2 항). 제 2 항에 따른 위원 중 상임위원은 정무직으로 한다(동법 제 7 조 제 3 항).

위원의 임기는 3년으로 하며, 연임(連任)할 수 없다. 이 경우 보궐위원의 임기는 전임자 임기의 남은 기간으로 한다(동법 제 9 조 제 1 항). 위원은 중대한 신체상 또는 정신상의 장애로 직무를 수행할 수 없게 된 경우를 제외하고는 그 의사에 반하여 면직되지 아니한다(동법 제9조 제2항).

　국가경찰위원회의 사무는 경찰청에서 수행한다(동법 제11조 제1항). 국가경찰
위원회의 회의는 재적위원 과반수의 출석과 출석위원 과반수의 찬성으로 의결
한다(동법 제11조 제2항).

경찰법
제10조(국가경찰위원회의 심의·의결 사항 등) ① 다음 각 호의 사항은 국가경찰위원회
의 심의·의결을 거쳐야 한다.
1. 국가경찰사무에 관한 인사, 예산, 장비, 통신 등에 관한 주요정책 및 경찰 업무 발
전에 관한 사항
2. 국가경찰사무에 관한 인권보호와 관련되는 경찰의 운영·개선에 관한 사항
3. 국가경찰사무 담당 공무원의 부패 방지와 청렴도 향상에 관한 주요 정책사항
4. 국가경찰사무 외에 다른 국가기관으로부터의 업무협조 요청에 관한 사항
5. 제주특별자치도의 자치경찰에 대한 경찰의 지원·협조 및 협약체결의 조정 등에
관한 주요 정책사항
6. 제18조에 따른 시·도자치경찰위원회 위원 추천, 자치경찰사무에 대한 주요 법령·
정책 등에 관한 사항, 제25조 제4항에 따른 시·도자치경찰위원회 의결에 대한 재
의 요구에 관한 사항
7. 제2조에 따른 시책 수립에 관한 사항
8. 제32조에 따른 비상사태 등 전국적 치안유지를 위한 경찰청장의 지휘·명령에 관
한 사항
9. 그 밖에 행정안전부장관 및 경찰청장이 중요하다고 인정하여 국가경찰위원회의
회의에 부친 사항
② 행정안전부장관은 제1항에 따라 심의·의결된 내용이 적정하지 아니하다고 판단
할 때에는 재의(再議)를 요구할 수 있다.

Ⅲ. 해양보통경찰관청

　해양에서의 경찰 및 오염방제에 관한 사무를 관장하기 위하여 해양수산부
장관 소속으로 해양경찰청을 두고, 지방해양경찰청장 소속으로 해양경찰서를
둔다(정부조직법 제43조 제2항, 「해양경찰청과 그 소속기관 직제」).

　해양경찰청은 좁은 의미의 행정경찰기관(경찰이라는 명칭이 붙지 않은 행정기관)이
아니고, 경찰청과 마찬가지로 보통경찰관청의 하나라 할 것이다.

Ⅳ. 보통경찰집행기관

경찰집행기관은 소속 경찰관청의 명을 받아 경찰에 관한 국가의사를 실력으로써 사실상 집행하는 경찰기관이다. 경찰집행기관은 그 직무의 일반성 여하에 따라 일반경찰집행기관과 특별경찰집행기관으로 구분할 수 있다.

1. 일반경찰집행기관

경찰업무 일반에 관한 집행기관을 말하는바, 이러한 경찰집행기관으로는 경찰공무원을 들 수 있는데, 이들은 경찰공무원법의 적용을 받는 특정직국가공무원이다(경찰공무원법 제 1 조).

2. 특별경찰집행기관

일반경찰작용 중에서도 특정한 분야의 경찰작용에 관한 경찰집행기관을 말한다(예 의무경찰대·군사경찰·소방공무원·국가정보원·청원경찰 등).

제 3 절   좁은 의미의 행정경찰기관

좁은 의미의 행정경찰기관이란 좁은 의미의 행정경찰을 수행하는 행정기관을 말한다. 좁은 의미의 행정경찰관청은 좁은 의미의 행정경찰을 담당하는 중앙행정기관(예 환경경찰에 관하여는 환경부장관, 지방환경청장)이 된다. 중앙행정기관의 행정경찰사무가 지방자치단체의 장에게 기관위임된 경우에는 해당 지방자치단체의 장이 좁은 의미의 행정경찰관청이 된다.

좁은 의미의 행정경찰집행기관은 좁은 의미의 행정경찰관청의 집행권한 있는 소속공무원이 된다. 좁은 의미의 행정집행경찰기관이 해당 행정작용과 관련하여 발생하는 범죄를 수사하고 범인을 체포하는 특별사법경찰관리가 되는 경우가 있다(예 산림 보호에 종사하는 공무원: 형사소송법 제197조, 「사법경찰관리의 직무를 수행할 자와 그 직무범위에 관한 법률」 제 4 조 참조).

제 4 절 비상경찰기관

비상경찰기관으로는 계엄사령관 등이 있다. 계엄이 선포되면 계엄사령관이 병력으로 해당 지역 내의 경찰작용을 수행한다(계엄법 제 1 조~제14조).

제 5 절 자치경찰기관

Ⅰ. 자치경찰행정청

1. 시·도자치경찰위원회

자치경찰사무를 관장하게 하기 위하여 특별시장·광역시장·특별자치시장·도지사·특별자치도지사(이하 "시·도지사"라 한다) 소속으로 시·도자치경찰위원회를 둔다(경찰법 제18조 제 1 항). 시·도자치경찰위원회는 합의제 행정기관으로서 그 권한에 속하는 업무를 독립적으로 수행한다(동법 제18조 제 2 항).

시·도자치경찰위원회는 위원장 1명을 포함한 7명의 위원으로 구성하되, 위원장과 1명의 위원은 상임으로 하고, 5명의 위원은 비상임으로 한다(동법 제19조 제 1 항). 위원은 특정 성(性)이 10분의 6을 초과하지 아니하도록 노력하여야 한다(동법 제19조 제 2 항). 위원 중 1명은 인권문제에 관하여 전문적인 지식과 경험이 있는 사람이 임명될 수 있도록 노력하여야 한다(동법 제19조 제 3 항).

시·도자치경찰위원회 위원장은 시·도자치경찰위원회를 대표하고 회의를 주재하며 시·도자치경찰위원회의 의결을 거쳐 업무를 수행한다(동법 제22조 제 1 항). 시·도자치경찰위원회 위원장이 부득이한 사유로 직무를 수행할 수 없을 때에는 상임위원, 시·도자치경찰위원회 위원 중 연장자순으로 그 직무를 대행한다(동법 제22조 제 2 항).

시·도자치경찰위원회 위원장과 위원의 임기는 3년으로 하며, 연임할 수 없다(동법 제23조 제 1 항). 보궐위원의 임기는 전임자 임기의 남은 기간으로 하되, 전임자의 남은 임기가 1년 미만인 경우 그 보궐위원은 제 1 항에도 불구하고 한 차례만 연임할 수 있다(동법 제23조 제 2 항). 위원은 중대한 신체상 또는 정신상의 장애로 직무를 수행할 수 없게 된 경우를 제외하고는 그 의사에 반하여 면직되지 아니한다(동법 제23조 제 3 항).

> 경찰법
> 제24조(시·도자치경찰위원회의 소관 사무) ① 시·도자치경찰위원회의 소관 사무는 다음 각 호로 한다.
>   1. 자치경찰사무에 관한 목표의 수립 및 평가
>   2. 자치경찰사무에 관한 인사, 예산, 장비, 통신 등에 관한 주요정책 및 그 운영지원
>   3. 자치경찰사무 담당 공무원의 임용, 평가 및 인사위원회 운영
>   4. 자치경찰사무 담당 공무원의 부패 방지와 청렴도 향상에 관한 주요 정책 및 인권침해 또는 권한남용 소지가 있는 규칙, 제도, 정책, 관행 등의 개선
>   5. 제 2 조에 따른 시책 수립
>   6. 제28조 제 2 항에 따른 시·도경찰청장의 임용과 관련한 경찰청장과의 협의, 제30조 제 4 항에 따른 평가 및 결과 통보
>   7. 자치경찰사무 감사 및 감사의뢰
>   8. 자치경찰사무 담당 공무원의 주요 비위사건에 대한 감찰요구
>   9. 자치경찰사무 담당 공무원에 대한 징계요구
>   10. 자치경찰사무 담당 공무원의 고충심사 및 사기진작
>   11. 자치경찰사무와 관련된 중요사건·사고 및 현안의 점검
>   12. 자치경찰사무에 관한 규칙의 제정·개정 또는 폐지
>   13. 지방행정과 치안행정의 업무조정과 그 밖에 필요한 협의·조정
>   14. 제32조에 따른 비상사태 등 전국적 치안유지를 위한 경찰청장의 지휘·명령에 관한 사무
>   15. 국가경찰사무·자치경찰사무의 협력·조정과 관련하여 경찰청장과 협의
>   16. 국가경찰위원회에 대한 심의·조정 요청
>   17. 그 밖에 시·도지사, 시·도경찰청장이 중요하다고 인정하여 시·도자치경찰위원회의 회의에 부친 사항에 대한 심의·의결
> ② 시·도자치경찰위원회의 업무와 관련하여 시·도지사는 정치적 목적이나 개인적 이익을 위해 관여하여서는 아니 된다.

2. 제주특별자치경찰위원회

자치경찰사무를 처리하기 위하여 「경찰법」 제18조에 따라 설치되는 제주특별자치도자치경찰위원회 소속으로 자치경찰단을 둔다(제주특별법 제88조 제 1 항). 자치경찰단의 조직과 자치경찰공무원의 정원 등에 관한 사항은 도조례로 정한다

(동법 제88조 제 2 항).

Ⅱ. 자치경찰집행기관

　　자치경찰집행기관은 자치경찰공무원이 된다. 자치경찰사무를 수행하는 경찰공무원의 신분은 국가공무원 신분을 그대로 유지하며, 임용권도 국가(경찰청장)에게 있다. 다만, 시·도자치경찰위원회의 지휘·감독권 보장을 위해 경찰청장의 일부 임용권을 시·도지사와 시·도자치경찰위원회에 위임하고 있다.

제3장
경찰행정청의 권한

제 1 절 행정청의 권한의 의의

행정청의 권한이란 행정청이 행정주체를 대표하여 의사를 결정하고 표시할 수 있는 범위를 말한다.

행정청의 권한에는 일반적 권한과 개별적인 작용법적 권한이 있다. 행정청의 일반적 권한이란 행정청이 가지는 일반적인 사항적·지역적·대인적 권한을 말하며 행정조직법상의 권한이다. 개별적 작용법적 권한이란 행정청이 국민에 대하여 행사할 수 있는 개별적인 권한을 의미한다.

제 2 절 행정권한법정주의

행정청의 권한은 원칙상 법률에 따라 정해져야 한다. 이를 행정권한법정주의라 한다. 다만, 권한에 관한 세부적인 사항은 명령에 위임할 수 있다.

제 3 절 권한의 한계

행정청의 권한에는 사항, 지역, 상대방, 형식에 따른 일정한 한계가 있다.

Ⅰ. 사항적 한계

행정청의 소관사무의 범위는 국가에 있어서는 정부조직법에 의해 정해지고 지방자치단체의 경우에는 지방자치법에 의해 정해진다.

행정청의 권한 중 대외적인 개별적 권한은 개별작용법에 따라 정해진다(예 도로교통법 위반에 대한 운전면허의 정지·취소권).

행정청은 법률유보의 원칙이 적용되는 경우에는 작용법에서 정한 권한의 범위 내에서 권한을 행사하여야 하고, 행정지도(예 권고·조언 등)와 같이 작용법적 법률의 근거가 필요 없는 경우에 행정청은 조직규범에 따라 정해진 사항적 한계(소관사무의 범위) 내에서 권한을 행사하여야 한다.

Ⅱ. 지역적 한계

행정청의 권한은 지역적으로 미치는 범위가 한정되어 있다. 국가의 중앙행 관청의 권한은 전국적으로 미치지만 국가의 특별지방행정관청(예 시·도경찰청장) 및 지방자치단체의 행정청의 권한은 일정한 지역에 한정된다. 다만, 행정청이 내린 처분의 효과가 처분행정청의 관할구역을 넘어 미치는 경우도 있다(예 충남경찰청장 이 부여한 운전면허의 전국적인 효력).

Ⅲ. 대인적 한계

행정청의 권한이 미치는 인적 범위가 한정되는 경우가 있다(예 경찰청장의 권한 은 그 소속직원에게만 행사 가능).

Ⅳ. 형식적 한계

행정청의 권한에 권한행사의 형식에 따른 한계가 정해져 있는 경우가 있다. 즉, 경찰청장은 법규명령제정권이 없고, 소관사무에 관한 법규명령을 제정하고 자 하는 경우에는 행정안전부장관의 법규명령의 형식으로 제정할 수밖에 없다.

다만, 법령의 구체적 위임을 받은 경우에는 행정규칙의 형식으로 새로운 법규사
항을 정할 수 있다(법령보충적 행정규칙: 고시).

제 4 절   권한의 효과

Ⅰ. 외부적 효과

행정청은 독립된 법인격을 갖지 않고 행정주체를 대표하는 기관이므로 행
정청의 대외적인 권한행사의 법적 효과는 행정청 자신이 아니라 행정주체에 귀
속된다.

법령에서 정해진 행정권한의 한계를 벗어난 행정권 행사는 주체의 하자(무권
한의 하자)가 있는 위법한 행위가 되며 무권한의 하자는 원칙상 무효사유가 된다.

Ⅱ. 내부적 효과

행정청의 권한은 행정청 상호간에 있어서 활동범위의 한계를 정한다. 즉,
행정청은 권한의 범위 내에서 활동할 수 있고, 다른 행정청의 권한에 속하는 행
위를 할 수 없다.

이러한 제한은 대등한 행정청 사이에서뿐만 아니라 상하관계의 행정청 사
이에서도 타당하다. 즉, 상급관청이라 하여도 법령의 명시적인 규정이 없는 한
하급관청의 권한 내에 속하는 행위를 할 수 없다.

제 5 절   권한의 대리

Ⅰ. 권한의 대리의 의의

권한의 대리란 행정청의 권한의 전부 또는 일부를 다른 행정기관(다른 행정청

또는 보조기관)이 대신 행사하고 그 행위가 피대리행정청의 행위로서 효력을 발생하는 것을 말한다.

Ⅱ. 종   류

대리는 발생원인에 따라 수권대리(임의대리)와 법정대리로 구분된다.

수권대리란 피대리관청의 수권에 따라 대리관계가 발생하는 경우를 말한다. 임의대리라고도 한다.

법정대리란 일정한 법정사실이 발생한 경우에 수권행위 없이 법령의 규정에 따라 대리관계가 발생하는 경우를 말한다.

「직무대리규정」(대통령령)은 '기관장, 부기관장이나 그 밖의 공무원에게 사고가 발생한 경우에 직무상 공백이 생기지 아니하도록 해당 공무원의 직무를 대신 수행하는 것'을 '직무대리'라 정의하고 있는데(영 제2조), 동 규정상의 직무대리는 법정대리이다.

Ⅲ. 대리권의 행사방식

권한의 대리에는 민법 제114조의 현명주의(顯名主義) 및 제125조 및 제126조의 표현대리(表見代理)에 관한 규정이 유추적용된다.

① 현명주의: 대리자는 피대리관청과의 대리관계를 표시하여 대리권을 행사하여야 한다.

② 대리자가 피대리행정청의 이름으로 대리권을 행사한 경우에도 적법하다고 보아야 할 것이다.

Ⅳ. 대리권 행사의 효과

법상 권한은 여전히 수권행정청이 가지며 대리권 행사의 법적 효과는 피대리행정청이 속한 행정주체에 귀속된다. 따라서 처분청은 피대리관청이며 대리행위에 대한 항고소송은 피대리관청을 피고로 하여 제기하여야 한다.

V. 대리권 없는 대리자의 행위의 효력

대리권 없는 자가 대리자로서 행한 행위는 무권한의 행위로 원칙상 무효이다(대판 1967. 1. 29, 67다1694). 다만, 상대방이 행위자에게 대리권이 있다고 믿을 만한 상당한 이유가 있을 때에는 표현대리(表見代理)가 성립되어 해당 행정행위가 유효하게 된다.

표현대리란 대리권이 없음에도 불구하고 마치 대리권이 있는 것과 같은 외관을 나타내는 경우에 그 외관을 신뢰한 자를 보호하기 위해 무권대리행위의 무효를 주장할 수 없게 하는 제도이다.

제 6 절   권한의 위임

Ⅰ. 권한의 위임의 의의

권한의 위임이란 행정청이 그의 권한의 일부를 다른 행정기관에 위양(委讓)하여 수임기관의 권한으로 행사하게 하는 것을 말한다. 넓은 의미의 권한의 위임 중 지휘·감독하에 있는 행정기관에 대한 위임을 좁은 의미의 권한의 위임이라 하고, 지휘·감독하에 있지 않는 행정기관이나 단체에 대한 위임을 권한의 위탁이라 한다. 촉탁이란 권한의 위탁 중에서 등기, 소송에 관한 사무를 위탁하는 것을 말한다.

권한의 위임의 경우에 위임기관은 수임기관의 권한행사를 지휘·감독할 수 있으나, 권한의 이양의 경우에는 지휘·감독관계가 성립하지 않는다.

Ⅱ. 위임의 근거

권한의 위임은 법률이 정한 권한분배를 대외적으로 변경하는 것이므로 법률의 명시적 근거를 필요로 한다.

Ⅲ. 위임의 방식

권한의 위임은 권한을 대외적으로 변경하는 것이므로 권한을 위임함에 있어서는 그것을 국민에게 주지시킬 수 있는 방식에 따라야 한다(예「총포·도검·화약류 등의 안전관리에 관한 법률」제68조에 근거하여 동법 시행령 제83조에서 경찰청장의 권한 중 엽총등의 제조업허가권 등을 시·도경찰청장에게 위임하고 있는 것).

법령에 정해진 위임방식을 위반한 위임은 위법하다. 판례는 법령상 규칙의 방식으로 위임하여야 함에도 조례의 방식으로 행한 위임에 따라 행해진 수임기관의 처분을 위법하다고 하면서 중대명백설(행정행위의 하자의 내용이 중대하고, 그 하자가 외관상 명백한 때에는 그 행정행위는 무효가 되고, 그 중 어느 한 요건 또는 두 요건 모두를 결여한 경우에는 그 행정행위는 취소할 수 있는 행정행위에 불과하다는 학설)에 따를 때 취소할 수 있는 행위로 보았다(대판 전원합의체 1995. 7. 11, 94누4615).

Ⅳ. 수임기관

1. 보조기관 및 하급행정청에 대한 위임

보조기관이나 하급행정청에 대한 위임은 위임에 있어 수임기관의 동의를 요하지 않는다.

2. 국가, 지방자치단체 등의 기관에 대한 위임

행정기관의 권한의 일부를 다른 행정기관에 위임하는 것을 기관위임이라 하며 기관위임된 사무를 기관위임사무라 한다(예 ① 국가의 사무가 지방자치단체의 장에게 위임된 경우, ② 지방자치단체의 사무가 국가기관에게 위임된 경우(신호등의 관리가 시·도경찰청장에게 위임된 경우)).

기관위임의 경우 수임기관은 위임청이 속한 행정주체의 기관의 지위를 가지며 수임기관의 기관위임사무 처리의 법적 효과는 관리주체인 위임청이 속한 행정주체에 귀속된다.

지방자치단체의 기관은 국가의 기관위임사무를 수행함에 있어서는 국가기관의 지위에 서고 위임청의 지휘·감독을 받는 하급행정기관이 된다고 보는 것이 일반적 견해이다.

V. 위임의 효과

권한이 위임되면 위임기관은 그 사무를 처리할 권한을 잃고 그 권한은 수임기관의 권한이 된다. 수임기관은 자기의 이름과 책임 아래 그 권한을 행사한다(예 경찰청장으로부터 엽총 등 제조업의 허가권을 위임받은 시·도경찰청장이 위임받은 권한을 행사하여 허가처분을 하면, 그 허가에 대한 행정소송의 피고도 시·도경찰청장이 된다).

내부위임의 경우에 권한이 대내적으로 이전될 뿐이며 대외적으로는 이전되지 않는다. 따라서 수임기관은 수임사무의 처리를 위해 처분을 할 때에는 위임청의 이름으로 하거나 내부위임관계를 명시하여야 한다.

제7절　권한의 위탁

I. 권한의 위탁의 의의

권한의 위탁이란 국가 또는 지방자치단체가 행정권한을 독립적 지위에 있는 자(예 공공단체 또는 사인 등)에게 위탁하는 것을 말한다. 공무를 수탁받는 자는 단체(예 사단 또는 재단, 공공단체 또는 사법인)인 경우도 있고, 개인인 경우도 있다.

II. 법적 근거

권한의 위탁은 법률이 정한 권한을 이전하는 것이므로 행정권한을 위탁함에 있어서는 법률의 근거가 있어야 한다.

III. 위탁의 유형

위탁은 위탁기관과 수탁사인(受託私人) 사이의 관계를 기준으로 위탁, 대행,

보조위탁으로 구분할 수 있다. 실정법률상 대행이라는 용어를 사용하는 경우에
도 실질에 있어서는 권한의 대행이 아니라 권한의 위탁인 경우(예 국토교통부장관의
고속국도에 관한 권한의 한국도로공사의 대행)도 있다.

　정부조직법 제 6 조 제 3 항, 지방자치법 제117조 제 3 항, 「권한위임규정」(대
통령령)은 좁은 의미의 위탁, 대행위탁과 보조위탁을 구분함이 없이 넓은 의미의
위탁 개념을 사용하고 있다.

　(1) 좁은 의미의 위탁

　좁은 의미의 위탁이란 행정기관의 권한이 위탁에 의해 독립적 지위에 있는
공공단체 또는 사인 등에게 법적으로 이전되는 경우를 말한다. 좁은 의미의 위
탁의 경우 행정권한이 독립된 법주체인 공무수탁자에게 법적으로 이전되는 것
이므로 공무수탁자는 자율적으로 의사를 결정하여 자신의 이름으로 행정권한을
행사할 수 있고, 그 행정권 행사의 법적 효과는 공무수탁자에게 귀속된다.

　(2) 권한의 대행(대행위탁)

　권한의 대행이란 대행자에게 행정권 행사를 사실상 독립적으로 행하는 권
한이 주어지지만, 위탁기관(피대행기관)의 권한이 법적으로는 이전되지 않는 경우
를 말한다. 자동차등록의 대행, 자동차검사의 대행을 그 예로 들 수 있다.

　권한의 대행은 권한의 대리와 유사한 것으로 볼 수 있다.

　권한의 대행에서는 권한의 행사가 사실상 대행기관으로 이전되지만, 법상
의 처분권이 이전되는 것은 아닌 점에서 좁은 의미의 위탁과 구별된다. 권한의
위탁의 경우에는 수탁자가 자신의 이름으로 권한을 행사하고, 그 권한행사의 효
과는 수탁자에게 귀속된다. 이에 반하여 권한의 대행에 있어서 대행기관은 자신
의 이름으로 권한을 행사하지만, 대행의 법적 효과는 피대행기관이 속한 행정주
체에 귀속된다.

　(3) 보조위탁

　보조위탁이란 위탁에 의해 행정기관의 권한이 수탁자에게 이전되지 않고,
수탁자는 위탁기관의 행정보조자로서 활동하는 경우를 말한다. 보조수탁자는
권한행사를 독립적으로 할 수 없고, 위탁기관의 지시를 받아 권한을 행사한다.
보조수탁자는 위탁기관을 보조하는 지위를 가지며 위탁기관의 도구에 불과하다.
보조위탁의 경우 행정권 행사의 법적 효과는 위탁기관이 속한 행정주체에 귀속

되며 공무수탁자는 행정권한의 상대방 및 제 3 자와의 관계에서 권리의무의 주
체가 되지 못한다.

　　보조위탁은 권한의 이전을 수반하지 않으므로 법률의 근거 없이도 가능
하다.

제4장
경찰기관 상호간의 관계

제1절 상하 행정관청간의 관계

상급관청은 하급관청 또는 보조기관(이하 '하급기관'이라 한다)을 지휘·감독하는 관계에 있다. 상급관청의 지휘·감독권의 내용으로는 감시권, 지휘권(훈령권), 인가·승인권, 취소·정지권, 권한쟁의결정권 등이 있다.

Ⅰ. 감 시 권

상급관청은 하급기관의 업무처리에 관하여 조사할 수 있다. 감시권의 발동에는 개별적인 법적 근거를 요하지 않으나 관계법령(「행정 효율과 협업 촉진에 관한 규정」(대통령령), 「지방자치단체에 대한 행정감사규정」(대통령령))의 구속을 받는다.

Ⅱ. 훈 령 권

훈령이란 상급관청이 하급기관의 권한행사를 지휘하기 위하여 발하는 명령을 말한다. 훈령은 개별적·구체적 처분에 대하여 발령되기도 하고, 동종의 처분에 대하여 일반적·추상적 규범의 형식으로 발령되기도 한다.

Ⅲ. 승인권(인가권)

행정청이 일정한 권한행사를 하는 경우에 상급관청 또는 감독관청의 인가 또는 승인(이하 '인가'라 한다)을 받도록 하고 있는 경우가 있다. 이 인가는 사전적인 감독수단의 하나이다.

Ⅳ. 주관쟁의결정권

상급행정청은 하급행정청 상호간에 권한에 관한 다툼이 있을 때에 권한 있는 기관을 결정하는 권한을 갖는다. 이 권한을 주관쟁의결정권이라 한다.

행정청 사이의 권한쟁의는 행정조직 내부의 문제이므로 원칙상 소송의 대상이 되지 않는다.

Ⅴ. 취소·정지권

상급행정청은 법적 근거가 없는 경우에도 지휘·감독권에 근거하여 하급행정청의 위법 또는 부당한 행위를 취소 또는 정지할 수 있는가에 관하여 이를 긍정하는 적극설과 이를 부정하는 소극설이 대립하고 있는데, 권한법정주의의 원칙상 소극설이 타당하다.

Ⅵ. 대집행권

명문의 규정이 없는 한 상급행정청에게 하급행정청의 권한을 대집행할 권한은 없다.

제2절 대등행정관청간의 관계

Ⅰ. 권한의 상호 존중

대등한 행정청은 서로 다른 행정청의 권한을 존중하여야 하며 그를 침범하여서는 아니 된다. 권한존중의 원칙은 행정법상 법의 일반원칙이라고 할 수 있다. 행정청의 행위는 권한존중의 원칙에 근거하여 무효가 아닌 한 구성요건적 효력(또는 공정력)을 가지므로 다른 행정청은 이에 구속된다.

Ⅱ. 상호 협력관계

1. 협의·동의·공동결정

(1) 협   의
관계기관의 협의의견은 원칙상 주무행정청을 구속하지 않는다.

(2) 동   의
주무행정청은 업무처리에 관한 결정을 함에 있어 동의기관의 동의를 받아야 한다(예 건축허가는 시장·군수가 권한을 갖지만 소방서장의 동의를 얻어야 함).

처분청은 동의기관의 동의의견 또는 부동의의견에 구속된다.

동의를 받아야 함에도 동의 없이 한 처분은 무권한의 하자로 원칙상 무효로 보아야 한다.

(3) 공동결정
행정업무가 둘 이상의 행정청의 권한과 관련되어 있고 관계행정청 모두 주된 지위에 있으며 동일하게 업무와 깊은 관계가 있는 경우에는 모든 관계행정청이 주무행정청이 되며 이 경우에 업무처리는 공동의 결정에 의해 공동의 명의로 하게 된다.

2. 사무위탁(촉탁)

행정청이 사무를 스스로 처리하지 않고 그의 지휘·감독하에 있지 아니하고 대등한 지위에 있는 다른 행정청에 맡기고자 하는 경우에 전술한 사무위탁의 방식에 따라 다른 행정청의 협력을 받을 수 있다. 사무위탁 중에서 등기·소송에 관한 사무의 이양을 촉탁이라 한다.

3. 행정응원

행정응원이란 대등한 행정청 상호간의 협력의 요청과 이에 따른 협력의 제공을 말한다(예 통계자료의 제공). 행정응원은 평상시의 행정응원과 비상시의 행정응원으로 나눌 수 있다. 비상시의 행정응원으로는 「경찰직무 응원법」에 따른 경찰응원이나 소방기본법에 따른 소방응원(법 제11조)을 들 수 있다.

행정응원 요청에는 법적 근거가 필요 없다. 행정절차법 제 8 조는 행정응원에 관한 일반적 규정을 두고 있다.

제 3 절 국가경찰기관과 자치경찰기관간의 관계

Ⅰ. 감독관계

자치경찰사무에 대한 국가의 감독에 대해서는 기본적으로 지방자치법이 적용된다.

자치경찰기관은 지방자치단체의 기관으로서 법률에 따라 국가의 감독을 받을 뿐 국가경찰기관에 예속된 하급기관이 아니다. 즉, 국가경찰기관과 자치경찰기관은 상호 대등한 관계이다. 따라서 국가경찰기관이 자치경찰기관을 일반적으로 지휘할 수는 없다.

그러나 경찰작용의 통일성과 효율성을 위해 필요한 경우(비상사태시)에는 국가경찰이 자치경찰에 대한 지휘·명령을 행사할 수 있다(경찰법 제32조 제 1 항).

경찰청장은 다음 각 호(1. 전시·사변, 천재지변, 그 밖에 이에 준하는 국가 비상사태, 대규모의 테러 또는 소요사태가 발생하였거나 발생할 우려가 있어 전국적인 치안유지를 위하여 긴급한 조치가 필요하다고 인정할 만한 충분한 사유가 있는 경우, 2. 국민안전에 중대한 영향을 미치는 사안에 대하여 다수의 시·도에 동일하게 적용되는 치안정책을 시행할 필요가 있다고 인정할 만한 충분한 사유가 있는 경우, 3. 자치경찰사무와 관련하여 해당 시·도의 경찰력으로는 국민의 생명·신체·재산의 보호 및 공공의 안녕과 질서유지가 어려워 경찰청장의 지원·조정이 필요하다고 인정할 만한 충분한 사유가 있는 경우)의 경우에는 제 2 항에 따라 자치경찰사무를 수행하는 경찰공무원(제주특별자치도의 자치경찰공무원을 포함한다)을 직접 지휘·명령할 수 있다(동법 제32조 제 1 항). 경찰청장은 제 1 항에 따른 조치가 필요한 경우에는 시·도자치경찰위원회에 자치경찰사무를 담당하는 경찰공무원을 직접 지휘·명령하려는 사유 및 내용 등을 구체적으로 제시하여 통보하여야 한다(동법 제32조 제 2 항). 제 2 항에 따른 통보를 받은 시·도자치경찰위원회는 정당한 사유가 없으면 즉시 자치경찰사무를 담당하는 경찰공무원에게 경찰청장의 지휘·명령을 받을 것을 명하여야 하며, 제 1 항에 규정된 사유에 해당하지 아니한다고 인정하면 시·도자치경찰위원회의 의결을 거쳐 경찰청장에게 그 지휘·명령의 중단을 요청할 수 있다(동법 제32조 제 3 항). 경찰청장이 제 1 항에 따라 지휘·명령을 하는 경우에는 국가경찰위원회에 즉시 보고하여야 한다. 다만, 제 1 항 제 3 호의 경우에는 미리 국가경찰위원회의 의결을 거쳐야 하며 긴급한 경우에는 우선 조치 후 지체 없이 국가경찰위원회의 의결을 거쳐야 한다(동법 제32조 제 4 항). 제 4 항에 따라 보고를 받은 국가경찰위원회는 제 1 항에 규정된 사유에 해당하지 아니한다고 인정하면 그 지휘·명령을 중단할 것을 의결하여 경찰청장에게 통보할 수 있다(동법 제32조 제 5 항). 경찰청장은 제 1 항에 따라 지휘·명령할 수 있는 사유가 해소된 때에는 경찰공무원에 대한 지휘·명령을 즉시 중단하여야 한다(동법 제32조 제 6 항). 시·도자치경찰위원회는 제 1 항 제 3 호에 해당하는 경우 의결로 지원·조정의 범위·기간 등을 정하여 경찰청장에게 지원·조정을 요청할 수 있다(동법 제32조 제 7 항). 경찰청장은 제주특별자치도경찰청의 관할구역에서 제 1 항의 지휘·명령권을 제주특별자치도경찰청장에게 위임할 수 있다(동법 제32조 제 8 항).

Ⅱ. 협력관계

1. 국가경찰과의 협약체결

자치경찰사무를 처리함에 있어서 국가경찰과 자치경찰간의 사무분담 및 사무수행방법은 도지사와 제주자치도 지방경찰청장이 협약으로 정하고 이를 공표하여야 한다. 이 경우 도지사는 미리 자치경찰위원회의 의견을 들어야 한다(「제주 특별법」 제91조 제 1 항).

국가경찰과 자치경찰간의 관할권 분배에 관해서는 국가경찰이 일반적·포괄 적 관할권을 가지고 자치경찰은 보충적·제한적 관할권만을 가지는 방식을 취하 고 있다. 자치경찰의 관할권은 법률에 명시되어 있지만, 국가경찰과의 사이에 관할권이 충돌할 가능성은 항상 존재한다.

2. 국가경찰과 자치경찰의 상호 협조

국가경찰과 자치경찰은 치안행정의 연계성을 확보하고 지역특성에 맞는 치 안서비스를 제공하기 위하여 자치경찰사무의 범위 안에서 필요한 정보와 기술 을 제공하는 등 상호 협조하여야 한다(동법 제100조 제 1 항).

3. 국가경찰공무원과 자치경찰공무원간의 인사교류 등

경찰청장과 도지사는 자치경찰공무원의 능력을 발전시키고 국가경찰사무와 자치경찰사무의 연계성을 높이기 위하여 국가경찰과 자치경찰간 또는 다른 지 방자치단체의 자치경찰 상호간에 긴밀한 인사교류가 될 수 있도록 노력하여야 한다(동법 제111조 제 1 항).

제3편

경찰
행정작용법

제1장
경찰행정작용의 근거와 한계

제1절 경찰권의 근거

　법률유보의 원칙에 따르면 일정한 경찰권의 행사(중요사항유보설에 따르면 중요한 행정권의 행사)에는 법률의 수권(授權)이 있어야 한다. 법률유보원칙상의 수권이란 원칙상 경찰조직법상의 권한규정이 아니라 경찰작용법상의 수권을 말한다. 그리고 경찰권의 수권이란 원칙적으로 개별적 수권을 말한다. 그런데, 경찰행정에 있어서는 경찰행정의 특수성에 비추어 일반적(개괄적) 수권도 가능하다는 견해가 제기되고 있다.

I. 경찰법상 일반수권조항

1. 일반수권조항의 인정문제

　일반수권조항이란 경찰권의 발동근거가 되는 개별적인 작용법적 근거가 없을 때 경찰권 발동의 일반적·보충적 근거가 될 수 있도록 개괄적(general, 概括的)으로 수권된 일반조항을 말한다.

　공공의 안녕과 질서를 보장하기 위하여 경찰권을 발동하여야 할 필요가 있는 경우에 법률에 개별적인 수권규정이 없는 경우에 일반적 수권규정(一般的 授權規定)이 경찰권 발동의 근거가 될 수 있는지에 대하여 견해가 대립되고 있다.

　우리나라에서 일반수권조항(개괄적 수권조항이라고도 한다)의 논의는 두 차원, 즉 입법론과 해석론의 차원에서 행해지고 있다. 즉, 일반수권조항을 규정하는 것이 우리 헌법질서상 가능한가 하는 논의(입법론)와 「경찰관 직무집행법」 ① 제2조 제 7 호, ② 제 2 조 제 7 호와 제 5 조 제 1 항 제 3 호, ③ 제 5 조 제 1 항 제 3 호, ④ 제 2 조·제 5 조·제 6 조의 결합 등이 경찰권 행사의 일반수권조항이 되는 것으로 해석될 수 있는가 하는 논의(해석론)가 그것이다.

(1) 일반수권조항의 합헌성 논의

일반수권조항 합헌설은 ① 경찰권 발동상황의 다양성과 경찰권 발동이 필요한 상황의 예측불가능성에 비추어 경찰분야에서는 일반수권조항이 필요하고, ② 일반수권조항도 법률에 규정되는 것이므로 헌법 제37조 제 2항(법률유보의 원칙)에 정면으로 위배되는 것은 아니라고 한다. 이에 대하여 일반수권조항 위헌설은 ① 우리 헌법상의 법률유보의 원칙은 경찰권의 발동에 있어서의 법률의 수권은 개별적 수권을 말하고, ② 일반수권조항을 인정하게 되면 경찰권의 행사에 관하여 백지의 포괄적 재량권을 부여하는 것이 되어 경찰권의 남용으로 국민의 기본권이 침해될 우려가 크다고 한다. 생각건대, 경찰행정의 특성에 비추어 일반수권조항 합헌설이 타당하다.

(2) 「경찰관 직무집행법」상 일반수권조항의 존재 여부

제 2 조(직무의 범위) 경찰관은 다음 각 호의 직무를 수행한다.
1. 국민의 생명·신체 및 재산의 보호
2. 범죄의 예방·진압 및 수사
2의2. 범죄피해자 보호
3. 경비, 주요 인사(人士) 경호 및 대간첩·대테러 작전 수행
4. 공공안녕에 대한 위험의 예방과 대응을 위한 정보의 수집·작성 및 배포
5. 교통 단속과 교통 위해(危害)의 방지
6. 외국 정부기관 및 국제기구와의 국제협력
7. 그 밖에 공공의 안녕과 질서 유지
(경찰법 제 3 조 참조4)

---

4 경찰법 제 3 조(경찰의 임무) 경찰의 임무는 다음 각 호와 같다.
　　1. 국민의 생명·신체 및 재산의 보호
　　2. 범죄의 예방·진압 및 수사
　　3. 범죄피해자 보호
　　4. 경비·요인경호 및 대간첩·대테러 작전 수행
　　5. 공공안녕에 대한 위험의 예방과 대응을 위한 정보의 수집·작성 및 배포
　　6. 교통의 단속과 위해의 방지
　　7. 외국 정부기관 및 국제기구와의 국제협력
　　8. 그 밖에 공공의 안녕과 질서유지

제 5 조(위험 발생의 방지 등) ① 경찰관은 사람의 생명 또는 신체에 위해를 끼치거나 재산에 중대한 손해를 끼칠 우려가 있는 천재(天災), 사변(事變), 인공구조물의 파손이나 붕괴, 교통사고, 위험물의 폭발, 위험한 동물 등의 출현, 극도의 혼잡, 그 밖의 위험한 사태가 있을 때에는 다음 각 호의 조치를 할 수 있다.

  1. 그 장소에 모인 사람, 사물(事物)의 관리자, 그 밖의 관계인에게 필요한 경고를 하는 것
  2. 매우 긴급한 경우에는 위해를 입을 우려가 있는 사람을 필요한 한도에서 억류하거나 피난시키는 것
  3. 그 장소에 있는 사람, 사물의 관리자, 그 밖의 관계인에게 위해를 방지하기 위하여 필요하다고 인정되는 조치를 하게 하거나 직접 그 조치를 하는 것

제 6 조(범죄의 예방과 제지) 경찰관은 범죄행위가 목전(目前)에 행하여지려고 하고 있다고 인정될 때에는 이를 예방하기 위하여 관계인에게 필요한 경고를 하고, 그 행위로 인하여 사람의 생명·신체에 위해를 끼치거나 재산에 중대한 손해를 끼칠 우려가 있는 긴급한 경우에는 그 행위를 제지할 수 있다.

「경찰관 직무집행법」상 일반수권조항의 존재 여부와 관련해서 긍정설로는 ① 제 2 조 제 7 호(그 밖의 공공의 안녕과 질서 유지)를 일반수권조항으로 보는 견해, ② 제 2 조 제 7 호(그 밖의 공공의 안녕과 질서 유지)와 제 5 조 제 1 항 제 3 호(위험발생의 방지)의 유추해석에 의해 인정하는 견해, ③ 제 5 조 제 1 항 제 3 호(위험발생의 방지)의 유추해석에 의해 인정하는 견해, ④ 제 2 조(그 밖의 공공의 안녕과 질서 유지) + 제 5 조(위험발생의 방지) + 제 6 조(범죄의 예방과 제지)의 결합을 통한 유추해석에 의해 인정하는 견해 등이 주장되고 있다. 한편 부정설은 ① 입법필요설(현행법상 일반수권조항이 없으므로 입법을 통해 해결하자는 견해)과 ② 입법불필요설(경찰권의 일반적·포괄적 수권은 법치주의에 반하는 것으로 허용될 수 없다는 견해)로 나뉜다.

아직 판례가 확립된 것이라고 볼 수는 없지만 「경찰관 직무집행법」 제 2 조에 근거하여 경찰권이 발동될 수 있다고 본 대법원 판결이 있다(대판 1986. 1. 28, 85도2448). 헌법재판소는 구 경찰법 제 3 조와 「경찰관 직무집행법」 제 2 조를 경찰권 발동의 일반수권조항으로 본다(헌재 2011. 6. 30, 2009헌마406). 생각건대, ① 「경찰관 직무집행법」 제 2 조 제 7 호는 경찰의 임무규정으로 수권규정이라고 할 수 없다. 그리고 「경찰관 직무집행법」 제 5 조 제 1 항 제 3 호는 일반수권조항의 성격을 갖는다고 볼 여지가 있으나, 개인적 법익의 보호만이 그 대상이 되며 공동체 법익의 보호는 그 대상이 되지 않는다는 점에서 한계가 있다.

따라서 부정설(입법필요설)이 타당하다. 다만, 국민에 대한 경찰권 발동이 아

닌 경찰활동(📖 국민의 프라이버시를 침해하지 않는 일반적인 정보의 수집)이나 국민에 대한 경찰권의 발동이라도 법률유보의 원칙이 적용되지 않는 사항인 경우(📖 행정지도)에는 법률의 수권 없이도 경찰작용이 가능하다(홍정선).

2. 경찰권 발동의 요건

일반수권조항에 따라 경찰권이 발동되기 위하여는 일정한 요건을 갖추어야 한다. ① 공공의 안녕 또는 질서에 위해(危害) 또는 장애(障碍)가 존재하여 이를 예방하거나 제거할 필요가 있어야 한다. ② 일반수권조항에 따른 경찰권의 발동은 개별수권조항에 따른 경찰권 발동이 불가능한 경우에 보충적으로 인정된다. ③ 경찰권의 발동은 원칙상 재량에 속한다.

Ⅱ. 개별적 수권조항

「경찰관 직무집행법」상 개별적 수권조항으로는 제 3 조(불심검문), 제 4 조(보호조치 등), 제 5 조(위험 발생의 방지조치), 제 6 조(범죄의 예방과 제지), 제 7 조(위험 방지를 위한 출입) 등이 있다.

제 2 절 경찰권 행사의 한계

경찰권 행사는 성문의 법규정에 구속될 뿐만 아니라 불문법인 법의 일반원칙에도 구속된다. 경찰행정분야에서는 행정법의 일반원칙 중 특히 비례의 원칙이 중요하다. 그리고 경찰권 행사에는 경찰의 본질에서 오는 일정한 한계가 있다. 소극목적의 원칙, 공공의 원칙, 국민의 생명·신체 및 재산의 보호의무, 경찰책임의 원칙이 이에 해당한다.

Ⅰ. 비례의 원칙

비례의 원칙은 헌법적 효력을 갖는 법의 일반원칙으로서 경찰권의 발동에도 적용된다. 경찰행정에 관련된 법률규정에서 비례의 원칙을 규정하고 있는 경우도 있지만(「경찰관 직무집행법」 제1조 제2항, 제7조 제1항, 제10조의2 제1항 등), 비례원칙은 실정법률의 규정과 관계없이 경찰권 행사를 구속하는 헌법적 효력을 갖는 법원칙이다.

Ⅱ. 소극목적의 원칙

경찰은 공공의 안녕과 질서를 유지하기 위하여 공공의 안녕과 질서에 대한 위해를 방지하고 제거하는 것을 목적으로 하는 소극적인 행정작용이다. 이를 소극목적의 원칙이라 한다.

소극적인 경찰목적을 넘는 경찰권의 행사는 권한남용금지의 원칙 위반으로 위법하다(예 과당경쟁(過當競爭: 기업 간의 생산·판매경쟁이 도를 지나쳐서 행해지는 상태)을 막기 위하여 식품위생법규 위반행위를 단속하는 것).

Ⅲ. 경찰공공의 원칙

경찰은 공공의 안녕과 질서의 유지를 목적으로 하는 작용이다. 따라서 개인의 활동에 대하여는 원칙상 개입할 수 없고, 예외적으로 그 개인의 활동이 공공의 안녕과 질서에 위해를 가하는 경우에 한하여 경찰권을 발동할 수 있다. 이를 경찰공공의 원칙 또는 사생활자유의 원칙이라 한다.

경찰공공의 원칙의 내용으로는 ① 사생활불가침의 원칙, ② 사주소불간섭의 원칙, ③ 민사관계불간섭의 원칙 등을 들 수 있다.

그러나 사생활이라고 하여도 공공의 안녕 및 질서에 위해를 야기하는 경우에는 경찰권이 발동될 수 있고(예 청소년의 음주·흡연 통제, 연인 간의 데이트 폭력), 사주소 내의 행위라도 공공의 안녕과 질서에 위해를 야기하는 경우에는 경찰권이 발동될 수 있다(예 층간소음으로 인한 생활의 평온을 해치는 주민갈등). 그리고 민사관계라도 공공의 안녕과 질서에 위해를 야기하는 경우에는 경찰권이 발동될 수 있다(예 암표매매행위의 단속).

Ⅳ. 국민의 생명, 신체 및 재산의 보호의무

경찰기관은 직무상 국민의 생명, 신체 및 재산을 보호하기 위하여 노력하여야 할 일반적인 의무를 진다. 경찰권의 발동에는 재량권이 인정되고, 경찰력에는 일정한 한계가 있으므로 경찰권이 발동되지 않았거나 경찰권이 잘못 행사되었다고 하여 그것만으로 경찰권의 행사나 불행사가 위법하다고 할 수는 없다. 그러나 재량권이 영(零)으로 수축하는 경우에는 경찰권의 불행사는 위법하게 되며 경찰권의 행사가 직무상 손해방지의무에 위반하는 경우에는 위법하고 과실이 있어 국가배상책임을 인정할 수 있다(대판 1998. 8. 25, 98다16890).

Ⅴ. 경찰책임의 원칙

1. 경찰책임의 의의

경찰책임이란 경찰상 위해의 발생에 대한 책임을 말한다. 발생된 위해를 제거하기 위한 경찰권의 행사는 원칙상 경찰책임이 있는 자(이하 "경찰책임자"라 한다)에게 행하여져야 한다. 이것을 경찰책임의 원칙이라 한다. 그러나 경찰책임자에 대한 경찰권의 발동이 어려운 경우에는 예외적으로 경찰책임이 없는 자에게도 경찰권이 발동될 수 있다.

2. 경찰책임의 주체

자연인과 사법인이 경찰책임의 주체가 될 수 있다고 보는 것에는 이견(異見)이 없지만 공법인이나 국가기관이 경찰책임의 주체가 될 수 있는가에 관하여는 견해가 대립되고 있다.

(1) 자연인 및 사법인

경찰책임은 경찰책임자의 고의 또는 과실을 요하지 않으므로 행위능력이나 불법행위능력이 없는 자연인(自然人)도 경찰책임자가 될 수 있다. 다만, 행위능력이 없는 경찰책임자에 대한 경찰권의 발동으로 인한 의무부과처분은 법정대리인에게 송달되어야 한다. 사법인(私法人)뿐만 아니라 권리능력 없는 사단(예 사단법인이 되지 않은 학회·동창회·친목회)도 경찰책임자가 될 수 있다.

(2) 공법인 및 행정기관

공법인 및 행정기관(이하 '공법인 등'이라 한다)이 경찰책임의 주체가 될 수 있는 가 하는 문제가 제기된다(📖 국방부가 관리하는 비행장, 사격장에서의 소음 등).

공법인 등의 경찰책임의 문제는 공법인 등이 경찰관계법령에 구속되는가 하는 실질적 경찰책임의 문제와 공법인 등이 경찰상 위해를 제거하기 위한 경찰권 발동의 대상이 될 수 있는가 하는 형식상 경찰책임의 문제를 구분하여야 한다.

3. 행위책임

행위책임(行爲責任)이란 자기 또는 자기의 보호·감독하에 있는 사람의 행위로 인하여 질서위반의 상태가 발생한 경우에 행위자 또는 사용자가 지는 경찰상의 책임을 말한다(📖 ① 지하철의 선로 위에 드러눕는 행위, ② 주유소의 종업원이 부정휘발유를 판매한 경우).

4. 상태책임

상태책임이란 물건의 소유자 및 물건을 사실상 지배하는 자는 그의 지배범위 안에서 그 물건으로부터 경찰위반의 상태가 발생한 경우에 지게 되는 책임을 말한다(📖 자동차가 주차금지구역에 주차되어 있는 경우). 상태책임은 물건의 위험한 상태가 경찰상 위해를 야기하고 있는 경우에 해당 물건에 대하여 지배력이 있는(해당 물건의 위험한 상태에 대하여 영향력을 미칠 수 있는) 자에게 그 경찰상 위해를 제거하도록 하는 것이 타당하다는 데 근거한다.

5. 다수자책임(복합적 책임)

경찰책임자가 다수인 경우에 누구에게 경찰권을 발동할 것인가 하는 문제가 제기된다. 다수자책임의 문제는 경찰상 위해가 다수인의 행위에 따라 야기되거나 행위책임과 상태책임이 경합하게 되는 경우 등에 제기된다.

6. 긴급시 제 3 자의 경찰책임

경찰상 위해나 장애에 직접 책임이 없는 제 3 자에 대하여 경찰권이 발동될 수 있는가 하는 문제가 제기된다.

제3자에게 경찰권을 발동하는 경우에는 비례의 원칙에 따라야 한다.

7. 경찰책임의 승계(경찰의무의 승계)

경찰책임자가 사망하거나 영업 또는 물건을 양도한 경우에 경찰책임이 상속인이나 양수인에게 이전되는가 하는 문제가 제기된다. 경찰책임의 승계(경찰의무의 승계)는 행위책임자나 상태책임자에게 이미 경찰하명이 발하여져 구체적으로 경찰의무가 부과된 경우에 문제가 된다.

(1) 행위책임의 승계문제

행위책임은 인적 성질의 책임이고 공법상 책임이므로 원칙상 양수인에게 양도가 인정되지 않는다고 보아야 한다. 부정설이 다수설이며 타당하다.

(2) 상태책임의 승계문제

상태책임의 승계문제에 관한 학설에는 긍정설, 승계규범필요설, 개별적 결정설이 있다. 긍정설이 다수설이다. 생각건대, 양수인은 양수 후에 경찰상 위해가 계속되는 한 상태책임을 지는데, 이 경우에 양수인이 상태책임을 지는 것은 경찰상 위해가 발생하고 있는 현재 해당 물건을 소유하고 지배하고 있기 때문에 새로이 상태책임을 지는 것이다(신규책임설).

제 2 장
행정입법

제 1 절 개   설

Ⅰ. 의   의

넓은 의미의 행정입법은 법규명령과 행정규칙을 포함한다. 법률에 대응하여 사용되는 좁은 의미의 행정입법은 법규명령을 의미한다.

Ⅱ. 법규명령과 행정규칙의 비교

1. 유 사 점

① 법규명령과 행정규칙은 다같이 일반적·추상적 성질을 갖는 규범으로서 행정의 기준이 되는 규범이다. 여기서 '일반적·추상적'이란 불특정 다수의 사람과 불특정 다수의 사례에 대한 규율을 말한다.

② 행정기관은 이 둘을 모두 준수하여야 할 법적 의무를 진다.

2. 상 이 점

① 법규성   법규명령은 국민, 법원 및 행정기관을 구속하는 양면적 구속력을 갖는 법규인 반면에 행정규칙은 원칙상 행정기관만을 구속하는 일면적 구속력만을 갖는다. 따라서 행정규칙은 법규가 아니라고 보는 것이 일반적 견해이다.

② 근 거   위임명령의 제정에는 개별적인 법률의 근거가 필요하다. 집행명령에는 개별적인 법적 근거는 필요하지 않지만 헌법에서 포괄적인 근거를

두고 있다. 이에 반하여 행정규칙은 법규가 아니므로 행정규칙의 제정에는 법적 근거가 필요하지 않다.

　③ 대외적 구속력   법규명령은 일반적으로 대외적 구속력을 갖는다. 따라서 법규명령에 반하는 행정권 행사는 위법하다. 이에 반하여 행정규칙은 그 자체로서는 행정기관만을 구속하며 원칙상 대외적 구속력을 갖지 않는다.

　④ 형　식   법규명령은 법규명령의 형식을 취하고 공포가 효력발생요건이다. 그러나 행정규칙은 그러하지 아니하며 공포도 의무적인 것이 아니다.

제 2 절   법규명령

Ⅰ. 의   의

　법규명령이란 행정권이 제정하는 법규를 말한다. 실무에서는 통상 명령이라는 용어를 사용한다.

Ⅱ. 법규명령의 근거

1. 헌법상 근거

　헌법 제76조는 대통령의 긴급명령 및 긴급재정·경제명령의 근거를, 헌법 제75조는 대통령령(위임명령과 집행명령)의 근거를, 제95조는 총리령과 부령(위임명령과 집행명령)의 근거를, 제114조는 중앙선거관리위원회규칙의 근거를 규정하고 있다.

2. 법률에 근거한 행정입법 형식의 인정

　감사원규칙은 헌법에 근거가 없고 감사원법에 근거하고 있다. 헌법에 근거하지 않은 행정입법의 형식을 법률로 인정할 수 있다는 것이 판례의 입장이다(헌재 전원재판부 2004. 10. 28, 99헌바91).

3. 법규적 성질을 갖는 행정규칙

판례는 법률 또는 명령에 근거하여 행정규칙의 형식으로 법규적 성질의 규범(예 법령보충적 행정규칙)을 제정하는 것이 가능하다고 본다.

Ⅲ. 법규명령의 종류

1. 법률과의 관계에 따른 분류

헌법적 효력을 가지는 계엄조치, 법률과 같은 효력을 갖는 긴급명령 및 긴급재정·경제명령, 법률보다 하위의 효력을 갖는 종속명령이 있다.

종속명령은 위임명령과 집행명령으로 구분된다. 위임명령이란 법률 또는 상위명령의 위임에 따라 제정되는 명령으로서 새로운 법규사항을 정할 수 있다. 집행명령이란 상위법령의 집행을 위하여 필요한 사항(예 혼인신고서양식: 가족법상 혼인신고 수리 집행을 위해 필요한 서류 양식)을 법령의 위임(근거) 없이 직권으로 발하는 명령을 말한다. 집행명령에서는 새로운 법규사항을 정할 수 없다(예 구 사법시험령은 단지 법률들이 규정한 사법시험의 시행과 절차 등에 관한 세부사항을 구체화하고 국가공무원법상 사법연수생이라는 별정직 공무원의 임용절차를 집행하기 위한 집행명령의 일종이라 할 것이다. 사법시험령 제15조 제2항에 규정된 과락제도가 새로운 법률사항을 정한 것이 아니라고 보았다(대판 2007. 1. 11, 2004두10432)).

해석명령은 집행명령의 일종이라고 할 수 있다. 해석명령규정은 상위법령의 범위를 벗어나지 않은 경우 법적 효력이 있다(대판 2014. 8. 20, 2012두19526). 다만, 해석규정이 위임의 한계를 벗어난 것으로 인정될 경우에는 무효이다(대판 전원합의체 2017. 4. 20, 2015두45700).

위임명령과 집행명령의 구별은 법규명령 전체가 아니라 개개의 조항을 대상으로 한다.

2. 제정권자에 따른 분류

대통령이 제정하는 명령을 대통령령, 총리가 발하는 명령을 총리령, 행정각부의 장이 발하는 명령을 부령이라 한다. 입법실제에 있어서 대통령령에는 통상 시행령이라는 이름을 붙이고 총리령과 부령에는 시행규칙이라는 이름을 붙인다. 독립행정위원회가 제정하는 법규명령에는 '규칙'이라는 명칭을 붙인다(예 공정거래 위원회규칙, 금융위원회규칙, 중앙노동위원회규칙).

중앙선거관리위원회는 중앙선거관리위원회규칙을 발하고, 대법원은 대법원 규칙을, 국회는 국회규칙을, 감사원은 감사원규칙을 발한다.

Ⅳ. 법규명령의 한계

1. 위임명령의 한계

(1) 상위 법령의 위임

위임명령은 상위 법령의 위임(수권)이 있어야 한다.

상위 법령의 위임 없는 법규명령은 일반 국민에 대하여 구속력을 가지는 법규명령으로서의 효력은 없고(대판 전원합의체 2015. 6. 25, 2007두4995[노동조합설립신고서 반려처분취소]), 행정조직 내에서 적용되는 행정명령의 성격을 지닐 뿐 국민에 대한 대외적 구속력은 없다(대판 2013. 9. 12, 2011두10584[부정당업자제재처분취소]).

(2) 수권의 한계

① 법률의 명령에 대한 수권은 일반적이고 포괄적인 수권은 안 되며 구체적인 위임이어야 한다. 다만, 자치조례에 대한 위임 등 자치법적 사항의 위임에 있어서는 포괄위임금지의 원칙이 적용되지 않으며 포괄적인 위임도 가능하다(대판 2000. 11. 24, 2000추29).

수권의 한계를 넘는 법률은 위헌인 법률이 된다. 수권법률이 헌법재판소의 위헌법률심판에서 위헌으로 결정된 경우에 해당 수권법률에 따라 제정된 명령은 위법한 명령이 된다.

② 헌법에서 구체적이고 명시적으로 법률로 정하도록 한 사항과 본질적인 사항은 법률로 정하여야 하며 명령에 위임하여서는 안 된다(의회유보론).

(3) 위임명령의 제정상 한계

① 명령으로 새로운 법규사항을 정하기 위하여는 상위 법령의 위임이 있어야 한다.

② 위임명령은 수권의 범위 내에서 제정되어야 한다. 수권의 범위를 일탈

한 명령은 위법한 명령이 된다. 법규명령의 내용이 법률이 예정하고 있는 바를 구체적으로 명확하게 한 것으로 인정되면 법규명령은 무효로 되지 않는다(대판 전원합의체 2020. 6. 18, 2016두43411). 어느 시행령 규정이 모법(母法)의 위임 범위를 벗어난 것인지를 판단할 때 중요한 기준 중 하나는 예측가능성이다(대판 2021. 7. 29, 2020두39655).

③ 위임명령은 상위법령(⑩ 헌법, 법률, 상위의 명령)에 위반하여서는 안 된다.

④ 위임받은 사항을 백지로 재위임하는 것은 수권법률에 반하여 인정되지 않고 위임받은 사항에 관하여 대강을 정하고 구체적으로 재위임하는 것은 가능하다(대판 2013. 3. 28, 2012도16383; 헌재 2002. 10. 31, 2001헌라1).

2. 집행명령의 한계

집행명령은 상위법령의 집행에 필요한 절차나 형식을 정하는 데 그쳐야 하며 새로운 법규사항을 정하여서는 안 된다.

집행명령은 새로운 법규사항을 규정하지 않으므로 법령의 수권 없이 제정될 수 있다.

V. 법규명령의 성립·효력·소멸

1. 법규명령의 성립요건

법규명령은 법규명령제정권자가 제정하여 명령의 형식으로 공포함으로써 성립한다.

2. 법규명령의 효력요건

법규명령은 시행됨으로써 효력을 발생한다. 시행일이 정해진 경우에는 그 날부터 효력을 발생하고, 시행일이 정하여지지 않은 경우에는 공포한 날로부터 20일을 경과함으로써 효력을 발생한다(헌법 제53조 제7항).

3. 위법한 법규명령의 효력

① 성립요건을 결여하는 경우에는 법규명령 자체가 성립하지 아니하므로

누구도 구속되지 않는다. 효력요건을 결여한 경우에도 성립한 법규명령이 아직 효력을 발생하지 않았으므로 그 법규명령은 누구에 대하여도 구속력이 없다.

② 기존의 법규명령과 배치되는 동위의 법규명령 또는 상위의 경찰법령이 제정된 경우에 기존의 법규명령은 폐지된 것이 되고 따라서 누구도 구속되지 않는다.

③ 동일한 사항에 대해 하위법이 상위법에 저촉되는 경우에는 전부가 무효가 아니라 저촉되는 한도내에서만 효력이 없다. 하위법이 상위법에 저촉되는 한도내에서는 상위법을 적용하여야 한다.

④ 그 이외에 법규명령이 위법한 경우에 판례는 위법한 법규명령을 무효로 보고 있다. 법규명령의 무효는 행정행위의 무효와는 다르다. 위법한 법규명령은 폐지되지 않는 한 잠정적으로 효력을 갖는다.

⑤ 위법한 법규명령을 다투는 길은 법원의 통제(항고소송, 부수적 통제)와 헌법소원에 따른 통제가 인정되고 있다. 헌법소원을 통해 위헌이 확인된 경우에는 해당 법규명령은 효력을 상실한다. 법원이 선결문제(소송에서 본안판단을 함에 있어서 그 해결이 필수적으로 전제가 되는 법문제)에서 위헌 또는 위법으로 판결한 경우에는 그 법규명령은 효력을 상실하는 것은 아니며 해당 사건에 한하여 적용되지 않고, 위법한 처분적 법규명령에 대한 무효확인소송(취소소송)에서 무효확인(취소)된 경우에는 애초부터 무효임이 확인된다(원칙상 소급적으로 효력을 상실한다).

⑥ 행정기관은 법규명령의 위법성이 명백하지 않는 한 위법한 법규명령도 집행하여야 한다. 대법원이 위법으로 판결한 경우에는 이제는 그 위법이 명백하므로 행정기관은 그 법규명령을 집행해서는 안 된다. 대법원이 위법으로 판결하였음에도 불구하고 그 후 해당 법규명령을 적용한 처분은 무효라고 보아야 한다.

⑦ 법규명령이 형식상 위법 등의 사유로 효력이 없는 경우에 행정규칙으로서의 형식과 실질을 갖고 있으면 행정규칙으로서의 효력을 갖는다고 보아야 한다.

4. 법규명령의 소멸

법규명령은 폐지됨으로써 소멸된다.

VI. 행정입법의 통제

1. 절차적 통제

행정절차법상 행정입법에 대하여 입법예고제가 시행되고 있다. 따라서 법규명령도 입법예고절차에 따라야 한다.

2. 의회의 통제

의회의 행정입법에 대한 통제방법으로 의회에의 제출절차가 인정되고 있다. 국회법 제98조의2는 "① 중앙행정기관의 장은 법률에서 위임한 사항이나 법률을 집행하기 위하여 필요한 사항을 규정한 대통령령·총리령·부령·훈령·예규·고시 등이 제정·개정 또는 폐지되었을 때에는 10일 이내에 이를 국회 소관 상임위원회에 제출하여야 한다. 다만, 대통령령의 경우에는 입법예고를 할 때(입법예고를 생략하는 경우에는 법제처장에게 심사를 요청할 때를 말한다)에도 그 입법예고안을 10일 이내에 제출하여야 한다. ② 중앙행정기관의 장은 제 1 항의 기간 이내에 제출하지 못한 경우에는 그 이유를 소관 상임위원회에 통지하여야 한다. ③ 상임위원회는 위원회 또는 상설소위원회를 정기적으로 개회하여 그 소관 중앙행정기관이 제출한 대통령령·총리령 및 부령(이하 이 조에서 "대통령령등"이라 한다)의 법률 위반 여부 등을 검토하여야 한다. ④ 상임위원회는 제 3 항에 따른 검토 결과 대통령령 또는 총리령이 법률의 취지 또는 내용에 합치되지 아니한다고 판단되는 경우에는 검토의 경과와 처리 의견 등을 기재한 검토결과보고서를 의장에게 제출하여야 한다. ⑤ 의장은 제 4 항에 따라 제출된 검토결과보고서를 본회의에 보고하고, 국회는 본회의 의결로 이를 처리하고 정부에 송부한다. ⑥ 정부는 제 5 항에 따라 송부받은 검토결과에 대한 처리 여부를 검토하고 그 처리 결과(송부받은 검토결과에 따르지 못하는 경우 그 사유를 포함한다)를 국회에 제출하여야 한다. ⑦ 상임위원회는 제 3 항에 따른 검토 결과 부령이 법률의 취지 또는 내용에 합치되지 아니한다고 판단되는 경우에는 소관 중앙행정기관의 장에게 그 내용을 통보할 수 있다. ⑧ 제 7 항에 따라 검토내용을 통보받은 중앙행정기관의 장은 통보받은 내용에 대한 처리 계획과 그 결과를 지체 없이 소관 상임위원회에 보고하여야 한다"고 규정하고 있다(행정입법 제출 및 위법통보제도).

3. 행정적 통제

(1) 상급행정청의 감독권에 근거한 통제

상급행정청은 감독권에 근거하여 하급행정청의 행정입법권의 행사의 기준과 방향을 지시할 수 있고, 위법한 법규명령의 폐지를 명할 수 있다.

그러나 상급행정청이라도 하급행정청의 법규명령을 스스로 개정 또는 폐지할 수 없다. 다만, 상위명령으로 하위명령을 배제할 수 있다.

(2) 법제처 등의 심사

국무회의에 상정될 법령안·조약안과 총리령안 및 부령안은 법제처의 심사를 받는다(정부조직법 제23조 제1항).

4. 사법적 통제

법규명령에 대한 사법적 통제란 사법기관인 법원 및 헌법재판소가 행하는 통제를 말한다.

(1) 법원의 통제

1) 간접적 통제(부수적 통제)

> 헌법 제107조
> ① 법률이 헌법에 위반되는 여부가 재판의 전제가 된 경우에는 법원은 헌법재판소에 제청하여 그 심판에 의하여 재판한다.
> ② 명령·규칙 또는 처분이 헌법이나 법률에 위반되는 여부가 재판의 전제가 된 경우에는 대법원은 이를 최종적으로 심사할 권한을 가진다.
> ③ 재판의 전심절차로서 행정심판을 할 수 있다. 행정심판의 절차는 법률로 정하되, 사법절차가 준용되어야 한다.

'명령·규칙'이 헌법이나 법률에 위반되는 여부가 재판에서 전제가 된 경우에 법원의 통제의 대상이 된다(헌법 제107조 제2항).

여기에서 '명령'이란 법규명령을 의미한다. 행정규칙 중 법규적 성질을 갖는 것(예 법령보충적 행정규칙)은 헌법 제107조의 구체적 규범통제의 대상이 된다. 그러나 법규적 효력이 없는 행정규칙은 헌법 제107조의 통제대상이 아니다(대판 1990. 2. 27, 88재누55).

각급 법원이 통제하고, 대법원이 최종적인 심사권을 갖는다. 명령 또는 규칙이 헌법 또는 법률에 위반함을 인정하는 경우에는 대법관 전원의 2/3 이상의 합의체에서 심판하여야 한다(법원조직법 제7조 제1항).

명령이 위법하다는 대법원의 판결이 있는 경우에 해당 명령은 효력을 상실하는 것이 아니라 해당 사건에 한하여 적용되지 않는다.

2) 항고소송(직접적 통제)

행정입법은 일반적·추상적 규범이므로 원칙상 처분이 아니고, 따라서 항고소송의 대상이 될 수 없다.

그러나 명령(법규명령의 효력을 갖는 행정규칙 포함) 중 처분적 성질을 갖는 명령(처분적 명령)은 항고소송의 대상이 된다. 판례는 명령이나 법규명령의 효력이 있는 행정규칙이 권리의무관계를 직접 변동시키는 경우와 "다른 집행행위(행정처분)의 매개 없이 그 자체로서 직접 국민의 구체적인 권리의무나 법률관계를 규율하는 성격을 가질 때"에는 행정처분에 해당한다고 본다(① 두밀분교폐교조례(대판 1996. 9. 20, 95누8003: 가평군 두밀분교의 폐교조치에 반발하여 주민들이 주위적 청구로서 급식학교변경지정과 교사들의 인사발령에 대해 취소소송을, 예비적 청구로서 개정조례의 무효확인을 구한 사건임) 및 ② 항정신병 치료제의 요양급여에 관한 보건복지부 고시의 행정처분성 인정(대판 2003. 10. 9, 2003무23)).

(2) 헌법재판소의 통제: 법규명령에 대한 헌법소원

헌법재판소는 '자동집행력을 갖는 법규명령'(예 별도의 집행행위(행정처분)의 매개 없이 직접 국민의 권리의무를 규율하지만 일반적·추상적 성질을 가지기 때문에 항고소송의 대상인 처분이 될 수 없는 명령)(=집행적 법규명령)을 헌법소원(헌법재판소법 제68조 제1항의 헌법소원)의 대상으로 보고 있다. 제68조 제1항에 따른 헌법소원을 인용할 때에 헌법재판소는 기본권 침해의 원인이 된 공권력의 행사를 취소하거나 그 불행사가 위헌임을 확인할 수 있다(동법 제75조 제3항). 그런데 헌법재판소는 법규명령에 대한 헌법소원에서는 인용결정의 형식으로 통상 단순위헌결정을 내리는데, 이 경우에 해당 행정입법은 효력을 상실하게 된다(동법 제75조 제3항).

헌법재판소는 법규명령의 성질을 가지는 법무사법시행규칙(대법원규칙)에 대한 헌법소원을 인용함으로써(헌재 1990. 10. 15, 89헌마178: 법무사시험은 법원행정처장이 법무사를 보충할 필요가 있다고 인정하는 경우에 실시할 수 있다고 규정한 것(법무사법시행규칙 제3조 제1항)이 기본권 침해의 직접성이 인정된다고 본 사례)), 법규명령도 헌법소원의 대상이 된다는 입장을 취하고 있다.

Ⅶ. 행정입법부작위

1. 의   의

행정입법부작위란 행정권에게 법규명령을 제정·개정 또는 폐지할 법적 의무가 있음에도 합리적인 이유 없이 지체하여 법규명령을 제정·개정 또는 폐지하지 않는 것을 말한다.

2. 요   건

행정입법부작위가 인정되기 위하여는 ① 행정권에게 명령을 제정·개정·폐지할 법적 의무가 있어야 하고, ② 상당한 기간이 지났음에도 불구하고, ③ 법규명령이 제정 또는 개정·폐지되지 않았어야 한다.

법률의 시행에 법규명령이 필요한 경우에 삼권분립의 원칙·법치행정의 원칙상 명문의 규정이 없는 경우에도 행정권에게는 시행명령을 제정할 법적 의무가 있다(대판 2007. 11. 29, 2006다3561[임금][군법무관 보수청구 사건]; 헌재 1998. 7. 16, 96헌마246; 헌재 2004. 2. 26, 2001헌마718). 시행명령의 개입 없이 법률의 규정만으로 집행될 수 있는 경우에는 행정권에게 시행명령제정의무는 없다.

3. 행정입법부작위에 대한 권리구제

대법원 판례는 행정입법부작위는 성질상 부작위위법확인소송의 대상이 되지 않는다고 한다(대판 1992. 5. 8, 91누11261).

시행명령을 제정할 법적 의무가 있는 경우에 명령제정의 거부나 입법부작위도 '공권력의 행사나 불행사'이므로 당연히 헌법소원의 대상이 된다(헌재 2004. 2. 26, 2001헌마718).

행정입법부작위로 인하여 손해가 발생한 경우에 과실이 인정되는 경우에는 국가배상청구가 가능하다(대판 2007. 11. 29, 2006다3561[군법무관 보수청구사건]).

제 3 절 행정규칙

I. 행정규칙의 의의

행정규칙이란 행정조직 내부에서의 행정의 사무처리기준으로서 제정하는 일반적·추상적 규범을 말한다. 실무에서의 훈령·통첩·예규 등이 행정규칙에 해당한다.

II. 행정규칙의 종류

1. 행정규칙의 규율대상 및 내용에 따른 분류

(1) 조직규칙

조직규칙이란 조직 내부에서의 행정기관의 구성 및 권한배분 및 업무처리 절차를 정하는 행정규칙을 말한다(예 전결권을 정하는 직무대리규정).

(2) 영조물규칙

영조물규칙이란 영조물의 관리청이 영조물의 조직·관리 및 사용을 규율하기 위하여 제정하는 행정규칙을 말한다. 영조물규칙에는 조직규칙, 재량준칙, 해석규칙 등이 있다.

좁은 의미의 학칙(교육에 관한 기본규칙)의 법적 성질에 관하여는 ① 행정규칙(영조물규칙 중 재량준칙)으로 보는 견해, ② 특별명령으로 보는 견해, ③ 법령보충적 행정규칙으로 보는 견해, ④ 자치법규로 보는 견해, ⑤ 사립학교의 학칙은 약관으로 보는 견해 등이 있으나, 헌법상 교육의 자주성과 대학의 자율성이 보장되고 있으므로(법 제31조 제4항) 학교를 자치조직으로 보는 것이 타당하고 따라서 학칙을 자치권에 근거한 자치법규로 보는 견해가 타당하다. 학칙은 자치법규이므로 학칙에 대한 포괄적 수권도 가능하다. 판례는 학칙의 양면적 법적 구속력을 인정하고 있다(대판 1991. 11. 22, 91누2144).

(3) 법령해석규칙

법령해석규칙이란 법령의 해석을 규정한 행정규칙을 말한다.

(4) 재량준칙

재량준칙이란 재량권 행사의 기준을 제시하는 행정규칙을 말한다.

(5) 법률대체적 규칙

법률대체적 규칙이란 행정권 행사의 기준 및 방법에 관하여 법령에 따른 규율이 없는 영역에서 행정권 행사의 기준을 정하는 행정규칙을 말한다(ⓔ 법률이 특정 분야에서 단지 보조금을 지급할 수 있다라고만 규정하고 있는 경우에 제정되는 보조금의 지급기준을 정하는 행정규칙).

2. 법령상의 분류

(1) 「행정 효율과 협업 촉진에 관한 규정」(대통령령)상의 분류

1) 훈   령

훈령이란 상급기관이 하급기관에 대하여 상당히 장기간에 걸쳐서 그 권한의 행사를 지시하기 위하여 발하는 명령을 말한다(ⓔ 교통사고조사 규칙).

훈령 중 일반적·추상적 성질을 갖는 것만이 행정규칙이다.

2) 지   시

지시란 상급기관이 직권 또는 하급기관의 문의에 따라 개별적·구체적으로 발하는 명령을 말한다(ⓔ 경찰청장의 지시).

3) 예   규

예규란 법규문서 이외의 문서로서 반복적 행정사무의 기준을 제시하는 것을 말한다(ⓔ 「총포·도검·화약류 등에 관한 사무취급 규칙」, 「경찰공무원 징계양정 등에 관한 규칙」).

4) 일일명령

당직·출장·시간외근무 등 일일업무에 관한 명령을 말한다.

(2) 고   시

고시(告示)가 행정사무의 처리기준이 되는 일반적·추상적 규범의 성질을 갖는 경우에는 행정규칙이다(ⓔ 「자동차운전면허 도로주행시험채점기 경찰청 규격」). 이 행정규칙인 고시는 행정기관이 일정한 사항을 불특정 다수인에게 통지하는 방법인 고시(ⓔ 특정사업자를 납세병마개 제조자로 지정하였다는 행정처분의 내용을 모든 병마개 제조자에게 알리는 통지수단인 국세청고시(헌재 1998. 4. 30, 97헌마141))와 구별되어야 한다.

고시가 일반적·구체적 성질을 가질 때에는 '일반처분'에 해당한다.

Ⅲ. 행정규칙의 법적 성질 및 구속력

1. 행정규칙의 법적 성질과 법규개념

행정법에서 법규라는 개념은 좁은 의미로 사용될 때에는 행정주체와 국민의 권리의무에 관한 사항을 정하는 일반적·추상적인 구속력 있는 규범(실질설) 또는 법령의 형식으로 제정된 일반적·추상적 규범(형식설)을 말한다.

좁은 의미의 법규개념을 취하면 행정규칙은 원칙상 법규라고 할 수 없다.

2. 행정규칙의 대내적 구속력(효력)

행정규칙(특히 훈령)은 상급행정기관의 감독권에 근거하여 하급행정기관에 대하여 발해지는 것이므로 행정규칙은 하급행정기관에 대한 상급행정기관의 직무명령의 성격을 아울러 가지므로 하급행정기관은 공무원법상의 복종의무(예 국가공무원법 제57조)에 따라 행정규칙을 준수할 법적 의무를 진다. 그리하여 하급행정기관이 행정규칙에 따르지 않고 처분을 한 것은 징계사유가 된다. 행정규칙은 행정규칙을 제정한 행정기관에 대하여는 대내적으로 법적 구속력을 갖지 않는다.

3. 행정규칙의 외부적(대외적) 구속력과 법적 성질

판례는 원칙상 행정규칙의 대외적 구속력을 부정한다. 처분이 행정규칙을 위반하였다고 해서 그러한 사정만으로 곧바로 위법하게 되는 것은 아니고, 처분이 행정규칙을 따른 것이라고 해서 적법성이 보장되는 것도 아니다. 처분이 적법한지는 행정규칙에 적합한지 여부가 아니라 상위법령의 규정과 입법 목적 등에 적합한지 여부에 따라 판단해야 한다(대판 2019. 7. 11, 2017두38874; 대판 2021. 10. 14, 2021두39362). 법이론상 행정규칙의 외부적 구속력 및 법적 성질은 행정규칙의 유형에 따라 다르다고 보는 것이 타당하다.

(1) 조직규칙

조직규칙에 대하여 외부적 구속력을 인정할 것인가에 관하여 견해가 대립하고 있다. 판례는 부정설을 취하고 있다.(예 행정관청 내부의 사무처리규정에 불과한 전결규정(조직규칙임)에 위반하여 원래의 전결권자가 아닌 보조기관 등이 처분권자인 행정관청의 이름으로 행정처분을 한 경우 그 처분이 권한 없는 자가 행한 무효의 처분이라고는 할 수 없다(대판 1998. 2. 27,

97누1105 [해설] 전결규정에 위반하여 전결권이 없지만 처분권자의 이름으로 행정처분을 한 것으로 권한이 없는 자의 처분으로 볼 수 없기 때문에 무효의 처분이라고 할 수 없다는 판례). 권한의 내부위임 또는 전결권한에 관한 조직규칙을 위반한 권한 행사가 위법으로 되는 것은 그 조직규칙을 위반하여서가 아니라 권한 없는 행위이기 때문이다.

(2) 영조물규칙

영조물규칙(⬛ 학칙, 교도소규칙 등) 중에는 ⅰ) 조직규칙인 것도 있고, ⅱ) 재량준칙인 것도 있으며, ⅲ) 학칙과 같이 법규명령(자치법규)인 것도 있다. 영조물이용규칙을 특별명령으로 보고 법규성을 인정하는 견해도 있다.

(3) 법령해석규칙

법령해석규칙은 대외적 구속력을 갖지 않는다. 법령을 해석하는 권한은 최종적으로 법원에 있으므로 행정기관의 법령해석이 법원을 구속할 수 없다.

(4) 재량준칙

대법원 판례는 원칙상 재량준칙(특히 제재적 행정처분의 기준)의 대외적 구속력을 인정하지 않지만, 재량준칙이 객관적으로 보아 합리적이 아니라든가 타당하지 아니하여 재량권을 남용한 것이라고 인정되지 않는 이상 행정청의 의사는 가능한 한 존중되어야 한다고 하고, 이러한 재량준칙에 따른 처분은 적법하다고 본다(대판 2011. 1. 27, 2010두23033[국제멸종위기종 용도변경승인신청반려처분취소]). 또한 그러한 재량준칙을 따르지 않은 처분은 특별한 사정이 없는 한 재량권의 일탈·남용에 해당하는 위법한 처분으로 본다(대판 2010. 1. 28, 2009두19137). 또한 판례는 재량준칙이 되풀이 시행되어 행정관행이 성립한 경우 해당 재량준칙에 자기구속력을 인정한다(대판 2009. 12. 24, 2009두7967).

학설의 일반적 견해는 재량준칙은 평등원칙을 매개로 하여 대외적인 구속력을 갖는다고 한다(간접적 대외적 구속력설). 이 견해에 따르면 특별한 사정이 있는 경우에는 재량준칙을 따르지 않을 수 있다.

Ⅳ. 법규명령형식의 행정규칙과 법규적 성질(효력)을 갖는 행정규칙

1. 법규명령형식의 행정규칙

(1) 의　　의

법규명령의 형식을 취하고 있지만 그 내용이 행정규칙의 실질을 가지는 것을 '법규명령형식의 행정규칙'이라 한다. 법규명령형식의 행정규칙은 재량권 행사의 기준(재량준칙, 특히 제재적 행정처분의 기준)을 법규명령의 형식으로 제정한 경우가 보통이다.

법령의 위임에 따라 제정되는 경우가 많지만, 그렇지 않은 경우도 있다.

(2) 성질과 효력

판례는 부령의 형식(시행규칙)으로 정해진 제재적 처분(예 영업허가의 취소 또는 정지, 과징금부과 등)기준은 그 규정의 성질과 내용이 행정청 내의 사무처리기준을 규정한 것에 불과하므로 행정규칙의 성질을 가지며 대외적으로 국민이나 법원을 구속하는 것은 아니라고 본다. 다만, 판례는 제재적 행정처분의 기준이 부령의 형식으로 규정되어 있는 경우에는 해당 제재처분기준을 존중하여야 한다고 본다(대판 2007. 9. 20, 2007두6946[과징금부과처분취소]).

반면 판례는 대통령령의 형식으로 정해진 제재처분기준을 법규명령으로 보면서 재량권 행사의 여지를 인정하기 위하여 처분기준(과징금 처분기준)을 정액(定額)이 아니라 최고한도(최고한도액)를 정한 것으로 보고 있다(대판 2001. 3. 9, 99두5207).

2. 법규적 성질(효력)을 갖는 행정규칙

(1) 의　　의

법규적 성질(효력)을 갖는 행정규칙이란 행정규칙의 형식으로 제정되었지만 법규적 성질과 효력을 갖는 것을 말한다.

(2) 법령보충적 행정규칙

1) 의　　의

법령보충적 행정규칙이란 법령의 위임에 따라 법령을 보충하는 법규사항을 정하는 행정규칙을 말한다.

법령의 위임에 따라 행정규칙(고시)의 형식으로 재량권 행사의 기준을 정한 경우에도 그 행정규칙(고시)은 재량준칙에 해당한다. 달리 말하면 법령의 위임이 있어도 재량권 행사의 기준을 정하는 형식상 '행정규칙'은 법령보충적 행정규칙이 아니라 행정규칙(재량준칙)이다(대판 2020. 11. 12, 2017두36212: 조사방해를 과징금 가중사유로 규정한 공정거래위원회의 구「과징금부과 세부기준 등에 관한 고시」를 행정규칙인 재량준칙으로 본 사례).

2) 법적 효력

판례에 따르면 법령보충적 행정규칙은 수권법령 규정과 결합하여 대외적으로 구속력이 있는 법규명령으로서의 효력을 가진다. 그러나 법령의 위임을 받은 것(예 소득금액조정 합계표 작성요령)이어도 행정적 편의를 도모하기 위한 절차적 규정인 경우에는 행정규칙의 성질을 가진다(대판 2003. 9. 5, 2001두403[법인세부과처분취소]).

위임근거인 법령(예 산업재해보상보험법 시행령 [별표3] '업무상 질병에 관한 구체적 인정 기준')이 예시적 규정에 불과한 이상, 그 위임에 따른 고시는 대외적으로 국민과 법원을 구속하는 효력이 있는 규범이라고 볼 수는 없고, 행정내부적으로 업무처리지침이나 법령의 해석·적용 기준을 정해주는 '행정규칙'이라고 보아야 한다고 한 사례도 있다(대판 2020. 12. 24, 2020두39297[유족급여 및 장의비 부지급처분취소]). 또한 법령의 위임에 따라 행정규칙(고시)의 형식으로 재량권 행사의 기준을 정한 경우에도 해당 행정규칙(고시)은 재량준칙에 해당한다. 달리 말하면 법령의 위임이 있어도 재량권 행사의 기준을 정하는 형식상 '행정규칙'은 법령보충적 행정규칙이 아니라 행정규칙(재량준칙)이다(대판 2020. 11. 12, 2017두36212: 조사방해를 과징금 가중사유로 규정한 공정거래위원회의 구「과징금부과 세부기준 등에 관한 고시」를 행정규칙인 재량준칙으로 본 사례).

3) 법령보충적 행정규칙의 한계

① 법령보충적 행정규칙은 법령의 수권에 근거하여야 하고, 그 수권은 포괄위임금지의 원칙상 구체적·개별적으로 한정된 사항에 대하여 행하여져야 한다(헌재 2004. 10. 28, 99헌바91).

행정규제기본법 제 4 조 제 2 항 단서는 "법령에서 전문적·기술적 사항이나 경미한 사항으로서 업무의 성질상 위임이 불가피한 사항에 관하여 구체적으로 범위를 정하여 위임한 경우에는 고시 등으로 정할 수 있다"고 법령보충적 행정규칙의 일반적 근거를 규정하고 있다. 그 밖에도 개별법령이 법령보충적 행정규칙의 근거를 규정하는 경우가 있다(예「개인정보 보호법 시행령」제38조에 따른 개인정보 영향평가기관의 지정 및 영향평가의 절차 등에 관한 세부기준을 정함을 목적으로 제정된 개인정보 영향평가에 관한 고시).

법령을 보충하는 행정규칙이 위임없이 제정된 경우에 단순한 행정규칙에 불과하며 법령보충적 행정규칙이라고 할 수 없다.

② 법령보충적 행정규칙이 법령의 위임의 범위를 벗어난 경우에는 법규명령으로서의 대외적 구속력이 인정되지 않는다(대판 1999. 11. 26, 97누13474; 대판 2006. 4. 28, 2003마715). 이 경우 해당 법령보충적 행정규칙은 위법한 법규명령의 효력을 갖는 것이 아니라 행정규칙에 불과한 것이 된다. 상위법령에서 세부사항 등을 시행규칙으로 정하도록 위임하였음에도 이를 고시 등 행정규칙으로 정한 경우, 대외적 구속력을 가지는 법규명령으로서 효력을 인정할 수 없다.

③ 판례는 원칙상 법령보충적 행정규칙의 효력발생요건으로 공포나 공표를 요구하고 있지 않지만, 적당한 방법으로 이를 일반인 또는 관계인에게 표시 또는 통보함으로써 그 효력이 발생한다고 한 판례(형사판례)가 있다(대판 1993. 11. 23, 93도662[관세법위반]).

④ 판례는 법령보충적 행정규칙의 재위임도 가능한 것으로 본다(대판 2004. 5. 28, 2002두4716).

제3장
행정계획

I. 의 의

행정계획이란 행정주체 또는 그 기관이 일정한 행정활동을 행함에 있어서 일정한 목표를 설정하고 그 목표를 달성하기 위하여 필요한 수단을 선정하고 그러한 수단들을 조정하고 종합화한 것을 말한다(예 도시관리계획, 경제개발계획, 환경계획, 「경찰공무원 보건안전 및 복지 기본법」의 경찰공무원 보건안전 및 복지증진 기본계획).

최근에 주목을 받고 있는 환경설계를 통한 범죄예방활동(Crime Prevention through Environmental Design: CPTED)은 경찰질서행정영역에서의 대표적인 행정계획이라 할 수 있다(이성용).

II. 행정계획의 법적 성질

① 행정계획은 독자적인 행위형식의 하나이다. 행정계획은 행정목표와 그 행정목표를 달성하기 위한 행정활동의 기준을 제시하는 성격의 행위인 점에서 행정행위와는 다르다.

행정계획은 행정활동의 기준을 제시하는 점에서는 입법행위와 유사한 성격을 갖지만 다음과 같은 점에서 법규명령과 다르다. i) 행정계획은 행정목표와 그를 달성하기 위한 수단을 정하는 것을 기본적 내용으로 하는데 법규명령은 행정권 행사의 요건과 효과를 정하는 것을 기본적 내용으로 한다. ii) 행정계획은 법규명령보다는 사정변경에 즉시 적응할 필요성이 있고 신축성을 가져야 하므로 법규명령의 형식으로 제정되어 있지 않는 경우가 많다. iii) 행정계획은 기본적으로 행정기관 자신의 활동규범이며 법규명령과 같이 국민의 권리와 의무를 정하는 것을 기본적인 내용으로 하지 않는다. 「경찰공무원 보건안전 및 복지 기본법」상 경찰공무원 보건안전 및 복지증진 기본계획은 경찰청이 수립하는 것으로 구체적 사업을 확정짓는 것은 아니므로 대국민적 관계에서는 구속력이 없는 행정구속적인 계획이다. 즉, 구체적 사업을 확정짓는 것은 아니므로 행정처분으로서의 법적 성질은 부여되지 아니하고, 경찰청 내부의 지침을 정하는 데 불과하다.

　② 법률의 형식으로 수립되는 행정계획은 법률의 성질을 가지고, 법규명령의 형식으로 수립된 행정계획은 법규명령의 성질을 가지며, 조례의 형식으로 수립되는 계획은 조례의 성질을 갖는다.

　③ 행정계획이 특정의 행위형식을 취하지 않는 경우에 항고소송의 대상이 되는 처분인지 아닌지(또는 행정행위인지 아니면 입법행위인지) 하는 것이 문제된다(예 판례는 국토계획법 제30조의 도시관리계획의 처분성 인정(대판 1982. 3. 9, 80누105)).

Ⅲ. 행정계획절차

　행정계획의 절차는 개별법에서 다양하게 규정되어 있다.

　행정청은 행정청이 수립하는 계획 중 국민의 권리·의무에 직접 영향을 미치는 계획을 수립하거나 변경·폐지할 때에는 관련된 여러 이익을 정당하게 형량하여야 한다(행정절차법 제40조의4). 그리고 국민생활에 매우 큰 영향을 주거나 많은 국민의 이해가 상충되는 행정계획(예 국책사업)은 예고하고 국민의 의견을 수렴하도록 하고 있다(법 제46조, 제47조).

Ⅳ. 계획재량과 통제

1. 계획재량의 개념

계획재량이란 행정계획을 수립·변경함에 있어서 계획청에게 인정되는 재량을 말한다. 법률요건과 법률효과의 분리가 불가능한 계획규범의 경우에는 행정재량과 구별되는 계획재량이 인정되고 있다. 계획재량은 행정목표의 설정이나 행정목표를 효과적으로 달성할 수 있는 수단의 선택 및 조정에 있어서 인정된다. 따라서 일반적으로 행정계획을 수립함에 있어서 행정권에게 일반 행정결정에서보다 훨씬 넓은 재량권이 부여된다(판례는 개발제한구역지정처분을 계획재량처분으로 보고 있다(대판 1997. 6. 24, 96누1313)).

2. 형량명령

(1) 의   의

형량명령이란 행정청은 행정청이 수립하는 계획 중 국민의 권리의무에 직접 영향을 미치는 계획을 수립하거나 변경·폐지할 때에는 관련된 여러 이익을 정당하게 형량하여야 한다는 원칙을 말한다(행정절차법 제40조의4). 형량명령은 계획재량(예 택지개발 예정지구 지정처분과 같은 행정계획안 입안·결정시의 재량)의 통제를 위하여 형성된 이론이다. 독일 연방행정법원에 의하여 발전되었다. 우리 판례도 형량명령이론을 인정하고 있다. 형량명령은 행정계획의 실체적 위법성을 위한 중요한 척도가 되고 있다.

(2) 내   용

① 행정계획결정에 있어서는 관련된 이익을 형량하여야 한다. 행정계획과 관련된 이익을 형량하기 위하여 계획청은 행정계획과 관련이 있는 이익을 조사하여야 한다.

② 계획청은 관련된 이익을 이익형량에 모두 포함시켜야 한다. 공익과 사익이 모두 포함되어야 한다. 이익형량은 공익상호간, 공익과 사익 상호간 및 사익 상호간에 행하여진다.

③ 관련된 공익 및 사익의 가치를 제대로 평가하여야 한다. 달리 말하면, 개개의 이익이 과소평가되거나 과대평가되어서는 안 된다.

④ 관련되는 이익의 형량은 개개의 이익의 객관적 가치에 비례하여 행하여져야 한다. 또한 목표를 달성할 수 있는 여러 안 중에서 공익과 사익에 대한 침해를 최소화할 수 있는 방안을 선택하여야 한다.

(3) 형량하자와 그 효과

행정계획결정이 형량명령의 내용에 반하는 경우 형량하자가 있게 된다.

① 행정계획의 수립에 있어서 이익형량을 전혀 하지 않은 경우(형량의 불행사)에는 행정계획은 위법하다. 행정계획과 관련이 있는 이익을 전혀 조사하지 않은 것(조사의 결함)은 위법하다. 조사가 미흡한 경우에는 형량의 결과에 영향을 미칠 정도의 미흡인 경우에 한하여 위법하다.

② 고려하여야 할 이익을 빠뜨린 형량의 흠결(형량의 누락)의 경우에는 형량결과에 영향을 미치지 않을 정도의 가치가 적은 이익이 형량에서 고려되지 않은 경우에는 행정계획은 위법하다고 볼 수 없다.

③ 평가의 과오는 사소한 이익에 대한 가치평가상의 과오가 아닌 한 위법사유가 된다고 보아야 한다.

④ 형량불비례는 이익형량이 심히 균형을 잃은 경우로 위법사유가 된다.

V. 행정계획과 신뢰보호(계획보장청구권)

계획보장청구권이란 행정계획에 대한 관계국민의 신뢰를 보호하기 위하여 관계국민에 대하여 인정된 행정계획주체에 대한 권리를 총칭하는 개념이다. 계획보장청구권은 행정계획분야에 있어서의 신뢰보호의 원칙의 적용례라고 할 수 있다.

계획보장청구권이 구체적 공권이 되기 위해서는 공권의 성립요건을 갖추어야 한다.

계획보장청구권에 포함되는 권리로는 계획존속청구권(예 지방자치단체의 특정 공장의 유치계획과 같이 주로 특정 개인에 대해서 효력을 미치는 행정계획은 인정 가능), 계획집행청구권, 경과조치청구권(적응조치청구권) 및 손해배상청구권 및 손실보상청구권이 들어지고 있다.

일반적으로 말하면 공익목적을 달성하기 위한 행정계획의 변경의 필요성과 관계국민의 신뢰보호의 가치를 조화시키는 한도 내에서 계획보장청구권이 인정된다.

Ⅵ. 행정계획과 권리구제제도

① 위법한 행정계획의 수립·변경 또는 폐지로 인하여 손해를 받은 자는 국가배상을 청구할 수 있다.

② 적법한 행정계획의 수립·변경 또는 폐지로 인하여 손실을 받은 경우에는 손실보상의 요건(적법한 공용침해＋특별한 희생＋손해발생 예견)을 갖춘 경우에 손실보상을 청구할 수 있다(예 도시계획시설의 지정으로 해당 토지의 이용가능성이 배제되거나 또는 토지소유자가 토지를 종래 허용된 용도대로 사용할 수 없어 현저한 재산적 손실이 발생하는 경우에는 수용적 효과 인정(헌재 1999. 10. 21, 97헌바26)).

③ 처분성이 있는 행정계획(예 도시관리계획)은 항고소송의 대상이 된다.

④ 행정계획이 공권력 행사이지만 처분이 아닌 경우에는 헌법소원의 대상이 된다(예 국민의 기본권에 직접적인 영향을 끼치는 비구속적 행정계획안(개발제한구역제도 개선방안)).

제4장
행정행위

제 1 절   행정행위의 개념

행정행위란 행정청이 구체적인 사실에 대한 법집행으로서 행하는 외부에 대하여 직접적·구체적인 법적 효과를 발생시키는 권력적 단독행위인 공법행위이다.

행정행위라는 개념은 학문상의 필요에 따라 만들어진 강학상 개념이며 실정법에서나 실무상 사용되는 개념이 아니다. 실무상으로는 '처분', '행정처분'이라는 개념이 사용되고 있다.

행정행위라는 개념은 행정소송법상의 처분과 구별하여야 한다. 행정소송법상의 처분개념은 소송법상 인정된 개념이고 행정행위라는 개념은 실체법(법률관계(권리의무관계)의 실체를 정한 법)상의 개념이다. 행정소송법상 처분 개념은 강학상 행정행위보다 넓은 개념이다.

행정행위의 특수성으로는 공정력, 구성요건적 효력, 존속력(불가쟁력, 불가변력), 강제력(자력집행력, 제재력), 권리구제수단의 특수성이 있는데, 이에 관하여는 전술(前述)하였다.

제 2 절   행정행위의 종류

Ⅰ. 법률행위적 행정행위와 준법률행위적 행정행위의 구분

법률행위적 행정행위란 행정행위의 효과의사(행정청이 내심으로 바라고 있는 의사)

를 구성요소로 하고 그 법적 효과가 그 효과의사의 내용에 따라 발생하는 행위를 말하고, 준법률행위적 행정행위란 효과의사 이외의 정신작용(웹 판단표시, 인식표시, 관념표시)을 구성요소로 하고 그 법적 효과가 행정청의 의사와는 무관하게 법규범에 의해 부여되는 행위를 말한다. 그러나 오늘날에는 행정권 행사의 법적 효과는 어느 경우에나 기본적으로 법에 의해 인정되는 것이라는 이유에서 법률행위적 행정행위와 준법률행위적 행정행위의 구별에 대하여 부정하는 견해가 유력하다.

Ⅱ. 행정행위의 법적 효과의 내용에 따른 분류

법률행위적 행정행위는 법률효과의 내용에 따라 명령적 행위와 형성적 행위로 구분된다.

명령적 행위는 인간이 본래 가지는 자연적 자유를 규율하는 행위인 반면에 형성적 행위는 상대방에게 권리나 능력을 창설하는 행위라는 점에서 양자를 구분하고 있다.

명령적 행위로는 하명, 허가, 면제가 있다. 형성적 행정행위로는 특허, 인가, 대리 등이 있다.

준법률행위적 행정행위는 법률효과의 내용에 따라 확인행위, 공증행위, 통지행위, 수리행위로 구분된다.

Ⅲ. 기속행위와 재량행위

기속행위란 행정권 행사의 요건과 효과가 법에 일의적으로 규정되어 있어서 행정청에게 판단의 여지가 전혀 인정되지 않고 행정청은 법에 정해진 행위를 하여야 하는 의무를 지는 행위를 말한다.

재량행위란 행위의 요건이나 효과의 선택에 관하여 법이 행정권에게 판단의 여지 또는 재량권을 인정한 경우에 행해지는 행정청의 행정행위를 말한다.

요건재량설은 어떤 사실이 법에 정한 요건에 해당하는가의 판단에 재량이 존재한다는 학설이고, 효과재량설은 행정재량은 법률요건의 해석과 적용에 있는 것이 아니라 법률효과의 선택에 있다는 학설이다.

Ⅳ. 침해적 행정행위, 수익적 행정행위, 이중효과적 행정행위(복효적 행정행위)

수익적 행정행위란 행위의 상대방에게 이익을 부여하는 행정행위를 말한다 (예 운전면허, 영업허가).

침해적 행정행위란 행정행위의 상대방의 권익을 침해하는(권익을 제한하거나 의무를 부과하는) 행정행위를 말한다(예 운전면허정지처분).

이중효과적 행정행위(복효적 행정행위)란 하나의 행정행위가 이익과 불이익을 동시에 발생시키는 행정행위를 말한다. 이중효과적 행정행위는 ① 제 3 자효 행정행위와 ② 혼합효 행정행위를 포함한다. 제 3 자효 행정행위란 상대방에게는 이익을 주고 제 3 자에게는 불이익을 주거나(예 건축허가) 상대방에게는 불이익을 주고 제 3 자에게는 이익을 주는(예 공해배출시설조업중지명령) 행정행위를 말한다. 혼합효 행정행위란 상대방에 대하여 동시에 수익적 효과와 침해적 효과를 발생하는 행정행위(예 부담부 행정행위)를 말한다.

Ⅴ. 일방적 행정행위와 쌍방적 행정행위

성립에 상대방의 어떠한 협력도 필요 없는 행정행위를 일방적 행정행위(또는 단독적 행정행위)라 하고, 상대방의 협력이 성립요건인 행정행위를 쌍방적 행정행위라고 한다. 일방적 행정행위에는 하명 등이 있다. 쌍방적 행정행위는 허가, 특허 및 인가와 같이 상대방의 신청을 요하는 행정행위와 경찰공무원의 임명행위와 같이 상대방의 동의를 요하는 행정행위가 있다.

Ⅵ. 대인적 행정행위, 대물적 행정행위 및 혼합적 행정행위

이 구별의 실익은 행정행위의 효과의 이전성에 있다.

대인적 행정행위란 행위의 상대방의 주관적 사정에 착안하여 행해지는 행정행위(예 운전면허, 의사면허 등)를 말하며, 그 효과는 일신전속적인 것이므로 제 3

자에게 승계되지 않는다.

대물적 행정행위란 행위의 상대방의 주관적 사정을 고려하지 않고 행위의 대상인 물건이나 시설의 객관적 사정에 착안하여 행해지는 행정행위를 말한다(예 건축허가, 건축물사용승인, 차량검사합격처분, 문화재지정처분, 공중위생업소폐쇄명령(대판 2001. 6. 29, 2001두1611), 채석허가(대판 2003. 7. 11, 2001두6289), 환지처분). 대물적 행정행위는 그 효과가 승계된다.

혼합적 행정행위란 행위의 상대방의 주관적 사정과 함께 행위의 대상인 물건이나 시설의 객관적 사정에 착안하여 행해지는 행정행위를 말한다(예 총포·도검·화약류판매허가, 가스사업허가). 혼합적 행정행위의 이전은 명문의 규정이 있는 경우에 한하여 인정되며 통상 행정청의 승인 또는 허가 등을 받도록 규정하고 있다. 혼합적 행정행위의 양도시에 승인 대신 신고만을 요하는 경우도 있다.

Ⅶ. 적극적 행정행위와 소극적 행정행위

적극적 행정행위란 허가 또는 특허 등 적극적으로 현재의 법률상태에 변동을 초래하는 행위(예 건축허가)를 말하고, 소극적 행정행위란 현재의 법률상태에 변동을 가져오지 않으려는 행위를 말한다(예 거부처분).

신청에 대한 거부행위가 행정행위인 거부처분이 되기 위하여는 다음의 요건을 갖추어야 한다. ① 신청인에게 법령상 또는 조리상 신청권이 있어야 하며(후술 '행정소송' 참조) 그에 대응하여 행정청에게 처분의무가 있어야 한다. ② 신청의 대상이 된 행위가 공권력 행사이어야 한다. ③ 신청에 대해 거부행위가 있어야 한다. ④ 신청에 대한 거부행위가 신청인의 권리의무에 직접 영향을 미쳐야 한다.

Ⅷ. 일반처분과 개별처분

행정행위의 상대방이 불특정 다수인인가 특정되어 있는가에 따른 구별이다.

개별처분이란 행정행위의 상대방이 특정되어 있는 행정행위를 말한다(예 운전면허 정지처분). 개별처분의 상대방은 1명인 것이 보통이지만 다수일 수도 있다.

일반처분이란 불특정 다수인을 상대방으로 하여 불특정 다수인에게 효과를 미치는 행정행위를 말한다(예 일정한 장소에 대한 출입을 금지하는 행정행위).

일반처분은 그 처분의 직접적 규율대상이 사람인가 물건인가에 따라 ① 대인적 일반처분과 ② 물적 행정행위로서의 일반처분으로 나누어진다.

대인적 일반처분이란 일정한 기준에 따라 결정되는 불특정 다수인을 대상으로 하는 행정행위를 말한다(예 일정장소에서의 집회금지처분이나 통행금지처분).

물적 행정행위란 행정행위의 직접적 규율대상이 물건이고, 사람에 대해서는 물건과의 관계를 통하여 간접적으로 규율하는 행정행위를 말한다(예 공물(도로)의 공용개시행위, 교통표지판, 개별공시지가결정).

일반처분은 행정행위이므로 일반처분에 따라 법률상 이익이 침해된 자는 항고소송을 제기할 수 있다(예 지방경찰청장이 횡단보도를 설치하여 보행자 통행방법 등을 규제하는 것은 행정청이 특정사항에 대하여 부담을 명하는 행위이고, 이는 국민의 권리의무에 직접 관계가 있는 행위로서 행정처분이다(대판 2000. 10. 27, 98두8964)).

제 3 절 재량권과 판단여지

행정기본법
제21조(재량행사의 기준) 행정청은 재량이 있는 처분을 할 때에는 관련 이익을 정당하게 형량하여야 하며, 그 재량권의 범위를 넘어서는 아니 된다.

Ⅰ. 재량권과 재량행위의 개념

재량권이란 행정기관이 행정권을 행사함에 있어서 둘 이상의 다른 내용의 결정 또는 행태 중에서 선택할 수 있는 권한을 말한다. 재량권은 구체적 타당성(합목적성)이 있는 행정을 위하여 입법자가 행정권에 부여한다.

그리고 재량권의 행사에 의해 행해지는 행정행위를 재량행위라고 한다.

재량권이 행정기관에게 부여되는 경우에 행정기관이 행정권을 행사함에 있어 어떠한 행정결정을 하거나 하지 않을 수 있는 권한을 갖는 경우와 둘 이상의 조치 중 선택을 할 수 있는 권한을 갖는 경우가 있다. 전자를 결정재량권이라

하고 후자를 선택재량권이라 한다. 또한 결정재량권과 선택재량권을 모두 갖는 경우가 있다(예 경찰공무원이 직무상 과실로 잘못을 저지른 경우에 경찰기관은 해당 경찰공무원에 대하여 징계처분을 하는 결정과 해당 경찰공무원의 과거의 성실한 직무수행, 해당 경찰공무원의 건강상태 등과 같은 사정을 고려하여 징계처분을 하지 않는 결정 사이에 선택권을 갖고(결정재량), 경찰기관이 징계처분을 하기로 결정한 경우에도 해당 경찰공무원의 과실의 중대성을 고려하여 징계처분을 내림에 있어서 여러 종류의 징계처분(파면·해임·정직·감봉·견책)의 종류 사이에 선택권을 갖는다(선택재량)).

Ⅱ. 기속재량행위의 개념

판례는 원칙상 기속행위이지만 허가 등을 거부할 중대한 공익상 필요가 있는 경우(예 안전, 환경, 보건위생상 위해방지, 국토의 효율적 이용 및 공공복리의 증진) 예외적으로 공익을 고려하여 거부할 수 있는 행위(기속재량행위 또는 거부재량행위)를 인정하고 있다(예 개발행위허가를 의제하지 않거나 토지형질변경을 수반하지 않는 순수한 의미에서의 건축허가(대판 전원합의체 2012. 11. 22, 2010두22962), 사설납골시설(현행법상 봉안당)의 설치신고의 수리행위(대판 2010. 9. 9, 2008두22631), 주유소 등록(대판 1998. 9. 25, 98두7503), 건축허가(대판 2009. 9. 24, 2009두8946[건축허가거부처분취소]) 등).

Ⅲ. 판단여지

판단여지란 요건을 이루는 불확정개념의 해석·적용에 있어서 이론상 하나의 판단만이 가능한 것이지만, 둘 이상의 판단이 모두 적법한 판단으로 인정될 수 있는 가능성이 있는 것을 말한다. 불확정개념이란 그 개념 자체로서는 그 의미가 명확하지 않고 해석의 여지가 있는 개념을 말한다(예 공공의 안녕과 질서, 중대한 사유, 식품의 안전, 환경의 보전 등).

일반적으로 불확정개념은 법개념이라고 보고 따라서 법원에 의해 논리법칙 또는 경험법칙에 따라 그 개념이 일의적으로 해석될 수 있는 개념으로 본다. 따라서 행정기관이 불확정개념으로 된 행위의 요건을 판단함에 있어 재량권을 가질 수는 없고, 원칙상 판단여지도 인정되지 않는다.

다만, 고도로 전문적이거나 정책적인 판단이 요청되는 경우에는 판단여지가 인정된다(🔲 전문성이 갖추어진 위원회의 판단을 거친 경우, 외국인의 재류기간(在留期間)의 갱신을 적당하다고 인정할 만한 상당한 이유의 인정, 시험분야에서의 결정(채점기준, 정답의 결정), 검정을 신청한 중고등학교용 도서의 검정기준에의 적합 여부의 판단(대판 1988. 11. 8, 86누618), 학교분야에서의 시험유사적 결정(학위수여 여부에 대한 결정(대판 1976. 6. 8, 76누63)) 등). 행정기관에게 판단여지가 인정되는 경우에는 판단의 여지 내에서 이루어진 행정기관의 판단은 법원의 통제의 대상이 되지 않는다. 법원은 행정기관이 판단의 여지 내에서 내린 결정을 수용하여야 한다. 이러한 주장을 하는 학설을 판단여지설이라 한다. 판단여지설은 법률요건에 불확정법개념이 사용된 경우에는 일정한 조건하에서 행정청에게 판단여지가 주어진다고 본다.

Ⅳ. 재량과 판단여지의 구분

판단여지를 재량과 구별하는 견해와 그 구별을 부인하고 모두 재량의 문제로 보는 견해가 대립하고 있다.

1. 긍 정 설

판단여지와 재량을 구분하는 견해는 불확정개념(🔲 공공의 안녕과 질서, 정당한 보상 등)으로 정해진 행위요건의 판단에서는 하나의 판단만이 옳은 것이므로 선택의 자유는 인정될 수 없고, 예외적으로 판단의 여지만이 인정될 수 있기 때문에 판단여지는 선택의 자유를 의미하는 재량과 구분하여야 한다고 본다. 판단여지는 행위요건의 판단에서 예외적으로 인정되며 재량은 효과의 선택에서 인정된다고 한다.

2. 부 정 설

이 견해는 재량과 판단여지를 구분하지 않고, 판단여지가 인정될 수 있는 경우도 재량이 인정되는 것으로 본다.

3. 판   례

판례는 판단여지설의 논리를 일부 수용하면서도 재량권과 판단여지를 구분하지 않고, 판단여지가 인정될 수 있는 경우도 재량권이 인정되는 것으로 본다. 판례는 요건판단에도 재량을 인정한다(圖 국토계획법상 개발행위허가는 허가기준 및 금지요건이 불확정개념으로 규정된 부분이 많아 그 요건에 해당하는지 여부를 행정청의 재량판단의 영역에 속한다(대판 2021. 3. 25, 2020두51280)).

4. 결   어

재량과 판단여지는 그 개념, 필요성, 인정근거, 그 내용, 인정기준 및 범위 등에서 차이가 있으므로 양자를 구별하는 것이 타당하다.

[재량과 판단여지의 차이점]

차이점	재 량	판단여지
필요성	구체적으로 타당한 행정 보장	행정의 책임과 전문성 보장
인정근거	입법자의 수권	입법자의 수권(판단수권설) 법원으로 하여금 행정의 책임성, 전문성의 존중
내 용	행정청의 선택의 자유	행정청의 판단의 여지
인정기준	법률규정, 행위의 성질 및 기본권 관련성	고도의 전문적·기술적 판단 또는 고도의 정책적 판단
인정범위	효과의 선택	행위요건 중 일정한 불확정개념의 판단

V. 재량행위와 기속행위의 구별

1. 재량행위와 기속행위의 구별실익

(1) 행정소송에 있어서의 구별실익

재량행위는 재량권의 한계를 넘지 않는 한(재량권의 행사에 일탈 또는 남용이 없는 한) 재량을 그르친 경우에도 위법한 것이 되지 않고 부당한 행위가 되는 데 불과하므로 재량권의 한계를 넘지 않는 한 법원이 통제하지 않는다(제한심사방식).

기속행위의 경우에 법원은 행정청의 판단과 결정 모두를 심사대상으로 하여 행정청의 판단이 법원의 판단과 다른 경우에는 법원의 판단을 행정청의 판단에 대체하여 행정청의 행위를 위법한 것으로 판단할 수 있다(완전심사 및 판단대

제방식). 판단여지에 있어서는 행정청의 판단이 심히 부당한 경우가 아니면 행정
청의 판단은 존중되어야 한다.

(2) 부관과의 관계

재량행위의 경우에는 재량권의 범위 내에서 법적 근거 없이도 행정행위의
법률효과를 일부 제한하거나 상대방에게 특별한 부담을 지우는 부관을 붙일 수
있지만, 기속행위의 경우에는 법상 요건이 충족되면 일정한 행위를 하여야 하므
로 행위의 효과를 제한하는 부관을 붙일 수 없는 점에서 기속행위와 재량행위
를 구별할 실익이 있다. 기속행위에도 행정행위의 요건을 충족시키는 의미의 부
관 및 철회권의 유보는 붙일 수 있다.

(3) 공권과의 관계

기속행위뿐만 아니라 재량행위에도 공권이 인정될 수 있다. 다만, 재량행위
와 기속행위에 있어 인정되는 공권의 내용에는 차이가 있다. 기속행위에 있어서
는 행정청에 대하여 특정한 내용의 행위를 청구할 공권이 인정되지만, 재량행위
에 있어서는 그러한 공권은 인정되지 않으며 무하자재량행사청구권이라는 공권
이 인정된다.

(4) 요건의 충족과 효과의 부여

행정청은 기속행위에 있어서는 요건(예 허가요건)이 충족되면 반드시 법에 정
해진 효과를 부여하여야 하지만, 재량행위에 있어서는 요건이 충족되어도 환경
상 이익 등 공익과의 이익형량을 통하여 법에 정해진 효과(예 허가)를 부여하지
않을 수도 있다(대판 2005. 4. 15, 2004두10883; 대판 2007. 5. 10, 2005두13315).

또한, 경원관계(특허나 허가가 오직 1명에게만 내려지는 경우에 이를 신청한 여러 사람간의 관
계)에 있어 기속행위의 경우에는 선원주의(요건을 충족한 자가 여러 명인 경우 먼저 신청한
자에게 효과를 부여하여야 한다는 원칙)가 적용되지만(예 발명특허 등), 특허 등 재량행위의
경우에는 선원주의가 적용되지 않고 가장 적정하게 공익을 실현할 수 있는 자
에게 효과(예 특허 등)가 부여된다.

요건을 갖추지 못한 경우에는 기속행위뿐만 아니라 재량행위에서도 요건충
족적 부관부 행정행위를 할 수 있는 경우를 제외하고는 거부처분을 하여야 한
다(대판 2018. 12. 13, 2016두31616).

2. 재량행위와 기속행위의 구별기준

첫째, 재량행위와 기속행위의 구별에 있어 법률규정이 일차적 기준이 된다.

도로교통법

제93조(운전면허의 취소·정지) ① 시·도경찰청장은 운전면허(연습운전면허는 제외한다. 이하 이 조에서 같다)를 받은 사람이 다음 각 호(1. 제44조 제 1 항을 위반하여 술에 취한 상태에서 자동차등을 운전한 경우. 2. 제44조 제 1 항 또는 제 2 항 후단을 2회 이상 위반한 사람이 다시 같은 조 제 1 항을 위반하여 운전면허 정지 사유에 해당된 경우. (이하 생략))의 어느 하나에 해당하면 행정안전부령으로 정하는 기준에 따라 운전면허(운전자가 받은 모든 범위의 운전면허를 포함한다. 이하 이 조에서 같다)를 취소하거나 1년 이내의 범위에서 운전면허의 효력을 정지시킬 수 있다. 다만, 제 2 호, 제 3 호, 제 7 호부터 제 9 호까지(정기 적성검사 기간이 지난 경우는 제외한다), 제12호, 제14호, 제16호부터 제18호까지, 제20호의 규정에 해당하는 경우에는 운전면허를 취소하여야 한다.)

다만, 법률규정의 문리적 표현뿐만 아니라 관련규정, 입법취지 및 입법목적을 아울러 고려하여야 한다(예 도로교통법 제78조(현행 제93조) 제 1 항 단서 제 8 호(현행 제 3 호)의 규정에 따르면, 술에 취한 상태에 있다고 인정할 만한 상당한 이유가 있음에도 불구하고 경찰공무원의 측정에 응하지 아니한 때에는 필요적으로 운전면허를 취소하도록 되어 있어 처분청이 그 취소 여부를 선택할 수 있는 재량의 여지가 없음이 그 법문상 명백하므로, 위 법조의 요건에 해당하였음을 이유로한 운전면허취소처분에 있어서 재량권의 일탈 또는 남용의 문제는 생길 수 없다(대판 2004. 11. 12, 2003두12042)).

둘째, 법령의 규정이 명확하지 않은 경우에는 해당 법령의 규정과 함께 문제가 되는 행위의 성질, 기본권 관련성 및 공익관련성을 종합적으로 고려하여야 한다.

① 일반적으로 불법행위에 대한 제재조치는 재량행위에 친숙한 행위이다. 그러나 특별한 사회상황하에서 일정한 불법행위에 대하여 특별히 엄중한 제재조치를 가하고자 하는 입법자의 결단이 선 경우에는 예외적으로 해당 제재조치를 기속행위로 규정할 수도 있을 것이다. 실제로 중대한 법규 위반의 경우에 취소하여야 하는 것으로 규정하고 있는 경우(예 도로교통법상 음주측정 불응시 필요적 운전면허 취소(대판 2004. 11. 12, 2003두12042))가 있다.

② 새로이 권리를 설정하여 주는 특허는 재량행위로 해석될 가능성이 있는 반면에 인간이 본래 가지고 있는 자연적 자유의 회복을 내용으로 하는 허가는 기속행위로 해석될 가능성이 크다. 왜냐하면 허가의 요건이 충족된 경우에도 허가를 해 주지 않는 것은 신청자의 자연적 자유를 제한하는 결과가 되기 때문이다. 이에 반하여 특허에 있어서는 공익의 실현을 고려하여야 하므로 통상 재량행위로 보아야 한다. 허가의 경우도 환경보호, 문화재보호 등 이익을 형량하여야 하는 경우에는 그 한도 내에서 기속재량행위 또는 재량행위로 볼 수 있다.

③ 자유권 등 국민의 중대한 기본권이 관련되는 경우에는 기속행위 쪽으로 해석하여야 한다. 예를 들면, 관련 기본권의 중대성에 비추어 난민인정행위는 난민의 요건을 갖춘 외국인에게 일정한 권리를 부여하는 형성적 행위 중 설권적(設權的) 행위이지만 기속행위로 보는 것이 타당하다. 그러나 판례는 재량행위로 본다(서울행판 2008. 2. 20, 2007구합22115[난민인정불허처분취소]).

④ 요건규정이 공백규정이거나 공익만이 요건으로 규정되어 있는 경우에는 행정청에게 재량(효과재량)이 인정된다고 보는 것이 타당하다. 또한 요건의 인정에 있어 이익형량이 예정되어 있는 경우에 행정기관에게 재량권이 인정되고 있는 것으로 해석될 수 있다. 그러나 공익목적만이 요건으로 되어 있는 경우에도 관련규정 및 입법목적을 고려할 때 법개념인 행정의 중간목적이 특정될 수 있을 때에는 행정재량은 인정될 수 없다. 예를 들면, 경찰작용은 질서유지만을 목적으로 하여 행사된다. 따라서 경찰법규에서 공익목적만을 행위의 요건으로 규정하고 있는 경우에도 경찰권의 행사는 질서가 침해될 우려가 있거나 침해된 경우에 한하여 발동될 수 있고 질서의 침해 여부의 판단에는 재량이 인정될 수 없다. 경찰권의 발동에는 재량이 인정된다.

셋째, 주된 인허가가 기속행위라도 의제되는 인허가 중 일부가 재량행위이면 그 주된 인허가는 재량행위가 된다.

VI. 재량권 행사의 문제

행정청은 재량이 있는 처분을 할 때에는 관련 이익을 정당하게 형량하여야 하며, 그 재량권의 범위를 넘어서는 아니 된다(행정기본법 제21조).

재량권이 인정된 취지(행정의 대상이 되는 사실의 다양성을 고려하여 구체적인 상황에 맞는 합목적적이고 구체적 타당성 있는 행정권의 행사가 가능하도록 하기 위한 것)에 비추어 행정권은 재량권을 행사함에 있어서 적극적으로 구체적 사정을 고려하여 합목적적인 처분을 행하고 개개인에 대하여 구체적 타당성 있는 처분을 내려야 한다. 재량준칙이 존재하는 경우 특별한 이유 없이 재량준칙에 위반하여 상대방에게 불리한 처분을 내리면 그 처분은 평등원칙에 위반하는 결과가 되어 위법하게 되지만, 특별한 사정이 있는 경우에는 예외적으로 재량준칙을 적용하지 않을 수 있고, 재량준칙과 다른 처분을 하여야 하는 경우도 있을 수 있다.

Ⅶ. 재량권의 한계

재량처분이 적법하기 위해서는 처분사유가 존재하고, 재량권의 한계를 넘지 않아야 한다.

재량권의 한계는 재량권의 일탈 또는 남용을 말한다. 재량권이 이 법적 한계를 넘은 경우에는 그 재량권의 행사는 위법한 것이 된다.

재량권의 한계를 넘은 재량권 행사에는 ① 일의적으로 명확한 법규정의 위반, ② 사실오인, ③ 평등원칙 위반, ④ 자기구속의 원칙 위반, ⑤ 비례원칙 위반, ⑥ 절차 위반, ⑦ 재량권의 불행사 또는 해태, ⑧ 목적 위반, ⑨ 명백히 불합리한 재량권 행사(예 경찰공무원이 그 단속의 대상이 되는 신호위반자에게 먼저 적극적으로 돈을 요구하고 다른 사람이 볼 수 없도록 돈을 집어 건네주도록 전달방법을 구체적으로 알려 주었으며 동승자에게 신고시 범칙금 처분을 받게 된다는 등 비위신고를 막기 위한 말까지 하고 금품을 수수한 경우, 비록 그 받은 돈이 1만원에 불과하더라도 위 금품수수행위를 징계사유로 하여 해당 경찰공무원을 해임처분한 것은 징계재량권의 일탈·남용이 아니다(대판 2006. 12. 21, 2006두16274)), ⑩ 전문적·기술적 판단 및 정책재량 등에 대한 신중한 통제(예 대판 2019. 2. 28, 2017두71031: 문화재의 보존을 위한 사업인정 등 처분; 대판 2019. 1. 10, 2017두43319: 민간공원조성계획 입안 제안을 받은 행정청이 제안의 수용 여부를 결정하는데 필요한 심사기준 등을 정하고 그에 따라 우선협상자를 지정하는 것; 대판 2018. 4. 12, 2017두71789: '환경오염의 발생 우려'와 같이 장래에 발생할 불확실한 상황과 파급효과에 대한 예측이 필요한 요건에 관한 행정청의 재량적 판단 등) 등이 있다.

VIII. 재량권의 영으로의 수축

일정한 경우에 재량권이 영으로 수축하게 된다. 이 경우에 행정청은 재량권을 갖지 못하며 특정한 행위를 하여야 할 의무를 지게 되고, 재량행위에 있어서 국민이 가지는 권리인 무하자재량행사청구권은 행정행위발급청구권이나 행정개입청구권으로 전환된다(團 경찰권의 행사 여부는 원칙적으로 재량처분으로 인정되고 있으나, 목전의 상황이 매우 중대하고 긴박한 것이거나, 그로 인하여 국민의 중대한 법익이 침해될 우려가 있는 경우에는, 재량권이 영으로 수축하여 경찰권을 발동할 의무가 있다. 따라서 사람이 바다에서 조난을 당하여 인명이 경각에 달린 경우에 해양경찰관으로서는 그 직무상 즉시 출동하여 인명을 구조할 의무가 있다(헌재 2007. 10. 25, 2006헌마869)).

제 4 절 행정행위의 법적 효과의 내용

[행정행위의 내용]

법률행위적 행정행위	**명령적 행정행위**	하 명	작위명령(團 시정명령) 부작위명령(＝금지)(團 통행금지) 급부명령(團 조세부과처분) 수인명령(團 강제입원명령)
		허 가(團 영업허가, 운전면허)	
		면 제(團 조세면제)	
	형성적 행정행위	직접 상대방을 위한 행위	설권행위 (넓은 의미의 특허) 변경행위 탈권행위 / 권리설정행위 (좁은 의미의 특허) 능력설정행위 포괄적 신분설정행위
		제3자를 위한 행위	인가(보충행위) 공법상 대리
준법률행위적 행정행위	확인, 공증, 통지, 수리		

I. 법률행위적 행정행위

1. 명령적 행위

(1) 하   명

하명이란 행정청이 국민에게 작위(예 불법건축물의 철거명령), 부작위(예 통행금지조치, 감염병예방법상 6인 이상 집합금지조치), 급부(예 조세부과처분, 과태료부과처분) 또는 수인(예 경직법 제 4 조의 강제보호대상자에 대한 응급을 요하는 구호조치) 의무를 명하는 행위를 말한다. 이 중 부작위의무를 명하는 행위를 금지라 한다.

법령규정 자체에 의해 직접 하명의 효과(구체적인 의무)가 발생하는 경우가 있는데, 그 법령규정을 법규하명이라 한다. 법규하명은 처분성을 가지므로 명령의 형식을 취하는 경우 항고소송의 대상이 되고, 법률의 형식을 취하는 경우(예 이륜자동차에 대한 고속도로 등 통행금지를 명하는 도로교통법 제63조)에는 헌법소원의 대상이 된다(헌재 2007. 1. 17, 2005헌마1111, 2006헌마18). 법규하명은 엄밀한 의미의 하명(행정행위인 하명)이 아니다.

하명의 내용에 따라 상대방에게 일정한 공법상 의무가 발생한다.

하명에 의해 부과된 의무(예 교통장애물의 제거의무, 위법건축물의 철거의무)를 이행하지 않는 자에 대해서는 행정상 강제집행이 행해지고, 하명에 의해 부과된 의무(예 미성년자에게 담배를 팔지 말아야 할 의무)를 위반한 때에는 행정벌이 과하여진다. 그러나 원칙상 하명에 위반하여 행해진 행위의 사법상의 효력이 부인되지는 않는다(예 방문판매가 금지되는 경우에 방문판매를 한 자는 처벌받지만 판매행위는 유효하다). 다만, 하명위반에 대한 처벌만으로는 하명의 목적을 달성할 수 없을 때에는 법률이 처벌과 함께 행위 자체를 무효로 규정하는 경우가 있다.

(2) 허   가

1) 허가의 개념

허가란 법령에 의한 일반적인 상대적 금지(허가조건부 금지)를 일정한 요건을 갖춘 경우에 해제하여 일정한 행위를 적법하게 할 수 있게 하는 행정행위를 말한다(예 운전면허, 경비업허가, 영업허가, 건축허가 등).

허가는 학문상의 개념이다. 허가라는 개념은 실정법상으로도 사용되나 허가 이외에 면허, 인허, 승인 등의 용어가 실무상 사용되고 있다. 또한 실정법상 사용되는 허가라는 용어 중에는 학문상의 특허(예 광업허가) 또는 인가(예 토지거래허가)에 해당하는 것도 있다.

2) 허가의 법적 성질

(개) **허가는 명령적 행위인가 형성적 행위인가**   종래의 통설 및 판례는 허가를 명령적 행위에 해당한다고 본다. 오늘날에는 허가를 명령적 행위와 형성적 행위의 양면성을 갖는다고 보거나 형성적 행위로 보는 견해가 유력하게 주장되고 있다. 다만, 허가를 형성적 행위라고 보더라도 허가에서의 형성은 특허와 달리 새로운 권리를 창설하여 주는 것이 아니라 상대방이 본래 가지고 있었던 일정할 행위를 할 수 있는 자유를 회복시켜 주는 것을 내용으로 한다.

(내) **기속행위인가 재량행위인가**   ① 허가는 법령에 특별한 규정이 없는 한 기속행위라고 보아야 한다. 그 이유는 허가는 인간의 자유권을 공익목적상 제한하고 일정한 요건을 충족시키는 경우에 회복시켜 주는 행위이므로 허가요건을 충족하였는데도 허가를 거부하는 것은 정당한 사유 없이 헌법상 자유권을 제한하는 것이 되므로 허용되지 않는다고 보아야 하기 때문이다.

② 다만, 예외적으로 행정청에게 판단여지가 인정될 수 있는 경우가 있다.

③ 예외적으로 명문의 규정이 없더라도 허가시 중대한 공익(예 환경의 이익 등)의 고려가 필요하여 이익형량이 요구되는 경우에 허가는 재량행위라고 보아야 한다(예 산림형질변경허가(대판 1997. 9. 12, 97누1228; 대판 2000. 7. 7, 99두66), 산림내에서의 토사채취허가(대판 2007. 6. 15, 2005두9736), 토지형질변경허가(대판 1999. 2. 23, 98두17845), 입목의 벌채·굴채허가(대판 2001. 11. 30, 2001두5866)).

④ 판례는 건축허가 등 일정한 허가를 기속행위라고 보면서도 예외적으로 중대한 공익상 필요가 있는 경우(예 환경·안전·교육의 이익)에는 그 한도내에서 재량권을 인정하고 있다. 즉, 허가를 기속재량행위로 보는 경우가 있다.

⑤ 법령에서 일정한 경우에 허가를 재량행위로 규정하고 있는 경우가 있고, 그 경우에는 허가도 재량행위가 된다(예 건축법 제11조 제4항은 "허가권자는 위락시설 또는 숙박시설에 해당하는 건축물의 건축을 허가하는 경우 해당 대지에 건축하고자 하는 건축물의 용도·규모 또는 형태가 주거환경 또는 교육환경 등 주변환경을 감안할 때 부적합하다고 인정하는 경우에는 이 법 또는 다른 법률의 규정에 불구하고 건축위원회의 심의를 거쳐 건축허가를 하지 아니할 수 있다"라고 규정하고 있으므로 이 경우 건축허가는 재량행위이다. 이 건축법규정은 주거지역이나 학교 근처

에 러브호텔이 들어서는 것을 막기 위하여 신설되었다).

⑥ 인허가에서 의제되는 인허가가 재량행위인 경우에는 그 한도 내에서는 재량권이 인정되는 것으로 보아야 한다(후술 '인허가의제' 참조).

⑦ 기속행위인 허가(예 개발행위허가)가 재량행위인 허가(예 토지형질변경허가)를 포함하는 경우에는 그 한도내에서 재량행위가 된다. 토지형질변경은 정토(땅깎기)·성토(흙쌓기)·정지(땅고르기)·포장 등의 방법으로 토지의 형상을 변경하는 행위와 공유수면의 매립(경작을 위한 토지의 형질변경은 제외)을 말하며, 국토계획법에 따른 개발행위에 해당하여 지방자치단체장의 개발행위허가를 받아야 한다.

⑧ 기속행위인 허가에 조건을 붙일 수 있는 것으로 법령이 규정하고 있는 경우에는 허가 여부는 기속행위이지만 조건을 붙일지 여부 및 조건의 선택에 있어서는 재량이 인정된다.

3) 허가의 신청

허가는 신청을 반드시 전제로 하지는 않는다. 신청을 전제로 하지 않는 허가도 있다(예 통행금지의 해제).

4) 허가의 효과

⑺ **자유권의 회복**　　허가가 주어지면 본래 가지고 있던 자유권이 회복된다. 그리하여 허가를 받은 자는 적법하게 일정한 행위(영업 또는 건축)를 할 수 있게 된다.

⑻ **이익의 향유**　　① 허가를 받으면 상대방은 적법하게 일정한 행위를 할 수 있는 권리 또는 법률상 이익을 향유하게 된다. 따라서 정당한 사유 없이 철회를 당한 경우에는 취소소송을 통하여 철회의 취소를 청구할 수 있다.

② 일반적으로 말하면 허가(예 영업허가)로 인하여 누리는 영업상 이익은 반사적 이익에 불과하다.

다만, 허가요건규정이 공익뿐만 아니라 개인의 이익도 보호하고 있다고 해석되는 경우에는 허가로 인한 영업상 이익은 법적 이익이 된다(예 허가요건상 거리제한 또는 영업구역제한에 따라 기존업자가 독점적 이익을 누리고 있는 경우).

⑼ **다른 법상의 제한**　　허가가 있으면 해당 허가의 대상이 된 행위에 대한 금지가 해제될 뿐 다른 법에 의한 금지까지 해제되는 것은 아니다(예 경찰공무원이 영업허가를 받아도 공무원법상의 금지는 여전히 행해진다).

5) 무허가행위의 효과

무허가행위는 위법한 행위가 되고 통상 법률에서 그에 대하여 행정형벌을 부과한다. 그러나 해당 무허가행위의 사법상의 법적 효력이 부인되는 것은 아니다.

다만, 처벌만으로는 무허가행위를 막을 수 없다고 보이는 경우에 법률에서 처벌 이외에 무허가행위를 무효로 규정하는 경우가 있다.

6) 예외적 승인(허가)

예외적 허가란 사회적으로 바람직하지 않은 일정 행위를 법령상 원칙적으로 금지하고 예외적인 경우에 이러한 금지를 해제하여 해당 행위를 적법하게 할 수 있게 하여 주는 행위를 말한다(예 사행행위(射倖行爲: 사람들의 요행심을 조장하고 건전한 근로의욕을 해치는 행위)영업허가, 「공익사업을 위한 토지 등의 취득 및 보상에 관한 법률」 제9조상의 타인의 토지에의 출입허가, 개발제한구역 내의 건축허가나 용도변경(대판 2001. 2. 9, 98두17593) 등).

예외적 허가는 사회적으로 바람직하지 않은 일정한 행위를 공익상 원칙적으로 금지하고 그 금지목적을 해하지 않는 한도 내에서 예외적으로 허가하는 것이고, 공익 보호의 필요가 크므로 원칙상 재량행위이다(대판 1996. 10. 29, 96누8253).

(3) 면   제

면제란 법령에 의해 정해진 작위의무, 급부의무 또는 수인의무를 해제해 주는 행정행위를 말한다(예 예방접종면제).

2. 형성적 행위

(1) 특   허

1) 의   의

특허란 상대방에게 직접 권리, 능력, 법적 지위, 포괄적 법률관계를 설정하는 행위를 말한다.

권리를 설정하는 행위(예 특허기업의 특허(버스운송사업면허, 전기사업허가, 도시가스사업허가, 국제항공운송사업면허, 통신사업허가, 폐기물처리업허가 등), 광업허가, 도로점용허가(도로의 일부에 대한 특정사용(배타적 사용)의 허가), 공유수면(公有水面: 바다·하천·호수·늪 등 공공용으로 사용되는 국유의 수류(水流) 또는 수면(水面)) 점용·사용허가, 어업면허, 난민인정행위 등), 능력을 설정하는 행위(예 공법인을 설립하는 행위), 포괄적 법률관계를 설정하는 행위(예 경찰공무원임명, 귀화허가) 등이 있다.

이 중에서 권리를 설정하는 행위(설권적 행위)를 좁은 의미의 특허라 한다.

특허란 학문상의 개념이다. 실정법에서는 허가(예 광업허가) 또는 면허(예 어업면허)라는 용어를 사용한다. 특허법상의 특허는 학문상의 특허가 아니고 준법률행위적 행정행위의 하나인 확인행위이다.

2) 특허의 성질

(가) **형성적 행위**　　특허는 상대방에게 권리 등을 설정하여 주는 행위이므로 형성적 행위이다. 특허는 허가와 달리 상대방이 본래 가지고 있지 않았던 권리 등을 새롭게 설정하여 준다.

(나) **원칙상 재량행위**　　특허는 상대방에게 권리나 이익을 새로이 설정하는 형성적 행위이고, 특허에 있어서는 공익목적의 효과적인 달성을 고려하여야 하므로 원칙상 재량행위로 본다. 다만, 법령상 특허를 기속행위로 규정할 수도 있다.

판례도 원칙상 특허를 재량행위로 본다.

3) 특허의 신청

특허는 상대방의 신청을 요하는 행정행위이다.

4) 특허의 효과

특허는 상대방에게 새로운 권리, 능력 그 밖의 법률상의 힘을 발생시킨다. 특허에 따라 창설되는 권리는 배타적 권리로서 공권(예 사업경영권)인 것이 보통이나 사권(예 광업권, 어업권)인 경우도 있다.

5) 특허와 허가의 구별

특허와 허가를 구별하는 것이 일반적 견해인데, 오늘날 허가와 특허의 구별은 상대화하고 있고 양자는 상호 접근하는 경향이 있다고 본다. 나아가 영업의 자유라는 관점에서는 허가와 특허를 구별할 필요가 없으므로 허가와 특허를 구별하지 않는 것이 타당하다는 견해(구별부정설)도 있다.

(2) 인　　가

1) 인가의 개념

인가란 타인의 법률적 행위를 보충하여 그 법률적 효력을 완성시켜 주는 행정행위를 말한다(예 협동조합의 임원의 선출에 관한 행정청의 인가, 토지거래허가 등). 인가 중 사법상 법률행위에 대한 인가는 사법상 법률행위의 효력을 완성시켜주어 사법관계에 변경을 가져오므로 '사법관계 형성적 행정행위'라고도 한다.

인가도 허가나 특허처럼 학문상의 개념이다. 실무상 인가라는 개념이 사용되기도 하지만, 승인, 허가나 인허라는 개념도 사용된다.

2) 인가의 성질

㈎ **형성적 행정행위**   인가는 인가의 대상이 되는 기본행위의 효력을 완성시켜 주는 행위인 점에서 형성적 행정행위이다.

㈏ **재량행위 여부**   인가는 기속행위인 경우도 있지만, 재량행위인 경우도 적지 않다.

3) 인가의 대상

인가의 대상이 되는 행위는 제 3 자의 행위이며 법률적 행위에 한한다. 인가의 대상이 되는 행위는 공법상 행위(例 재건축조합의 사업시행계획결의)일 수도 있고 사법상 행위(例 비영리법인 설립, 사립학교법인이사의 선임행위)일 수도 있다.

4) 인가의 효과

인가가 행해져야 인가의 대상이 된 제 3 자의 법률적 행위가 법적 효력을 발생한다. 인가는 기본행위가 효력을 발생하기 위한 효력요건이다.

무인가행위는 효력을 발생하지 않는다. 그러나 허가와 달리 강제집행이나 처벌의 대상은 되지 않는다.

무인가행위는 특별한 규정이나 사정이 없는 한 유동적 무효(효력이 없지만 후에 인가가 있으면 효력이 발생하는 경우)의 상태에 있다.

[판례] 학교법인이 용도변경이나 의무부담을 내용으로 하는 계약을 체결한 경우 반드시 계약 전에 사립학교법 제28조 제 1 항에 따른 관할청의 허가를 받아야만 하는 것은 아니고 계약 후라도 관할청의 허가를 받으면 유효하게 될 수 있다. 이러한 계약은 관할청의 불허가 처분이 있는 경우뿐만 아니라 당사자가 허가신청을 하지 않을 의사를 명백히 표시하거나 계약을 이행할 의사를 철회한 경우 또는 그 밖에 관할청의 허가를 받는 것이 사실상 불가능하게 된 경우 무효로 확정된다(대판 2022. 1. 27, 2019다289815). 〈해설〉 사립학교법 제28조 제 1 항에 따른 관할청의 허가는 학문상 인가이다. 확정적으로 무효가 되지 않은 관할청의 허가를 받지 않은 해당 계약은 유동적 무효의 상태에 있는 것이라고 할 수 있다.

5) 기본행위와 인가

㈎ **인가의 보충성**   인가는 신청에 따라 기본행위의 효력을 완성시켜 주

는 보충적 행위이다. 따라서 ① 인가는 항상 상대방의 신청에 따라 행해지고, 인가의 대상이 되는 행위의 내용은 신청인이 결정하며 행정청은 인가를 할 것인지의 여부만을 결정한다. 인가의 대상이 되는 행위의 내용을 수정하여 인가하는 것(수정인가)은 인정되지 않는다. ② 인가의 대상이 되는 행위는 인가가 있어야 비로소 효력을 발생한다. 인가의 대상이 됨에도 인가를 받지 않은 행위(무인가행위)는 효력을 발생하지 않는다.

(나) **기본행위의 하자 및 실효와 인가**　　인가는 기본행위의 효력을 완성시켜 주는 보충적 행위이므로 인가의 효력은 기본행위의 유무 및 하자에 따라 영향을 받는다.

① 기본행위가 성립하지 않거나 무효인 경우에 인가가 있어도 해당 인가는 무효가 된다.

② 유효한 기본적 행위를 대상으로 인가가 행해진 후에 기본적 행위가 취소되거나 실효된 경우에는 인가도 실효된다.

③ 기본행위에 취소원인이 있는 경우에는 기본행위가 취소되지 않는 한 인가의 효력에는 영향이 없다. 취소원인이 있는 기본행위는 인가가 있은 후에도 취소될 수 있고, 기본행위가 취소되면 인가도 실효된다.

④ 기본행위에 하자가 있는 경우에 그 기본행위의 하자를 다투어야 하며 기본행위의 하자를 이유로 인가처분의 취소 또는 무효확인을 소구(訴求)할 법률상 이익(좁은 의미의 소의 이익)이 없다(대판 1994. 10. 14, 93누22753; 대판 2005. 10. 14, 2005두1046. 조합규약 개정안 등을 확정한 주택조합임시총회결의가 그 의결정족수에 미달한다는 등의 사유로 행정관청에 대하여 변경인가처분의 취소를 구할 수 없다고 한 사례).

⑤ 인가는 기본행위의 하자를 치유하지 않는다(예 기본행위인 임원선출행위가 불성립 또는 무효인 때에는 그에 대한 인가가 있었다하여도 그 기본행위인 임원선출행위가 유효한 것이 될 수 없다(대판 1967. 2. 28, 66누8[행정처분취소]).

(다) **인가의 하자**　　기본행위가 적법유효하고 보충행위인 인가처분 자체에만 하자가 있다면 그 인가처분의 무효나 취소를 주장할 수 있다. 인가처분이 무효이거나 인가처분이 취소된 경우에는 기본행위는 무인가행위가 된다.

기본행위의 하자만으로 인가처분 자체가 하자있는 것이 되지는 않는다(대판 2008. 1. 10, 2007두16691).

(3) 공법상 대리행위

공법상 대리행위란 제3자가 하여야 할 행위를 행정기관이 대신하여 행함으로써 제3자가 스스로 행한 것과 같은 효과를 발생시키는 행정행위를 말한다 (예 강제징수절차에서의 압류재산의 공매처분, 감독청이 하는 공법인의 정관작성 또는 임원 임명, 토지수용위원회의 수용재결(합의제 행정청인 토지수용위원회가 토지수용에 관한 법률관계의 당사자를 대신하여 관련사항을 판단하므로 공법상 대리의 성격을 가지는 행정처분임), 행려병자(나그네로 떠돌아다니다가 병이 든 사람) 또는 사자(死者)의 유류품처분 등).

여기에서의 대리는 행정기관이 국민을 대리하는 것을 말하므로 행정조직 내부에서의 행정기관간의 권한의 대리와 구별되어야 한다.

3. 영업허가의 양도와 제재처분의 효과 및 제재사유의 승계

(1) 영업허가 양도의 가능성

영업허가 양도의 가능 여부는 양도의 대상이 되는 허가의 성질에 따라 다르다.

대물적 허가(예 건축허가: 건축허가는 대물적 성질을 갖는 것이어서 행정청으로서는 그 허가를 함에 있어 건축주가 누구인가 등 인적 요소에 대하여는 형식적 심사만 하며, 건축허가는 허가대상 건축물에 대한 권리변동에 수반하여 자유로이 양도할 수 있는 것)는 명문의 규정이 없는 경우에도 양도가 가능하다.

대인적 허가(예 운전면허, 의사면허)는 이론상 양도가 가능하지 않다.

혼합적 허가(예 총포류 제조허가, 전당포 영업허가)는 이론상 양도가 가능하나 법령의 근거를 요한다.

(2) 영업허가의 양도와 제재처분의 효과의 승계

양도인의 위법행위로 양도인에게 이미 제재처분(예 허가취소처분, 영업정지처분, 과징금부과처분)이 내려진 경우에 그 제재처분의 효과는 이미 양도인의 영업자의 지위에 포함된 것이고 물적 상태이므로 양수인에게 당연히 이전된다. 따라서 영업허가가 취소되었거나 정지된 사실을 모르고 영업을 양수한 자는 양도인에게 민사책임을 물을 수 있을 뿐 제재처분의 효과를 부인할 수 없다.

일신전속적 의무(예 이행강제금 납부의무)는 승계되지 않는다.

(3) 영업허가의 양도와 제재사유의 승계

재재사유의 승계에 관한 명문의 규정이 없는 경우에도 영업양도로 양도인의 위법행위로 인한 제재사유가 양수인에게도 승계되는지, 달리 말하면 행정청은 양도인의 위법행위를 이유로 양수인에 대하여 제재처분을 할 수 있는지가 문제되는데, 이에 관하여 견해가 나뉜다.

　　판례는 영업양도의 경우에는 양도인의 위법행위를 이유로 양수인에 대해 제재처분을 할 수 있다는 긍정설을 취하고 있다. 그 논거는 다음과 같다. ① 영업양도의 효과로 양수인에게 승계되는 '양도인의 지위'(예 석유정제업자의 지위)에는 양도인의 위법행위로 인한 제재사유가 포함된다(대판 1986. 7. 22, 86누203). 영업시설만 인수되는 등 양도인의 영업허가자의 지위가 승계되지 않는 경우에는 명문의 규정이 없는 한 제재사유도 승계되지 않는다. ② 양도인으로부터 양수인으로의 영업자의 지위의 승계에 관한 규정은 제재사유의 승계에 관한 근거규정으로 볼 수 있다(대판 2010. 4. 8, 2009두17018). ③ ⅰ) 제재처분은 대물적 처분이므로 양도인의 지위를 승계한 자에 대하여 양도인이 위법행위를 하였다는 이유로 양수인에게 사업정지 등 제재처분을 취할 수 있다(대판 2003. 10. 23, 2003두8005). ⅱ) 제재처분이 대인적 처분인 경우에는 지위승계후 발생한 제재사유(예 지위승계 후 발생한 유가보조금의 부정수급)에 한하여 양수인에게 제재처분(예 부정수급 유가보조금 환수처분)을 할 수 있다(대판 2021. 7. 29, 2018두55968).

[인허가의 강학상 개념과 현행법상 특징]

구분	강학상 개념	현행법상 특징
허가	일반적으로 금지되는 행위를 특정한 경우에 해제하는 것	금지–해제의 관계가 명확하게 규정되지 않은 경우가 많음
특허	특정인에게 일정한 권리나 법률관계를 설정하는 것	특허라는 용어를 거의 사용하지 않고 면허란 용어를 주요 사용함
인가	타인의 법률행위의 효력을 보충하여 법률상의 효력을 완성시키는 것	특허적 성격이 강한 사업에 대한 허가의 의미로 사용
등록	일정한 사실이나 법률관계를 행정기관에 갖추어둔 장부에 등재하고 그 존부(存否)를 공적으로 증명하는 것	허가와 신고의 중간에 속하는 인허가로 운영되는 사례가 많음
신고	특정한 사실이나 법률관계의 존부를 행정청에 알리는 것	신고에 따른 수리(受理)제도를 두어 완결화된 허가제도로 운영하는 사례가 많음

Ⅱ. 준법률행위적 행정행위

1. 확인행위

확인행위란 특정한 사실 또는 법률관계의 존부(存否) 또는 정부(正否)에 관하여 의문이 있거나 다툼이 있는 경우에 행정청이 이를 공권적으로 확인하는 행위를 말한다(예 운전면허시험의 합격 여부의 결정, 주차금지구역의 지정, 당선인 결정, 장애등급결정, 도산등사실불인정, 국가유공자등록, 민주화운동관련자결정, 국가시험합격자의 결정, 교과서의 검정, 발명특허, 도로구역 또는 하천구역의 결정, 이의신청의 재결, 소득금액의 결정 등).

기존의 다툼이 없이 명확한 법률관계를 단순히 확인하는 행위(예 당연퇴직의 통보, 국세환급거부결정 통보)는 단순한 사실행위이며 행정행위인 확인행위와 구별하여야 한다.

확인행위는 사실 또는 법률관계를 확인하는 행위이므로 원칙상 행정청에게 재량권이 인정될 수 없고 따라서 기속행위이다. 다만, 판단여지가 인정될 수 있다(예 교과서의 검정).

확인행위는 사실 또는 법률관계의 존부 또는 정부를 공적으로 확인하는 효과를 갖는다. 확인행위에 따라 별도의 법적 효과(예 발명특허권의 취득)가 발생하는 경우가 있는데 이는 법률의 규정에 따른 효과이지 확인행위 자체의 효과는 아니다.

2. 공증행위

공증행위란 특정의 사실 또는 법률관계의 존재를 공적으로 증명하는 행정행위를 말한다(예 운전면허증과 같은 각종 증명서의 교부, 자동차운전학원의 등록, 부동산등기, 선거인명부에의 등록, 광업원부에의 등록 등).

공증행위의 효력은 사실 또는 법률관계의 존재에 대하여 공적 증거력을 부여하는 것이다.

예컨대, ① 각종 등기부와 등록원부에 등기나 등록을 해야 물권변동의 효력이 발생한다. ② 선거인명부에 등재해야 선거권을 행사할 수 있다. ③ 주민등록표에 등록을 해야 주택임차권의 대항력을 갖게 된다. ④ 광업원부에 등록을 해야 광업권을 취득하게 되고, 계약서에 검인을 받아야 등기신청을 할 수 있게 된다.

3. 통지행위

통지행위란 행정청이 특정인 또는 불특정 다수인에게 특정한 사실을 알리는 행정행위를 말한다. 통지행위는 그 자체가 일정한 법률효과를 발생시키는 행정행위이다(예 도로의 일정한 구간에 대한 통행금지 또는 제한의 공고, 행정대집행법에 따른 계고, 특허출원의 공고, 귀화의 고시, 납세의 독촉 등). 법률상의 효과는 통지를 요구한 각 법령에 의해 결정된다(예 국립대학 조교수에 대한 임용기간만료의 통지는 법률이 정하는 바에 따라 임용계약의 종료의 법률효과가 발생함).

통지행위는 행정행위의 효력발생요건인 통지(예 ① 상대방이 특정된 경우: 송달의 방법, ② 상대방이 불특정 다수인인 경우/주소·거소가 불분명한 경우: 고시 또는 공고의 방법)와 구별되어야 한다. 통지행위에 아무런 법적 효과가 주어지지 않는 단순한 사실의 통지(예 당연퇴직의 통보, 법률효과를 발생시키지 않는 경고)도 통지행위가 아니다.

대법원은 전원합의체 판결(대판 2004. 4. 22, 2000두7735)을 통하여 대학교원의 임용기만만료통지(교수재임용거부통지)의 처분성을 인정하여 종래의 판례를 변경하였다(임용권자가 임용기간이 만료된 조교수에 대하여 재임용을 거부하는 취지로 한 임용기간만료의 통지는 대학교원의 법률관계에 영향을 주는 것으로서 행정소송의 대상이 되는 처분에 해당함).

4. 수리행위

수리행위란 법상 행정청에게 수리의무가 있는 경우에 신고, 신청 등 타인의 행위를 행정청이 적법한 행위로서 받아들이는 행위를 말한다(예 운전자 등의 교통사고 신고, 자동차운전학원의 휴·폐원, 사직서의 수리, 행정심판청구서의 수리, 혼인신고서의 수리 등).

수리행위는 행정청의 수리의무를 전제로 하여 행해지는 행정행위이다. 따라서 수리행위는 내부적 사실행위(예 단순한 접수행위)와 구별되어야 한다.

수리에 따른 법적 효과는 법률이 정하는 바에 따른다(예 경찰공무원이 제출한 사직서의 수리에 따라 법적 지위에 변동이 일어난다).

제 5 절 행정행위의 부관

행정기본법

제17조(부관) ① 행정청은 처분에 재량이 있는 경우에는 부관(조건, 기한, 부담, 철회권의 유보 등을 말한다. 이하 이 조에서 같다)을 붙일 수 있다.

② 행정청은 처분에 재량이 없는 경우에는 법률에 근거가 있는 경우에 부관을 붙일 수 있다.

③ 행정청은 부관을 붙일 수 있는 처분이 다음 각 호의 어느 하나에 해당하는 경우에는 그 처분을 한 후에도 부관을 새로 붙이거나 종전의 부관을 변경할 수 있다.

　1. 법률에 근거가 있는 경우

　2. 당사자의 동의가 있는 경우

　3. 사정이 변경되어 부관을 새로 붙이거나 종전의 부관을 변경하지 아니하면 해당 처분의 목적을 달성할 수 없다고 인정되는 경우

④ 부관은 다음 각 호의 요건에 적합하여야 한다.

　1. 해당 처분의 목적에 위배되지 아니할 것

　2. 해당 처분과 실질적인 관련이 있을 것

　3. 해당 처분의 목적을 달성하기 위하여 필요한 최소한의 범위일 것

Ⅰ. 부관의 개념

행정행위의 부관이란 행정청이 주된 행정행위에 부가한 종된 규율을 말한다. 행정행위의 부관은 학문상 개념이며 실정법에서는 오히려 '조건'으로 표시되고 있다.

부관은 주된 행정행위에 부가된 종된 규율로서 부종성(附從性)을 가지므로 명문의 규정이나 명문의 약정이 없는 한 주된 행정행위가 효력을 상실하면 부관도 효력을 상실한다.

Ⅱ. 부관의 종류

1. 조　건

조건이란 행정행위의 효력의 발생 또는 소멸을 장래의 불확실한 사실에 의

존시키는 부관을 말한다.

조건이 성취되어야 행정행위가 비로소 효력을 발생하는 조건을 정지조건이라 하고(예 진입도로 개설을 조건으로 한 전원주택건축허가), 행정행위가 일단 효력을 발생하고 조건이 성취되면 행정행위가 효력을 상실하는 조건을 해제조건이라 한다 (예 30일 이내에 공사에 착수하지 않으면 공유수면매립면허의 효력을 상실시킨다는 조건).

2. 기   한

(1) 의   의

기한이란 행정행위의 효력의 발생 또는 소멸을 장래의 발생이 확실한 사실에 의존시키는 부관을 말한다(예 2024년 1월 1일부터 2025년 12월 31일까지의 영업허가 발급).

기한이나 조건은 행정행위의 시간상의 효력범위를 정하는 점에서 같다. 그러나 기한은 사건의 발생이 확실하다는 점에서 사건의 발생 자체가 불확실한 조건과 구별된다.

(2) 종   류

기한이 도래함으로써 행정행위의 효력이 발생하는 기한을 시기(始期)라 하고 (예 2024년 1월 1일), 기한이 도래함으로써 행정행위가 효력을 상실하는 기한을 종기(終期)라 한다(예 2025년 12월 31일). 기한 중 도래시점이 확정된 기한을 확정기한 (예 2025년 12월 31일)이라 하고, 도래시점이 확정되지 않은 기한을 불확정기한(예 A의 사망시까지의 연금지급결정)이라 한다.

(3) 행정행위 자체의 존속기간과 행정행위 조건의 존속기간의 구별

1) 구별기준

행정행위(예 영업허가)가 그 내용상 장기간에 걸쳐 계속될 것이 예상되는데, 유효기간이 허가 또는 특허된 사업의 성질상 부당하게 단기로 정해진 경우에는 그 유효기간을 행정행위 조건의 존속기간으로 보아야 한다(대판 1995. 11. 10, 94누11866). 행정행위 조건의 존속기간이 아닌 유효기간은 행정행위 자체의 존속기간이다.

2) 행정행위 조건의 존속기간의 효과

행정행위 조건의 존속기간의 경우 유효기간이 지나기 전에 당사자의 갱신신청이 있는 경우에는 그 조건의 개정을 고려할 수 있으나 특별한 사정이 없는 한 행정행위의 유효기간을 갱신 또는 연장하여 주어야 한다.

갱신허가시 허가요건의 변경 등 사정변경이 있는 경우에는 신뢰보호이익과 공익(법률적합성원칙 등)을 비교형량하여야 한다(대판 2000. 3. 10, 97누13818).

갱신기간 내에 적법한 갱신신청이 있었음에도 갱신 가부의 결정이 없는 경우에는 유효기간이 지나도 주된 행정행위는 효력이 상실되지 않는다. 그러나 갱신신청 없이 유효기간이 지나면 주된 행정행위는 효력이 상실되므로 갱신기간이 지나 신청한 경우에는 기간연장신청이 아니라 새로운 허가신청으로 보아야 하며 허가요건의 충족 여부를 새로이 판단하여야 한다(대판 1995. 11. 10, 94누11866; 대판 2007. 10. 11, 2005두12404).

3) 행정행위 자체의 존속기간의 효과

행정행위 자체의 존속기간인 경우에는 종기의 도래로 주된 행정행위는 당연히 효력을 상실한다. 또한 당사자는 기간연장에 있어 어떠한 기득권도 주장할 수 없다. 기간연장신청은 새로운 행정행위의 신청이다.

그러나 행정청이 관계법령의 규정이나 또는 자체적인 판단에 따라 처분상대방에게 특정한 권리나 이익 또는 지위 등을 부여한 후 일정한 기간마다 심사하여 그 갱신 여부를 판단하는 이른바 '갱신제'를 채택하여 운용하는 경우에는, 처분상대방은 합리적인 기준에 의한 공정한 심사를 받아 그 기준에 부합되면 특별한 사정이 없는 한 갱신되리라는 기대를 가지고 갱신 여부에 관하여 합리적인 기준에 의한 공정한 심사를 요구할 권리를 가진다고 보아야 한다(대판 2020. 12. 24, 2018두45633).

경비업법은 허가의 유효기간이 만료된 후 계속하여 경비업을 하려는 경우에는 갱신허가를 받아야 한다고 규정하고 있다(법 제6조 제2항).

4) 행정행위 갱신의 효과

행정행위 자체의 존속기간이든 행정행위 조건의 존속기간이든 허가 등 행정행위의 갱신으로 갱신 전의 허가 등 행정행위는 동일성을 유지하면서 효력을 유지한다.

3. 부   담

부담이란 행정행위의 주된 내용에 부가하여 그 행정행위의 상대방에게 작위(예 주택건설사업계획승인 조건으로서의 기부채납을 명하는 것), 부작위(예 해당 영업대상 외의 자에 대한 영업행위를 금지하는 의무(=부작위의무)를 부과하는 것), 급부(예 하천점용허가를 하면서 월 10만원의 점용료 납부조건을 부과하는 것), 수인(예 영업허가를 하면서 각종 준수의무를 부과하는 것) 등의 의무를 부과하는 부관을 말한다. 부담은 조건과 달리 행정행위의 발효, 소멸과 직접 관계된 것이 아니다.

부담은 다른 부관과 달리 그 자체가 행정행위이다. 부담은 조건이나 기한과 달리 행정행위의 일부분이 아니라 추가적으로 부가된 의무로서 그 자체가 독립된 행정행위이다. 따라서 부담만이 독립하여 항고소송의 대상이 될 수 있다.

부담에 의해 부과된 의무의 불이행이 있는 경우에 해당 의무의 불이행은 독립하여 강제집행의 대상이 된다. 부담에 의해 부과된 의무의 불이행으로 부담부행정행위가 당연히 효력을 상실하는 것은 아니며 해당 의무불이행은 부담부행정행위의 철회사유(대판 1989. 10. 24, 89누2431)가 될 뿐이며 철회시에는 철회의 일반이론에 따라 이익형량의 원칙이 적용된다.

그러나 부담은 주된 행정행위에 부가된 부관이므로 부담의 효력은 주된 행정행위의 효력에 의존한다.

부담과 조건의 구별이 애매한 경우에는 부담으로 추정함이 바람직하다. 그 이유는 부담이 조건보다 상대방에게 유리하기 때문이다(예 부관부 영업허가(또는 등록)의 경우에 해당 부관이 부담이라면 부담의 이행 없이 영업을 하여도 무허가영업이 아니지만, 해당 부관이 정지조건이라면 조건의 성취 없이 영업을 하면 무허가영업이 된다).

4. 사후부담의 유보 또는 부담의 사후변경의 유보

사후부담의 유보란 행정행위를 발하면서 사후에 부담을 부가할 수 있는 권한을 유보하는 부관을 말한다.

부담의 사후변경의 유보란 행정행위를 발하면서 이미 부가된 부담의 내용을 사후에 변경할 수 있는 권한을 유보하는 부관을 말한다.

5. 철회권 또는 변경권의 유보

철회권(변경권)의 유보란 행정행위를 행함에 있어 일정한 경우에는 행정행위를 철회(변경)할 수 있음을 정한 부관을 말한다(예 인근에 주택이 많이 들어서는 경우에는 학교환경위생정화구역(상대정화구역) 내에서의 갑의 유흥주점에 대한 금지해제조치를 취소(강학상 철회)한다는 조건을 붙여 유흥주점허가를 해 준 경우).

철회권이 유보된 경우에도 철회의 제한이론인 이익형량의 원칙이 적용되지만, 행정행위의 상대방은 해당 행정행위의 철회시 신뢰보호의 원칙을 원용할 수 없다.

철회시 인정되어야 하는 신뢰보호에 근거한 손실보상도 철회권이 유보된 경우에는 원칙상 인정되지 않는다.

[부관의 종류]

구 분	의 의
조 건	행정행위의 효력을 발생이 불확실한 장래 사실에 의존시키는 부관 **정지조건**: 조건성취시 효력 발생 **해제조건**: 조건성취시 효력 소멸
기 한	행정행위의 효력을 도래 확실한 장래 사실에 의존시키는 부관 **시기**: 기한 도래시 효력 발생 확정기한 **종기**: 기한 도래시 효력 소멸 불확정기한 **확정기한**: 도래시기 확정 **불확정기한**: 도래시기 불확정
부 담	행정행위의 주된 내용에 부가하여 상대방에게 의무(작위, 부작위, 급부, 수인)를 부과하는 부관
철회권의 유보	행정행위를 행함에 있어 일정한 경우에는 행정행위를 철회할 수 있음을 정한 부관
사후부담의 유보 또는 부담의 사후변경의 유보	행정행위를 발하면서 사후에 부담을 부가할 수 있는 권한을 유보하는 부관(사후부담의 유보), 행정행위를 발하면서 이미 부가된 부담의 내용을 사후에 변경할 수 있는 권한을 유보하는 부관(부담의 사후변경의 유보)
법률효과의 일부배제	법령이 행정행위에 부여하고 있는 일반적인 법률효과의 일부를 배제시키는 행정기관의 행위
수정부담 (변경허가)	당사자가 신청한 내용과 다른 내용으로 행정행위를 행하는 것

※ 주의 ① 법정부관은 부관이 아님
　　　　 ② 법률효과의 일부배제, 수정부담은 부관이 아니라는 견해가 있음
　　　　 ③ 사후부담의 유보 또는 부담의 사후변경의 유보는 학자에 따라 부담권의 유보, 행정행위의 사후변경의 유보, 부담의 추가·변경·추가의 유보라고도 부름

Ⅲ. 부관의 한계

1. 부관의 가능성

(1) 재량행위, 기속행위, 기속재량행위(거부재량행위)

행정청은 처분에 재량이 있는 경우에는 부관(조건, 기한, 부담, 철회권의 유보 등을 말한다)을 붙일 수 있다(행정기본법 제17조 제1항). 행정청은 처분에 재량이 없는 경우에는 법률에 근거가 있는 경우에 부관을 붙일 수 있다(동법 제17조 제2항). 기속재량행위(거부재량행위)에는 명문의 규정이 없는 한 부관을 붙일 수 없는 것으로 보아야 한다(대판 1995. 6. 13, 94다56883).

재량행위에는 법에 근거가 없는 경우에도 부관을 붙일 수 있다. 법률유보의 원칙상 효과를 제한하거나 의무를 부과하는 부관에는 법률의 근거가 있어야 한다는 견해도 있지만, 재량권에는 재량권의 범위내에서 법률의 명시적 근거없이 부관을 붙일 수 있는 권한이 포함되어 있다고 보는 것이 타당하다. 예를 들면, 수익적 행정행위가 재량행위인 경우 수익적 행정행위를 수여하면서 부관을 붙이는 것은 원칙상 재량권의 범위내에 속한다고 볼 수 있다.

기속행위 및 기속재량행위에 있어서는 행정행위의 효과를 제한하는 부관을 붙일 수 없다. 그러나 기속행위 및 기속재량행위에 있어서도 ① 법률에 부관을 붙일 수 있다는 명시적인 근거가 있는 경우에는 그 한도 내에서 부관을 붙일 수 있다. 기속행위 및 기속재량행위에 있어 ② 부관의 법적 근거가 없는 경우에도 요건을 충족하는 것을 정지조건으로 하는 부관은 붙일 수 있다.

(2) 사후부관 및 부관의 사후변경

행정청은 부관을 붙일 수 있는 처분이 다음 각 호의 어느 하나에 해당하는 경우에는 그 처분을 한 후에도 부관(사후부관)을 새로 붙이거나 종전의 부관을 변경(부관의 사후변경)할 수 있다. 1. 법률에 근거가 있는 경우, 2. 당사자의 동의가 있는 경우, 3. 사정이 변경되어 부관을 새로 붙이거나 종전의 부관을 변경하지 아니하면 해당 처분의 목적을 달성할 수 없다고 인정되는 경우(동법 제17조 제3항).

2. 부관의 내용상 한계

부관은 다음 각 호의 요건에 적합하여야 한다. 1. 해당 처분의 목적에 위배되지 아니할 것, 2. 해당 처분과 실질적인 관련이 있을 것, 3. 해당 처분의 목적을 달성하기 위하여 필요한 최소한의 범위일 것(동법 제17조 제4항).

① 부관은 법령에 위반되어서는 안 된다.

② 부관은 주된 행정행위의 목적에 반하여서는 안 된다.

③ 부관은 주된 행정행위와 실질적 관련성이 있어야 하며 그렇지 못한 것은 부당결부금지의 원칙에 반하여 위법한 부관이 된다(예 주택단지건설사업계획의 승인에 일정한 토지의 기부채납을 부담으로 붙인 경우에, 기부채납의 대상이 된 토지가 주택단지의 건설과 전혀 관계가 없는 토지인 경우).

④ 부관은 평등원칙, 비례의 원칙 등 법의 일반원칙에 반하여서는 안 된다.

⑤ 부관은 이행가능하여야 한다.

⑥ 주된 행정행위의 본질적 효력을 해치지 아니하는 한도의 것이어야 한다(예 기선선망어업(그물을 이용하여 고기를 잡는 어업)의 허가를 하면서 운반선, 등선(燈船: 불배) 등 부속선을 사용할 수 없도록 제한한 부관의 경우에는 어업허가의 목적달성을 사실상 어렵게 하여 그 본질적 효력을 해치는 것이다(대판 1990. 4. 27, 89누6808)).

제6절 행정행위의 성립요건, 효력발생요건, 적법요건

I. 성립요건

행정행위의 성립요건이란 행정행위가 성립하여 존재하기 위한 최소한의 요건을 말한다. 행정행위가 성립하기 위하여는 어떤 행정기관의 행정의사가 내부적으로 결정되고(내부적 성립), 외부적으로 표시되어야 한다(외부적 성립).

이러한 행정행위의 성립요건을 결여하면 행정행위는 부존재하는 것이 되며 부존재확인청구소송의 대상이 된다.

II. 효력발생요건

행정행위의 효력발생요건이란 행정행위가 상대방에 대하여 효력을 발생하기 위한 요건을 말한다. 효력발생요건이 충족되지 않으면 해당 행정행위는 상대방에 대하여 효력을 발생하지 못한다.

　행정행위는 상대방에게 통지되어 도달되어야 효력을 발생한다(도달주의). '도달'이란 상대방이 알 수 있는 상태에 두어진 것을 말하고 상대방이 현실적으로 수령하여 요지한 것을 의미하지 않는다. 처분서가 처분상대방의 주민등록상 주소지로 송달되어 처분의 상대방 또는 처분상대방의 사무원 등 또는 그 밖에 우편물 수령권한을 위임받은 사람이 수령하면 처분상대방이 알 수 있는 상태가 되었다고 할 것이다(대판 2017. 3. 9, 2016두60577)(예 갑(구치소에 수감중)의 처가 갑의 주소지에서 갑에 대한 정부인사발령통지를 수령한 때에 양지할 수 있는 상태에 있었다고 볼 수 있다(대판 1989. 9. 26, 89누4963)). 제3자에 대한 통지는 효력발생요건은 아니다. 상대방이 존재하지 않는 행정작용(예 망인에 대한 서훈취소)에 있어서는 처분권자의 의사에 따라 상당한 방법으로 대외적으로 표시됨으로써 행정행위로서 성립하여 효력이 발생한다.

　우편물이 등기취급의 방법으로 발송된 경우 그것은 도중에 유실되었거나 반송되었다는 등의 특별한 사정에 대한 반증(反證)이 없는 한 그 무렵(발송일로부터 수일 내) 수취인에게 배달되었다고 추정할 수 있다(대판 2017. 3. 9, 2016두60577).

　행정행위의 상대방이 특정되어 있는 행정행위의 상대방에 대한 통지는 원칙상 송달의 방법에 따른다(행정절차법 제14조 제1항).

　일반처분에서와 같이 통지의 상대방이 불특정 다수인이거나 행정행위의 상대방의 주소 또는 거소가 불분명하여 송달이 불가능하거나 심히 곤란한 경우에는 고시 또는 공고의 방법으로 통지하도록 규정하고 있다(개별법령 및 행정절차법 제14조 제4항).

Ⅲ. 적법요건

행정행위가 행해짐에 있어 법에 따라 요구되는 요건을 적법요건이라 한다.

1. 주체에 관한 적법요건

행정행위는 해당 행정행위를 발할 수 있는 권한을 가진 자가 행하여야 한다.

2. 절차에 관한 적법요건

행정행위를 행함에 있어 일정한 절차(예 청문, 다른 기관과의 협의)등을 거칠 것이 요구되는 경우에는 그 절차를 거쳐야 한다.

3. 형식에 관한 적법요건

행정청이 처분을 할 때에는 다른 법령등에 특별한 규정이 있는 경우를 제외하고는 문서로 하여야 하며, 전자문서로 하는 경우에는 당사자등의 동의가 있어야 한다. 다만, 신속히 처리할 필요가 있거나 사안이 경미한 경우에는 말 또는 그 밖의 방법으로 할 수 있다. 이 경우 당사자가 요청하면 지체 없이 처분에 관한 문서를 주어야 한다(행정절차법 제24조 제 1 항).

처분은 처분권자의 이름으로 처분권자의 관인(전자이미지관인을 포함한다)을 날인하거나 서명(전자문서서명 및 행정전자서명을 제외한다)하여 행한다.

4. 내용에 관한 적법요건

행정행위는 그 내용에 있어 적법하여야 하며 법률상이나 사실상으로 실현가능하고 관계인이 인식할 수 있을 정도로 명확하여야 한다.

5. 적법요건을 결여한 행정행위의 효력

행정행위가 적법요건을 충족시키지 못한 경우에는 위법하다. 적법요건을 충족하지 못한 행정행위는 흠 있는 행정행위가 되며 흠 있는 행정행위의 효력은 후술하는 바와 같이 부존재, 무효 및 취소할 수 있지만 취소되기 전까지는 유효한 것으로 나누어진다.

Ⅳ. 유효요건

유효요건이란 위법한 행정행위가 무효가 되지 않고 효력을 갖기 위한 요건을 말한다. 행정행위의 유효요건은 행정행위의 무효요건에 대립되는 것으로 행정행위의 위법이 중대하지만 명백하지 않아야 한다. 행정행위는 위법하더라도 그 위법이 중대하고 명백하여 무효가 되지 않는 한 공정력(잠정적 통용력)에 따라 권한 있는 기관이 취소하지 않는 한 유효하다.

제 7 절   행정행위의 하자(흠)와 그 효과

I. 행정행위의 하자(흠)의 개념

위법 또는 부당과 같이 행정행위의 효력의 발생을 방해하는 사정을 행정행위의 하자(흠)라 한다.

위법이란 법의 위반을 의미하며 부당이란 법을 위반함이 없이 공익 또는 합목적성(공공복리에의 적합성) 판단을 잘못한 것을 말한다(예 행정기관이 재량권의 한계를 넘지 않는 한도 내에서 재량권의 행사를 그르친 행정행위가 부당한 행정행위임).

위법한 행정행위는 행정심판이나 행정청의 직권으로 취소할 수 있을 뿐만 아니라 법원도 취소할 수 있다. 그러나 부당한 행정행위는 행정심판이나 행정청의 직권으로 취소할 수 있을 뿐 법원이 취소할 수는 없다.

행정처분에 있어 수개의 처분사유 중 일부가 적법하지 않다고 하더라도 다른 처분사유로써 그 처분의 정당성이 인정되는 경우에는 그 처분을 위법하다고 할 수 없다.

위법 또는 부당한 처분은 권한이 있는 기관이 취소하거나 기간의 경과 등으로 소멸되기 전까지는 유효한 것으로 통용된다. 다만, 무효인 처분은 처음부터 그 효력이 발생하지 아니한다(행정기본법 제15조, 제18조 제 1 항).

행정기본법
제14조(법 적용의 기준) ① 새로운 법령등은 법령등에 특별한 규정이 있는 경우를 제외하고는 그 법령등의 효력 발생 전에 완성되거나 종결된 사실관계 또는 법률관계에 대해서는 적용되지 아니한다.
② 당사자의 신청에 따른 처분은 법령등에 특별한 규정이 있거나 처분 당시의 법령등을 적용하기 곤란한 특별한 사정이 있는 경우를 제외하고는 처분 당시의 법령등

에 따른다.

③ 법령등을 위반한 행위의 성립과 이에 대한 제재처분은 법령등에 특별한 규정이 있는 경우를 제외하고는 법령등을 위반한 행위 당시의 법령등에 따른다. 다만, 법령등을 위반한 행위 후 법령등의 변경에 의하여 그 행위가 법령등을 위반한 행위에 해당하지 아니하거나 제재처분 기준이 가벼워진 경우로서 해당 법령등에 특별한 규정이 없는 경우에는 변경된 법령등을 적용한다.

　행정행위의 위법 여부는 원칙상 행정행위시의 법령 및 사실상태를 기준으로 판단한다(처분시법 적용의 원칙). 당사자의 신청에 따른 처분도 법령등에 특별한 규정이 있거나 처분 당시의 법령등을 적용하기 곤란한 특별한 사정이 있는 경우를 제외하고는 처분 당시의 법령등에 따른다(동법 제14조 제 2 항). 「행정기본법」에서 "당사자"란 처분의 상대방을 말한다(동법 제 2 조 제 3 호). 다만, 개정 전 법령의 존속에 대한 국민의 신뢰가 개정 법령의 적용에 관한 공익상의 요구보다 더 보호가치가 있다고 인정되는 경우에는 그러한 국민의 신뢰를 보호하기 위하여 신청 후의 개정 법령의 적용이 제한될 수 있다(대판 2000. 3. 10, 97누13818). 달리 말하면 개정 전 법령의 존속에 대한 국민의 신뢰이익이 개정 법령의 적용에 의한 공익보다 더 큰 경우에는 개정법령을 적용한 처분은 위법하다.

　처분시법 적용의 원칙에는 다음과 같은 예외가 인정된다. ① 경과규정(법령의 제정·개정·폐지가 있는 경우에 종전의 규정과 새 규정의 적용관계 등 구법에서 신법으로 이행하는 데 따르는 여러 가지 조치의 규정)에서 신청시의 법령을 적용하도록 규정하는 경우가 있고, 이 경우에는 신청시의 법령을 적용하여 신청에 대한 처분을 하여야 한다. ② 행정청이 심히 부당하게 처분을 늦추고, 그 사이에 허가기준을 변경한 경우와 같이 신의성실의 원칙에 반하는 경우에는 개정전의 법령을 적용하여 처분하여야 한다(대판 1984. 5. 22, 84누77). ③ 사건의 발생시 법령에 따라 이미 법률관계가 확정되고, 행정청이 이를 확인하는 처분(예 장애 등급결정)을 하는 경우에는 일정한 예외적인 경우를 제외하고는 원칙상 처분시의 법령을 적용하는 것이 아니라 해당 법률관계의 확정시(지급사유발생시)의 법령을 적용한다(대판 2007. 2. 22, 2004두12957). ④ 법령등을 위반한 행위의 성립과 이에 대한 제재처분은 법령등에 특별한 규정이 있는 경우를 제외하고는 법령등을 위반한 행위 당시의 법령등에 따른다. 다만, 법령등을 위반한 행위 후 법령등의 변경에 의하여 그 행위가 법령등을 위반한 행위에 해당하지 아니하거나 제재처분 기준이 가벼워진 경우로서 해당 법령등에 특별한 규정이 없는 경우에는 변경된 법령등을 적용한다(행정기본법 제14조 제3항). 질서위반행위의 성립과 과태료 처분은 행위 시의 법률에 따르지만, 질서위반행위 후 법률이 변경되어 그 행위가 질서위반행위에 해당하지 아니하게 되거나 과태료가 변경되기 전의 법률보다 가볍게 된 때에는 법률에 특별한 규정이 없는 한 변경된 법률을 적용한다(질서위반행위규제법 제3조). ⑤ 시험에 따른 합격 또는 불합격처분은 원칙상 시험일자의 법령을 적용한다. ⑥ 새로운 법령등은 법령등에 특별한 규정이 있는 경우를 제외하고는 그 법령등의 효력 발생 전에 완성되거나 종결된 사실관계 또는 법률관계에 대해서는 적용되지 아니한다(행정기본법 제14조 제1항). 이 규정은 법령의 소급적용을 금지한 규정이다. 법령을 소급적용하더라도 일반 국민의 이해에 직접 관계가 없는 경우, 오히려 그 이익을 증진하는 경우, 불이익이나 고통을 제거하는 경우 등의 특별한 사정이 있는 경우에 한하여 예외적으로 법령의 소급적용이 허용될 여지가 있을 따름이다(대판 2005. 5. 13, 2004다8630; 대판 2021. 3. 11, 2020두49850).

Ⅱ. 행정행위의 하자의 효과: 행정행위의 부존재, 무효, 취소

위법 또는 부당한 처분은 권한이 있는 기관이 취소하거나 기간의 경과 등으로 소멸되기 전까지는 유효한 것으로 통용된다. 다만, 무효인 처분은 처음부터 그 효력이 발생하지 아니한다(행정기본법 제15조, 제18조 제1항).

1. 행정행위의 부존재

행정행위의 부존재란 행정행위라고 볼 수 있는 외관이 존재하지 않는 경우를 말한다(예 ① 명백히 행정기관이 아닌 사인의 행위, ② 해제조건의 성취, ③ 기한의 도래, ④ 취소·철회 등 행정행위가 소멸된 경우, ⑤ 행정기관이 공법상 계약을 하는 경우).

행정행위의 성립요건이 충족되지 못한 경우 및 행정행위의 외관을 갖추지 못한 경우에는 행정행위는 부존재이며, 행정행위가 성립하여 행정행위의 외관을 갖추었으나 행정행위의 위법이 중대하고 명백하여 행정행위가 애초부터 효력을 발생하지 않은 경우가 무효이다.

2. 행정행위의 무효

행정행위의 무효란 행정행위가 외관상 성립은 하였으나 그 하자의 중대·명백(예 부동산을 양도한 사실이 없음에도 세무당국이 부동산을 양도한 것으로 오인하여 양도소득세를 부과한 경우(대판 1983. 8. 23, 83누179))으로 인하여 행정행위가 애초부터 아무런 효력을 발생하지 않는 경우를 말한다. 행정행위가 무효인 경우에는 누구든지 그 효력을 부인할 수 있다.

행정행위의 일부에 무효사유인 하자가 있는 경우에는 무효부분이 본질적이거나(처분청이 무효부분이 없는 행정행위를 발하지 않았을 경우) 불가분적인 경우에는 행정행위 전부가 무효가 되고, 무효부분이 본질적이지 않고 가분적인 경우에는 무효부분만이 무효가 된다.

3. 행정행위의 취소

행정행위의 취소란 위법한 행정행위(예 구 학교보건법상 학교환경위생정화구역에서의 금지행위 및 시설의 해제 여부에 관한 행정처분을 함에 있어 학교환경위생심의위원회의 심의절차를 누락한 경우(대판 2007. 3. 15, 2006두15806))의 효력을 그 위법을 이유로 상실시키는 것을 말한다. 행정행위의 취소에는 쟁송취소와 직권취소가 있다.

쟁송취소는 취소심판에 따른 취소재결과 취소소송에 따른 취소판결이 있다.

직권취소는 처분청 또는 감독청이 취소하는 것을 말하며 행정행위의 성질을 갖는다.

4. 무효와 취소의 구별

(1) 무효와 취소의 구별실익

1) 행정쟁송에 있어서의 구별실익

(가) 행정쟁송의 방식과의 관계   취소할 수 있는 행정행위의 경우에는 취소심판과 취소소송으로 취소를 구할 수 있고, 무효인 행정행위에 대하여는 무효확인심판과 무효확인소송으로 무효확인을 구할 수 있다.

무효인 행정행위에 대하여 무효선언을 구하는 취소소송을 제기할 수 있다. 판례는 무효선언을 구하는 취소소송을 인정하고 있다. 다만, 이 경우에도 소송의 형식이 취소소송이므로 취소소송의 제소요건을 구비하여야 한다(대판 1984. 5. 29, 84누175).

또한 무효인 행정행위에 대해 취소소송을 제기할 수 있고, 이 경우 법원은 취소소송으로서의 소송요건이 충족된 경우에는 취소판결을 한다.

(나) **행정불복제기기간과의 관계**   취소쟁송은 단기의 제기기간 내에 제기되어야 하나, 무효확인쟁송을 제기함에는 그러한 제한을 받지 아니한다. 무효선언을 구하는 취소소송에는 행정불복제기기간이 적용된다는 것이 판례의 입장이다.

(다) **행정심판전치주의와의 관계**   행정심판전치주의는 취소소송(무효선언을 구하는 취소소송 포함)에는 적용되지만, 무효확인소송에는 적용되지 않는다. 그것은 행정청의 처분의 위법성이 중대하고 명백하여 굳이 전문적인 판단을 거치지 않더라도 그 위법성을 알 수 있기 때문이다.

(라) **선결문제와의 관계**   취소할 수 있는 행정행위(예 위법한 조세부과처분)는 당사자소송이나 민사소송(예 조세과오납금환급소송)에서 선결문제로서 그 효력을 부인할 수 없지만, 무효인 행정행위(예 위법한 조세부과처분)는 민사소송(예 조세과오납금환급소송)에서 그 선결문제로서 무효를 확인할 수 있다.

(마) **사정재결 및 사정판결과의 관계**   취소할 수 있는 행정행위에 대하여서만 사정재결, 사정판결이 인정된다.

2) 행정행위의 효력

무효인 행정행위는 행정행위가 애초부터 효력을 발생하지 않는다. 무효인 행정행위에는 공정력(잠정적 통용력), 불가쟁력이 인정되지 않는다.

취소할 수 있는 행정행위는 공정력(잠정적 통용력)이 인정되어 권한 있는 기관이 취소하기 전까지는 유효하다. 취소할 수 있는 행정행위에 대하여 일정한 불복기간 내에 행정심판이나 행정소송을 제기하지 않으면 불가쟁력이 발생한다.

(2) 무효사유와 취소사유의 구별기준

통설·판례는 행정행위의 하자가 내용상 중대하고, 외관상 명백한 경우에 무효인 하자가 되고(예 판결의 기속력에 반하는 반복된 처분(대판 1990. 12. 11, 90누3560)), 이 두 요건 중 하나라도 충족하지 않는 경우에는 취소사유로 보는 중대명백설(또는 외관상 일견명백설)을 취하고 있다.

이와 같은 통설·판례의 중대명백설에 대하여는 이 견해의 엄격성을 비판하며 무효사유를 보다 완화하려는 객관적 명백설(조사의무위반설), 명백성보충요건설, 중대설이 주장되고 있고, 그 견해의 경직성을 비판하며 무효사유와 취소사유의 구별을 구체적인 경우마다 관계되는 구체적인 이익과 가치를 고려하여 결정하려는 구체적 가치형량설이 제기되고 있다.

판례는 원칙상 중대명백설을 취하면서도 구체적 상황의 고려의 여지를 남기고 있다(대판 전원합의체 1995. 7. 11, 94누4615).

Ⅲ. 행정행위의 하자(위법사유)

행정행위의 하자에는 주체에 관한 하자, 절차에 관한 하자, 형식에 관한 하자 및 내용에 관한 하자가 있는데, 전 3자를 '넓은 의미의 형식상(절차상) 하자'라 하고 후자는 '내용상 하자'라 한다.

형식상 하자와 내용상 하자를 구별하는 실익은 취소소송에서 행정행위가 형식상 하자로 인하여 취소된 경우에 행정청은 동일한 내용의 행정처분을 다시 내릴 수 있지만 내용상 하자를 이유로 취소된 경우에 행정청은 원칙상 동일한 내용의 행정처분을 다시 내리지 못한다는 것인데, 이는 취소판결의 효력인 기속력 (행정청에 대하여 판결의 취지에 따라 행동하도록 당사자인 행정청과 그 밖의 관계행정청을 구속하는 효력) 때문이다.

1. 주체에 관한 하자

행정행위는 정당한 권한을 가진 행정기관이 그의 권한 내에서 정상적인 의사에 기하여 행하여져야 한다.

무권한의 행위는 원칙적으로 무효이다(예 면직 후 또는 임기만료 후에 공무원으로서 행한 행위). 왜냐하면, 무권한은 중대한 하자이고, 행정권한법정주의에 따라 행정권한은 법령에 규정되어 있으므로 무권한의 하자는 원칙상 명백하기 때문이다. 다만, 무권한의 행위라도 취소할 수 있는 행정행위 또는 유효인 행위로 보아야 할 경우가 있다.

2. 절차의 하자

절차의 하자란 행정행위가 행해지기 전에 거쳐야 하는 절차 중 하나를 거치지 않았거나 거쳤으나 절차상 하자가 있는 것을 말한다(예 청문절차를 거치지 아니한 영업허가정지처분).

절차의 하자는 독립된 취소사유가 된다는 것이 판례의 입장이다. 절차의 하자는 그 중요도에 따라 무효사유 또는 취소사유가 되며 경미한 하자는 효력에 영향을 미치지 않는다.

판례는 원칙상 절차의 하자를 중요한 하자로 보지 않으면서 취소할 수 있는 하자로 본다. 다만, 환경영향평가절차를 거치지 않은 하자는 통상 중대명백한 하자이므로 원칙상 당연무효로 본다.

3. 형식에 관한 하자

법령상 문서, 그 밖의 형식이 요구되는 경우에 이에 따르지 않으면 해당 행정행위는 형식의 하자가 있는 행위가 된다.

법령상 문서로 하도록 되어 있는 행정행위를 문서로 하지 아니한 때(예 독촉장으로 아니한 납세의 독촉)에 그 행정행위는 원칙상 무효이다(대판 1970. 3. 24, 69도724).

법률이 행정청의 서명날인을 요구하고 있는 경우에 이를 결여한 행위는 원칙적으로 무효이다(예 내부위임을 받은 행정기관(보조기관)이 자신의 이름으로 행정처분을 한 경우(대판 1986. 12. 9, 86누569)).

4. 내용에 관한 하자

행정행위가 완전한 효력을 발생하기 위하여는 행정행위의 내용이 법에 위반하지 아니하고 공익에 적합하여야 하며 실현불가능하지 않아야 하며 불명확하지 않아야 한다.

법령의 규정에 관한 법리(法理)가 아직 명백하게 밝혀지지 않아 해석에 다툼의 여지가 있었을 경우 처분청이 그 규정을 잘못 해석하여 한 처분은 당연무효라고 할 수 없다(판례).

위헌·위법인 법령에 근거하여 발하여진 행정처분이 무효인지 취소할 수 있는 행정처분인지 여부에 대해 대법원과 헌법재판소의 입장이 갈리고 있다.

대법원은 무효와 취소의 구별에 관한 학설 중 중대명백설에 입각하여 헌법재판소의 위헌결정 전에 행정처분의 근거가 되는 해당 법률이 헌법에 위반한다는 사유는 특별한 사정이 없는 한 그 행정처분의 취소소송의 전제가 될 수 있을 뿐 당연무효사유는 아니라고 보고 있다. 왜냐하면 일반적으로 법률이 헌법에 위반된다는 사정이 헌법재판소의 위헌결정이 있기 전에는 객관적으로 명백한 것이라고 할 수는 없기 때문이다(대판 1994. 10. 28, 93다41860 등). '특별한 사정이 있는 경우'란 법률의 위헌성이 명백한 경우를 의미한다고 볼 것이다.

이에 대하여 헌법재판소의 다수의견은 행정처분의 집행이 이미 완료되었고 그것이 반복될 경우 법적 안정성을 크게 해치게 되는 경우에는 후에 행정처분의 근거가 된 법규가 헌법재판소에서 위헌으로 선고된다고 하더라도 그 행정처분은 원칙상 취소할 수 있는 행위로 보지만 예외적으로 행정처분을 무효로 보더라도 법적 안정성을 크게 해치지 않는 반면에 그 하자가 중대하여 권리구제가 필요한 경우에는 위헌으로 선고된 법률에 근거한 처분을 무효로 볼 수 있다고 보고 있다(헌재 1994. 6. 30, 92헌마23).

Ⅳ. 하자의 승계

선행행위의 위법을 이유로 후행행위의 위법을 주장하거나 후행행위를 취소할 수 있는지에 관하여 하자의 승계론과 선행행위의 후행행위에 대한 구속력론(이하 '구속력론'이라 한다)이 대립하고 있다.

1. 하자의 승계론

(1) 하자의 승계의 의의

하자(위법성)의 승계란 행정이 여러 단계의 행정행위를 거쳐 행해지는 경우에 선행 행정행위의 위법을 이유로 적법한 후행 행정행위의 위법을 주장할 수 있는 것을 말한다.

(2) 하자의 승계의 전제조건

하자의 승계가 인정되기 위하여는 우선 다음의 전제조건을 충족하여야 한다. ① 선행행위와 후행행위가 모두 항고소송의 대상이 되는 처분이어야 한다. ② 선행행위에 취소할 수 있는 위법이 있어야 한다. 선행행위가 무효인 경우에는 후행행위도 당연히 무효이므로 하자의 승계문제가 제기되지 않는다. ③ 선행행위에 대해 불가쟁력이 발생하여야 한다. 왜냐하면, 선행행위에 대한 취소기간이 지나지 않은 경우에는 선행행위를 다투어 권리구제를 받을 수 있기 때문이다. ④ 후행행위가 적법하여야 한다. 후행행위가 위법하면 후행행위의 위법을 다투어 권리구제를 받을 수 있기 때문에 하자의 승계를 인정할 필요가 없다.

(3) 하자의 승계의 인정기준 및 인정범위

1) 원   칙

하자의 승계의 인정범위는 행정법관계의 안정성의 보장이라는 요청과 국민의 권리구제의 요청을 조화하는 선에서 결정되어야 한다.

통설 및 판례는 기본적으로 선·후의 행정행위가 결합하여 하나의 법적 효과를 달성시키는가 아니면 선·후의 행정행위가 서로 독립하여 별개의 법적 효과를 발생시키는가에 따라 하자의 승계 여부를 결정한다. 즉, 전자의 경우에 한하여 하자의 승계를 인정한다.

판례는 선행 하명처분(예 철거명령)과 후행 집행처분(예 대집행처분(계고, 통지, 비용납부명령)) 사이(예 선행 건물철거명령과 후행 대집행(계고처분)) 또는 선행 하명처분(예 과세처분)과 후행 징수처분(납세고지, 압류처분, 공매처분, 환가처분) 사이(예 선행 과세처분과 후행 체납처분 사이)에는 하자의 승계를 인정하지 않고, 선행 집행처분과 후행 집행처분 사이(예 선행 계고처분과 후행 대집행영장발부통보처분), 선행 징수처분과 후행 징수처분 사이, 선행 공시지가결정과 후행 과세처분 사이, 선행 공시지가결정과 후행 수용재결 사이에는 하자의 승계를 인정하고 있는 것으로 보인다.

다만, 이행강제금은 시정명령 자체의 이행을 목적으로 하므로 선행 시정명령과 후행 이행강제금부과처분 사이에서는 하자가 승계된다고 보아야 한다(대판 2020. 12. 24, 2019두55675).

【하자의 승계를 인정한 사례】① 선행 계고처분과 후행 대집행영장발부통보처분 사이(대판 1996. 2. 9, 95누12507), ② 선행 분묘개장명령과 후행 계고처분 사이(대판 1961. 12. 21, 4293행상31), ③ 선행 귀속재산의 임대처분과 후행 매각처분 사이(대판 1963. 2. 7, 62누215), ④ 선행 한지의사시험자격인정과 후행 한지의사면허처분

사이(대판 1975. 12. 9, 75누123. 한지의사(限地醫師)는 일정한 지역 안에서만 개업하도록 허가한 의사. 무의촌 문제를 해결하기 위한 보건 정책의 하나로, 특정 지역에 한정하여 실시), ⑤ 선행 안경사국가시험합격무효처분과 후행 안경사면허취소처분 사이(대판 1993. 2. 9, 92누4567), ⑥ 선행 계고처분과 후행 대집행비용납부명령 사이(대판 1993. 11. 9, 93누14271), ⑦ 선행 표준지공시지가결정과 후행 수용재결(보상금 산정) 사이(대판 2008. 8. 21, 2007두13845[토지보상금]), ⑧ 일정한 경우 개별공시지가결정과 과세처분 사이(대판 1994. 1. 25, 93누8542. 대법원은 관계인의 수인한도를 넘어 불이익을 강요하는 경우에는 과세처분의 위법사유로서 개별공시지가결정의 위법을 주장할 수 있다고 판시함).

【하자의 승계를 인정하지 않은 사례】 ① 선행 과세처분과 후행 체납처분 사이(대판 1961. 10. 26, 4292행상73), ② 선행 건물철거명령과 후행 대집행(계고처분) 사이(대판 1998. 9. 8, 97누20502), ③ 선행 도시계획사업의 실시계획인가고시와 후행 수용재결처분 사이(대판 1991. 11. 26, 90누9971), ④ 선행 보충역편입처분과 후행 공익근무요원소집처분 사이(대판 2002. 12. 10, 2001두5422. 보충역 편입처분 등의 병역처분은 구체적인 병역의무 부과를 위한 전제로서 징병검사 결과 신체등위와 학력·연령 등 자질을 감안하여 역종을 부과하는 처분임에 반하여, 공익근무요원 소집처분은 보충역 편입처분을 받은 공익근무요원 소집대상자에게 기초적인 군사훈련과 구체적인 복무기관 및 복무분야를 정한 공익근무요원으로서의 복무를 명하는 구체적인 행정처분이므로, 위 두 처분은 후자의 처분이 전자의 처분을 전제로 하는 것이기는 하나 각각 단계적으로 별개의 법률효과를 발생하는 독립된 행정처분임), ⑤ 선행 직위해제처분과 후행 직권면직처분 사이(대판 1971. 9. 28, 71누96. 후자가 전자의 처분을 전제로 하는 것이기는 하나, 각각 단계적으로 별개의 법률효과를 발생하는 행정처분이어서 선행 직위해제처분의 위법사유가 후행 면직처분에는 승계되지 아니한다고 봄), ⑥ 선행 변상판정과 후행 변상명령 사이(대판 1963. 7. 25, 63누65), ⑦ 선행 사업인정과 후행 수용재결 사이(대판 1993. 6. 29, 91누2342), ⑧ 선행 액화석유가스판매사업허가처분과 후행 사업개시신고반려처분 사이(대판 1991. 4. 23, 90누8756), ⑨ 선행 토지구획정리사업 시행인가처분과 후행 환지청산금부과처분 사이(대판 2004. 10. 14, 2002두424), ⑩ 선행 표준지공시지가결정과 후행 개별공시지가결정 사이(대판 1995. 3. 28, 94누12920), ⑪ 선행 표준지공시지가결정과 후행 토지초과이득세부과처분 사이(1997. 9. 26, 96누7649: 이 판례는 대판 2008. 8. 21, 2007두13845 판결에 따라 사실상 변경된 것으로 보아야 함), ⑫ 일정한 경우 선

행 개별공시지가결정과 후행 과세처분 사이(대판 1998. 3. 13, 96누6059: 개별토지가
격 결정에 대한 재조사 청구에 따른 감액조정에 대하여 더 이상 불복하지 아니한 경
우, 이를 기초로 한 양도소득세 부과처분(후행처분) 취소소송에서 다시 개별토지가격
결정(선행처분)의 위법을 해당 과세처분의 위법사유로 주장할 수 없다고 한 사례).

　　판례 중에는 선행처분이 '쟁송법적 처분'(내용·형식·절차의 측면에서 단순히 조
기의 권리구제를 가능하게 하기 위하여 행정소송법상 처분으로 인정되는 처분)인
경우로서 실질적으로 행정절차법에서 정한 처분절차를 준수하지 않아 선행처분 상대
방에게 방어권행사 및 불복의 기회가 보장되지 않은 경우 하자의 승계를 인정한 판례
가 있다(대판 2020. 4. 3, 2019두61137).

2) 예   외

　　예측가능성과 수인가능성이 없는 경우에는 선행행위와 후행행위가 서로 독립
하여 별개의 효과를 목적으로 하는 경우에도 선행행위의 위법을 후행행위에 대한
취소소송에서 독립된 취소사유로 주장할 수 있다(대판 1994. 1. 25, 93누8542: 선행행위인
개별공시지가결정의 위법을 후행행위인 과세처분 취소소송에서 취소사유로 주장할 수 있다고 한 사례).

　　이에 반하여 수인가능성이나 예측가능성이 있는 경우에는 선행행위의 위법
을 후행행위의 위법사유로 주장할 수 없다(대판 1998. 3. 13, 96누6059: 개별토지가격 결정
에 대한 재조사 청구에 따른 감액조정에 대하여 더 이상 불복하지 아니한 경우, 선행처분인 개별공시지
가 결정의 불가쟁력이나 구속력이 수인한도를 넘는 가혹한 것이거나 예측불가능하다고 볼 수 없어, 이를
기초로 한 양도소득세 부과처분 취소소송에서 다시 개별토지가격 결정의 위법을 해당 과세처분의 위법
사유로 주장할 수 없다고 한 사례).

(4) 하자의 승계의 효과

　　하자의 승계가 인정되는 경우 선행행위의 위법을 후행행위의 위법사유로 주
장할 수 있고, 취소권자는 선행행위의 위법을 이유로 후행행위를 취소할 수 있다.

2. 선행 행정행위의 후행 행정행위에 대한 구속력론

　　선행행위의 후행행위에 대한 구속력(규준력, 기결력)은 행정행위의 하자의 승계
문제를 행정행위의 효력 중에서 불가쟁력이 발생한 선행행위의 후행행위에 대
한 구속력의 문제로 보는 견해이다. 즉, 선행행위의 내용과 효과가 후행행위를
구속함으로써 행정행위의 상대방은 후행 행정행위의 단계에서 후행 행정행위의

전제가 되는 선행 행정행위에 반대되는 주장을 하지 못하는 효력을 말한다.

일부 학설은 선행 행정행위의 후행 행정행위에 대한 구속력론을 하자의 승계론을 대체하는 이론으로 주장한다. 즉, 판례에서와 같이 하자의 승계를 널리 인정하는 것은 타당하지 않으며, 선행행위의 후행행위에 대한 구속력의 한계(① 대인적 한계: 수범자가 동일할 것 ② 대물적 한계: 선행행위와 후행행위가 동일한 목적을 추구하여 법적 효과가 기본적으로 일치할 것 ③ 시간적 한계: 선행행위의 사실 및 법상태가 유지될 것 ④ 추가적 요건: 예측가능성과 수인가능성이 있을 것)가 인정되는 경우에 한하여 선행행위의 위법을 후행행위에서 주장할 수 있다고 한다.

구속력의 예외가 인정되는 경우(예측가능성과 수인가능성이 없는 경우) 선행행위의 후행행위에 대한 구속력이 인정되지 않고, 그 결과 선행행위의 위법을 이유로 후행행위를 취소할 수 있다.

3. 하자의 승계론과 구속력론의 관계 및 적용

판례는 원칙상 하자의 승계론에 따라 선행행위의 위법의 후행행위에의 승계 여부를 판단하고 있다.

다만 전술한 바와 같이 판례는 선행처분의 하자를 이유로 후행처분의 효력을 다툴 수 없게 하는 것이 당사자에게 수인한도를 넘는 불이익을 주고 그 결과가 당사자에게 예측가능한 것이라고 할 수 없기 때문에 선행처분의 후행처분에 대한 구속력을 인정할 수 없다고 보고, 그러므로 선행처분의 위법을 이유로 후행처분의 효력을 다툴 수 있다고 보고 있다(대판 1994. 1. 25, 93누8542[양도소득세등부과처분취소]; 대판 2013. 3. 14, 2012두6964[독립유공자법적용배제결정처분취소]). 이 판례는 선·후 행정행위가 독립하여 별도의 법적 효과를 발생하는 경우에도 예측가능성이나 수인가능성이 없으면 하자의 승계를 인정할 수 있다고 판시한 예외적 판례이다. 이 판례의 해석과 관련하여 이 판례가 하자의 승계를 확대하였다는 견해(하자의 승계확대설)와 이 판례가 구속력이론에 입각하여 선행행위의 위법을 이유로 후행행위의 위법을 주장할 수 있다고 보았다는 견해(구속력설)가 대립하고 있다. 생각건대, 판결문에서 "…선행처분의 후행처분에 대한 구속력…"이라고 하여 구속력이라는 용어를 사용하고 있고, 설시한 법리도 구속력론의 법리인 점에 비추어 구속력설이 타당하다. 그리고 하자의 승계론과 구속력론은 별개의 이론이므로 중

첩적으로 적용될 수 있는 것으로 보는 것이 타당하다(중첩적용설).

V. 하자 있는 행정행위의 치유와 전환

1. 하자 있는 행정행위의 치유

하자 있는 행정행위의 치유란 성립당시에 적법요건을 결한 흠 있는 행정행위라 하더라도 사후에 그 흠의 원인이 된 적법요건을 보완하거나 그 흠이 취소사유가 되지 않을 정도로 경미해진 경우에 그의 성립 당시의 흠에도 불구하고 하자 없는 적법한 행위로 그 효력을 그대로 유지시키는 것을 말한다.

하자 있는 행정행위의 치유는 행정행위의 성질이나 법치주의의 관점에서 볼 때 원칙적으로 허용될 수 없는 것이고, 예외적으로 행정행위의 무용한 반복을 피하고 당사자의 법적 안정성을 위해 이를 허용할 수 있는 것인데 이 때에도 다른 국민의 권리나 이익을 침해하지 않는 범위에서 구체적 사정에 따라 합목적적으로 인정하여야 할 것이다(대판 1983. 7. 26, 82누420; 대판 2002. 7. 9, 2001두10684).

하자의 치유가 인정되는 사유로는 흠결된 요건의 사후보완(☞ 사후에 추가·보충·정정하는 것)이 있다(☞ 무권대리의 사후추인, 처분의 절차 또는 형식의 사후보완, 불특정목적물의 사후특정, 이유의 사후제시). 치유의 대상이 되는 하자는 절차법상의 하자(형식의 하자 포함)뿐만 아니라 실체법상(내용상)의 하자도 포함하지만, 하자의 치유가 주로 인정되는 것은 절차와 형식의 하자의 경우이다. 판례는 내용상 하자는 치유가 가능하지 않은 것으로 본다.

판례는 이유제시의 하자를 치유하려면 늦어도 처분에 대한 불복 여부의 결정 및 불복신청에 편의를 줄 수 있는 상당한 기간 내에, 달리 말하면 행정심판이나 행정소송 제기 전에 하여야 한다고 판시하고 있다.

행정행위의 하자가 치유되면 해당 행정행위는 처분시부터 하자가 없는 적법한 행정행위로 효력을 발생하게 된다.

2. 하자 있는 행정행위의 전환

하자 있는 행정행위의 전환이란 행정행위가 본래의 행정행위로서는 무효이나 다른 행정행위로 보면 그 요건이 충족되는 경우에 흠 있는 행정행위를 흠 없는 다른 행정행위로 인정하는 것을 말한다(예 사망한 귀속재산 수불하자(受拂下者)에 대하여 한 불하처분의 취소처분을 그 상속인에게 송달한 효력: 귀속재산을 불하받은 자가 사망한 후에 그 수불하자에 대하여 한 그 불하처분취소처분은 사망자에 대한 행정처분이므로 무효이지만 그 취소처분을 수불하자의 상속인에게 송달한 때에는 그 송달시에 그 상속인에 대하여 다시 그 불하처분을 취소한다는 새로운 행정처분을 한 것이라고 할 것이다(대판 1969. 1. 21, 68누190〈서울 남산세무서장의 불하처분취소(매매계약처분취소)를 다툰 소송〉)).

무효의 전환이 인정되면 새로운 행정행위가 발생한다. 즉, 하자있는 행정행위는 송달된 날에 전환된 행정행위로서 효력이 발생한다. 전환의 법적 성질에 대해서는 ① 단순한 확인에 지나지 않는 순수한 인식행위로 보는 견해와 ② 전환 여부에 대한 행정청의 별도의 결정에 근거하여 이루어지기 때문에 행정행위의 성격을 갖는다는 견해(정하중)로 나뉘고 있다.

제 8 절 행정행위의 취소와 철회

일단 유효하게 성립한 행정행위의 효력을 상실(폐지)시키는 것으로 행정행위의 취소와 철회가 있다.

행정행위의 취소에는 쟁송취소와 직권취소가 있다. 쟁송취소는 행정쟁송을 통한 행정행위의 취소이다. 직권취소는 행정청이 위법 또는 부당한 처분의 전부나 일부를 직권으로 취소하는 것을 말한다. 쟁송취소는 행정심판법과 행정소송법의 문제이므로 쟁송취소에 관한 것은 후술하기로 한다. 여기에서는 행정행위의 직권취소를 주로 고찰하기로 한다.

I. 행정행위의 취소

행정기본법
제18조(위법 또는 부당한 처분의 취소) ① 행정청은 위법 또는 부당한 처분의 전부나 일부를 소급하여 취소할 수 있다. 다만, 당사자의 신뢰를 보호할 가치가 있는 등 정당한 사유가 있는 경우에는 장래를 향하여 취소할 수 있다.
② 행정청은 제1항에 따라 당사자에게 권리나 이익을 부여하는 처분을 취소하려

는 경우에는 취소로 인하여 당사자가 입게 될 불이익을 취소로 달성되는 공익과 비교·형량(衡量)하여야 한다. 다만, 다음 각 호의 어느 하나에 해당하는 경우에는 그러하지 아니하다.
　　1. 거짓이나 그 밖의 부정한 방법으로 처분을 받은 경우
　　2. 당사자가 처분의 위법성을 알고 있었거나 중대한 과실로 알지 못한 경우

「행정기본법」 제18조 제 1 항은 위법 또는 부당한 처분의 직권취소를 명확하게 규정하고 있다. 즉, 행정청은 위법 또는 부당한 처분의 전부나 일부를 취소할 수 있는 것으로 규정하고 있다.

1. 취소의 개념

행정행위의 취소란 위법한 행정행위의 효력을 상실시키는 것을 말한다.
행정행위의 취소에는 직권취소와 쟁송취소가 있다.

2. 직권취소와 쟁송취소의 구별

직권취소와 쟁송취소는 모두 하자 있는 행정행위의 효력을 상실시킨다는 점에서는 공통점을 갖지만 취소의 본질, 목적, 내용 및 효과 등에서 상이하므로 오늘날 쟁송취소와 직권취소를 구별하는 것이 일반적이다.

(1) 취소의 목적 또는 본질

쟁송취소는 위법한 행정행위로 인하여 권익침해를 받은 국민의 권익구제와 함께 행정의 적법성 회복을 목적으로 행해진다. 쟁송취소는 권익을 침해당한 자의 쟁송의 제기에 따라 심판기관이 쟁송절차를 거쳐 행정행위의 효력을 상실시키는 사법적 성질의 행위이다.

이에 반하여 직권취소는 적법성의 회복과 함께 장래에 향하여 행정목적을 적극적으로 실현하기 위하여 행해진다. 직권취소는 행정청이 쟁송의 제기와 관계없이 직권으로 위법한 행정행위의 효력을 상실시키는 행위로서 그 자체가 독립적인 행정행위이다.

(2) 취소권자

직권취소는 해당 행정처분을 한 처분행정청 또는 법률에 근거가 있는 경우에 상급행정청이 행하지만, 쟁송취소는 권익침해를 받은 처분의 상대방 또는 제

3자의 청구에 따라 행정심판의 경우에는 행정심판기관인 행정심판위원회가, 행정소송의 경우에는 법원이 행한다.

행정처분을 직권취소할 수 있는 권한은 해당 행정처분을 한 처분청에게 속하고, 해당 행정처분을 할 수 있는 적법한 권한을 가지는 행정청에게 그 취소권이 귀속되는 것이 아니다(대판 1984. 10. 10, 84누463).

(3) 취소의 대상

직권취소의 대상은 모든 행정행위이다. 즉, 부담적 행정행위, 수익적 행정행위 및 제3자효 행정행위 모두 직권취소의 대상이 된다.

이에 반하여 쟁송취소에 있어서는 부담적 행정행위와 제3자효 행정행위가 취소의 대상이 되며 수익적 행정행위는 소의 이익(권리보호의 필요)이 없으므로 취소의 대상이 되지 않는다.

불가변력이 발생한 행정행위(예 행정심판의 재결)에 대하여는 쟁송취소만이 가능하다.

(4) 취소사유

직권취소에 있어서는 위법뿐만 아니라 부당도 취소사유가 된다.

쟁송취소에 있어서 행정심판을 통한 취소에 있어서는 부당도 취소사유가 되지만, 취소소송을 통한 취소에 있어서는 위법만이 취소사유가 된다.

(5) 취소의 제한

직권취소에 있어서는 취소로 인하여 상대방 또는 이해관계인이 받게 되는 불이익과 취소로 인하여 달성되는 공익 및 관계이익을 비교형량하여야 한다.

행정청은 「행정기본법」 제18조 제1항에 따라 당사자에게 권리나 이익을 부여하는 처분을 취소하려는 경우에는 취소로 인하여 당사자가 입게 될 불이익을 취소로 달성되는 공익과 비교·형량(衡量)하여야 한다. 다만, 다음 각 호의 어느 하나에 해당하는 경우에는 그러하지 아니하다. 1. 거짓이나 그 밖의 부정한 방법으로 처분을 받은 경우, 2. 당사자가 처분의 위법성을 알고 있었거나 중대한 과실로 알지 못한 경우(법 제18조 제2항). "취소로 인하여 당사자가 입게 될 불이익"이란 "취소로 인하여 당사자가 입게 될 기득권과 신뢰보호 및 법률생활의 안정의 침해 등 불이익"을 말한다(대판 2014. 11. 27, 2013두16111).

그러나 쟁송취소에 있어서는 위법한 경우에는 이익형량의 필요 없이 원칙

상 취소하여야 한다. 다만, 쟁송취소의 경우에 취소로 인하여 공익이 심히 해
(害)를 입는다고 판단되는 경우에는 취소하지 않을 수 있다(사정재결 또는 사정판결).

(6) 취소기간

직권취소의 경우에는 실권의 경우(예 행정청이 가진 취소권, 철회권, 영업정지권 등 권
한의 상실)를 제외하고는 취소기간의 제한이 없다.

이에 대하여 쟁송취소의 경우에는 단기의 쟁송기간이 정해져 있어서 이 기
간을 지나면 더 이상 행정행위의 취소를 청구할 수 없다(불가쟁력).

(7) 취소절차

쟁송취소는 행정심판법, 행정소송법 등이 정한 쟁송절차에 따라 행해진다.

이에 대하여 직권취소는 개별법 또는 행정절차법에 정해진 행정절차에 따라
행해진다.

(8) 취소의 형식

쟁송취소는 재결 또는 판결의 형식에 의해 행해지지만, 직권취소는 그 자체
가 하나의 행정행위로서 특별한 형식을 요하지 않는다.

(9) 취소의 효과(소급효)

쟁송취소는 원칙적으로 소급효가 인정된다.

직권취소의 경우 행정청은 위법 또는 부당한 처분의 전부나 일부를 소급하
여 취소할 수 있지만, 당사자의 신뢰를 보호할 가치가 있는 등 정당한 사유가
있는 경우에는 장래를 향하여 취소할 수 있다(행정기본법 제18조 제1항). 직권취소의
경우에 그 대상이 수익적 행정행위인 경우에는 상대방에게 귀책사유가 있을 때
를 제외하고는 상대방의 신뢰를 보호하기 위하여 취소의 효과가 소급하지 않는
것이 원칙이다. 상대방에게 귀책사유가 있는 경우에는 처분시까지 또는 처분시
이후 일정 시점까지 소급효있는 취소가 가능하다.

(10) 취소의 내용(또는 범위)

직권취소는 처분의 적극적 변경(처분의 내용 자체를 질적으로 바꾸는 변경: 영업허가취소
→ 영업정지 30일)을 내용으로 할 수 있지만, 쟁송취소는 행정심판에 의한 취소의
경우에는 적극적 변경이 가능하다고 보이지만, 행정소송에 의한 취소의 경우에
는 권력분립의 제도와의 관계상 원칙적으로 소극적 변경(일부취소(예 영업정지 30일
→ 영업정지 20일))만이 허용된다.

[쟁송취소와 직권취소의 구별]

구 분	쟁송취소	직권취소
기본적 성격	회고적 적법상태의 회복	미래지향적 행정목적의 실현
취소권자	행정심판위원회, 법원	처분청, 감독청
취소사유	추상적 위법성	위법사유의 구체적 내용이 개개의 구체적 행정목적 위반
취소의 대상	주로 침해적 행위	주로 수익적 행위
취소권의 제한	원칙적으로 제한이 없음	신뢰보호의 원칙상 제한되는 경우 있음
취소 절차	엄격한 절차 적용	엄격한 절차 적용 없음
취소 기간	법정되어 있음	법정되어 있지 않음
취소의 내용	적극적 변경 불가, 다만 행정심판의 재결에 의한 취소의 경우에는 가능	적극적 변경 가능
취소의 효과	원칙적으로 소급효가 있음	원칙상 소급효 없음. 다만, 상대방에게 귀책사유가 있는 경우 소급적으로 취소가능

3. 직권취소의 법적 근거 및 취소권자

「행정기본법」 제18조 제 1 항은 행정청은 위법 또는 부당한 처분의 전부나 일부를 취소할 수 있는 것으로 규정하고 있다.

처분청은 자신이 한 위법 또는 부당한 처분을 명시적인 법적 근거 없이 취소할 수 있는 것으로 보는 것이 판례의 입장(대판 2002. 5. 28, 2001두9653)이며 학설에도 이론(異論)이 없다.

감독청이 법적 근거가 없는 경우에도 감독권에 근거하여 피감독청의 처분을 취소할 수 있는가에 대하여는 견해가 대립되고 있다.

4. 취소사유

행정행위의 흠, 즉 위법 또는 부당이 취소사유가 된다.

흠이 있으나 이미 치유된 경우(에 처분의 형식 또는 절차의 사후보완, 불특정목적물의 사후특정)에는 취소의 대상이 되지 않는다.

5. 취소의 제한

행정행위의 취소에 있어서는 행정행위를 취소하여 달성하고자 하는 이익과 행정행위를 취소함으로써 야기되는 신뢰에 기초하여 형성된 이익의 박탈을 형량하여 전자가 큰 경우에 한하여 취소가 인정된다고 보아야 한다. 이 원칙을 이익형량의 원칙이라 한다.

다만, 공공의 안녕과 질서에 대한 중대한 위해를 방지하기 위하여 필요한 경우에는 상대방의 신뢰에도 불구하고 하자 있는 수익적 행정행위는 취소되어야 한다는 견해가 있다(정하중).

행정청은 제18조 제 1 항에 따라 당사자에게 권리나 이익을 부여하는 처분을 취소하려는 경우에는 취소로 인하여 당사자가 입게 될 불이익을 취소로 달성되는 공익과 비교·형량(衡量)하여야 한다. 다만, 다음 각 호(1. 거짓이나 그 밖의 부정한 방법으로 처분을 받은 경우, 2. 당사자가 처분의 위법성을 알고 있었거나 중대한 과실로 알지 못한 경우)의 어느 하나에 해당하는 경우에는 그러하지 아니하다(행정기본법 제18조 제 2 항). "취소로 인하여 당사자가 입게 될 불이익"이란 "취소로 인하여 당사자가 입게 될 기득권과 신뢰보호 및 법률생활의 안정의 침해 등 불이익"을 말한다(대판 2014. 11. 27, 2013두16111).

「행정기본법」 제18조 제 2 항 단서에 따르면, 당사자에게 동조의 귀책사유가 있는 경우 이익형량 없이 취소처분을 하는 것이 가능하다. 그러나 재량행위의 본질 및 비례원칙에 비추어 당사자에게 귀책사유가 있는 경우에도 재량행위인 취소처분을 함에 있어서는 이익형량을 하는 것이 타당하다. 다만, 당사자에게 귀책사유가 있는 경우에는 당사자에게 신뢰이익이 인정되지 않는다.

6. 취소절차

직권취소는 법령에 규정이 없는 한 특별한 절차를 요하지 않으며 행정절차법의 적용을 받는다. 수익적 행정행위의 취소는 권리를 제한하는 처분이므로 취소의 상대방에 대하여 사전에 통지하고(행정절차법 제21조), 의견제출의 기회를 주어야 한다.

다만, 개별법에서 청문이나 공청회를 개최하도록 하고 있는 경우에는 청문이나 공청회의 개최만 하면 된다(동법 제22조 제 2 항).

7. 취소의 종류

행정청은 전부취소 또는 일부취소를 선택할 수 있고, 소급효 있는 취소 또는 소급하지 않는 취소를 결정할 수 있다.

일부취소는 행정행위가 가분적인 경우에 가능하다(**데** 건물 전체에 대한 철거명령 중 건물 일부에 대한 취소는 건물 일부의 철거가 가능한 경우에 한함).

8. 취소의무

직권취소 여부는 원칙상 행정청의 재량에 속하지만, 위법한 원행정행위의 존속으로 국민의 중대한 기본권이 침해되는 경우에는 해당 원행정행위를 취소하여야 한다.

직권취소의 경우 행정청은 위법 또는 부당한 처분의 전부나 일부를 소급하여 취소할 수 있지만, 당사자의 신뢰를 보호할 가치가 있는 등 정당한 사유가 있는 경우에는 장래를 향하여 취소할 수 있다(행정기본법 제18조 제 1 항).

9. 취소의 효과

취소된 처분은 대세적으로 효력을 상실한다.

10. 취소의 취소

판례는 침익적 행정행위의 취소의 직권취소는 인정하지 않지만, 수익적 행정행위의 직권취소에 대하여는 취소가 가능한 것으로 본다.

행정행위의 취소가 소급적으로 취소되면 취소가 없었던 것이 되므로 원행정행위는 애초부터 취소되지 않은 것으로 된다.

11. 수익적 행정행위의 소급적 직권취소 후 환수처분

수익적 행정행위가 소급적으로 직권취소되면 특별한 규정이 없는 한 이미 받은 이익(**데** 연금)은 부당이득이 되는 것이므로 부당이득반환청구가 가능한 것으로 볼 수 있다. 그런데 행정행위의 직권취소와 별개로 환수처분(부당이득금반환결정처분)에 의해 환수하는 경우가 있다. 이 경우 직권취소처분이 적법하다고 하여 환수처분도 반드시 적법하다고 판단하여야 하는 것은 아니다. 직권취소는 적법하지만, 환수처분은 위법한 경우도 있다(대판 2014. 7. 24, 2013두27159 참조).

　「공공재정 부정청구 금지 및 부정이익 환수 등에 관한 법률」(약칭 '공공재정환수법'이라 한다)에 따르면 행정청은 부정청구등이 있는 경우에는 부정이익과 대통령령으로 정하는 이자(이하 "부정이익등"이라 한다)를 환수하여야 한다(법 제8조 제1항). 행정청은 부정이익등을 환수하는 경우에는 공공재정지급금 지급 결정의 전부 또는 일부를 취소하여야 한다(동조 제2항). 부정이익등의 환수를 위한 가액 산정 기준, 환수 절차에 관한 사항은 대통령령으로 정한다(동조 제4항).

　부당이득의 환수처분은 이익형량을 전제로 하므로 특별한 규정이 없는 한 재량행위로 보는 것이 타당하다.

Ⅱ. 행정행위의 철회

> 행정기본법
> 제19조(적법한 처분의 철회) ① 행정청은 적법한 처분이 다음 각 호의 어느 하나에 해당하는 경우에는 그 처분의 전부 또는 일부를 장래를 향하여 철회할 수 있다.
>   1. 법률에서 정한 철회 사유에 해당하게 된 경우
>   2. 법령등의 변경이나 사정변경으로 처분을 더 이상 존속시킬 필요가 없게 된 경우
>   3. 중대한 공익을 위하여 필요한 경우
> ② 행정청은 제1항에 따라 처분을 철회하려는 경우에는 철회로 인하여 당사자가 입게 될 불이익을 철회로 달성되는 공익과 비교·형량하여야 한다.

1. 철회의 의의

　행정행위의 철회란 적법하게 성립한 행정행위의 효력을 성립 후에 발생한 근거법령의 변경 또는 사실관계의 변경 등 새로운 사정으로 인하여 공익상 그 효력을 더 이상 존속시킬 수 없는 경우에 본래의 행정행위의 효력을 장래에 향하여 상실시키는 독립된 행정행위를 말한다.

　철회는 그 대상이 적법한 행정행위라는 점에서 그 대상이 위법한 행정행위인 취소와 구별된다. 그러나 실정법상으로는 철회라는 용어를 사용하는 경우는

많지 않고 철회에 해당하는 경우도 취소라는 용어를 사용하는 경우가 많다.

2. 취소와 철회의 구별

종래에는 철회와 취소를 엄격히 구분하였지만 오늘날에는 철회와 좁은 의미의 취소인 직권취소 사이의 구별은 상대적이라고 보며 나아가 양자간의 차이보다는 유사성이 강조되는 경향에 있다.

(1) 개괄적 비교

일반적으로 원시적 하자 있는(위법 또는 부당한) 행정행위의 효력을 소멸시키는 행위를 취소라고 하고, 본래는 적법했으나 후발적인 사정을 이유로 장래에 향하여 효력을 상실시키는 행위를 철회라고 한다. 그러나 이러한 취소와 철회의 구별은 적어도 직권취소와 철회에 관하여는 그다지 중요하지 않다.

직권취소와 철회는 모두 쟁송에 의하지 않고 행정기관의 직권에 의해 행정행위의 효력을 소멸시키는 점에 공통성이 있다. 이것은 부담적 행정행위에 있어서도 수익적 행정행위에 있어서도 인정된다.

(2) 직권취소와 철회의 비교

1) 철회(취소)의 목적

철회는 새로운 공익목적을 달성하기 위하여 행하여지지만 상대방의 위법행위에 대한 제재로서의 영업허가의 철회는 법질서의 유지를 직접 목적으로 한다.

직권취소는 위법성의 시정을 통한 적법성의 회복뿐만 아니라 장래를 향한 행정목적의 실현을 위한 수단으로 행하여지는데, 행정현실에 있어서는 오히려 후자의 경우가 많다.

이렇게 볼 때 직권취소와 철회는 다같이 행정목적의 실현을 위한 행정의 개입수단이 되는 점에서는 서로 비슷한 성질을 가진다.

2) 철회(취소)권자

철회는 그 성질상 새로운 처분을 하는 것과 같기 때문에 처분청만이 이를 행할 수 있지만, 취소의 경우에는 처분청 외에 감독청도 권한을 갖는다는 설이 있다.

그러나 직권취소에 있어서도 법률에 특별한 규정이 있는 경우 이외에는 감독청은 취소권이 없다는 견해가 유력하다.

3) 법률의 근거

철회권은 처분권에 당연히 포함되는 것이므로 철회에는 법률의 근거가 필요없다는 것이 다수설과 판례의 태도이다.

직권취소의 경우 법률의 근거를 요하지 않는다는 것이 판례의 입장이다.

4) 철회(취소)원인

직권취소는 처분의 원시적 하자(위법 또는 부당)를 이유로 하고, 철회는 원시적 하자가 아닌 새로운 사정의 발생으로 인한 공익상 필요를 이유로 한다고 하는 것이 양자의 가장 큰 차이이다.

5) 소급효 여부

원시적 하자를 이유로 한 행정행위의 직권취소의 경우에 그 행위를 소급적으로 취소하면 상대방인 국민의 신뢰를 해치게 되는 경우(**예** 수익적 행정행위의 직권취소에서 상대방에게 귀책사유가 없는 경우)에는 장래에 향해서만 취소할 수 있다. 이 점에서는 장래에 향하여서만 효력을 발생하는 철회와 다르지 않다.

6) 보   상

철회의 경우에 상대방의 책임 있는 사유가 아닌 사정변경을 이유로 하는 철회의 경우에 상대방이 특별한 손실을 받은 경우에는 보상을 요하지만, 상대방의 위법행위에 대한 제재로서 행하여지는 영업허가 등의 철회의 경우에는 상대방의 책임 있는 사유에 근거하는 것이기 때문에 보상을 요하지 않는다.

철회권이 유보된 경우에도 원칙상 보상을 요하지 않는다.

직권취소의 경우에는 상대방인 국민도 행정행위의 위법을 알았다고 추정되므로 원칙상 보상을 요하지 않는다. 다만, 상대방에게 적법성에 대한 귀책사유가 없는 신뢰가 있었던 경우에는 보상이 주어져야 한다.

[직권취소와 철회의 비교]

구 분	직권취소	철 회
목 적	적법성의 회복, 장래를 향한 행정목적의 실현을 위한 수단	공익목적 달성
취소(철회)원인	처분의 위법·부당	사후적 사정변경
취소(철회)권자	처분청(일부견해 — 감독청)	처분청

구 분	직권취소	철 회
절 차	엄격한 절차 필요	특별절차 불요
효 과	상대방에게 귀책사유가 없는 한 장래에 향하여 효력소멸	장래에 향하여 효력소멸
보상여부	원칙상 보상 불요	상대방의 유책행위시 — 보상불요 사정변경을 이유로 하는 경우 — 보상필요

(3) 철회와 쟁송취소의 비교

쟁송에 의한 취소와 철회는 모두 일단 유효한 행정행위의 효력을 상실시키는 수단인 점에서는 같다.

그러나 쟁송취소와 철회는 본질적으로 다르다. 쟁송취소제도는 위법성의 시정을 통하여 적법성을 회복하고 아울러 침해된 국민의 권익구제를 목적으로 하며 쟁송취소행위는 사법작용(司法作用)인 데 반하여, 철회는 장래에 향하여 행정목적의 실현을 위하여 행하여지는 하나의 행정행위이다. 양자 사이에는 이러한 기본적 성격의 차이로 인하여 취소(철회)권자, 취소(철회)사유, 소급효 여부 등에서 차이가 있다.

3. 철회권자

철회는 그의 성질상 원래의 행정행위처럼 새로운 처분을 하는 것과 같기 때문에 처분청만이 이를 행할 수 있다고 보아야 한다.

상급청이라도 감독권에 의해 하급청의 권한을 대신 행사하는 것은 인정될 수 없다.

4. 철회원인(철회사유)

철회는 '철회의 대상이 되는 적법한 행정행위가 행해진 후 공익상 행정행위의 효력을 더 이상 존속시킬 수 없는 새로운 사정이 발생한 경우'에 행해질 수 있다.

행정청은 적법한 처분이 다음 각 호의 어느 하나에 해당하는 경우에는 그 처분의 전부 또는 일부를 장래를 향하여 철회할 수 있다. 1. 법률에서 정한 철회 사유에 해당하게 된 경우, 2. 법령등의 변경이나 사정변경으로 처분을 더 이상 존속시킬 필요가 없게 된 경우, 3. 중대한 공익을 위하여 필요한 경우(행정기본법 제19조 제 1 항).

철회사유 중 중요한 것을 보면 다음과 같다.

① 상대방의 유책행위에 대한 제재로서의 철회(예 법령 위반, 법령으로 부과된 의무 위반(예 건축법 제79조 제 1 항, 하천법 제69조 제 1 항, 도로법 제83조 등), 부담의 불이행).

② 원행정행위가 근거한 사실적 상황 또는 법적 상황의 변경으로 현재의 사정하에서 원행정행위를 하면 위법이 되는 경우(예 수익처분을 함에 있어 신청권자에게 요구되는 허가요건이 사후적으로 충족되지 않는 경우, 법령의 개폐에 따라 현재의 사정하에서 원행정행위를 해 줄 수 없는 경우).

수익처분을 받은 자가 수권법령 또는 관계법령을 위반한 경우, 수익처분을 받은 자가 수익처분의 근거법령에서 정하는 의무를 위반한 경우, 부관으로 부과된 부담을 이행하지 않는 경우.

③ 철회권의 유보. 판례는 "행정처분을 함에 있어서 행정청의 취소권이 유보된 경우에는 행정청은 그 유보된 취소권을 행사할 수 있으나, 그 취소는 무제한으로 허용된 것이 아니라 공익상 기타 정당한 사유가 없을 때에는 그 취소가 적법한 것이라고 볼 수 없다"고 한다(대판 1964. 6. 9, 63누407).

④ 그 밖에 철회하여야 할 보다 우월한 공익의 요구가 존재하는 경우. 다만, 기속행위의 경우에는 법치행정의 원칙상 단순한 공익만을 이유로 하여서는 철회할 수 없다고 보아야 한다.

5. 철회의 법적 근거

행정청은 적법한 처분이 다음 각 호(1. 법률에서 정한 철회 사유에 해당하게 된 경우, 2. 법령등의 변경이나 사정변경으로 처분을 더 이상 존속시킬 필요가 없게 된 경우, 3. 중대한 공익을 위하여 필요한 경우)의 어느 하나에 해당하는 경우에는 그 처분의 전부 또는 일부를 장래를 향하여 철회할 수 있다(행정기본법 제19조 제 1 항).

행정행위의 철회사유가 존재하는 경우에 그것만으로 별도의 법적 근거 없이 철회할 수 있다는 것이 판례의 입장이다.

6. 철회의 제한

행정청은 「행정기본법」 제19조 제 1 항에 따라 처분을 철회하려는 경우에는 철회로 인하여 당사자가 입게 될 불이익을 철회로 달성되는 공익과 비교·형량하여야 한다(법 제19조 제 2 항).

철회시에는 철회를 할 공익상 필요와 철회로 인하여 상대방 등 관계인에게 가해지는 불이익을 형량하여 철회를 할 공익상 필요가 큰 경우에 한하여 철회는 적법하게 된다. 이를 철회시의 이익형량의 원칙이라 한다(예 경미한 의무위반에 대하여 상대방에게 중대한 이익을 주는 수익처분을 철회하는 것은 비례의 원칙에 위반).

철회권이 유보된 경우의 철회에도 이익형량의 원칙은 적용된다. 다만, 철회권이 유보된 경우에는 신뢰보호의 원칙은 적용되지 않는다.

법위반사실에 대한 제재로서의 철회의 경우 행정기본법상 제척기간이 적용된다. 제척기간이 지나면 법령이 정한 경우를 제외하고는 취소나 철회를 할 수 없다(후술 '제재처분' 참조).

7. 철회절차

철회는 특별한 규정이 없는 한 일반행정행위와 같은 절차에 따른다. 수익적 행정행위의 철회는 '권리를 제한하는 처분'이므로 사전통지절차, 의견제출절차 등 행정절차법상의 절차에 따라 행해져야 한다.

국민에게 법령 또는 조리상 처분의 철회 또는 변경을 신청할 권한이 인정되는 경우가 있다. 이 경우 철회 또는 변경의 거부는 처분이 된다.

8. 철회의무

철회는 원칙상 재량행위이다. 그러나 사실적 상황이 변하여 원행정행위의 목적에 비추어 원행정행위가 더 이상 필요하지 않으며 원행정행위의 존속으로 인하여 국민의 중대한 기본권이 침해되는 경우에는 처분청은 원행정행위의 철회를 하여야 할 의무를 진다.

9. 철회의 범위와 한계

철회사유와 관련된 범위 내에서만 철회할 수 있다. 철회사유가 처분의 일부에만 관련되는 경우 철회의 대상이 되는 부분이 가분적인 경우에는 일부철회를 하여야 하고, 일부 철회가 불가능한 경우에는 전부를 철회하여야 한다.

철회사유와 관련이 있는 한도내에서 복수 행정행위의 철회가 가능하다. 다만, 비례원칙 등 법의 일반원칙을 준수하여야 한다.

10. 철회의 효과

철회는 장래에 향하여 원행정행위의 효력을 상실시키는 효력을 갖는다.

행정행위의 철회시 별도의 법적 근거 없이 철회의 효력을 철회사유발생일로 소급할 수 없다. 다만, 예외적으로 별도의 법적 근거가 있는 경우에는 철회의 효력을 과거로 소급시킬 수 있다(대판 2018. 6. 28, 2015두58195).

11. 철회의 취소

판례는 침익적 행정행위의 철회의 취소는 인정하지 않지만, 수익적 행정행위의 철회에 대하여는 취소가 가능한 것으로 본다.

철회행위가 취소되면 철회가 없었던 것이 되고 원행정행위는 애초부터 철회되지 않은 것이 된다. 즉, 원행정행위가 원상회복된다.

Ⅲ. 처분의 변경

1. 처분의 변경의 의의

처분의 변경이란 기존의 처분을 다른 처분으로 변경하는 것을 말한다. 처분은 당사자, 처분사유 및 처분내용으로 구성된다. 따라서, 처분의 변경은 처분의 당사자가 변경되는 것, 처분사유가 변경되는 것, 처분의 내용이 변경되는 것을 말한다.

2. 처분의 변경의 종류

(1) 처분 당사자의 변경
처분의 당사자의 변경은 처분변경에 해당한다.

(2) 처분사유의 추가·변경
처분사유의 추가·변경이 처분변경이 되기 위하여는 처분사유의 추가·변경이 종전처분의 처분사유와 기본적 사실관계의 동일성이 없는 사유이어야 한다.

(3) 처분내용의 변경

처분의 내용을 적극적으로 변경하는 경우(처분의 내용 자체를 질적으로 바꾸는 변경: 영업허가취소 → 영업정지 30일)에는 처분의 변경이 된다. 처분의 소극적 변경, 즉 일부 취소(예 영업정지 30일 → 영업정지 20일)는 처분변경이 아니다.

처분내용의 변경에는 두 유형이 있다. ① 하나는 처분내용을 전부 또는 상당한 정도로 변경하는 처분내용의 실질적 변경처분이다(전부변경처분). 이 경우 종전 처분은 변경처분에 따라 대체되고 장래에 향하여 효력을 상실한다. ② 다른 하나는 선행처분의 내용 중 일부만을 소폭 변경하는 등 선행처분(예 조합설립인가처분)과 분리가능한 일부변경처분(예 조합설립변경인가처분)이다. 이 경우 종전 선행처분은 일부 변경된 채로 효력을 유지하고 일부변경처분도 별도로 존재한다(대판 2012. 10. 11, 2010두12224; 대판 2010. 12. 9, 2009두4555(조합설립인가처분과 동일한 요건과 절차가 요구되지 않는 구「도시 및 주거환경정비법 시행령」제27조 각 호에서 정하는 경미한 사항의 변경에 대하여 행정청이 조합설립의 변경인가라는 형식으로 처분을 하였다고 하더라도 그 성질은 당초의 조합설립인가처분과는 별개로 위 조항에서 정한 경미한 사항의 변경에 대한 신고를 수리하는 의미에 불과한 것으로 보아야 한다. 따라서 경미한 사항의 변경에 대한 신고를 수리하는 의미에 불과한 변경인가처분에 실권적 처분인 조합설립인가처분이 흡수된다고 볼 것은 아니다[대흥 1구역 주택재개발사업 조합설립인가처분취소 등]). 제 4 편 경찰행정구제법 '적극적 변경처분' 참조).

처분절차에 있어 첫째 유형의 변경처분은 명문의 규정이 없는 한 선행처분과 동일한 절차에 따라 행해지고, 둘째 유형의 변경처분은 보다 간소한 절차에 따라 행해질 수 있다.

(4) 처분변경의 근거

처분의 변경에 변경대상 처분의 법적 근거와 별도의 법적 근거는 필요하지 않다. 처분의 변경은 실질적으로 처분을 취소(철회)하고 새로운 처분을 하는 것과 같으므로 처분의 근거가 변경처분의 근거가 된다.

제 9 절 행정행위의 실효

Ⅰ. 의 의

행정행위의 실효란 유효한 행정행위의 효력이 일정한 사실의 발생으로 장래에 향하여 소멸하는 것을 말한다. 일단 유효한 행정행위의 효력이 소멸되는 것인 점에서 무효나 부존재와 다르고, 행정청의 의사가 아니라 일정한 사실의 발생으로 효력이 소멸된다는 점에서 직권취소 및 철회와 다르다.

Ⅱ. 실효사유

1. 대상의 소멸

행정행위의 대상이 소멸되면 행정행위는 실효된다(예 사람의 사망으로 인한 운전면허의 실효, 자동차가 소멸된 경우 자동차검사합격처분의 실효).

2. 해제조건의 성취 또는 종기의 도래

해제조건이 성취되거나 종기가 도래하면 주된 행정행위는 당연히 효력을 상실한다.

3. 목적의 달성 또는 목적 달성의 불가능

행정행위의 목적이 달성되거나 목적달성이 불가능해지면 해당 행정행위는 당연히 실효된다(예 철거명령에 따라 대상물이 철거되면 해당 철거명령은 당연히 효력을 상실).

Ⅲ. 권리구제수단

행정행위의 실효가 다투어지는 경우에는 무효등확인소송의 하나인 행정행위실효확인소송 또는 행정행위효력존재확인소송을 제기한다.

또한, 민사소송 또는 공법상 당사자소송에서 행정행위의 실효 여부가 전제문제로서 다투어질 수 있다.

제10절 단계적 행정결정

Ⅰ. 단계적 행정결정의 의의

단계적 행정결정이란 행정청의 결정이 여러 단계의 행정결정을 통하여 연계적으로 이루어지는 것을 말한다.

단계적 행정결정의 예로는 확약, 가행정행위, 사전결정 및 부분허가가 있다.

Ⅱ. 확   약

행정절차법
제40조의2(확약) ① 법령등에서 당사자가 신청할 수 있는 처분을 규정하고 있는 경우 행정청은 당사자의 신청에 따라 장래에 어떤 처분을 하거나 하지 아니할 것을 내용으로 하는 의사표시(이하 "확약"이라 한다)를 할 수 있다.
② 확약은 문서로 하여야 한다.
③ 행정청은 다른 행정청과의 협의 등의 절차를 거쳐야 하는 처분에 대하여 확약을 하려는 경우에는 확약을 하기 전에 그 절차를 거쳐야 한다.
④ 행정청은 다음 각 호의 어느 하나에 해당하는 경우에는 확약에 기속되지 아니한다.
  1. 확약을 한 후에 확약의 내용을 이행할 수 없을 정도로 법령등이나 사정이 변경된 경우
  2. 확약이 위법한 경우
⑤ 행정청은 확약이 제4항 각 호의 어느 하나에 해당하여 확약을 이행할 수 없는 경우에는 지체 없이 당사자에게 그 사실을 통지하여야 한다.

1. 의   의

확약이란 행정청이 장래 일정한 행정행위를 하거나 하지 아니할 것을 약속하는 의사표시를 말한다. 법령등에서 당사자가 신청할 수 있는 처분을 규정하고 있는 경우 행정청은 당사자의 신청에 따라 장래에 어떤 처분을 하거나 하지 아니할 것을 내용으로 하는 의사표시(이하 "확약"이라 한다)를 할 수 있다(행정절차법 제40

조의2 제 1 항)(📕 불법무기소지 자진신고자에 대해 면책하겠다는 약속, 어업권면허에 선행하는 우선순위결정(대판 1995. 1. 20, 94누6529), 공무원임명의 내정, 자진신고자에 대한 세율인하의 약속, 무허가건물의 자진철거자에게 아파트입주권을 주겠다는 약속, 주민에 대한 개발사업의 약속 등).

확약은 신뢰보호 또는 금반언(禁反言)의 법리를 바탕으로 인정되는 행정청의 행위형식의 하나이다.

가행정행위는 본행정행위와 동일한 효력을 발생하지만, 확약의 경우에는 확약만으로는 확약의 대상이 되는 행정행위의 효력이 발생하지 않는 점 등에서 양 행위는 구별된다.

행정절차법은 신청에 따른 확약에 대해 규정하고 있는데, 행정절차법상 확약은 "법령등에서 당사자가 신청할 수 있는 처분을 규정하고 있는 경우 행정청은 당사자의 신청에 따라 장래에 어떤 처분을 하거나 하지 아니할 것을 내용으로 하는 의사표시"를 말한다(행정절차법 제40조의2 제 1 항).

행정절차법상 확약에 관한 규정은 성질에 반하지 않는 한 그 밖의 확약에 유추적용된다고 보아야 한다.

2. 법적 성질

판례는 "어업권면허에 선행하는 우선순위결정을 행정청이 우선권자로 결정된 자의 신청이 있으면 어업권면허처분을 하겠다는 것을 약속하는 행위로서 강학상 확약이라고 보면서도, 행정처분은 아니라고 보고 따라서 우선순위결정에 공정력이나 불가쟁력과 같은 효력은 인정되지 아니한다"라고 판시하고 있다(대판 1995. 1. 20, 94누6529).

3. 법적 근거

확약에 대해서는 행정절차법 제40조의2에서 규정하고 있다(2022. 1. 11. 신설).

확약은 처분권에 속하는 예비적인 권한행사로서 본처분권에 당연히 포함되므로 본처분권이 있으면 별도의 법적 근거 없이도 인정된다는 것이 통설이다.

4. 확약의 성립 및 효력요건

(1) 주체에 관한 요건

확약은 본처분에 대해 정당한 권한을 가진 행정청만이 할 수 있고, 확약이 해당 행정청의 행위권한의 범위내에 있어야 한다.

(2) 내용에 관한 요건

① 확약의 대상이 적법하고 가능하며 확정적이어야 한다. ② 확약이 법적 구속력을 갖기 위하여는 상대방에게 표시되고, 그 상대방이 행정청의 확약을 신뢰하였고 그 신뢰에 귀책사유가 없어야 한다. ③ 확약은 추후에 행해질 행정행위와 그 규율사안에 있어 동일한 것이어야 한다. 이 때 사안적 동일성은 그 규율 내용과 범위에 있어 동일한 것임을 뜻한다. ④ 본처분 요건이 심사되어야 한다.

(3) 절차에 관한 요건

본처분에 대하여 일정한 절차가 규정되어 있는 경우에는 확약에 있어서도 해당 절차는 이행되어야 한다. 행정청은 다른 행정청과의 협의 등의 절차를 거쳐야 하는 처분에 대하여 확약을 하려는 경우에는 확약을 하기 전에 그 절차를 거쳐야 한다(행정절차법 제40조의2 제 3 항).

(4) 형식에 관한 요건

행정절차법 제40조의2 제 2 항은 확약은 문서로 하여야 한다고 규정하여 확약의 효력요건으로서 서면의 형식을 요구하고 있다.

5. 확약의 효력

(1) 확약의 구속력

확약의 효과는 행정청이 확약의 내용인 행위를 하여야 할 법적 의무를 지며 상대방에게는 행정청에 대한 확약내용의 이행청구권이 인정된다. 상대방은 해당 행정청에 대하여 그 확약에 따를 것을 요구할 수 있으며 나아가 그 이행을 청구할 수 있다.

행정절차법은 확약을 한 후에 확약의 내용을 이행할 수 없을 정도로 법령등이나 사정이 변경된 경우와 확약이 위법한 경우에는 행정청은 확약에 기속되지 아니한다고 규정하고 있다(법 제40조의2 제 4 항). 행정청은 확약이 제 4 항 각 호의 사유에 해당하여 확약을 이행할 수 없는 경우에는 지체 없이 당사자에게 그 사실을 통지하여야 한다(동조 제 5 항).

확약의 대상이 위법한 경우 확약의 구속력을 인정할 수 없다는 판례의 입장은 타당하다(대판 1995. 1. 20, 94누6529[행정처분취소]). 다만, 이 경우에도 확약으로 인한 상대방의 신뢰보호와 법적합성원칙 또는 공익을 이익형량하여 위법한 확약의 구속력 여부를 결정하여야 할 것이다.

(2) 확약의 실효

판례는 확약 또는 공적인 의사표명이 있은 후에 사실적·법률적 상태가 변경되었다면 그와 같은 확약 또는 공적인 의사표명은 행정청의 별다른 의사표시를 기다리지 않고 실효된다고 본다. 확약을 함에 있어서 상대방으로 하여금 언제까지 처분의 발령을 신청하도록 유효기간을 두었는데도 그 기간 내에 상대방의 신청이 없었던 경우에도 확약은 실효된다고 본다(대판 1996. 8. 20, 95누10877).

다만, 이 경우에도 법적합성의 원칙 및 공익과 확약에 대한 상대방의 신뢰보호의 이익을 비교형량하여야 한다.

6. 확약의 취소·철회

위법한 확약에 대해 취소가 가능하며 적법한 확약은 상대방의 의무불이행 등 철회사유가 발생한 경우에는 철회의 대상이 된다.

확약의 취소·철회에 있어서는 취소·철회의 제한의 법리가 적용된다.

본인가 신청이 있음에도 내인가를 취소한 경우에는 내인가의 취소를 인가신청을 거부하는 처분으로 볼 수 있다(대판 1991. 6. 28, 90누4402).

7. 「민원 처리에 관한 법률」상 사전심사

「민원 처리에 관한 법률」 제30조 제 1 항은 "민원인은 법정민원 중 신청에 경제적으로 많은 비용이 수반되는 민원 등 대통령령으로 정하는 민원에 대하여는 행정기관의 장에게 정식으로 민원을 신청하기 전에 미리 약식의 사전심사를 청구할 수 있다"라고 규정하고 있다. 제30조 제 3 항은 "가능한 것으로 통지한 민원의 내용에 대하여는 민원인이 나중에 정식으로 민원을 신청한 경우에도 동일한 결정을 내릴 수 있도록 노력하여야 한다. 다만, 민원인의 귀책사유 또는 불가항력이나 그 밖의 정당한 사유로 이를 이행할 수 없는 경우에는 그러하지 아니하다"고 규정하고 있다.

사전심사는 민원인의 귀책사유 또는 불가항력 그 밖에 특별한 사유로 이를 이행할 수 없는 경우가 아닐 것이라는 법정조건(동법 제30조 제3항 단서)이 붙은 조건부 확약의 성질을 갖는 것으로 볼 수 있다.

Ⅲ. 가행정행위(잠정적 행정행위)

가행정행위란 사실관계와 법률관계의 계속적인 심사를 유보한 상태에서 해당 행정법관계의 권리와 의무의 전부 또는 일부에 대해 잠정적으로 확정하는 행위를 말한다(예 ① 경찰상 위험의 혐의가 있는 경우에 불확실한 사실관계가 명확해질 때까지 잠정적으로 규율하는 것, ② 소득액 등이 확정되지 아니한 경우에 과세관청이 상대방의 신고액에 따라 잠정적으로 세액을 결정하는 것(소득세법 제110조), ③ 물품의 수입에 있어 일단 잠정세액을 적용하였다가 후일에 세액을 확정짓는 것(관세법 제39조 등 참조) 등).

가행정행위는 잠정적이기는 하지만 행정행위로서 직접 법적 효력을 발생시킨다.

가행정행위는 본행정행위에 대해 구속력을 미치지 않는다. 가행정행위에 대한 신뢰도 인정되지 않는다.

가행정행위는 본행정행위가 있게 되면 본행정행위에 따라 대체되고 효력을 상실한다.

Ⅳ. 사전결정

사전결정(예비결정)이란 최종적인 행정결정을 내리기 전에 사전적인 단계에서 최종적 행정결정의 요건 중 일부에 대해 종국적인 판단으로서 내려지는 결정을 말한다(예 ① 폐기물처리업허가에 선행하는 폐기물관리법 제26조의 폐기물처리사업계획 적정·부적정 통보처분(대판 1998. 4. 28, 97누21086[폐기물처리사업 부적정통보취소]), ② 노선면허에 선행하는 항공사업법 제16조의 운수권 배분, ③ 건축법 제10조의 건축 관련 입지와 규모의 사전결정, ④ 구 주택건설촉진법 제32조의4 제1항의 사전결정과 ⑤ 원자력안전법상 부지사전승인(제10조 제3항)). 판례는 부지사전승인을 '사전적 부분 건설허가처분'의 성격을 가지고 있는 것으로 본다 (부지적합성판단 + 제한공사승인).

판례는 사전결정의 최종적 행정결정에 대한 구속력을 인정하지 않고, 사전 결정에 대한 신뢰이익만 인정하고, 최종처분시 다시 재량권을 행사할 수 있다고 본다(대판 1999. 5. 25, 99두1052).

사전결정은 종국적 행정결정이 아니고 허가 등 종국적 행정결정의 요건 중 일부에 대한 판단에 그치는 것이다. 따라서, 사전결정을 받은 자는 사전결정을 받은 것만으로는 어떠한 행위를 할 수 없다. 이 점에서 사전결정은 부분허가와 구별된다. 다만, 원자력안전법은 부지 적합성에 대한 사전승인을 받으면 제한적 으로 공사(예 원자력시설의 기초공사)를 할 수 있는 것으로 명문으로 규정하고 있다 (법 제10조 제 4 항).

최종행정행위가 있게 되면 사전결정은 원칙상 최종행정행위에 흡수된다(대판 1998. 9. 4, 97누19588).

V. 부분허가

부분허가란 원자력발전소와 같이 그 건설에 비교적 장기간의 시간을 요하 고 영향력이 큰 시설물의 건설에 있어서 단계적으로 시설의 일부분에 대하여 부여하는 허가를 말한다.

판례는 원자로시설 부지사전승인처분의 법적 성격을 '사전적 부분 건설허 가'로 보고 있다(대판 1998. 9. 4, 97누19588).

한편 주택법상 주택건설사업을 완료한 경우에는 완공부분에 대하여 동별로 사용검사를 받을 수 있다고 규정하고 있다(법 제49조 제 1 항·제 4 항).

부분허가는 그 자체가 규율하는 내용에 대한 종국적 결정인 행정행위이다. 부분허가를 받은 자는 허가대상이 되는 행위를 적법하게 할 수 있다.

처분청이 제 1 단계 절차에서 내린 부분허가의 내용은 처분청 스스로에게 구속력을 발생하여 후행절차에서 선행 부분허가와 모순된 결정을 내려서는 아 니된다. 즉, 부분허가시 행해지는 판단은 사실관계에 있어서나 법적 요건에 있어 차후에 별다른 변화가 없는 한, 최종적 결정에 구속력을 지닌다. 다만 그 사이에 법적·사실적 상황이 변경된 경우에는 처분청은 선행 부분허가를 철회하고 새로운 결정을 내릴 수가 있다.

제11절 경찰행정의 자동결정과 자동적 처분

I. 의 의

행정의 자동적 처분이란 미리 입력된 프로그램에 따라 행정처분이 자동으로 행해지는 것을 말한다(예 전자신호시스템에 따른 교통신호, 무인교통단속장비를 통한 교통법규위반자단속, 컴퓨터를 통한 교통단속결과의 처리 및 운전면허 행정처분, 객관식 시험의 채점과 합격자 결정, 세금 결정).

「행정기본법」은 제20조에서 자동적 처분에 대해 규율하고 있다. 자동적 처분이란 법률로 정하는 바에 따라 완전히 자동화된 시스템(인공지능 기술을 적용한 시스템을 포함한다)으로 하는 처분을 말한다. 자동적 처분은 법률로 정한 경우에 한하여 인정된다(법 제20조). 처분과정 중 일부만 자동화된 것은 「행정기본법」 제20조의 자동적 처분이 아니다. 행정결정은 자동적으로 되지만, 통지가 별도로 행해지는 것은 행정의 자동결정이지만, 자동적 처분은 아니다. 이에 반하여 행정의 자동결정은 전부(완전) 자동결정뿐만 아니라 일부 자동결정도 포함하는 개념이다. 권력적 사실행위도 처분이므로 권력적 사실행위에도 「행정기본법」 제20조가 적용된다고 보아야 한다.

II. 법적 성질

행정의 자동결정은 행정의사의 내부적 성립의 성질을 갖는다. 행정의 자동결정이 행정행위로 성립하여 효력을 발생하기 위해서는 자동결정이 통지되어 도달되어야 한다.

행정의 자동적 처분은 그 자체가 처분의 성질을 갖는다.

행정의 자동결정이나 자동적 처분은 행정행위뿐만 아니라 사실행위에 대해서도 가능하다.

행정의 자동적 처분의 기준이 되는 프로그램의 법적 성질은 행정규칙(재량준칙)이라고 볼 수 있다.

Ⅲ. 행정의 자동적 처분과 재량행위

처분에 재량이 있는 경우는 자동적 처분을 할 수 없다(행정기본법 제20조 단서).

재량행위에 행정의 자동적 처분이 가능한지에 대해 견해가 대립되고 있다. 재량준칙을 정형화하고 그에 따라 재량처분을 자동처분한 후 상대방에게 이의제기의 가능성을 열어 놓는 방법으로 재량행위를 자동처분할 수 있는 가능성이 있다고 보는 것이 타당하다. 이 경우에 자동적 처분은 법정기간 내에 이의제기가 없을 것을 정지조건으로 성립하는 것으로 볼 수 있을 것이다.

제5장
공법상 계약

I. 의   의

공법상 계약이란 공법적 효과를 발생시키고 행정주체를 적어도 한쪽 당사자로 하는 양 당사자 사이의 반대방향의 의사의 합치를 말한다.

행정주체가 체결하는 계약은 사법의 적용을 받는 사법상 계약(예 창덕궁 안내원 채용계약(대판 1996. 1. 23, 95다5808))일 수도 있고, 공법적 규율을 받는 공법상 계약일 수도 있다(예 사이버범죄 전문가의 경찰공무원채용계약, 별정우체국장의 지정, 임의적 공용부담(개인의 사유지를 도로·공원 등의 부지로 제공), 민간투자사업 실시협약(대판 2019. 1. 31, 2017두46455) 등).

1. 사법상 계약과의 구별

(1) 구별실익

① 실체법상 공법상 계약은 공법적 효과를 발생시키고 공익과 밀접한 관계를 갖고 있으므로 사법상 계약과 달리 특수한 공법적 규율의 대상이 된다.

② 소송법상 공법상 계약에 관한 소송은 민사소송이 아니라 공법상 당사자소송에 속한다(대판 1996. 5. 31, 95누10617).

③ 공법상 계약에 따른 의무의 불이행이 행정상 강제집행이나 행정벌의 대상이 되는 것으로 규정되어 있는 경우가 있고, 공법상 계약과 관련한 불법행위로 국민이 입은 손해는 국가배상법에 따른 손해배상의 대상이 된다.

(2) 구별기준

공법상 계약과 사법상 계약의 구별기준에 공법관계와 사법관계의 구별에 관한 일반적 기준이 원칙상 적용된다.

판례에 따르면, 조달계약(국가, 지방자치단체 등에 물품, 시설, 용역 등을 공급하는 계약)은 사법상 계약이지만, '한국형 헬기 개발사업계약'은 「국가연구개발사업규정」에 근거하여 체결한 연구계약으로서 단순한 조달계약이 아니고 공법상 계약이다(대판 2017. 11. 9, 2015다215526). 판례는 폐기물처리업자에 대한 생활폐기물수집운반 등 대행위탁계약을 사법상 계약으로 보았지만, 생활폐기물수집운반 등 대행위탁계약은 공행정의 집행을 대행위탁하는 계약이고, 공행정에 대한 단순한 보조위탁계약이 아니므로 이 사건 생활폐기물수집운반 등 대행위탁계약을 사법상 계약으로 본 것은 타당하지 않다(공법상 계약으로 보는 것이 타당하다).

2. 공법상 계약과 행정행위, 공법상 합동행위

공법상 계약과 행정행위는 구체적인 법적 효과를 가져오는 법적 행위인 점에서는 동일하지만, 양자는 행위의 형성방식에 차이가 있다.

행정행위는 행정주체에 의해 일방적으로 행해지지만(일방적 행위), 공법상 계약은 행정주체와 국민 사이의 합의에 따라 행해진다(쌍방적 행위).

공법상 합동행위나 공법상 계약 모두 다수의사의 합치에 의해 성립한다는 점은 동일하나, 합동행위는 그 의사의 방향이 같은 방향이나 공법상 계약은 반대방향이다.

Ⅱ. 인정범위 및 한계

① 「행정기본법」은 공법상 계약의 일반적 근거규정을 두고 있다. 즉, 행정청은 법령등을 위반하지 아니하는 범위에서 행정목적을 달성하기 위하여 필요한 경우에는 공법상 법률관계에 관한 계약(이하 "공법상 계약"이라 한다)을 체결할 수

있다(법 제27조 제 1 항).

② 공법상 계약은 비권력적 행정 분야에서뿐만 아니라 권력행정 분야에서도 인정된다.

③ 공법상 계약으로 행정행위를 갈음할 수 있는가(예 행정청은 택지개발사업계획을 승인하고 개발사업자는 기부채납을 한다는 계약)에 관하여 법상 금지되지 않는 한 행정행위 대신에 공법상 계약이 사용될 수 있다는 견해와 없다는 견해가 대립되고 있다.

그러나 일정한 행정 분야, 즉 협의에 따른 행정이 타당하지 않으며 공권력에 따라 일방적으로 규율되어야 하는 분야에서는 법률의 근거가 없는 한 공법상 계약이 인정될 수 없고, 행정행위를 대체할 수도 없다(예 공공의 안녕과 질서유지를 목적으로 하는 경찰행정 분야와 조세행정 분야).

④ 공법상 계약의 방식이 의미를 갖는 경우는 행정청에게 재량권이 인정되는 경우이다. 행정청은 재량권의 범위 내에서 상대방인 국민과 협의하여 공법상 계약의 내용을 자유롭게 정할 수 있다.

⑤ 제 3 자의 권익을 제한하는 내용의 행정행위를 할 것을 내용으로 하는 공법상 계약은 제 3 자의 동의가 없는 한 인정될 수 없다.

Ⅲ. 공법상 계약의 성립요건과 적법요건

1. 성립요건

공법상 계약은 사법상 계약과 마찬가지로 양 당사자의 반대방향의 의사의 합치에 따라 성립된다.

공법상 계약에서 계약당사자의 일방은 행정주체이어야 한다. 행정주체에는 공무를 수탁받은 사인(공무수탁사인)도 포함된다.

2. 적법요건

(1) 주체에 관한 요건

공법상 계약을 체결하는 행정주체에게 권한이 있어야 한다.

행정기관이 아니라 행정주체가 공법상 계약의 주체가 된다.

(2) 절차에 관한 요건

공법상 계약의 절차를 일반적으로 특별히 규율하는 법령은 존재하지 않는다. 공법상 계약은 행정절차법의 규율대상이 아니다. 행정청은 「행정기본법」 제27조에 따라 공법상 법률관계에 관한 계약을 체결할 때 법령등에 따른 관계 행정청의 동의, 승인 또는 협의 등이 필요한 경우에는 이를 모두 거쳐야 한다(동법 시행령 제6조).

(3) 형식에 관한 요건

행정청은 공법상 계약을 체결할 경우 계약의 목적 및 내용을 명확하게 적은 계약서를 작성하여야 한다(행정기본법 제27조 제1항).

공법상 계약은 구두에 따른 것도 가능하지만, 계약 내용을 명확히 할 필요가 있으므로 문서로 하는 것이 바람직하다.

(4) 내용에 관한 요건

법우위의 원칙은 공법상 계약에도 적용된다. 따라서 공법상 계약의 내용은 법을 위반하지 않아야 한다. 행정청은 공법상 계약의 상대방을 선정하고 계약 내용을 정할 때 공법상 계약의 공공성과 제3자의 이해관계를 고려하여야 한다(동법 제27조 제2항).

행정법의 일반 법원칙은 공법상 계약에도 적용된다.

IV. 공법상 계약의 법적 규율

1. 실체법상 규율

(1) 공법적 규율과 사법의 적용

공법상 계약은 공법적 효과를 발생시키며 공익의 실현수단인 점에 비추어 공법적 규율의 대상이 된다. 「행정기본법」은 공법상 계약에 대한 실체법상 공법적 규율에 관한 사항을 규정하지 않고, 공법상 계약에 대한 일부 일반적 규정을 두고 있을 뿐이다. 공법상 계약에 대한 특수한 규율은 개별법 또는 법이론상 인정된다.

「국가를 당사자로 하는 계약에 관한 법률」은 국가를 당사자로 하는 공법상 계약과 사법상 계약을 구별하지 않고 양자를 동일하게 규율하고 있다.

공법상 계약에 관하여 개별법에 특별한 규정이 없는 경우에는 「국가를 당사자로 하는 계약에 관한 법률」을 적용하고, 동 법률에서도 정하지 않는 사항에 대하여는 계약에 관한 민법의 규정을 유추적용할 수 있다.

(2) 공법상 계약의 하자의 효과

공법상 계약에는 공정력(잠정적 통용력)이 인정되지 않으므로 위법한 공법상 계약은 원칙상 무효라는 것이 다수견해이며 판례의 입장이다.

(3) 공법상 계약의 집행상 특수한 규율

공법상 계약의 집행에 있어서는 공익의 실현을 보장하기 위하여 명문의 규정이 없는 경우에도 계약의 해지 등에 관한 민법의 원칙이 수정되는 경우가 있다.

2. 절차법상 규율

공법상 계약절차에 관한 일반적 규정이 존재하지 않는다. 행정절차법은 공법상 계약절차에 관한 규정을 두고 있지 않다.

3. 소송법상 규율

(1) 공법상 당사자소송

공법상 계약에 관한 소송은 민사소송이 아니라 공법상 당사자소송에 의한다.

공법상 계약 또는 그 해지(예 중소기업 정보화지원사업을 위한 협약의 해지 및 그에 따른 보조금 환수통보(대판 2015. 8. 19, 2015두41449))의 무효의 확인을 구하는 당사자소송은 확인소송이므로 확인의 이익(즉시확정의 이익)이 요구된다.

(2) 항고소송의 대상이 되는 경우

행정청에 의한 공법상 계약의 체결 여부 또는 계약상대방의 결정(예 「민간투자법」상 우선협상대상자의 지정, 민간투자사업자 지정, 민간투자사업 실시계획의 승인)은 처분성을 가지며, 공법상 계약과 분리될 수 있는 경우에는 행정소송법상 처분에 해당하고, 항고소송의 대상이 된다.

또한 법에 근거하여 제재로서 행해지는 공법상 계약의 해지 등 계약상대방에 대한 권력적 성격이 강한 행위는 행정소송법상 처분으로 보아야 한다.

조달계약 및 공법상 계약에 관한 입찰참가자격제한은 법적 근거가 있는 경우에는 처분에 해당한다.

(3) 국가배상청구소송

공법상 계약에 따른 의무의 불이행으로 인한 손해배상청구 및 공법상 계약의 체결 및 집행상의 불법행위로 인한 손해배상청구는 국가배상청구이다.

제6장
행정상 사실행위

I. 의 의

행정상 사실행위란 행정목적을 달성하기 위하여 행해지는 물리력의 행사를 말한다. 사실행위란 일정한 법적 효과의 발생을 의도하는 것이 아니라, 사실상의 결과 실현만을 목적으로 하는 행정주체의 모든 행위를 말한다.

경찰기관 또는 그 구성원인 경찰공무원이 직무상 행하는 행위는 대부분 사실행위이다(⟨예⟩ 행정지도, 대집행의 실행, 경찰상 즉시강제, 순찰, 교통정리, 미아 등 보호, 경비·경호, 치안정보의 수집 등).

행정상 사실행위는 직접적으로는 법적 효과를 발생시키지 않는 행위이다.

II. 행정상 사실행위의 처분성

판례는 권력적 사실행위를 행정소송법상 처분으로 본다(대판 2014. 2. 13, 2013두 20899: 재소자 접견내용 녹음·녹화 및 접견 시 교도관 참여대상자 지정행위는 권력적 사실행위로서 항고소송의 대상이 되는 '처분'에 해당한다고 본 원심판단을 정당한 것으로 수긍한 사례). 권력적 사실행위로 보이는 단수처분(대판 1979. 12. 28, 79누218), 교도소재소자의 이송조치(대결 1992. 8. 7, 92두30)의 처분성을 인정한 대법원 판례도 있다.

Ⅲ. 행정상 사실행위의 손해전보

1. 손실보상

적법한 권력적 사실행위로 국민이 특별한 손해를 입은 경우에는 손실보상이 주어져야 한다(예 소방기본법 제49조의2 제 1 항의 소방파괴로 인한 손실에 대한 손실보상). 다만, 손해를 입은 자에게 귀책사유(예 불법주차)가 있는 경우에는 손실보상이 주어지지 않을 수 있다. 그것은 경찰책임이 인정되기 때문이다.

2. 국가배상

위법한 행정상 사실행위로 손해를 입은 경우에는 국가배상을 청구할 수 있다. 적법한 사실행위(예 교통법규 위반차량에 대한 경찰차의 추적행위, 행정상 즉시강제)의 집행방법이 잘못(예 법령위반 또는 손해방지의무위반)되어 발생한 손해에 대하여도 국가배상이 인정될 수 있다(대판 2000. 11. 10, 2000다26807).

Ⅳ. 독일법상 비공식적(비정형적) 행정작용

1. 의   의

비공식적(비정형적) 행정작용은 행정작용의 근거, 요건 및 효과 등이 법에 정해져 있지 않은 행정작용을 포괄하는 개념이다. 비공식적 행정작용은 행정작용의 근거, 요건 및 효과 등이 법에 정해져 있는 공식적 행정작용에 대응하는 개념이다(예 경고, 권고, 정보제공, 협상, 사전절충, 주민협약 등).

2. 필요성과 문제점

(1) 필 요 성

비공식적 행정작용은 협의에 따른 행정, 탄력적인 행정을 위하여 요구되는 행위형식이다.

(2) 문 제 점

비공식적 행정작용은 법치행정의 원칙을 무력하게 하고, 밀실행정을 조장하고, 국민의 권익구제를 어렵게 할 위험성이 있다.

3. 법률유보

① 비공식적 행정작용 중 당사자의 합의에 따른 경우에는 통상의 권한규범 이외에 별도의 작용법적 근거가 필요 없다.

② 경고와 같이 행정기관의 일방적 형식에 따르고 그 효과에 있어서 당사자에게 실질적으로 불이익하게 작용하는 경우에는 별도의 수권규정이 필요하다고 보는 것이 일반적 견해이다.

③ 단순한 권고 및 정보제공에는 별도의 법적 근거가 필요하지 않다.

4. 법적 성질 및 효력

비공식적 행정작용의 법적 성질은 사실행위이다.

5. 권익구제

① 비공식적 행정작용이 사실상 강제력을 갖는 경우(예 경고)에는 이견이 있으나 항고소송의 대상이 되는 처분으로 볼 수 있다. 예컨대, 감사 결과에 따라 행하는 의사에 대한 경고는 비록 법적 효과가 발생하지 않는 행정상 사실행위이지만, 상대방의 명예·신용에 중대한 영향을 미치는 경우가 있기 때문에 행정쟁송법상 처분성을 인정할 수 있다고 한다.

② 비공식 행정작용으로서의 합의(예 주민협약)는 신사협정에 불과한 것으로 법적 구속력이 없으므로 그 불이행으로 인한 손해배상을 청구할 수는 없다.

③ 위법·과실의 경고, 권고, 정보제공 등으로 손해를 입은 경우에는 국가배상을 청구할 수 있다.

제7장
행정지도

Ⅰ. 행정지도의 의의와 법적 성질

행정절차법은 행정지도를 "행정기관이 그 소관 사무의 범위에서 일정한 행정목적을 실현하기 위하여 특정인에게 일정한 행위를 하거나 하지 아니하도록 지도, 권고, 조언 등을 하는 행정작용"으로 정의하고 있다(법 제2조 제3호).

행정지도는 상대방인 국민의 임의적인 협력을 구하는 데 그 개념적 특징이 있으므로 비권력적 행위이다(예 교통혼잡을 이유로 대로변에서 아이돌그룹의 팬사인회 중지를 요청한 경찰지도). 그러나 현실에 있어서 행정지도는 사실상 강제력을 가지는 경우가 많다(예 ① 보조금지급 및 수익적 처분을 수여하지 않거나 ② 세무조사 및 명단의 공표 등 불이익조치를 취하는 것).

　　행정지도는 그 자체만으로는 직접 법적 효과를 가져오지 않으므로 사실행위이다.

Ⅱ. 행정지도의 필요성과 문제점

1. 필 요 성

　　① 행정지도는 법령의 불비를 보완하여 행정의 필요에 따른 행정권의 행사를 가능하게 한다.

　　② 행정권의 발동이 인정되고 있는 경우에도 행정권 발동 이전에 국민의 협력을 구하는 행정지도를 행함으로써 공권력의 발동으로 인하여 야기될 수 있는 국민의 저항을 방지할 수 있다.

　　③ 오늘날의 정보화사회에서 국민에게 최신의 지식·기술·정보를 제공하여 줄 수 있는 적절한 수단이 된다.

2. 문 제 점

　　① 행정지도에 대한 법적 규제가 미비되어 있는 상황하에서 남용됨으로써 국민의 권익을 침해할 가능성이 있다.

　　② 행정지도가 국민의 임의적 협력을 전제로 하는 비권력적인 작용이므로 행정쟁송이나 국가배상에 따른 구제가 어렵다.

Ⅲ. 행정지도의 종류

1. 조성적 행정지도

　　조성적 행정지도란 국민이나 기업의 활동이 발전적인 방향으로 행해지도록 유도하기 위하여 정보, 지식, 기술 등을 제공하는 것을 말한다(예 교통지도, 중소기업의 기술지도, 직업지도, 장학지도 등).

2. 조정적 행정지도

조정적 행정지도란 사인 상호간 이해 대립의 조정이 공익목적상 필요한 경우에 그 조정을 행하는 행정지도를 말한다(예 구조조정을 위한 행정지도, 노사간의 쟁의조정, 기업간 협력의 중개 등). 조정적 행정지도는 규제적 행정지도에 속한다고 볼 수 있다.

3. 규제적 행정지도

규제적 행정지도란 사적 활동에 대한 제한의 효과를 갖는 행정지도를 말한다(예 행정행위를 대체하여 행해지는 행정지도, 물가의 억제를 위한 행정지도, 오물투기 억제지도 등).

Ⅳ. 행정지도의 법적 근거

행정지도에 따를 것인지의 여부가 상대방인 국민의 임의적 결정에 달려 있으므로 행정지도에는 법률의 근거가 없어도 된다는 것이 다수설 및 판례의 견해이다. 이에 대하여 행정지도가 사실상 강제력을 갖는 경우(예 교육부장관의 대학총장들에 대한 학칙시정 요구)에는 법률의 근거가 있어야 한다는 소수견해가 있다.

처분권의 수권규정은 처분권의 범위 내에서 행정지도의 근거가 될 수 있다(예 시정명령권이 있는 경우에는 시정권고 가능하고, 요금에 대해 재량권인 인가권이 있는 경우에는 요금에 대한 행정지도 가능).

Ⅴ. 행정지도의 한계

1. 조직법상의 한계

행정지도는 해당 행정기관의 소관사무의 범위 내에서 행해져야 한다. 그 범위를 넘는 행정지도는 무권한의 하자를 갖게 된다.

2. 작용법상의 한계

(1) 실체법상의 한계

① 행정지도는 법의 일반원칙을 포함하여 법에 위반하여서는 안 된다.

② 행정지도는 그 목적 달성에 필요한 최소한도에 그쳐야 하며, 행정지도의 상대방의 의사에 반하여 부당하게 강요하여서는 아니 된다(행정절차법 제48조 제 1 항).

③ 행정기관은 행정지도의 상대방이 행정지도에 따르지 아니하였다는 것을 이유로 불이익한 조치를 하여서는 아니 된다(동법 제48조 제 2 항).

(2) 절차법상의 한계

① 행정지도를 하는 자는 그 상대방에게 그 행정지도의 취지 및 내용과 신분을 밝혀야 한다(동법 제49조 제 1 항).

② 행정지도가 말로 이루어지는 경우에 상대방이 제 1 항의 사항을 적은 서면의 교부를 요구하면 그 행정지도를 하는 자는 직무 수행에 특별한 지장이 없으면 이를 교부하여야 한다(동법 제49조 제 2 항).

③ 행정지도의 상대방은 해당 행정지도의 방식·내용 등에 관하여 행정기관에 의견제출을 할 수 있다(동법 제50조).

④ 행정기관이 같은 행정목적을 실현하기 위하여 많은 상대방에게 행정지도를 하려는 경우에는 특별한 사정이 없으면 행정지도에 공통적인 내용이 되는 사항을 공표하여야 한다(동법 제51조).

Ⅵ. 행정지도와 행정구제

1. 항고쟁송에 따른 구제

(1) 행정지도의 처분성

판례는 원칙상 행정지도의 처분성을 부인한다(예 위법 건축물에 대한 단전 및 전화통화 단절조치 요청행위(대판 1996. 3. 22, 96누433)). 이에 대하여 행정지도가 국민의 권리의무에 사실상 강제력을 미치고 있는 경우(예 교육부장관의 대학총장들에 대한 학칙시정요구)에는 처분성을 인정하는 견해가 있다.

대법원은 국가인권위원회의 성희롱결정과 그에 따른 시정조치의 권고는 불가분의 일체로 이루어지는 것으로서 행정처분에 해당한다고 보았다(대판 2005. 7. 8, 2005두487).

(2) 행정지도의 위법성

행정지도는 그 한계를 넘으면 위법하다.

행정지도가 강제성을 가지고, 법적 근거 없이 국민의 권익을 침해하는 경우 그 행정지도는 위법한 것이 된다.

2. 국가배상청구

위법한 행정지도로 손해가 발생한 경우에는 국가배상책임의 요건을 충족하는 한 국가배상책임이 인정된다는 것이 판례 및 일반적 견해이다.

판례는 행정지도가 그에 따를 의사가 없는 원고에게 이를 부당하게 강요하는 것인 경우에는 행정지도의 한계를 일탈한 위법한 행정지도에 해당하여 불법행위를 구성한다고 본다.

3. 손실보상

행정지도가 전혀 강제성을 띠지 않는 한 손실보상은 인정되지 않는다. 그러나 행정지도가 사실상 강제성을 띠고 있고, 국민이 행정지도를 따를 수밖에 없었던 경우에는 '특별한 희생'이 발생한 경우 손실보상을 해 주어야 할 것이다.

제 8 장
행정조사

I. 행정조사의 의의

행정조사란 행정기관이 사인으로부터 행정상 필요한 자료나 정보를 수집하기 위하여 행하는 일체의 행정작용을 말한다.

행정조사기본법은 행정조사를 "행정기관이 정책을 결정하거나 직무를 수행하는 데 필요한 정보나 자료를 수집하기 위하여 현장조사·문서열람·시료채취 등을 하거나 조사대상자에게 보고요구·자료제출요구 및 출석·진술요구를 행하는 활동"이라고 정의하고 있다(법 제 2 조 제 1 호).

행정조사는 개별법에 의한 사전적 위험방지목적의 행정작용이나, 실질적으로 사후적 형사절차인 범죄수사를 능가하는 강제조사로 조사대상자에게 상당한 압박을 가하게 되어 자유와 권리의 침해를 야기하는 경우가 많다. 그러나 행정조사는 헌법과 형사소송법상 요구되는 적법절차원칙의 적용범위 밖에 있어서 인권보장에 있어서 사각지대에 놓여있다고 비판하는 견해도 있다(박현준, "경찰행정조사에서의 인권보장", 「법학연구」 제65권(한국법학회, 2017), 초록).

즉, 행정조사가 순수한 행정작용을 위한 준비행위 또는 정보획득의 수단을 넘어서서 수사절차와 혼용되어 이루어지거나 행정조사절차에서 이루어진 정보를 토대로 형사고발로 나아가는 경우가 빈번하다. 이처럼 행정조사가 사실상 형사수사와 큰 차이가 없이 전환되더라도 행정기관에 의한 조사활동이라는 미명하에 형사소송법이 적용되지 않아 적법절차의 원칙이 제대로 지켜지지 않는 부작용이 나타나고 있다(例 ① 소방기본법 제31조의 화재조사, ② 선거범죄와 관련한 공직선거법 제272조의2 제 7 항과 제 8 항)(김용섭, "행정조사에 관한 기본이론", 「행정조사의 사법적 통제에 관한 연구」, 3쪽).

행정조사와 수사의 공통점과 차이점은 다음과 같다.

[행정조사와 수사의 공통점과 차이점]

		행정조사	수사
공통점		① 국가임무를 위한 준비적·보조적 활동 ② 객관적 사실을 발견하기 위한 조사활동	
차이점	조사주체	행정기관	사법기관
	거부시 제재수단	간접강제(행정형벌, 과태료 등)	직접강제(영장주의)
	인권보호 통제장치	미흡	엄격

Ⅱ. 행정조사의 법적 성질

행정조사의 법적 성질을 사실행위로 보는 견해가 있다. 그러나 행정조사는 사실행위뿐만 아니라 장부서류제출명령과 같이 법적 행위를 포함한다. 여기서 법적 행위란 외부적 행위이며 권리·의무와 관련되는 행위를 말한다.

행정조사에는 보고서요구명령, 장부서류제출명령, 출두명령, 보고명령 등 행정행위의 형식을 취하는 것과 질문, 출입검사, 실시조사, 앙케트 조사, 정기검사, 장부검사, 관계인조사 등 사실행위의 형식을 취하는 것이 있다.

Ⅲ. 행정조사의 법적 근거

행정조사기본법상 행정기관은 법령등에서 행정조사를 규정하고 있는 경우에 한하여 행정조사를 실시할 수 있다. 다만, 조사대상자의 자발적인 협조를 얻어 실시하는 행정조사의 경우에는 그러하지 아니하다(법 제5조).

조사대상자 없이 정보를 수집하는 행정조사는 원칙상 법률의 근거를 요하지 않는다.

Ⅳ. 행정조사기본법

행정조사기본법(2007. 5. 17. 제정)은 행정조사에 관한 기본원칙·행정조사의 방법 및 절차 등에 관한 공통적인 사항을 규정하고 있다.

행정조사기본법

제 4 조(행정조사의 기본원칙) ① 행정조사는 조사목적을 달성하는데 필요한 최소한의 범위 안에서 실시하여야 하며, 다른 목적 등을 위하여 조사권을 남용하여서는 아니 된다.

② 행정기관은 조사목적에 적합하도록 조사대상자를 선정하여 행정조사를 실시하여야 한다.

③ 행정기관은 유사하거나 동일한 사안에 대하여는 공동조사 등을 실시함으로써 행정조사가 중복되지 아니하도록 하여야 한다.

④ 행정조사는 법령등의 위반에 대한 처벌보다는 법령등을 준수하도록 유도하는 데 중점을 두어야 한다.

⑤ 다른 법률에 따르지 아니하고는 행정조사의 대상자 또는 행정조사의 내용을 공표하거나 직무상 알게 된 비밀을 누설하여서는 아니된다.

⑥ 행정기관은 행정조사를 통하여 알게 된 정보를 다른 법률에 따라 내부에서 이용하거나 다른 기관에 제공하는 경우를 제외하고는 원래의 조사목적 이외의 용도로 이용하거나 타인에게 제공하여서는 아니 된다.

제 9 조(출석·진술 요구)

제10조(보고요구와 자료제출의 요구)

제11조(현장조사)

제12조(시료채취)

제13조(자료등의 영치)

제14조(공동조사)

제15조(중복조사의 제한)

제25조(자율신고제도)

Ⅴ. 행정조사의 한계

1. 실체법적 한계

(1) 법령상 한계

행정조사는 행정조사를 규율하는 법령을 위반하여서는 안 된다. 행정조사기본법은 행정조사의 기본원칙과 그 한계를 규정하고 있다.

행정청이 현장조사를 실시하는 과정에서 조사상대방으로부터 구체적인 위반사실을 자인하는 내용의 확인서를 작성받는 경우가 많다. 그 사실확인서의 증거가치에 대하여 판례는 "그 확인서가 작성자의 의사에 반하여 강제로 작성된 것이 아니며, 그 내용의 미비 등으로 인하여 구체적인 사실에 대한 증명자료로 삼기 어려운 것도 아니라면, 그 확인서의 증거가치를 쉽게 부정할 수는 없다"는 입장을 취하고 있다(대판 2017. 7. 11, 2015두2864; 대판 2020. 6. 25, 2019두52980).

(2) 행정법의 일반원칙상 한계

1) 목적부합의 원칙

행정조사는 수권법령상의 조사목적 이외의 목적을 위하여 행해져서는 안 된다. 행정조사를 범죄수사의 목적이나 정치적 목적으로 이용하는 것은 위법하다.

2) 비례의 원칙

행정조사는 행정목적을 달성하기 위하여 필요한 최소한도에 그쳐야 한다. 행정조사의 수단에 여러 가지가 있는 경우에 상대방에게 가장 적은 침해를 가져오는 수단을 사용하여야 한다.

3) 평등의 원칙

행정조사의 실시에 있어서 합리적인 사유 없이 조사대상자를 차별하는 것은 평등의 원칙에 반한다.

4) 실력행사의 가부

강제조사 중 조사상대방이 조사를 거부하는 경우에 벌칙을 가할 수 있다고 규정하고 있지만, 실력행사에 관한 명문의 근거규정이 없는 경우에 이 벌칙 등의 제재를 가하는 외에 직접 실력을 행사할 수 있을 것인가 하는 것이 문제된다. 이에 관하여 긍정설, 부정설 및 예외적 긍정설이 대립하고 있다. 부정설이 다수설이다.

2. 절차법적 한계

(1) 적법절차의 원칙

행정조사는 적법한 절차에 따라 행해져야 한다. 행정조사를 규정하는 법에서는 행정조사를 할 때에는 증표(공무원증)를 휴대하고 제시하도록 규정하고 있는 경우가 많다.

(2) 행정조사와 행정절차

행정절차법은 행정조사에 관한 명문의 규정을 두고 있지 않다. 다만, 행정조사가 행정행위의 형식을 취하는 경우에 행정절차법상의 처분절차에 관한 규정이 행정조사에도 적용된다.

행정조사기본법은 행정조사절차에 관한 일반적 규정을 두고 있다.

(3) 영장주의의 적용 여부

행정조사를 위해 압수·수색이 필요한 경우에 개별법에 명문의 규정으로 영장주의를 요구하는 경우(예 「조세범 처벌절차법」 제 9 조, 관세법 제296조)는 문제되지 않는다. 그러나 영장에 관한 명문의 규정이 없는 경우에도 압수·수색을 수반하는 행정조사에 영장주의가 적용될 것인가 하는 문제가 제기된다. 판례는 수사기관의 강제처분이 아닌 행정조사의 성격을 가지는 한 영장은 요구되지 않는다고 본다(대판 2013. 9. 26, 2013도7718[마약류관리에관한법률위반](향정): 우편물 통관검사절차에서 이루어지는 우편물의 개봉, 시료채취, 성분분석 등의 검사는 수출입물품에 대한 적정한 통관 등을 목적으로 한 행정조사의 성격을 가지는 것으로서 수사기관의 강제처분이라고 할 수 없으므로, 압수·수색영장 없이 우편물의 개봉, 시료채취, 성분분석 등 검사가 진행되었다 하더라도 특별한 사정이 없는 한 위법하다고 볼 수 없다고 한 사례).

그러나, 행정조사에서 나아가 범죄수사 중 압수·수색에는 영장이 필요하다고 본다(대판 2016. 7. 27, 2016도6295: 세관공무원이 통관검사과정에서 발견한 필로폰을 특별사법경찰관인 세관공무원에게 인계하고, 그 세관공무원이 검찰에 임의제출하여 압수한 필로폰이 영장 없이 압수된 것으로 보고 증거능력을 배척한 사례).

VI. 위법한 행정조사와 행정행위의 효력

행정조사가 위법한 경우에 그 조사를 기초로 한 행정결정은 위법하다는 것이 판례의 입장이다(예 중복조사금지에 반하는 세무조사에 기초한 과세처분(대판 2006. 6. 2, 2004두12070)). 다만, 행정조사절차의 하자가 경미한 경우에는 위법사유가 되지 않는다(대판 2009. 1. 30, 2006두9498).

제9장
표준적 경찰직무조치

제1절 권력적 행정조사에 해당하는 경찰직무조치

Ⅰ. 소지품(흉기소지 여부) 조사

경찰관 직무집행법

제3조(불심검문) ① 경찰관은 다음 각 호의 어느 하나에 해당하는 사람을 정지시켜 질문할 수 있다.

1. 수상한 행동이나 그 밖의 주위 사정을 합리적으로 판단하여 볼 때 어떠한 죄를 범하였거나 범하려 하고 있다고 의심할 만한 상당한 이유가 있는 사람
2. 이미 행하여진 범죄나 행하여지려고 하는 범죄행위에 관한 사실을 안다고 인정되는 사람

② 경찰관은 제1항에 따라 같은 항 각 호의 사람을 정지시킨 장소에서 질문을 하는 것이 그 사람에게 불리하거나 교통에 방해가 된다고 인정될 때에는 질문을 하기 위하여 가까운 경찰서·지구대·파출소 또는 출장소(지방해양경찰관서를 포함하며, 이하 "경찰관서"라 한다)로 동행할 것을 요구할 수 있다. 이 경우 동행을 요구받은 사람은 그 요구를 거절할 수 있다.

③ 경찰관은 제1항 각 호의 어느 하나에 해당하는 사람에게 질문을 할 때에 그 사람이 흉기를 가지고 있는지를 조사할 수 있다.

④ 경찰관은 제1항이나 제2항에 따라 질문을 하거나 동행을 요구할 경우 자신의 신분을 표시하는 증표를 제시하면서 소속과 성명을 밝히고 질문이나 동행의 목적과 이유를 설명하여야 하며, 동행을 요구하는 경우에는 동행 장소를 밝혀야 한다.

⑤ 경찰관은 제2항에 따라 동행한 사람의 가족이나 친지 등에게 동행한 경찰관의 신분, 동행 장소, 동행 목적과 이유를 알리거나 본인으로 하여금 즉시 연락할 수 있는 기회를 주어야 하며, 변호인의 도움을 받을 권리가 있음을 알려야 한다.

⑥ 경찰관은 제2항에 따라 동행한 사람을 6시간을 초과하여 경찰관서에 머물게 할 수 없다.

⑦ 제1항부터 제3항까지의 규정에 따라 질문을 받거나 동행을 요구받은 사람은 형사소송에 관한 법률에 따르지 아니하고는 신체를 구속당하지 아니하며, 그 의사에 반하여 답변을 강요당하지 아니한다.

1. 소지품(흉기소지 여부) 조사의 의의

흉기의 소지란 범죄현장에서 사용할 의도 아래 흉기를 몸 또는 몸 가까이에 소지하는 것을 말한다.

소지품(흉기소지 여부) 조사란 경찰관이 불심검문시에 질문에 부수하여 상대방의 협력에 기초하지 않고 소지품(흉기소지 여부)을 조사하는 것을 말한다(「경찰관 직무집행법」 제 3 조 제 3 항). 여기서 흉기란 ① 칼 등 그 물건의 본래의 성능이 사람을 살상함에 충분한 도구와 ② 가위·드라이버·곤봉 등 용법에 따라서는 사람을 살상할 수 있는 모든 것이 포함된다고 할 것이다. 소지란 '무엇을 가지고 있다'는 것을 의미한다.

불심검문의 일환으로서 소지 여부를 조사할 수 있는 것은 흉기뿐이며, 마약이나 위조지폐 등과 같은 물건은 「경찰관 직무집행법」상 조사의 대상이 되지 않는다(최영규).

2. 소지품(흉기소지 여부) 조사의 성질

불심검문시 행해지는 소지품(흉기소지 여부) 조사의 성질 및 영장요구 여부에 관하여는 수색설(이상규, 손재영), 수색부정설(박윤흔·정형근), 즉시강제설(류지태·박종수), 비권력적인 조사설(최영규), 강제조사설(홍정선) 또는 권력적 행정조사설 등이 대립되고 있다. 수색설 중 「경찰관 직무집행법」 제 3 조 제 3 항에 따른 흉기 소지 여부의 조사는 「헌법」 제12조 제 3 항의 수색에 해당하기 때문에 경찰관이 흉기 소지 여부를 조사할 때에는 원칙적으로 법관이 발부한 영장을 제시하여야 하지만, 여기서는 긴급을 요하는 경우에 해당하기 때문에 영장주의의 예외가 인정된다는 견해도 있다(손재영).

생각건대, 소지품(흉기소지 여부) 조사는 주된 목적이 범죄의 예방에 있고, 그 조사는 신체의 자유를 침해하지 않는 한도 내에서 가볍게 행해지므로 사법작용으로서의 수색으로 볼 수 없고 영장이 필요하지 아니하다. 그 법적 성격은 어느 정도의 강제력이 수반되는 권력적인 행정조사로 보는 것이 타당하다(권력적 행정조사설 또는 강제조사설). 즉, 소지품(흉기소지 여부) 조사는 그것만으로 직접 행정목적을 달성하는 것이 아니라 위해방지조치라는 행정을 위한 자료의 수집으로서의 성질이 강하다고 보아야 하므로 즉시강제라기보다는 권력적 행정조사로 보는 것이 타당하다.

참고로 경찰관의 직무질문에 따른 소지품검사에 대해 일본 최고재판소 판례는 "임의수단으로 허용되는 것이기 때문에, 소지인의 승낙을 얻어 그 한도에서 그것을 행하는 것이 원칙"이라고 하면서, "수색에 이르지 않는 정도의 행위는, 강제에 이르지 않는 한, 예를 들어 소지인의 승낙이 없더라도, 소지품검사의 필요성, 긴급성, 그것에 의해 침해되는 개인의 법익과 보호되는 공공의 이익과의 형량(權衡) 등을 고려하여, 구체적 상황하에서 상당하다고 인정되는 한도에서 허용되는 경우가 있다"고 판시하였다(最判 昭和53(1978). 9. 7. 日刑集 32권 6호 1672면, 百選Ⅰ 112).

3. 소지품(흉기소지 여부) 조사의 한계

소지품(흉기소지 여부) 조사에서 일반적으로 ① 외부에서 관찰하는 행위, ② 소지품(흉기소지 여부)에 대하여 질문하는 행위, ③ 소지품(흉기)의 임의제시를 요구하는 행위 등은 인정된다. 다만, ④ 소지자의 승낙없이 휴대품을 빼앗는 행위, ⑤ 옷의 주머니에 손을 넣는 행위, ⑥ 가방을 열어서 소지품을 끄집어내는 행위 등의 허용 여부에 대해서는 견해가 나뉘고 있다.

소지품(흉기소지 여부)을 조사하기 위하여는 상대방의 신체 및 휴대품에 대하여 접촉을 하게 되므로 헌법상 신체의 자유(신체활동의 자유)에 대한 제한의 측면이 있음을 부인하기 어렵다. 따라서 예외적으로 실력행사가 허용되는 경우로는 질문의 필요성 및 상당성(범죄의 중대성·혐의의 농후성)에 유의하여 그 옳고 그름을 판단하여야 할 것이다. 그리고 흉기를 소지하고 있다고 의심되는 때에는 질문자 및 본인의 생명·신체의 안전의 확보라는 관점에서 다소간 융통성 있게 해석할 필요가 있을 것이다.

Ⅱ. 정보의 수집

경찰관 직무집행법
제8조의2(정보의 수집 등) ① 경찰관은 범죄·재난·공공갈등 등 공공안녕에 대한 위

험의 예방과 대응을 위한 정보의 수집·작성·배포와 이에 수반되는 사실의 확인을 할 수 있다.
② 제 1 항에 따른 정보의 구체적인 범위와 처리 기준, 정보의 수집·작성·배포에 수반되는 사실의 확인 절차와 한계는 대통령령으로 정한다.

1. 의   의

정보란 일반적으로 정보기관이 조직활동을 통하여 수집된 첩보를 평가·분석·종합·해석하여 얻어진 지식을 말한다. 정보의 수집이란 정보를 수집·작성·배포 및 사실을 확인하는 것을 말한다.

「행정조사기본법」은 행정조사를 행정기관이 정책을 결정하거나 직무를 수행하는 데 필요한 정보나 자료를 수집하기 위하여 현장조사·문서열람·시료채취 등을 하거나 조사대상자에게 보고요구·자료제출요구 및 출석·진술요구를 행하는 활동으로 규정하고 있다(법 제 2 조 제 1 호).

「경찰관 직무집행법」 제 8 조의2는 범죄·재난·공공갈등 등 공공안녕에 대한 위험의 예방과 대응을 위한 정보의 수집·작성·배포 및 이에 수반하는 사실의 확인에 대해 규정하고 있다.

2. 정보수집의 법적 성질

정보수집은 위험방지를 위한 준비·위험에 대한 사전배려에 해당한다. 그러나 개인정보에 대해서는 자기결정권이 인정되기 때문에 권리를 침해하는 정보수집을 위해서는 법적 근거가 필요하다.

경찰의 강제수단이 동원되는 정보수집은 개인의 기본권을 침해하는 경찰작용으로 권력적 행정조사라 할 수 있다. 따라서 직무규범이 아닌 개별적인 수권규범이 필요하다.

3. 정보수집의 내용

(1) 공공안녕에 대한 위험의 예방과 대응을 위한 정보의 수집. 작성. 배포

경찰관은 범죄·재난·공공갈등 등 공공안녕에 대한 위험의 예방과 대응을 위한 정보의 수집·작성·배포를 할 수 있다(동법 제 8 조의2 제 1 항).

「재난 및 안전관리 기본법」(약칭: 재난안전법)은 재난이란 국민의 생명·신체·

재산과 국가에 피해를 주거나 줄 수 있는 것으로서 다음 각 목(가. 자연재난: 태풍, 홍수, 호우(豪雨), 강풍, 풍랑, 해일(海溢), 대설, 한파, 낙뢰, 가뭄, 폭염, 지진, 황사(黃砂), 조류(藻類) 대발생, 조수(潮水), 화산활동, 소행성·유성체 등 자연우주물체의 추락·충돌, 그 밖에 이에 준하는 자연현상으로 인하여 발생하는 재해, 나. 사회재난: 화재·붕괴·폭발·교통사고(항공사고 및 해상사고를 포함한다)·화생방사고·환경오염사고 등으로 인하여 발생하는 대통령령으로 정하는 규모 이상의 피해와 국가핵심기반의 마비, 「감염병의 예방 및 관리에 관한 법률」에 따른 감염병 또는 「가축전염병예방법」에 따른 가축전염병의 확산, 「미세먼지 저감 및 관리에 관한 특별법」에 따른 미세먼지 등으로 인한 피해)의 것을 말한다고 정의하고 있다(법 제3조 제1호).

공공갈등이란 공공정책을 수립하거나 추진하는 과정에서 발생하는 국가, 지방자치단체, 공공기관과 국민 간의 이해관계 충돌을 말한다.

「경찰관 직무집행법」 제8조의2 제1항의 '수집·작성·배포'는 '처리'의 일종이라 할 수 있다. 「개인정보 보호법」은 처리를 '개인정보의 수집, 생성, 연계, 연동, 기록, 저장, 보유, 가공, 편집, 검색, 출력, 정정(訂正), 복구, 이용, 제공, 공개, 파기(破棄), 그 밖에 이와 유사한 행위'라고 정의하고 있다(법 제2조 제2호).

(2) 사실의 확인

경찰관은 정보의 수집 등에 수반되는 사실을 확인할 수 있다(경찰관 직무집행법 제8조의2 제2항).

제2절   경찰상 즉시강제에 해당하는 경찰직무조치

I. 경찰상 즉시강제에 해당하는 경찰직무조치의 종류

「경찰관 직무집행법」상 경찰상 즉시강제에 해당하는 경찰직무조치로는 강제보호조치(법 제4조 제1항 제1호·제2호), 위험발생의 방지조치(동법 제5조), 위험방지를 위한 출입(동법 제7조), 범죄의 예방과 제지(동법 제6조). 경찰장구의 사용(동법 제10조의2), 분사기 등의 사용(동법 제10조의3), 무기의 사용(동법 제10조의4) 등이 있다.

경찰상 즉시강제의 법적 성질은 권력적 사실행위이다. 따라서 경찰상 즉시강제에 해당하는 경찰조치는 그 조치가 불가피한 최소한도 내에서만 행사되도록 발동·행사 요건을 신중하고 엄격하게 해석하여야 한다(대판 2012. 12. 13, 2012도 11162).

Ⅱ. 강제보호조치

> 경찰관 직무집행법
> 제 4 조(보호조치 등) ① 경찰관은 수상한 행동이나 그 밖의 주위 사정을 합리적으로 판단해 볼 때 다음 각 호의 어느 하나에 해당하는 것이 명백하고 응급구호가 필요하다고 믿을 만한 상당한 이유가 있는 사람(이하 "구호대상자"라 한다)을 발견하였을 때에는 보건의료기관이나 공공구호기관에 긴급구호를 요청하거나 경찰관서에 보호하는 등 적절한 조치를 할 수 있다.
>   1. 정신착란을 일으키거나 술에 취하여 자신 또는 다른 사람의 생명·신체·재산에 위해를 끼칠 우려가 있는 사람
>   2. 자살을 시도하는 사람
>   3. 미아, 병자, 부상자 등으로서 적당한 보호자가 없으며 응급구호가 필요하다고 인정되는 사람. 다만, 본인이 구호를 거절하는 경우는 제외한다.
> ② 제 1 항에 따라 긴급구호를 요청받은 보건의료기관이나 공공구호기관은 정당한 이유 없이 긴급구호를 거절할 수 없다.
> ③ 경찰관은 제 1 항의 조치를 하는 경우에 구호대상자가 휴대하고 있는 무기·흉기 등 위험을 일으킬 수 있는 것으로 인정되는 물건을 경찰관서에 임시로 영치(領置)하여 놓을 수 있다.
> ④ 경찰관은 제 1 항의 조치를 하였을 때에는 지체 없이 구호대상자의 가족, 친지 또는 그 밖의 연고자에게 그 사실을 알려야 하며, 연고자가 발견되지 아니할 때에는 구호대상자를 적당한 공공보건의료기관이나 공공구호기관에 즉시 인계하여야 한다.
> ⑤ 경찰관은 제 4 항에 따라 구호대상자를 공공보건의료기관이나 공공구호기관에 인계하였을 때에는 즉시 그 사실을 소속 경찰서장이나 해양경찰서장에게 보고하여야 한다.
> ⑥ 제 5 항에 따라 보고를 받은 소속 경찰서장이나 해양경찰서장은 대통령령으로 정하는 바에 따라 구호대상자를 인계한 사실을 지체 없이 해당 공공보건의료기관 또는 공공구호기관의 장 및 그 감독행정청에 통보하여야 한다.
> ⑦ 제 1 항에 따라 구호대상자를 경찰관서에서 보호하는 기간은 24시간을 초과할 수 없고, 제 3 항에 따라 물건을 경찰관서에 임시로 영치하는 기간은 10일을 초과할 수 없다.

1. 강제보호조치의 의의

강제보호조치란 자기 또는 타인의 생명·신체와 재산에 위해를 미칠 우려가 있는 자에 대해 그 위해를 방지하기 위하여 잠정적으로 헌법상 신체의 자유를 제한하여 보호하는 조치를 말한다(동법 제 4 조 제 1 항 제 1 호·제 2 호).

강제보호조치는 예방을 이유로 한 경찰의 자유박탈이라 할 수 있다. 강제보호조치는 대인적 즉시강제에 해당하는 것으로, 헌법상 신체의 자유에 대한 제한을 수반하므로 엄격한 요건과 절차하에 행해져야 한다(囫 자유의사에 따라 경찰에게 신세를 질 것을 요청하는 경우는 보호에 해당하지 않음).

2. 강제보호조치의 요건과 대상

(1) 강제보호조치의 요건

강제보호조치의 요건은 ① 수상한 거동 그 밖의 주위의 사정을 합리적으로 판단할 것, ② 정신착란자 또는 술 취한 상태로 인하여 자기 또는 타인의 생명·신체와 재산에 위해를 미칠 우려가 있는 자와 자살을 시도하는 자일 것, ③ 보호대상자에 대하여 응급의 구호를 요한다고 믿을 만한 상당한 이유가 있을 것 등이다(동법 제4조 제1항).

(2) 강제보호조치의 대상과 방법

강제보호조치의 대상은 정신착란자(정신적으로 이상이 있는 자), 술 취한 상태에 있는 자(=주취자. 과음하여 사리분별력을 상실한 상태에 있는 자), 자살을 시도하는 자(극약을 소지하였거나 투신 목적으로 강변에서 방황하는 등 주위의 상황과 본인의 거동 등을 합리적으로 판단할 때 자살을 결행할 위험성이 있는 자)를 규정하고 있다.

강제보호조치의 방법으로는 보건의료기관 또는 공공구호기관에 긴급구호를 요청하거나 경찰관서에 보호하는 것이다(동법 제4조 제1항).

(3) 긴급구조요청의 거부금지

긴급구조요청을 받은 보건의료기관이나 공공구호기관은 정당한 이유 없이 긴급구호를 거절할 수 없다(동법 제4조 제2항). 정당한 이유란 의사의 장기출장이나 병원의 수리 등과 같이 객관적으로 보아 진료가 불가능한 상태를 말한다(囫 의사가 취침 중인 경우, 병원시설이 일부 부족한 경우 등은 해당되지 않음).

(4) 위험야기물건의 임시영치

강제보호조치의 경우에 피구호자가 휴대하고 있는 무기·흉기 등 위험을 야기할 수 있는 것으로 인정되는 물건은 경찰관서에 임시영치할 수 있다(동법 제4조 제3항).

영치를 직접강제에 포섭시키는 견해도 있다(정하중). 영치는 개념상 압수에 필연적으로 연결된 개념인바, 압수절차에서의 영장주의가 담보하고자 하는 조사

상대방의 법익을 압수에 후행하는 영치절차에서의 직접강제단계에서 보장하고
자 하는 것이기 때문이라고 한다(한웅희).

(5) 경찰관서에서의 보호조치기간

경찰관서에서의 보호조치기간은 24시간을 초과하여서는 안 된다(동법 제4조
제7항). 24시간 이내라도 보호의 요건이 없게 된 경우에는 그 시점 이후는 보호
를 계속할 수 없다.

3. 강제보호조치와 적법절차

강제보호조치로 인한 개인의 권익침해를 방지하기 위하여 일정한 적법절차
로는 피구호자의 가족·친지 그 밖의 연고자에 대한 보호조치사실의 통지, 연고자
미발견시 피보호자의 공중보건의료기관이나 공공구호기관으로의 인계 등이다.

4. 임시영치의 기간

사인의 소유권 보호 차원에서 경찰관서에서의 임시영치는 10일을 초과할
수 없으나(동법 제4조 제7항), 총포·마약 등의 금제품(禁制品)의 경우에는 법정절차
에 따라 영치·몰수 등의 조치가 취해진다.

5. 보 호 실

보호실이란 보호조치된 자를 수용하기 위해 설치·운영되고 있는 시설을 말
한다. 따라서 형사절차상의 연행자, 불구속 피의자, 임의동행자 등은 보호실에
유치할 수 없고 유치장에 수용하여야 한다(예 긴급구호가 필요한 자를 보호실이 아닌 유치
장에 보호하는 것은 위법(대판 1995. 5. 26, 94다37226)).

판례는 구속영장을 받음이 없이 피의자를 보호실에 유치함은 영장주의에
위배되는 위법한 구금으로서 적법한 공무수행이라고 볼 수 없다고 보고 있다(대
판 1994. 3. 11, 93도958[폭력행위등처벌에관한법률위반, 공무집행방해]).

Ⅲ. 위험발생의 방지조치

경찰관 직무집행법
제5조(위험 발생의 방지 등) ① 경찰관은 사람의 생명 또는 신체에 위해를 끼치거나

재산에 중대한 손해를 끼칠 우려가 있는 천재(天災), 사변(事變), 인공구조물의 파손이
나 붕괴, 교통사고, 위험물의 폭발, 위험한 동물 등의 출현, 극도의 혼잡, 그 밖의 위험
한 사태가 있을 때에는 다음 각 호의 조치를 할 수 있다.

　　1. 그 장소에 모인 사람, 사물(事物)의 관리자, 그 밖의 관계인에게 필요한 경고를 하
　　　는 것
　　2. 매우 긴급한 경우에는 위해를 입을 우려가 있는 사람을 필요한 한도에서 억류하거
　　　나 피난시키는 것
　　3. 그 장소에 있는 사람, 사물의 관리자, 그 밖의 관계인에게 위해를 방지하기 위하여
　　　필요하다고 인정되는 조치를 하게 하거나 직접 그 조치를 하는 것

② 경찰관서의 장은 대간첩 작전의 수행이나 소요(騷擾) 사태의 진압을 위하여 필요하
다고 인정되는 상당한 이유가 있을 때에는 대간첩 작전지역이나 경찰관서·무기고 등
국가중요시설에 대한 접근 또는 통행을 제한하거나 금지할 수 있다.

③ 경찰관은 제 1 항의 조치를 하였을 때에는 지체 없이 그 사실을 소속 경찰관서의 장
에게 보고하여야 한다.

④ 제 2 항의 조치를 하거나 제 3 항의 보고를 받은 경찰관서의 장은 관계 기관의 협조
를 구하는 등 적절한 조치를 하여야 한다.

1. 의   의

위험발생의 방지조치란 사람의 생명 또는 신체에 위해를 미치거나 재산에
중대한 손해를 끼칠 우려가 있는 위험한 사태가 있을 때에 그 위험발생을 방지
하기 위하여 취하는 조치를 말한다(동법 제 5 조). 「경찰관 직무집행법」제 5 조 제
1 항 제 3 호는 일반수권조항(개괄적 수권조항)의 성격을 갖는다. 다만, 개인적 법익
의 보호만이 그 대상이 되며 공동체적 법익의 보호는 그 대상이 되지 않는다는
점에서 한계가 있다.

위험발생 방지조치는 억류, 피난조치 그 밖의 조치가 긴급하게 필요하여 경
찰행정청의 의무부과행위가 선행됨이 없이 행하여지는 경찰상 즉시강제의 일종
이며 대인적·대물적·대가택적 강제수단이라 할 수 있다.

2. 위험발생의 방지조치의 종류

일반적 위험방지조치와 대간첩작전수행과 소요사태진압을 위한 통행제한조
치로 나눌 수 있다.

(1) 일반적 위험방지조치

1) 요   건

「경찰관 직무집행법」은 '사람의 생명 또는 신체에 위해를 미치거나 재산에 중대한 손해를 끼칠 우려가 있는 천재(天災)(예 홍수, 지진쓰나미 등 자연재해), 사변(예 전쟁), 공작물의 손괴, 교통사고, 위험물의 폭발, 위험한 동물(예 광견·분마류(빨리 달리는 말) 등)의 출현, 극심한 혼란 그 밖의 위험한 사태가 있을 때'를 일반적 위험방지조치의 요건으로서 들고 있다(법 제5조).

제5조 제1항 본문의 '위험'은 구체적인 위험을 말한다. '구체적 위험'이란 구체적인, 즉 시간과 장소에 따라서 확정된 혹은 확정될 수 있는 상황으로부터 성립하는 위험을 말한다. 그리고 '추상적 위험'이란 특정한 행위 혹은 상태를 일반적·추상적으로 고찰했을 때 손해가 발생할 충분한 개연성이 있다는 결론에 도달되는 경우에 존재한다(서정범·박병욱, "경찰법상의 위험개념의 변화에 관한 법적 고찰", 91쪽).

판례는 경찰이 위험발생방지조치를 취하지 아니한 채 그대로 방치하고 철수하여 버린 결과 운전자가 상해를 입은 경우에 국가배상책임을 인정한다(대판 1998. 8. 25, 98다16890).

2) 대   상

위험방지조치의 대상은 그 장소에 집합한 자, 사물의 관리자, 그 밖의 관계인, 특히 긴급을 요할 때에는 위해를 받을 우려가 있는 자이다(동법 제5조 제1항).

3) 수단: 억류조치 또는 피난조치 및 위험방지조치

「경찰관 직무집행법」은 특히 긴급을 요할 때에는 위해를 받을 우려가 있는 자에 대하여 필요한 한도 내에서 억류하거나 피난시킬 수 있다고 하여(동법 제5조 제1항 제2호), 억류와 피난조치를 위험발생의 방지조치의 하나로 들고 있다. 억류조치나 피난조치는 당사자의 의사에 반하여 강제로 행해질 수 있다.

제2호의 '매우 긴급한 경우'란 ① 경고를 하였으나 관계인이 대피 또는 예방조치를 취하지 않고 위험이 현실화하였거나 급박한 경우 또는 ② 관계인에게 경고를 할 시간적 여유조차 없는 급박한 경우를 말한다(최영규). 그리고 억류·피난조치는 필요한 한도에서만 허용된다. 즉 위험방지의 필요성과 상대방이 신체의 자유를 제한함으로써 입는 불이익을 비교하여 전자가 우월한 경우에만 그러한 조치를 취할 수 있다(비례원칙).

예를 들면, 위험구역에 들어오는 것을 금지하거나 또는 위험구역에서의 퇴거를 강제하는 것이다. 이들 조치는 일시적인 지시·금지 또는 명령이다. 일본 판례는 과격파의 행동에 의한 위해(危害)를 피하기 위해 일반교통을 차단하는 행위는 만류에 해당한다고 보고 있다(長崎地決 昭和147(1972). 9. 29 刑裁月報 4권 9호, 1578면).

경찰관은 위험사태가 발생한 경우 스스로 그 조치를 취할 수 있다(동법 제 5 조 제 1 항 제 3 호). 경찰관이 스스로 취하는 조치는 즉시강제이다. 이 조항은 위험 방지조치의 내용을 특정하지 않고 개괄적으로 규정하고 있다.

(2) 대간첩작전수행과 소요사태진압을 위한 접근 또는 통행제한조치

경찰관서의 장은 대간첩작전수행 또는 소요사태의 진압을 위하여 필요하다고 인정되는 상당한 이유가 있을 때에는 대간첩작전지역 또는 경찰관서·무기고 등 국가중요시설에 접근 또는 통행을 제한하거나 금지할 수 있다(동법 제 5 조 제 2 항).

통행제한조치 등의 수단으로서는 접근 또는 통행의 제한·금지와 고지를 규정하고 있다(동법 제 5 조 제 2 항). 접근 또는 통행의 제한 또는 금지의 대상은 대간첩작전지역 또는 경찰관서·무기고 등 국가중요시설이다.

Ⅳ. 범죄의 제지

> 경찰관 직무집행법
> 제 6 조(범죄의 예방과 제지) 경찰관은 범죄행위가 목전(目前)에 행하여지려고 하고 있다고 인정될 때에는 이를 예방하기 위하여 관계인에게 필요한 경고를 하고, 그 행위로 인하여 사람의 생명·신체에 위해를 끼치거나 재산에 중대한 손해를 끼칠 우려가 있는 긴급한 경우에는 그 행위를 제지할 수 있다.

1. 의   의

범죄의 제지란 범죄가 행하여지려고 하는 절박한 사태에 직면하여 직접적으로 범죄를 저지하는 조치를 말한다(동법 제 6 조). 가장 일반적인 것으로는 경찰봉의 사용이 있다.

범죄의 제지의 법적 성질은 상황이 급박하여 의무부과행위가 없이 제지행

위가 이루어지므로 대인적 즉시강제라고 할 수 있다.

2. 범죄의 제지의 요건

범죄의 제지의 요건은 ① 범죄행위가 목전(目前)에 행하여지려고 하고 있다고 인정될 때, ② 목전에 행하여지려고 하는 범죄행위로 인하여 인명·신체에 위해를 미치거나 재산에 중대한 손해를 끼칠 우려가 있어 긴급을 요하는 경우 등이다.

판례는 시간적·장소적으로 근접하지 않은 다른 지역에 위법한 집회·시위에 참가하기 위하여 출발 또는 이동하는 행위를 제지하는 것은 경찰관의 제지의 범위를 명백히 넘어 허용될 수 없다고 하였고(대판 2008. 11. 13, 2007도9794). 경찰관의 제지는 범죄의 예방을 위하여 범죄행위에 관한 실행의 착수 전에 행하여질 수 있을 뿐만 아니라, 이후 범죄가 계속되는 중에 그 진압을 위하여도 당연히 행하여질 수 있다고 판시하였다(대판 2013. 9. 26, 2013도643).

일본 판례는 피켓대나 데모대에 대한 제지의 방법으로서는 ① 스크럼을 갈라놓아 피켓라인을 무너뜨리는 행위(福岡地判 昭和28(1953). 10. 14), ② 불법 체류하는 데모대를 압축한 다음 잡아당기고 밀어넣어 차례차례로 배제하는 행위(福岡地判 昭和45(1970). 10. 30), ③ 허가조건위반의 선도차량에 통행금지를 걸쳐놓고 동 위반의 데모에 대하여 병진규제(竝進規制)를 행하여 버티고 있는 데모대원을 한 사람씩 쏙쏙 잡아내는 행위(浦和地判 昭和3(1928). 5. 15), ④ 폭도화한 데모를 실력으로 해산시키는 행위(名古屋高判 昭和50(1975). 3. 27), ⑤ 방수차(放水車)에 의한 방수(東京地判 昭和40(1965). 8. 9) 등을 적법한 행위라고 하고, ① 위법피켓의 배제에 즈음하여 경찰봉으로 팔이나 머리를 때려 장해를 입히는 행위(橫濱地判 昭和34(1959). 9. 30), ② 기세를 보이는 취객의 팔을 비틀어 올려 점포 밖으로 데리고 나가 순찰차까지 연행하는 행위(廣島地判 昭和50(1975). 12. 9) 등을 위법한 행위라고 한다.

3. 범죄의 제지의 대상

제지의 대상은 인명·신체에 위해를 미치거나 재산에 중대한 손해를 끼칠 우려가 있는 행위이다. 현실적으로는 제지의 효력이 미치는 자는 목전의 범죄를 행하려는 자가 될 것이다.

V. 위험방지를 위한 출입

> 경찰관 직무집행법
>
> 제7조(위험 방지를 위한 출입) ① 경찰관은 제5조 제1항·제2항 및 제6조에 따른 위험한 사태가 발생하여 사람의 생명·신체 또는 재산에 대한 위해가 임박한 때에 그 위해를 방지하거나 피해자를 구조하기 위하여 부득이하다고 인정하면 합리적으로 판단하여 필요한 한도에서 다른 사람의 토지·건물·배 또는 차에 출입할 수 있다.
>
> ② 흥행장(興行場), 여관, 음식점, 역, 그 밖에 많은 사람이 출입하는 장소의 관리자나 그에 준하는 관계인은 경찰관이 범죄나 사람의 생명·신체·재산에 대한 위해를 예방하기 위하여 해당 장소의 영업시간이나 해당 장소가 일반인에게 공개된 시간에 그 장소에 출입하겠다고 요구하면 정당한 이유 없이 그 요구를 거절할 수 없다.
>
> ③ 경찰관은 대간첩 작전 수행에 필요할 때에는 작전지역에서 제2항에 따른 장소를 검색할 수 있다.
>
> ④ 경찰관은 제1항부터 제3항까지의 규정에 따라 필요한 장소에 출입할 때에는 그 신분을 표시하는 증표를 제시하여야 하며, 함부로 관계인이 하는 정당한 업무를 방해해서는 아니 된다.

1. 의　　의

출입이란 경찰관이 일정한 장소에 들어가 그 장소에 체재하여 장소 내부에 있는 사람, 물건 또는 상태를 피상적으로 둘러보는 것을 말한다.

「경찰관 직무집행법」 제7조는 위해의 방지, 피해자의 구조와 대간첩작전의 수행을 위하여 경찰관이 일정한 요건하에서 일정한 장소에 출입할 수 있음을 규정하고 있다. 그리고 다수인이 출입하는 장소에 대한 출입요구를 규정하고 있다.

그러나 이는 헌법상 주거의 자유를 제한하는 것이므로 엄격한 요건하에서 인정되어야 한다. 즉, 비공개된 장소에 대한 예외적 출입이므로 기본권과의 관련상 보다 엄격한 요건이 요구된다.

「경찰관 직무집행법」 제7조는 경찰관에게 위험방지를 목적으로 타인의 건물이나 선차(船車) 또는 흥행장·여관·음식점 등에 '직접' 드나드는 물리적 출입만을 허용하는지, 아니면 물리적 출입이 없이도 출입의 효과를 낼 수 있는 방법들, 예컨대 경찰관이 건물 밖이나 기술적 장치를 이용하여 건물 안을 감시하는 이른바 '간접출입'도 허용하는지의 문제가 있다(손재영). 출입을 하지 않고 가옥의 파수, 도청, 적외선카메라에 의한 감시는 프라이버시를 침해하는 것으로 허용되지 않는다고 보아야 한다.

「경찰관 직무집행법」 제 7 조의 '위험방지를 위한 출입'은 대가택적 즉시강제로 볼 수 있다.

2. 긴급출입

긴급출입이 가능한 경우는 ① 인명 또는 신체에 위해를 미치거나 재산에 중대한 손해를 끼칠 수 있는 천재·사변, 공작물의 손괴, 교통사고, 위험물의 폭발, 위험한 동물(⑩ 광견·분마류 등)의 출현 및 극심한 혼잡 등의 발생, ② 대간첩작전의 수행중이거나 소요사태가 발생한 경우, ③ 범죄행위가 목전에 행하여지려고 하는 것을 인정한 때 등이다(동법 제 7 조 제 1 항).

긴급출입장소에 대해 「경찰관 직무집행법」은 타인의 토지, 건물, 선차(船車)를 예시적으로 규정하고 있는데, 경찰권이 미치는 범위 내에서는 긴급출입의 객체로서 실질적으로 장소적 제한은 없다고 할 수 있다. 그러나 범죄수사의 목적을 위하여 경찰관이 긴급출입을 행하는 것은 허용되지 아니하고, 강제적인 수색·압수에 대하여는 영장을 필요로 한다.

3. 예방출입: 다수인이 출입하는 장소에 대한 출입요구

「경찰관 직무집행법」 제 7 조 제 2 항은 흥행장·여관·음식점·역 그 밖의 다수인이 출입하는 공개장소에 대한 출입요구를 규정하고 있다. 이를 예방출입이라고도 한다. 이러한 경우에는 그 장소의 공개적 성격으로 인해 그 요건이 완화됨은 물론 수인(受忍)의 정도도 보다 크다고 할 것이다.

출입의 법적 성질은 대가택 즉시강제로 보는 것이 타당하다.

경찰상 공개된 장소란 흥행장, 여관, 음식점, 역, 그 밖에 많은 사람이 출입하거나 집합하는 장소를 말한다. 그리고 공개시간 내이면 제한된 영업금지시간이나 영업휴일에도 출입할 수 있고, 일반적으로 영업시간이라 할지라도 특별히 휴업하고 있는 경우에는 이 요건에 따른 출입이 허용되지 않는다. 여기에서 문제되는 것은 경찰관의 요구의 강제성의 정도인데, 강한 설득 정도는 허용된다고 보는 것이 타당하다.

'정당한 이유 없이 이를 거절할 수 없다'는 규정은 정당한 거절에도 불구하고 경찰의 강제출입을 막는 과정에서의 폭행·협박은 정당한 공무에 대한 방해가 아니라고 보아 공무집행방해죄를 부인하는 것이 타당하다. 다만, 정당한 이유 없이 관리자가 출입을 거절한 때에는 경찰관은 실력을 행사하여 출입할 수 있다. 따라서 벌칙의 규정이 없다.

4. 대간첩작전을 위한 검색

「경찰관 직무집행법」 제 7 조 제 3 항은 우리나라 경찰의 특유한 임무로서 경찰상 공개된 장소에 필요한 경우에는 대간첩작전을 위한 검색에 대하여 규정하고 있다. 검색이란 검사·수색하는 것을 말하는데, 간첩을 발견하는 것에 한하지 않고 간첩을 발견하였을 때에 체포 및 진압하는 작용(예 사격 등의 전투행위)도 포함한다. 대간첩작전의 수행을 위한 검색에 있어서는 그 장소관리자의 동의를 요하지 않는다.

검색의 대상은 제 7 조 제 2 항에서 설명한 경찰상 공개된 장소에 대해서만 검색을 할 수 있다(예 순수한 사인의 가옥 등에 대해서는 검색할 수 없다).

5. 출입·검색시의 증표제시 및 관계인의 정당한 업무의 방해 금지

「경찰관 직무집행법」 제 7 조 제 4 항은 경찰관이 필요한 장소에 출입할 때에는 그 신분을 표시하는 증표(예 경찰공무원증 등)를 제시하여야 하며, 함부로 관계인의 정당한 업무(예 법령의 규정에 근거하여 수행되고 있는 업무와 사회통념에 따라 정당화되는 업무 포함)를 방해하여서는 아니된다고 규정하고 있다.

Ⅵ. 경찰장비의 사용

경찰관 직무집행법
제10조(경찰장비의 사용 등) ① 경찰관은 직무수행 중 경찰장비를 사용할 수 있다. 다만, 사람의 생명이나 신체에 위해를 끼칠 수 있는 경찰장비(이하 이 조에서 "위해성 경찰장비"라 한다)를 사용할 때에는 필요한 안전교육과 안전검사를 받은 후 사용하여야 한다.
② 제 1 항 본문에서 "경찰장비"란 무기, 경찰장구(警察裝具), 경찰착용기록장치, 최루제(催淚劑)와 그 발사장치, 살수차, 감식기구(鑑識機具), 해안 감시기구, 통신기기, 차량·선박·항공기 등 경찰이 직무를 수행할 때 필요한 장치와 기구를 말한다.
③ 경찰관은 경찰장비를 함부로 개조하거나 경찰장비에 임의의 장비를 부착하여 일반적

인 사용법과 달리 사용함으로써 다른 사람의 생명·신체에 위해를 끼쳐서는 아니 된다.
④ 위해성 경찰장비는 필요한 최소한도에서 사용하여야 한다.
⑤ 경찰청장은 위해성 경찰장비를 새로 도입하려는 경우에는 대통령령으로 정하는 바에 따라 안전성 검사를 실시하여 그 안전성 검사의 결과보고서를 국회 소관 상임위원회에 제출하여야 한다. 이 경우 안전성 검사에는 외부 전문가를 참여시켜야 한다.
⑥ 위해성 경찰장비의 종류 및 그 사용기준, 안전교육·안전검사의 기준 등은 대통령령으로 정한다.

1. 경찰장비의 의의

경찰장비란 경찰관이 직무를 수행하기 위하여 사용할 수 있는 물건을 말한다. 무기, 경찰장구, 최루제와 그 발사장치, 살수차, 감식기구, 해안 감시기구, 통신기기, 차량·선박·항공기 등 경찰이 직무를 수행할 때 필요한 장치와 기구를 말한다(동법 제10조 제2항).

경찰장비의 사용은 경찰상 즉시강제의 성질을 갖는다. 한편 경찰장비를 사용할 때 반드시 미리 '경고'를 하여야 한다는 의미에서 이를 행정상 즉시강제로 보지 않고 직접강제라고 보는 견해도 있다(김유환). 그러나 경고는 사실행위이고 행정행위가 아니다(홍정선).

경찰관은 직무수행 중 경찰장비를 사용할 수 있다. 다만 사람의 생명이나 신체에 위해를 끼칠 수 있는 경찰장비(=위해성 경찰장비)를 사용할 때에는 필요한 안전교육과 안전검사를 받은 후 사용하여야 한다(동법 제10조 제1항).

경찰의 개인장비는 크게 장구류와 무기류로 분류된다. ① 호신용 경봉·테이저건 등 저항하는 상대를 제압하는 장비를 장구로 분류하고, ② 권총·기관총 등 살상까지 가능한 장비는 무기로 분류한다.

경찰이 가장 흔히 사용하는 장구는 호신용 경봉(삼단봉)과 경찰봉이다. 경찰봉(52㎝)보다 가볍고 휴대하기 편한 호신용 경봉(전장 65㎝, 축소장 21㎝)을 선호한다. 경찰이 용의자를 체포할 때 가장 많이 쓰는 장구는 전자충격기로 이른바 테이저건(Taser Gun)이다. 테이저건은 유효사거리 4~5m로 5만 볼트 전류가 흐르는 전선이 달린 전기침 두 개가 발사된다. 이 침에 맞으면 중추신경계가 일시적으로 마비돼 상대를 5초간 무력화시킬 수 있다. 경찰이 사용하는 대표적인 무기는 38구경 리볼버권총과 K3기관총이다. K3기관총은 대간첩작전이나 전시 등 특수한 상황에서 사용되는 공용화기이다.

2. 경찰장비의 사용요건

경찰장비를 임의로 개조하거나 임의의 장비를 부착하여 통상의 용법과 달리 사용함으로써 타인의 생명·신체에 위해를 주어서는 안 된다(동법 제10조 제3항).

3. 위해성 경찰장비의 사용요건 및 통제

(1) 위해성 경찰장비의 의의

위해성 경찰장비란 사람의 생명이나 신체에 위해를 끼칠 수 있는 경찰장비를 말한다(동법 제10조 제1항 단서).

(2) 위해성 경찰장비의 종류

「경찰관 직무집행법」 제10조 제6항의 위임에 따라 제정된 「위해성 경찰장비의 사용기준 등에 관한 규정」(대통령령)은 사람의 생명 또는 신체에 위해를 가할 수 있는 경찰장비의 종류로, 경찰장구(수갑·포승(捕繩)·호송용포승·경찰봉·호신용경봉·전자충격기·방패 및 전자방패), 무기(권총·소총·기관총(기관단총을 포함한다. 이하 같다)·산탄총·유탄발사기·박격포·3인치포·함포·크레모아·수류탄·폭약류 및 도검), 분사기·최루탄 등(근접분사기·가스분사기·가스발사총(고무탄 발사겸용을 포함한다. 이하 같다) 및 최루탄(그 발사장치를 포함한다. 이하 같다)), 기타장비(가스차·살수차·특수진압차·물포·석궁·다목적발사기 및 도주차량차단장비) 등을 들고 있다(규정 제2조).

(3) 위해성 경찰장비의 사용요건과 한계

위해성 경찰장비는 필요한 최소한도에서 사용하여야 한다(경찰관 직무집행법 제10조 제4항).

(4) 위해성 경찰장비의 안전성에 대한 통제

경찰청장은 위해성 경찰장비를 새로 도입하려는 경우에는 대통령령으로 정하는 바에 따라 안전성 검사를 실시하여 그 안전성 검사의 결과보고서를 국회 소관 상임위원회에 제출하여야 한다. 이 경우 안전성 검사에는 외부 전문가를 참여시켜야 한다(동법 제10조 제5항).

Ⅶ. 경찰장구의 사용

> 경찰관 직무집행법
> 제10조의2(경찰장구의 사용) ① 경찰관은 다음 각 호의 직무를 수행하기 위하여 필요하다고 인정되는 상당한 이유가 있을 때에는 그 사태를 합리적으로 판단하여 필요한 한도에서 경찰장구를 사용할 수 있다.
>   1. 현행범이나 사형·무기 또는 장기 3년 이상의 징역이나 금고에 해당하는 죄를 범한 범인의 체포 또는 도주 방지
>   2. 자신이나 다른 사람의 생명·신체의 방어 및 보호
>   3. 공무집행에 대한 항거(抗拒) 제지
> ② 제 1 항에서 "경찰장구"란 경찰관이 휴대하여 범인 검거와 범죄 진압 등의 직무 수행에 사용하는 수갑, 포승(捕繩), 경찰봉, 방패 등을 말한다.

1. 장구사용의 의의

경찰장구란 경찰관이 휴대하여 범인검거와 범죄진압 등 직무수행에 사용하는 수갑·포승·경찰봉·방패 등을 말한다(동법 제10조의2 제2항).

2. 사용요건 및 한계

(1) 사용요건

「경찰관 직무집행법」은 장구사용의 요건으로 ① 현행범인인 경우, ② 사형·무기 또는 장기 3년 이상의 징역이나 금고에 해당하는 죄를 범한 범인의 체포·도주의 방지를 위한 경우, ③ 자기 또는 타인의 생명·신체에 대한 방호를 위한 경우, ④ 공무집행에 대한 항거의 억제를 위한 경우 등을 들고 있다. 그리고 ⑤ 상당한 이유가 있어야 한다(예 장구를 사용하지 않고는 다른 수단이 없는 경우).

(2) 사용의 한계

「경찰관 직무집행법」은 장구의 사용은 사람의 신체나 재산에 손상을 줄 수 있으므로 사태를 합리적으로 판단하여 필요한 한도 내에서 사용하도록 규정하고 있다(예 파출소에서 수갑을 꽉 채워 손목신경이 손상된 경우에는 국가배상청구 인정).

Ⅷ. 분사기 또는 최루탄의 사용

> **경찰관 직무집행법**
> **제10조의3(분사기 등의 사용)** 경찰관은 다음 각 호의 직무를 수행하기 위하여 부득이한 경우에는 현장책임자가 판단하여 필요한 최소한의 범위에서 분사기(「총포·도검·화약류 등의 안전관리에 관한 법률」에 따른 분사기를 말하며, 그에 사용하는 최루 등의 작용제를 포함한다. 이하 같다) 또는 최루탄을 사용할 수 있다.
> 1. 범인의 체포 또는 범인의 도주 방지
> 2. 불법집회·시위로 인한 자신이나 다른 사람의 생명·신체와 재산 및 공공시설 안전에 대한 현저한 위해의 발생 억제

1. 의 의

「경찰관 직무집행법」 제10조의3은 경찰관은 범인의 체포·도주의 방지 또는 불법집회·시위로 인하여 자기 또는 타인의 생명·신체와 재산 및 공공시설 안전에 대한 현저한 위해발생을 억제하기 위하여 부득이한 경우에는 현장책임자의 판단으로 필요한 최소한의 범위 안에서 분사기 또는 최루탄을 사용할 수 있다고 규정하고 있다.

분사기란 「총포·도검·화약류 등의 안전관리에 관한 법률」의 규정에 따른 분사기와 최루 등의 작용제를 말한다. 최루탄이란 최루가스를 발생시켜 신체·정신적 기능의 장해를 주는 화학탄의 일종이다.

분사기 등의 사용은 경찰상 즉시강제의 성질을 갖는다.

2. 분사기 및 최루탄의 사용요건

「경찰관 직무집행법」은 분사기 또는 최루탄의 사용요건으로 ① 범인의 체포와 도주의 방지 또는 불법집회와 시위로 인한 위해발생의 억제를 위한 것일 경우, ② 자기 또는 타인의 생명·신체와 재산 및 공공시설안전에 대한 중대한 위해발생의 억제를 위한 것일 경우, ③ 필요한 최소한도의 범위에서 사용할 것(비례원칙) 등을 들고 있다.

3. 한 계

경찰관은 범인의 체포, 도주의 방지 또는 불법집회·시위로 인하여 자기 또

는 타인의 생명·신체와 재산 및 공공시설안전에 대한 현저한 위해발생을 억제하기 위하여 부득이한 경우에 필요한 최소한의 범위 안에서 사용하여야 한다.

IX. 무기의 사용

경찰관 직무집행법
제10조의4(무기의 사용) ① 경찰관은 범인의 체포, 범인의 도주 방지, 자신이나 다른 사람의 생명·신체의 방어 및 보호, 공무집행에 대한 항거의 제지를 위하여 필요하다고 인정되는 상당한 이유가 있을 때에는 그 사태를 합리적으로 판단하여 필요한 한도에서 무기를 사용할 수 있다. 다만, 다음 각 호의 어느 하나에 해당할 때를 제외하고는 사람에게 위해를 끼쳐서는 아니 된다.
  1. 「형법」에 규정된 정당방위와 긴급피난에 해당할 때
  2. 다음 각 목의 어느 하나에 해당하는 때에 그 행위를 방지하거나 그 행위자를 체포하기 위하여 무기를 사용하지 아니하고는 다른 수단이 없다고 인정되는 상당한 이유가 있을 때
    가. 사형·무기 또는 장기 3년 이상의 징역이나 금고에 해당하는 죄를 범하거나 범하였다고 의심할 만한 충분한 이유가 있는 사람이 경찰관의 직무집행에 항거하거나 도주하려고 할 때
    나. 체포·구속영장과 압수·수색영장을 집행하는 과정에서 경찰관의 직무집행에 항거하거나 도주하려고 할 때
    다. 제 3 자가 가목 또는 나목에 해당하는 사람을 도주시키려고 경찰관에게 항거할 때
    라. 범인이나 소요를 일으킨 사람이 무기·흉기 등 위험한 물건을 지니고 경찰관으로부터 3회 이상 물건을 버리라는 명령이나 항복하라는 명령을 받고도 따르지 아니하면서 계속 항거할 때
  3. 대간첩 작전 수행 과정에서 무장간첩이 항복하라는 경찰관의 명령을 받고도 따르지 아니할 때
② 제 1 항에서 "무기"란 사람의 생명이나 신체에 위해를 끼칠 수 있도록 제작된 권총·소총·도검 등을 말한다.
③ 대간첩·대테러 작전 등 국가안전에 관련되는 작전을 수행할 때에는 개인화기(個人火器) 외에 공용화기(共用火器)를 사용할 수 있다.

1. 무기의 개념

경찰관은 범인의 체포·도주의 방지, 자기 또는 타인의 생명·신체에 대한 방호, 공무집행에 대한 항거의 억제를 위해 필요하다고 인정하는 상당한 이유가 있는 경우에 무기를 사용할 수 있다(동법 제10조의4 제 1 항). 무기란 인명 또는 신체에 위해를 가할 수 있도록 제작된 권총·소총·도검 등을 말한다(동조 제 2 항).

무기사용은 경찰상 즉시강제의 성질을 갖는다.

2. 무기의 사용

(1) 무기의 사용사유

「경찰관 직무집행법」은 무기의 사용사유로 ① 범인의 체포·도주의 방지, ② 자기 또는 타인의 생명·신체에 대한 방호, ③ 공무집행에 대한 항거의 억제를 위해 필요하다고 인정하는 상당한 이유가 있는 경우(법 제10조의4 제1항 본문)에 한정하고 있다. '필요하다고 인정하는 상당한 이유가 있는 때'란 그 상황에서 무기를 사용하지 않고는 목적을 달성할 수 있는 다른 수단이 없을 경우를 말한다.

「경찰관 직무집행법」제10조의4 제1항 단서의 "사람에게 위해를 끼쳐서는 아니된다"란 위해를 주는 것과 같은 방법으로 무기를 사용하여서는 아니 된다는 취지이고, 권총의 경우라면 상대방을 향해 권총을 쏘아서는 안 되는 것을 의미한다. 따라서 ① 권총을 사람을 향해 자세를 취하여 위협하는 행위, ② 위협사격을 하는 행위, ③ 물건을 향하여 발사하는 것 등은 사람에게 위해를 가하는 무기의 사용에 해당하지 아니한다.

판례는 "경찰관이 길이 40㎝ 가량의 칼로 반복적으로 위협하며 도주하는 차량절도 혐의자를 추적하던 중, 도주하기 위하여 등을 돌린 혐의자의 몸쪽을 향하여 약 2m 거리에서 실탄을 발사하여 혐의자를 복부관통상으로 사망케 한 경우, 경찰관의 총기사용은 사회통념상 허용범위를 벗어난 위법행위"라고 판시하였다(대판 1999. 3. 23, 98다63445).

(2) 위해의 수반이 허용되는 무기사용

「경찰관 직무집행법」은 위해의 수반이 허용되는 무기사용의 경우로 ① 정당방위, ② 긴급피난, ③ 중범인의 체포와 이를 위한 경찰관의 직무집행에 항거할 때, ④ 영장을 집행하는 경우, ⑤ 위험한 물건을 소지한 범인인 경우, ⑥ 대간첩작전을 수행하는 경우, ⑦ 무기를 사용하지 아니하고는 다른 수단이 없는 경우(보충성원칙은 ③④⑤만 해당. ①②⑥은 보충성원칙 적용 안 됨) 등을 들고 있다(법 제10조의4 제1항 단서).

보충성원칙은 다른 방법이 있을 때는 다른 방법으로 하고, 무기사용 이외에 다른 방법이 없다면 무기사용을 하라는 것을 말한다.

일본의 통설은 "위해를 끼치는 무기의 사용"에서 말하는 "위해"란 생명·신체에 대한 침해를 말하고 살해를 포함한다고 해석하고 있다.

다음의 일본 판례는 정방당위에 해당한다고 본 사례들이다. ① 전도(顚倒: 엎어져 넘어짐)하여 경찰봉을 놓치고 권총을 끄집어 낸 경고도 효과가 없고, 더구나 말뚝으로 두부(頭部)를 때리면서 덤벼들었기 때문에 권총을 발사하여 사망하게 한 사례(東京高決 昭和32(1957). 11. 11 東高時報 8권 11호, 388면), ② 2명의 취객에게 폭행당하여 권총을 탈취당할 것 같게 되고 위협사격도 효과가 없었기 때문에 권총을 발사하여 사망하게 한 사례(福岡高決 昭和42(1967). 3. 6 下刑集 9권 3호, 233면), ③ 반광란상태에 있는 선박납치범인에 대하여 인질의 위해(危害)를 방지하기 위해 복부(胸腹部)를 라이플로 저격하여 사망하게 한 사례(廣島地決 昭和46(1971). 2. 26 刑裁月報 3권 2호, 310면), ④ 자동차의 창틀에 끼어 정지를 명하는 경찰관을 무시하고 가속을 계속하는 공무집행방해의 현행범인에 대해 권총을 쏠 자세를 취하여 경고한 다음 상공, 차륜(車輪: 차바퀴), 범인의 어깨에 순차적으로 발사하여 범인과 동승자를 사상(死傷)시킨 사례(熊本地判 昭和51(1976). 10. 28 刑事裁判資料 217호, 404면), ⑤ 2인조에게 경찰봉을 빼앗겨 집요한 공격을 받고, 더구나 권총을 빼앗기게 될 것 같았기 때문에 권총을 발사하여 사상(死傷)시킨 사례(東京八王子支決 平成4(1992). 4. 3, 判夕 809호, 226면), ⑥ 집회경비 중에 군중에게 둘러싸여 폭행을 당하는 등의 사태로 되었기 때문에 권총을 발사하여 참가자를 사망하게 한 사례(東京地判 昭和45(1970). 1. 28 下民集 21권 1·2호, 32면) 등.

3. 치명적 사격(사살)의 허용성

치명적 사격(사살)의 허용성에 대해서는 「경찰관 직무집행법」에 명문의 규정이 없다.

치명적 사격(사살)은 현재의 생명의 위험 또는 신체에 대한 중대한 침해의 방지를 위한 유일한 수단인 경우에만 허용된다고 해야 할 것이다(예 인질 구출을 위한 인질범 사살).

4. 특수무기, 폭발물의 사용

「경찰관 직무집행법」은 "대간첩·대테러 작전 등 국가안전에 관련되는 작전을 수행할 때에는 개인화기 외에 공용화기를 사용할 수 있다"고 규정하고 있다(법 제10조의4 제 3 항). 공용화기란 기관총 등을 말한다.

5. 무기사용의 한계

판례는 「경찰관 직무집행법」상의 무기사용 한계(◙ 정당행위), 정당방위 및 긴급피난 해당 여부를 기준으로 하되, 정당행위 판단시, 가스총 등 다른 비치명적 경찰장구류 사용을 통한 진압가능성 등을 고려, 무기사용의 필요성에 관한 상당한 이유를 검토하되, 단순히 주력(走力)의 부족 등에 기인한 계속 추격의 불가능성 등은 고려하지 않아 정당행위 요건으로서의 '상당성'을 엄격하게 판단하는 것으로 이해된다.

X. 경찰작용기록장치의 사용

경찰관 직무집행법

제10조의5(경찰착용기록장치의 사용) ① 경찰관은 다음 각 호의 어느 하나에 해당하는 직무 수행을 위하여 필요한 경우에는 필요한 최소한의 범위에서 경찰작용기록장치를 사용할 수 있다.

1. 경찰관이 「형사소송법」 제200조의2, 제200조의3, 제201조 또는 제212조에 따라 피의자를 체포 또는 구속하는 경우
2. 범죄 수사를 위하여 필요한 경우로서 다음 각 목의 요건을 모두 갖춘 경우
   가. 범행 중이거나 범행 직전 또는 직후일 것
   나. 증거보전의 필요성 및 긴급성이 있을 것
3. 제 5 조 제 1 항에 따른 인공구조물의 파손이나 붕괴 등의 위험한 사태가 발생한 경우
4. 경찰착용기록장치에 기록되는 대상자(이하 이 조에서 "기록대상자"라 한다)로부터 그 기록의 요청 또는 동의를 받은 경우
5. 제 4 조 제 1 항 각 호에 해당하는 것이 명백하고 응급구호가 필요하다고 믿을 만한 상당한 이유가 있는 경우
6. 제 6 조에 따라 사람의 생명·신체에 위해를 끼치거나 재산에 중대한 손해를 끼칠 우려가 있는 범죄행위를 긴급하게 예방 및 제지하는 경우
7. 경찰관이 「해양경비법」 제12조 또는 제13조에 따라 해상검문검색 또는 추적·나포하는 경우
8. 경찰관이 「수상에서의 수색·구조 등에 관한 법률」에 따라 같은 법 제 2 조 제 4 호의 수난구호 업무 시 수색 또는 구조를 하는 경우

9. 그 밖에 제 1 호부터 제 8 호까지에 준하는 경우로서 대통령령으로 정하는 경우

② 이 법에서 "경찰착용기록장치"란 경찰관이 신체에 착용 또는 휴대하여 직무수행 과정을 근거리에서 영상·음성으로 기록할 수 있는 기록장치 또는 그 밖에 이와 유사한 기능을 갖춘 기계장치를 말한다.

[시행일 2024. 7. 31.]

제10조의6(경찰착용기록장치의 사용 고지 등) ① 경찰관이 경찰착용기록장치를 사용하여 기록하는 경우로서 이동형 영상정보처리기기로 사람 또는 그 사람과 관련된 사물의 영상을 촬영하는 때에는 불빛, 소리, 안내판 등 대통령령으로 정하는 바에 따라 촬영 사실을 표시하고 알려야 한다.

② 제 1 항에도 불구하고 제10조의5 제 1 항 각 호에 따른 경우로서 불가피하게 고지가 곤란한 경우에는 제 3 항에 따라 영상음성기록을 전송·저장하는 때에 그 고지를 못한 사유를 기록하는 것으로 대체할 수 있다.

③ 경찰착용기록장치로 기록을 마친 영상음성기록은 지체 없이 제10조의7에 따른 영상음성기록정보 관리체계를 이용하여 영상음성기록정보 데이터베이스에 전송·저장하도록 하여야 하며, 영상음성기록을 임의로 편집·복사하거나 삭제하여서는 아니 된다.

④ 그 밖에 경찰착용기록장치의 사용기준 및 관리 등에 필요한 사항은 대통령령으로 정한다.

[시행일 2024. 7. 31.]

1. 경찰착용기록장치의 개념

"경찰착용기록장치"란 경찰관이 신체에 착용 또는 휴대하여 직무수행 과정을 근거리에서 영상·음성으로 기록할 수 있는 기록장치 또는 그 밖에 이와 유사한 기능을 갖춘 기계장치를 말한다(「경찰관 직무집행법」 제10조의5 제 2 항).

2. 경찰착용기록장치의 사용요건

경찰관은 다음 각 호(1. 경찰관이 「형사소송법」 제200조의2, 제200조의3, 제201조 또는 제212조에 따라 피의자를 체포 또는 구속하는 경우, 2. 범죄 수사를 위하여 필요한 경우로서 다음 각 목(가. 범행 중이거나 범행 직전 또는 직후일 것, 나. 증거보전의 필요성 및 긴급성이 있을 것)의 요건을 모두 갖춘 경우, 3. 제 5 조 제 1 항에 따른 인공구조물의 파손이나 붕괴 등의 위험한 사태가 발생한 경우, 4. 경찰착용기록장치에 기록되는 대상자(이하 이 조에서 "기록대상자"라 한다)로부터 그 기록의 요청 또는 동의를 받은 경우, 5. 제 4 조 제 1 항 각 호에 해당하는 것이 명백하고 응급구호가 필요하다고 믿을

만한 상당한 이유가 있는 경우, 6. 제 6 조에 따라 사람의 생명·신체에 위해를 끼치거나 재산에 중대한 손해를 끼칠 우려가 있는 범죄행위를 긴급하게 예방 및 제지하는 경우, 7. 경찰관이 「해양경비법」 제12조 또는 제13조에 따라 해상검문검색 또는 추적·나포하는 경우, 8. 경찰관이 「수상에서의 수색·구조 등에 관한 법률」에 따라 같은 법 제 2 조 제 4 호의 수난구호 업무 시 수색 또는 구조를 하는 경우, 9. 그 밖에 제 1 호부터 제 8 호까지에 준하는 경우로서 대통령령으로 정하는 경우)의 어느 하나에 해당하는 직무 수행을 위하여 필요한 경우에는 필요한 최소한의 범위에서 경찰착용기록장치를 사용할 수 있다(「경찰관 직무집행법」 제10조의5 제 1 항).

3. 경찰착용기록장치의 사용 고지 등

경찰관이 경찰착용기록장치를 사용하여 기록하는 경우로서 이동형 영상정보처리기기로 사람 또는 그 사람과 관련된 사물의 영상을 촬영하는 때에는 불빛, 소리, 안내판 등 대통령령으로 정하는 바에 따라 촬영 사실을 표시하고 알려야 한다(「경찰관 직무집행법」 제10조의6 제 1 항). 제 1 항에도 불구하고 제10조의5 제 1 항 각 호에 따른 경우로서 불가피하게 고지가 곤란한 경우에는 제 3 항에 따라 영상음성기록을 전송·저장하는 때에 그 고지를 못한 사유를 기록하는 것으로 대체할 수 있다(제 2 항). 경찰착용기록장치로 기록을 마친 영상음성기록은 지체 없이 제10조의7에 따른 영상음성기록정보 관리체계를 이용하여 영상음성기록 정보 데이터베이스에 전송·저장하도록 하여야 하며, 영상음성기록을 임의로 편집·복사하거나 삭제하여서는 아니 된다(제 3 항). 그 밖에 경찰착용기록장치의 사용기준 및 관리 등에 필요한 사항은 대통령령으로 정한다(제 4 항).

4. 영상음성기록정보 관리체계의 구축·운영

경찰청장 및 해양경찰청장은 경찰착용기록장치로 기록한 영상·음성을 저장하고 데이터베이스로 관리하는 영상음성기록정보 관리체계를 구축·운영하여야 한다(「경찰관 직무집행법」 제10조의7).

제 3 절 하명의 성질을 가진 경찰직무조치

Ⅰ. 위험한 사태에 있어서 관리자 등에 대한 조치명령

> **경찰관 직무집행법**
> 제 5 조(위험 발생의 방지 등) ① **경찰관은 사람의 생명 또는 신체에 위해를 끼치거나 재산에 중대한 손해를 끼칠 우려가 있는 천재(天災), 사변(事變), 인공구조물의 파손이나 붕괴, 교통사고, 위험물의 폭발, 위험한 동물 등의 출현, 극도의 혼잡, 그 밖의 위험한 사태가 있을 때에는 다음 각 호의 조치를 할 수 있다.**
>   1. 그 장소에 모인 사람, 사물(事物)의 관리자, 그 밖의 관계인에게 필요한 경고를 하는 것
>   2. 매우 긴급한 경우에는 위해를 입을 우려가 있는 사람을 필요한 한도에서 억류하거나 피난시키는 것
>   3. 그 장소에 있는 사람, 사물의 관리자, 그 밖의 관계인에게 위해를 방지하기 위하여 필요하다고 인정되는 조치를 하게 하거나 직접 그 조치를 하는 것
> ② 경찰관서의 장은 대간첩 작전의 수행이나 소요(騷擾) 사태의 진압을 위하여 필요하다고 인정되는 상당한 이유가 있을 때에는 대간첩 작전지역이나 경찰관서·무기고 등 국가중요시설에 대한 접근 또는 통행을 제한하거나 금지할 수 있다.
> ③ 경찰관은 제 1 항의 조치를 하였을 때에는 지체 없이 그 사실을 소속 경찰관서의 장에게 보고하여야 한다.
> ④ 제 2 항의 조치를 하거나 제 3 항의 보고를 받은 경찰관서의 장은 관계 기관의 협조를 구하는 등 적절한 조치를 하여야 한다.
> 제10조의7(영상음성기록정보 관리체계의 구축·운영) 경찰청장 및 해양경찰청장은 경찰착용기록장치로 기록한 영상·음성을 저장하고 데이터베이스로 관리하는 영상음성기록정보 관리체계를 구축·운영하여야 한다.
> [시행일 2024. 7. 31.]

경찰관은 위험사태의 발생장소에 있는 자, 사물의 관리자 그 밖의 관계인에게 위해방지상 필요하다고 인정되는 조치를 취하게 할 수 있다(동법 제 5 조 제 1 항 제 3 호).

관계인에게 '필요한 조치를 하게 하는 것'은 상대방이 필요한 조치를 하도록 명하는 행위로서 하명의 성질을 가진다.

Ⅱ. 국가중요시설에 대한 접근제한명령 및 접근금지명령

경찰관 직무집행법

제5조(위험 발생의 방지 등) ① 경찰관은 사람의 생명 또는 신체에 위해를 끼치거나 재산에 중대한 손해를 끼칠 우려가 있는 천재(天災), 사변(事變), 인공구조물의 파손이나 붕괴, 교통사고, 위험물의 폭발, 위험한 동물 등의 출현, 극도의 혼잡, 그 밖의 위험한 사태가 있을 때에는 다음 각 호의 조치를 할 수 있다.

1. 그 장소에 모인 사람, 사물(事物)의 관리자, 그 밖의 관계인에게 필요한 경고를 하는 것
2. 매우 긴급한 경우에는 위해를 입을 우려가 있는 사람을 필요한 한도에서 억류하거나 피난시키는 것
3. 그 장소에 있는 사람, 사물의 관리자, 그 밖의 관계인에게 위해를 방지하기 위하여 필요하다고 인정되는 조치를 하게 하거나 직접 그 조치를 하는 것

② 경찰관서의 장은 대간첩 작전의 수행이나 소요(騷擾) 사태의 진압을 위하여 필요하다고 인정되는 상당한 이유가 있을 때에는 대간첩 작전지역이나 경찰관서·무기고 등 국가중요시설에 대한 접근 또는 통행을 제한하거나 금지할 수 있다.

③ 경찰관은 제1항의 조치를 하였을 때에는 지체 없이 그 사실을 소속 경찰관서의 장에게 보고하여야 한다.

④ 제2항의 조치를 하거나 제3항의 보고를 받은 경찰관서의 장은 관계 기관의 협조를 구하는 등 적절한 조치를 하여야 한다.

경찰관서의 장은 대간첩 작전의 수행이나 소요사태의 진압을 위하여 필요하다고 인정되는 상당한 이유가 있을 때에는 대간첩 작전지역이나 경찰관서·무기고 등 국가중요시설에 대한 접근 또는 통행을 제한하거나 금지할 수 있다(동법 제5조 제2항). 국가중요시설에 대한 접근제한명령 및 접근금지명령은 수인의무 (受忍義務)를 명하는 행위로서 하명의 성질을 가진다.

Ⅲ. 사실의 확인을 위한 출석요구

경찰관 직무집행법

제8조(사실의 확인 등) ① 경찰관서의 장은 직무 수행에 필요하다고 인정되는 상당한 이유가 있을 때에는 국가기관이나 공사(公私) 단체 등에 직무 수행에 관련된 사실을 조회할 수 있다. 다만, 긴급한 경우에는 소속 경찰관으로 하여금 현장에 나가 해당 기관 또는 단체의 장의 협조를 받아 그 사실을 확인하게 할 수 있다.

② 경찰관은 다음 각 호의 직무를 수행하기 위하여 필요하면 관계인에게 출석하여야

하는 사유·일시 및 장소를 명확히 적은 출석 요구서를 보내 경찰관서에 출석할 것을 요구할 수 있다.

1. 미아를 인수할 보호자 확인
2. 유실물을 인수할 권리자 확인
3. 사고로 인한 사상자(死傷者) 확인
4. 행정처분을 위한 교통사고 조사에 필요한 사실 확인

경찰관은 다음 각 호의 직무를 수행하기 위하여 필요하면 관계인에게 출석하여야 하는 사유·일시 및 장소를 명확히 적은 출석 요구서를 보내 경찰관서에 출석할 것을 요구할 수 있다. 1. 미아를 인수할 보호자 확인, 2. 유실물을 인수할 권리자 확인, 3. 사고로 인한 사상자(死傷者) 확인, 4. 행정처분을 위한 교통사고 조사에 필요한 사실 확인(동법 제8조 제2항).

출석요구 자체가 국민에게 실질적 위협이 될 수 있기 때문에 출석요구서 발부는 명문의 규정이 있는 경우에 한하도록 하는 것이 옳다고 본다. 따라서 이 규정은 열거적·제한적 규정으로 보아야지 예시적 규정으로 보아서는 안 될 것이다. 즉, 「경찰관 직무집행법」 제8조 제2항 제1호~제4호의 확인을 위해서만 출석을 요구할 수 있다.

제 4 절 국민에게 사실상의 불이익을 줄 수 있는 비권력적 경찰직무조치

Ⅰ. 국민에게 사실상의 불이익을 줄 수 있는 비권력적 경찰직무조치의 종류

「경찰관 직무집행법」상 국민에게 사실상의 불이익을 줄 수 있는 비권력적 경찰직무조치로는 불심검문(동법 제3조 제1항), 임의동행(동법 제3조 제2항), 미아·병자·부상자 등의 보호조치(동법 제4조 제1항 제3호), 위험발생에 있어서 경고(동법 제5조 제1항 제1호), 범죄의 예방을 위한 경고(동법 제6조), 사실조회 및 직접확인(동법 제8조) 등이 있다.

Ⅱ. 불심검문

> **경찰관 직무집행법**
> 제 3 조(불심검문) ① 경찰관은 다음 각 호의 어느 하나에 해당하는 사람을 정지시켜 질문할 수 있다.
> 1. 수상한 행동이나 그 밖의 주위 사정을 합리적으로 판단하여 볼 때 어떠한 죄를 범하였거나 범하려 하고 있다고 의심할 만한 상당한 이유가 있는 사람
> 2. 이미 행하여진 범죄나 행하여지려고 하는 범죄행위에 관한 사실을 안다고 인정되는 사람
> ② 경찰관은 제 1 항에 따라 같은 항 각 호의 사람을 정지시킨 장소에서 질문을 하는 것이 그 사람에게 불리하거나 교통에 방해가 된다고 인정될 때에는 질문을 하기 위하여 가까운 경찰서·지구대·파출소 또는 출장소(지방해양경찰관서를 포함하며, 이하 "경찰관서"라 한다)로 동행할 것을 요구할 수 있다. 이 경우 동행을 요구받은 사람은 그 요구를 거절할 수 있다.
> ③ 경찰관은 제 1 항 각 호의 어느 하나에 해당하는 사람에게 질문을 할 때에 그 사람이 흉기를 가지고 있는지를 조사할 수 있다.
> ④ 경찰관은 제 1 항이나 제 2 항에 따라 질문을 하거나 동행을 요구할 경우 자신의 신분을 표시하는 증표를 제시하면서 소속과 성명을 밝히고 질문이나 동행의 목적과 이유를 설명하여야 하며, 동행을 요구하는 경우에는 동행 장소를 밝혀야 한다.
> ⑤ 경찰관은 제 2 항에 따라 동행한 사람의 가족이나 친지 등에게 동행한 경찰관의 신분, 동행 장소, 동행 목적과 이유를 알리거나 본인으로 하여금 즉시 연락할 수 있는 기회를 주어야 하며, 변호인의 도움을 받을 권리가 있음을 알려야 한다.
> ⑥ 경찰관은 제 2 항에 따라 동행한 사람을 6시간을 초과하여 경찰관서에 머물게 할 수 없다.
> ⑦ 제 1 항부터 제 3 항까지의 규정에 따라 질문을 받거나 동행을 요구받은 사람은 형사소송에 관한 법률에 따르지 아니하고는 신체를 구속당하지 아니하며, 그 의사에 반하여 답변을 강요당하지 아니한다.

1. 불심검문의 의의

불심검문이란 경찰관이 거동이 수상한 자를 정지시켜 조사하는 행위를 말한다.

2. 불심검문의 대상과 법적 성질

「경찰관 직무집행법」이 정하는 불심검문은 어떠한 죄를 범하였다고 의심되는 자 뿐만 아니라 어떠한 죄를 범하려 하고 있다고 의심되는 자를 그 대상으로

하고 있다(법 제 3 조 제 1 항).

어떠한 죄를 범하려 하고 있다고 의심되는 자에 대한 불심검문은 범죄의 예방을 목적으로 하는 불심검문으로 행정경찰작용에 속하지만, 어떠한 죄를 범하였다고 의심되는 자에 대한 불심검문은 사법경찰작용에 속한다.

'이미 행하여진 범죄에 관하여 그 사실을 안다고 인정되는 자'에 대한 불심검문은 범죄수사의 차원에서 행해지는 사법경찰작용인 반면에, '행하여지려고 하는 범죄행위에 관하여 안다고 인정되는 자'에 대한 불심검문은 범죄예방을 목적으로 하는 것으로 행정경찰작용이다.

3. 불심검문의 판단요소와 판단기준

(1) 불심검문의 판단요소

1) 수상한 거동

수상한 거동이란 언행이나 차림새 따위가 보통과 달리 이상하거나 자연스럽지 못한 것을 말한다(예 경찰관을 보고 도망가는 경우, 골목길을 배회하는 경우, 아파트 복도를 서성거리는 경우, 핏자국이 묻어 있는 옷을 입고 있는 경우).

2) 주위의 사정

주위의 사정이란 불심검문 상대방의 직접적인 거동을 제외한 주변사정을 말하는 것으로 주위의 사람이나 검문시간·검문장소 등이 고려될 수 있을 것이다(예 주위의 사람들이 다수인가 소수인가의 여부(인적 상황), 위험한 물건이 있는가의 여부(물적 상황), 주간인가 야간인가의 여부(시적 상황), 번화한 거리인가 으슥한 골목인가의 여부(장소적 상황) 등).

3) 어떠한 죄를 범하였거나 범하려 하고 있다고 의심할 만한 상당한 이유가 있을 것

(2) 불심검문의 판단기준

경찰이 불심검문을 행함에 있어서 그 정황과 대상자를 판단하는 기준은 합리적인 것이어야 한다. 판단이 합리적이라고 하기 위해서는 해당 직무를 행하는 경찰관의 주관적이고 자의적인 판단이 아닌 사회통념에 비추어 객관적인 합리성이 담보되는 판단이어야 한다.

(3) 불심검문의 방법

1) 정　　지

(개) **정지의 의의**　　정지란 보행자인 경우에는 불러 세우는 것을 말하고, 자동차나 자전거에 타고 있는 사람의 경우에는 정차시키는 것을 말한다.

(내) **정지의 법적 성질**　　정지의 법적 성질에 대하여 학설은 강제행위설, 비권력적 사실행위설 등으로 나뉘어져 있다. 법문이 '정지시켜'라고 규정하고 있는 취지를 감안하면 정지에 대해 강제성을 인정하는 것으로 이해할 여지도 있으나, '정지시켜'의 의미를 불러 세운다고 하는 정도의 의미로 파악하는 것이 옳으므로 비권력적 사실행위로 보는 것이 타당하다.

2) 질　　문

(개) **질문의 의의**　　질문이란 검문대상자에 대해 경찰관이 의심을 품은 사항을 해소하기 위하여 또는 경찰목적상 필요한 사항을 알기 위하여 행하는 것을 말한다.

(내) **질문의 법적 성질**　　질문의 법적 성질에 대해서는 권력적 사실행위로 보는 견해(김성수), 경찰상 조사로 보는 견해(홍정선)도 있으나, 불심검문을 당한 자는 그 의사에 반하여 답변을 강요당하지 아니하므로(동법 제 3 조 제 7 항) 질문은 비권력적 사실행위로 보는 것이 타당하다. 따라서 임의수단의 한도 내에 질문에 응하도록 설득을 하는 것은 가능하다.

(대) **질문의 내용**　　질문사항은 선행지, 출발지, 용건, 출생지, 주소, 직업, 이름, 소지품의 유무 또는 내용, 의심나는 점 등이 통상적으로 거론된다.

Ⅲ. 임의동행

> 경찰관 직무집행법
> 제 3 조(불심검문) ① 경찰관은 다음 각 호의 어느 하나에 해당하는 사람을 정지시켜 질문할 수 있다.
> 　1. 수상한 행동이나 그 밖의 주위 사정을 합리적으로 판단하여 볼 때 어떠한 죄를 범하였거나 범하려 하고 있다고 의심할 만한 상당한 이유가 있는 사람
> 　2. 이미 행하여진 범죄나 행하여지려고 하는 범죄행위에 관한 사실을 안다고 인정되는 사람
> ② 경찰관은 제 1 항에 따라 같은 항 각 호의 사람을 정지시킨 장소에서 질문을 하는 것

이 그 사람에게 불리하거나 교통에 방해가 된다고 인정될 때에는 질문을 하기 위하여 가까운 경찰서·지구대·파출소 또는 출장소(지방해양경찰관서를 포함하며, 이하 "경찰관서"라 한다)로 동행할 것을 요구할 수 있다. 이 경우 동행을 요구받은 사람은 그 요구를 거절할 수 있다.

③ 경찰관은 제 1 항 각 호의 어느 하나에 해당하는 사람에게 질문을 할 때에 그 사람이 흉기를 가지고 있는지를 조사할 수 있다.

④ 경찰관은 제 1 항이나 제 2 항에 따라 질문을 하거나 동행을 요구할 경우 자신의 신분을 표시하는 증표를 제시하면서 소속과 성명을 밝히고 질문이나 동행의 목적과 이유를 설명하여야 하며, 동행을 요구하는 경우에는 동행 장소를 밝혀야 한다.

⑤ 경찰관은 제 2 항에 따라 동행한 사람의 가족이나 친지 등에게 동행한 경찰관의 신분, 동행 장소, 동행 목적과 이유를 알리거나 본인으로 하여금 즉시 연락할 수 있는 기회를 주어야 하며, 변호인의 도움을 받을 권리가 있음을 알려야 한다.

⑥ 경찰관은 제 2 항에 따라 동행한 사람을 6시간을 초과하여 경찰관서에 머물게 할 수 없다.

⑦ 제 1 항부터 제 3 항까지의 규정에 따라 질문을 받거나 동행을 요구받은 사람은 형사소송에 관한 법률에 따르지 아니하고는 신체를 구속당하지 아니하며, 그 의사에 반하여 답변을 강요당하지 아니한다.

1. 임의동행의 의의와 법적 성질

(1) 임의동행의 의의

「경찰관 직무집행법」 제 3 조 제 2 항이 "질문을 하기 위하여 … 동행할 것을 요구할 수 있다"고 규정하고 있는바, 이를 임의동행이라 한다. 임의동행은 불심검문에 있어서 질문의 편의보다는 질문대상자 등을 보호하기 위하여 마련된 제도이다. 여기서 임의란 사회통념에 비추어 신체의 속박이나 강한 심리적 압박에 따른 자유의 구속이 있다고 할 수 있는 것과 같은 제반의 객관적 상황이 없는 한 임의라고 할 수 있다.

(2) 임의동행의 법적 성질

임의동행은 질문대상자 등의 편의를 위해 인정되고 「경찰관 직무집행법」 제 3 조 제 2 항 단서에서 동행요구거절권을 규정하고 있는 것을 볼 때, 동행요구는 구속력이 없는 비권력적 사실행위로 보는 것이 타당하다.

동행에 대한 임의성판단은 평균인을 기준으로 하여 본인의 의사로서 동행에 응하는가의 여부를 판단해야 한다.

2. 임의동행에 있어서 임의성의 판단기준

판례는 임의동행에 있어서 임의성의 판단기준에 대해 "임의동행에 있어서의 임의성의 판단은 동행의 시간과 장소, 동행의 방법과 동행거부의사의 유무, 동행 이후의 조사 방법과 퇴거의사의 유무 등 여러 사정을 종합하여 객관적인 상황을 기준으로 하여야 한다"고 판시하고 있다(대판 1993. 11. 23, 93다35155).

3. 동행사유

「경찰관 직무집행법」 제 3 조 제 2 항은 동행사유에 대하여는 "검문대상자에게 불리하거나," "교통의 방해"가 되는 경우를 규정하고 있다. 첫째, 검문대상자에게 불리한 경우란 객관적으로 볼 때 물리적·심리적 및 경제적으로 본인에게 불리한 것이 명백한 경우를 말한다(예 사람이 많이 있는 장소에서 본인의 명예나 수치심을 해치는 경우, 계절적으로 혹서·혹한의 경우). 둘째, 교통의 방해의 경우는 ① 보행자나 자동차를 상대로 불심검문을 행하는 것이 교통의 방해를 유발할 우려가 있거나 ② 불심검문을 하는 것을 보고 많은 사람이 운집하여 교통의 방해를 일으키는 경우를 말한다.

4. 임의동행과 신체구속

법의 취지는 원칙적으로 실력행사를 허용하지 않는다. 따라서 동행이 강제되어서는 안 된다. 「경찰관 직무집행법」 제 3 조 제 7 항은 임의동행의 경우에 법률의 근거 없는 신체구속이나 의사에 반한 답변강요를 금지하고 있다.

명확히 동행을 거부하고 있는 경우에 실력을 행사하여 동행시키는 것은 위법이 된다(예 경찰관이 임의동행요구에 응하지 않는다 하여 강제연행하려고 대상자의 양팔을 잡아 끈 행위는 적법한 공무집행이라고 할 수 없으므로 그 대상자가 이러한 불법연행으로부터 벗어나기 위하여 저항한 행위는 정당한 행위이다(대판 1992. 5. 26, 91다38334)).

5. 임의동행과 체포

「경찰관 직무집행법」 제 3 조 제 7 항은 임의동행이 체포로 이어져서는 안 된다는 것을 명백히 하고 있다. 그래서 사법경찰관이 피고인을 수사관서까지 동행한 것이 사실상의 강제연행, 즉 불법체포에 해당하고, 불법체포로부터 6시간 상당이 경과한 후에 이루어진 긴급체포 또한 위법하므로 피고인이 불법체포된 자로서 형법 제145조 제 1 항에 정한 '법률에 따라 체포 또는 구금된 자'가 아니어서 도주죄의 주체가 될 수 없다(대판 2006. 7. 6, 2005도6810).

6. 임의동행과 적법절차

「경찰관 직무집행법」에서는 제 3 조 제 4 항에서 동행 전에 경찰관의 신분증명과 동행의 목적과 이유 및 동행장소의 고지의무를, 제 5 항에서는 동행 후에 가족에게 고지할 의무와 본인에게 연락기회의 부여의무 및 변호인의 조력을 받을 권리가 있음을 고지할 의무를 부과하고 있다. 제 3 조 제 6 항은 동행시간을 6시간으로 제한하고 있다.

Ⅳ. 미아·병자·부상자 등의 임의보호조치

경찰관 직무집행법
제 4 조(보호조치 등) ① 경찰관은 수상한 행동이나 그 밖의 주위 사정을 합리적으로 판단해 볼 때 다음 각 호의 어느 하나에 해당하는 것이 명백하고 응급구호가 필요하다고 믿을 만한 상당한 이유가 있는 사람(이하 "구호대상자"라 한다)을 발견하였을 때에는 보건의료기관이나 공공구호기관에 긴급구호를 요청하거나 경찰관서에 보호하는 등 적절한 조치를 할 수 있다.
  1. 정신착란을 일으키거나 술에 취하여 자신 또는 다른 사람의 생명·신체·재산에 위해를 끼칠 우려가 있는 사람
  2. 자살을 시도하는 사람
  3. 미아, 병자, 부상자 등으로서 적당한 보호자가 없으며 응급구호가 필요하다고 인정되는 사람. 다만, 본인이 구호를 거절하는 경우는 제외한다.
② 제 1 항에 따라 긴급구호를 요청받은 보건의료기관이나 공공구호기관은 정당한 이유 없이 긴급구호를 거절할 수 없다.
③ 경찰관은 제 1 항의 조치를 하는 경우에 구호대상자가 휴대하고 있는 무기·흉기 등 위험을 일으킬 수 있는 것으로 인정되는 물건을 경찰관서에 임시로 영치(領置)하여 놓을 수 있다.
④ 경찰관은 제 1 항의 조치를 하였을 때에는 지체 없이 구호대상자의 가족, 친지 또는 그 밖의 연고자에게 그 사실을 알려야 하며, 연고자가 발견되지 아니할 때에는 구호대상자를 적당한 공공보건의료기관이나 공공구호기관에 즉시 인계하여야 한다.
⑤ 경찰관은 제 4 항에 따라 구호대상자를 공공보건의료기관이나 공공구호기관에 인계

하였을 때에는 즉시 그 사실을 소속 경찰서장이나 해양경찰서장에게 보고하여야 한다.
⑥ 제 5 항에 따라 보고를 받은 소속 경찰서장이나 해양경찰서장은 대통령령으로 정하
는 바에 따라 구호대상자를 인계한 사실을 지체 없이 해당 공공보건의료기관 또는 공
공구호기관의 장 및 그 감독행정청에 통보하여야 한다.
⑦ 제 1 항에 따라 구호대상자를 경찰관서에서 보호하는 기간은 24시간을 초과할 수 없
고, 제 3 항에 따라 물건을 경찰관서에 임시로 영치하는 기간은 10일을 초과할 수 없다.

1. 임의보호조치의 대상과 법적 성질

(1) 임의보호조치의 의의

미아·병자·부상자 등의 임의보호조치란 적당한 보호자가 없는 자에 대해
응급의 구호를 요한다고 믿을 만한 상당한 이유가 있는 경우에 본인의 의사를
존중하여 취하는 보호조치를 말한다(「경찰관 직무집행법」 제 4 조 제 1 항 제 3 호).

(2) 임의보호조치의 법적 성질

제 4 조 제 1 항 제 3 호의 임의보호조치는 본인의 의사를 존중하여 임의보호
조치를 취하는 경우이므로 비권력적 사실행위로 보는 것이 타당하다.

2. 임의보호조치의 방법

임의보호조치의 방법으로서 보건의료기관 또는 공공구호기관에 긴급구호를
요청하거나 경찰관서에 보호하는 등 적당한 조치를 할 수 있다고 규정하고 있
다(동법 제 4 조 제 1 항). 임의보호조치시에는 그들의 의사를 존중하여야 한다.

3. 긴급구조요청의 거부금지

「경찰관 직무집행법」은 "긴급구호를 요청받은 보건의료기관이나 공공구호
기관은 정당한 이유 없이 긴급구호를 거절할 수 없다"고 규정하고 있다(법 제 4 조
제 2 항).

Ⅴ. 위험발생에 있어서 경고

경찰관 직무집행법
제 5 조(위험 발생의 방지 등) ① 경찰관은 사람의 생명 또는 신체에 위해를 끼치거나

재산에 중대한 손해를 끼칠 우려가 있는 천재(天災), 사변(事變), 인공구조물의 파손이나 붕괴, 교통사고, 위험물의 폭발, 위험한 동물 등의 출현, 극도의 혼잡, 그 밖의 위험한 사태가 있을 때에는 다음 각 호의 조치를 할 수 있다.

1. 그 장소에 모인 사람, 사물(事物)의 관리자, 그 밖의 관계인에게 필요한 경고를 하는 것
2. 매우 긴급한 경우에는 위해를 입을 우려가 있는 사람을 필요한 한도에서 억류하거나 피난시키는 것
3. 그 장소에 있는 사람, 사물의 관리자, 그 밖의 관계인에게 위해를 방지하기 위하여 필요하다고 인정되는 조치를 하게 하거나 직접 그 조치를 하는 것

② 경찰관서의 장은 대간첩 작전의 수행이나 소요(騷擾) 사태의 진압을 위하여 필요하다고 인정되는 상당한 이유가 있을 때에는 대간첩 작전지역이나 경찰관서·무기고 등 국가중요시설에 대한 접근 또는 통행을 제한하거나 금지할 수 있다.

③ 경찰관은 제1항의 조치를 하였을 때에는 지체 없이 그 사실을 소속 경찰관서의 장에게 보고하여야 한다.

④ 제2항의 조치를 하거나 제3항의 보고를 받은 경찰관서의 장은 관계 기관의 협조를 구하는 등 적절한 조치를 하여야 한다.

「경찰관 직무집행법」은 경찰관은 위험한 장소에 집합한 자, 사물의 관리자에게 필요한 경고를 발할 수 있다고 규정하여(법 제5조 제1항 제1호), 경고조치를 위험발생의 방지조치의 하나로 들고 있다.

위험발생상 경고란 위험으로부터 피난시키거나 위험을 방지하기 위하여 필요한 예고를 하거나 주의를 주는 것을 말한다(圖 경찰관이 통행인에게 붕괴위험이 있는 건물의 존재를 알려 건물 근처로 통행하지 말도록 주의를 주는 행위).

경고조치는 비권력적 사실행위로서 행정지도의 성질을 가지는데, 주의, 지도, 권고 등을 하는 것을 말한다. 따라서 특별한 법적 효과는 발생하지 아니한다.

VI. 범죄의 예방을 위한 경고

경찰관 직무집행법 제6조
(범죄의 예방과 제지) 경찰관은 범죄행위가 목전(目前)에 행하여지려고 하고 있다고 인정될 때에는 이를 예방하기 위하여 관계인에게 필요한 경고를 하고, 그 행위로 인하여 사람의 생명·신체에 위해를 끼치거나 재산에 중대한 손해를 끼칠 우려가 있는 긴급한 경우에는 그 행위를 제지할 수 있다.

「경찰관 직무집행법」 제 6 조는 경찰관은 범죄가 목전(目前)에 행하여지려고 하고 있다고 인정될 때는 관계인에게 필요한 경고를 발할 수 있다고 규정하고 있다(법 제6조 제1항 전단).

범죄의 예방을 위한 경고란 범죄의 예방을 위하여 범죄행위로 나아가려고 하는 것을 중지하도록 통고하는 것을 말한다.

경고의 대상은 관계인이다. 따라서 범죄를 행하고 있는 자, 범죄로 피해를 받는 자가 주된 대상이나 이들이 보호를 요하는 자인 경우에는 그 보호자들도 경고의 대상이 될 수 있다. 그리고 장소, 건물 그 밖의 공작물에 관련된 범죄일 경우에는 건물 등의 관리자, 소유자, 점유자 및 그 장소에 거주하는 자도 대상자가 될 수 있을 것이다.

경고는 주의, 권고, 지시 등 사실상의 통지행위이다. 경고의 방법으로서는 교통위반자에 대해 구두, 경적(警笛), 확성기 등을 통해 행한다.

Ⅶ. 사실조회 및 직접확인

경찰관 직무집행법
제 8 조(사실의 확인 등) ① 경찰관서의 장은 직무 수행에 필요하다고 인정되는 상당한 이유가 있을 때에는 국가기관이나 공사(公私) 단체 등에 직무 수행에 관련된 사실을 조회할 수 있다. 다만, 긴급한 경우에는 소속 경찰관으로 하여금 현장에 나가 해당 기관 또는 단체의 장의 협조를 받아 그 사실을 확인하게 할 수 있다.
② 경찰관은 다음 각 호의 직무를 수행하기 위하여 필요하면 관계인에게 출석하여야 하는 사유·일시 및 장소를 명확히 적은 출석 요구서를 보내 경찰관서에 출석할 것을 요구할 수 있다.
 1. 미아를 인수할 보호자 확인
 2. 유실물을 인수할 권리자 확인
 3. 사고로 인한 사상자(死傷者) 확인
 4. 행정처분을 위한 교통사고 조사에 필요한 사실 확인

1. 의   의

경찰관서의 장은 직무수행에 필요하다고 인정되는 상당한 이유가 있을 때에는 국가기관 또는 공·사단체 등에 대하여 직무수행에 관련된 사실을 조회할 수 있다(동법 제8조 제1항 본문).

2. 사실조회 및 직접확인

사실조회란 사람, 동산, 부동산 그 밖의 모든 유체물 및 무체물에 대해 물어보는 것을 말한다(동법 제8조 제1항 본문).

직접확인이란 긴급을 요할 때에 경찰관서의 장의 지시에 따라 소속 경찰관이 현장에 출장하여 해당 기관 또는 단체의 장의 협조를 얻어 그 사실을 확인하는 것을 말한다(동법 제8조 제1항 단서).

제 5 절   직무 수행으로 인한 형의 감면

경찰관 직무집행법 제11조의5(직무 수행으로 인한 형의 감면) 다음 각 호의 범죄가 행하여지려고 하거나 행하여지고 있어 타인의 생명·신체에 대한 위해 발생의 우려가 명백하고 긴급한 상황에서, 경찰관이 그 위해를 예방하거나 진압하기 위한 행위 또는 범인의 검거 과정에서 경찰관을 향한 직접적인 유형력 행사에 대응하는 행위를 하여 그로 인하여 타인에게 피해가 발생한 경우, 그 경찰관의 직무수행이 불가피한 것이고 필요한 최소한의 범위에서 이루어졌으며 해당 경찰관에게 고의 또는 중대한 과실이 없는 때에는 그 정상을 참작하여 형을 감경하거나 면제할 수 있다.

1. 「형법」제2편 제24장 살인의 죄, 제25장 상해와 폭행의 죄, 제32장 강간과 추행의 죄 중 강간에 관한 범죄, 제38장 절도와 강도의 죄 중 강도에 관한 범죄 및 이에 대하여 다른 법률에 따라 가중처벌하는 범죄
2. 「가정폭력범죄의 처벌 등에 관한 특례법」에 따른 가정폭력범죄, 「아동학대범죄의 처벌 등에 관한 특례법」에 따른 아동학대범죄

[본조신설 2022. 2. 3.]

제 10 장
행정의 실효성 확보수단

제 1 절 의   의

행정의 실효성을 확보(행정목적의 달성)하기 위한 전통적 수단으로 행정강제와 행정벌이 인정되고 있다. 그런데 행정상 강제와 행정벌만으로 행정의 실효성을 확보하는 데에는 불충분하고 효과적이지 못한 경우가 있기 때문에 과징금 등 새로운 실효성 확보수단이 법령상 또는 행정실무상 등장하고 있다.

[행정의 실효성 확보수단]

행정상 강제	행정상 강제집행	대집행	전통적 수단
		집행벌	
		직접강제	
		행정상 강제징수	
	즉시강제	대인적 즉시강제	
		대물적 즉시강제	
		대가택 즉시강제	
행정상의 제재	행정벌	행정형벌	새로운 수단
		행정질서벌	
	그 밖의 수단	금전상의 제재: 과징금, 가산세, 가산금, 부당이득세	
		비금전상의 제재: 명단의 공표, 공급거부, 관허사업의 제한, 취업제한, 행정행위의 철회(정지)	

제 2 절 행정상 강제

행정기본법
제 5 절 행정상 강제
제30조(행정상 강제) ① 행정청은 행정목적을 달성하기 위하여 필요한 경우에는 법률로 정하는 바에 따라 필요한 최소한의 범위에서 다음 각 호의 어느 하나에 해당하는 조치를 할 수 있다.

 1. 행정대집행: 의무자가 행정상 의무(법령등에서 직접 부과하거나 행정청이 법령등에 따라 부과한 의무를 말한다. 이하 이 절에서 같다)로서 타인이 대신하여 행할 수 있는 의무를 이행하지 아니하는 경우 법률로 정하는 다른 수단으로는 그 이행을 확보하기 곤란하고 그 불이행을 방치하면 공익을 크게 해칠 것으로 인정될 때에 행정청이 의무자가 하여야 할 행위를 스스로 하거나 제 3 자에게 하게 하고 그 비용을 의무자로부터 징수하는 것
 2. 이행강제금의 부과: 의무자가 행정상 의무를 이행하지 아니하는 경우 행정청이 적절한 이행기간을 부여하고, 그 기한까지 행정상 의무를 이행하지 아니하면 금전급부의무를 부과하는 것
 3. 직접강제: 의무자가 행정상 의무를 이행하지 아니하는 경우 행정청이 의무자의 신체나 재산에 실력을 행사하여 그 행정상 의무의 이행이 있었던 것과 같은 상태를 실현하는 것
 4. 강제징수: 의무자가 행정상 의무 중 금전급부의무를 이행하지 아니하는 경우 행정청이 의무자의 재산에 실력을 행사하여 그 행정상 의무가 실현된 것과 같은 상태를 실현하는 것
 5. 즉시강제: 현재의 급박한 행정상의 장해를 제거하기 위한 경우로서 다음 각 목의 어느 하나에 해당하는 경우에 행정청이 곧바로 국민의 신체 또는 재산에 실력을 행사하여 행정목적을 달성하는 것
    가. 행정청이 미리 행정상 의무 이행을 명할 시간적 여유가 없는 경우
    나. 그 성질상 행정상 의무의 이행을 명하는 것만으로는 행정목적 달성이 곤란한 경우
② 행정상 강제 조치에 관하여 이 법에서 정한 사항 외에 필요한 사항은 따로 법률로 정한다.
③ 형사(刑事), 행형(行刑) 및 보안처분 관계 법령에 따라 행하는 사항이나 외국인의 출입국·난민인정·귀화·국적회복에 관한 사항에 관하여는 이 절을 적용하지 아니한다.

제 1 항 개   설

Ⅰ. 행정강제의 의의와 종류

행정상 강제란 행정목적의 실현을 확보하기 위하여 사람의 신체 또는 재산에 실력(강제)을 가함으로써 행정상 필요한 상태를 실현하는 권력적 사실행위를 말한다.

행정상 강제에는 행정상 강제집행과 즉시강제가 있다.

Ⅱ. 「행정기본법」상 행정상 강제의 일반원칙

「행정기본법」은 행정강 강제의 기본적인 사항만 정하고 그 밖의 구체적인 규율은 개별법에서 정하도록 규정하고 있다(개별법주의).

1. 법률유보의 원칙

법률유보의 원칙상 행정상 강제에는 법률의 근거가 있어야 한다(행정기본법 제30조 제 1 항). 「행정기본법」은 행정상 강제의 근거규정이 아니다.

2. 행정상 강제 법정주의

행정상 강제 조치에 관하여 행정기본법에서 정한 사항 외에 필요한 사항은 따로 법률로 정한다(행정기본법 제30조 제 2 항).

3. 행정상 강제 적용 제외사항

형사(刑事), 행형(行刑) 및 보안처분 관계 법령에 따라 행하는 사항이나 외국인의 출입국·난민인정·귀화·국적회복에 관한 사항에 관하여는 행정기본법상 행정상 강제에 대한 규정을 적용하지 아니한다(행정기본법 제30조 제 3 항).

제 2 항 행정상 강제집행

Ⅰ. 의 의

행정상 강제집행이란 행정법상의 의무불이행이 있는 경우에 행정청이 의무자의 신체 또는 재산에 실력을 가하여 그 의무를 이행시키거나 이행한 것과 동일한 상태를 실현시키는 작용을 말한다.

행정상 강제집행에는 대집행, 강제징수, 직접강제, 집행벌이 있다. 현재 대집행과 강제징수는 일반적으로 인정되고 있지만 직접강제와 집행벌은 개별법규정에 따라 예외적으로만 인정되고 있다.

행정상 강제집행이 인정되는 경우에는 민사상 강제집행은 인정될 수 없다(대판 2000. 5. 12, 99다18909). 그러나 행정법상의 의무불이행에 대하여 행정상 강제집행을 인정하는 법률이 존재하지 않는 경우 또는 행정상 강제집행을 인정하는 법률이 존재하더라도 그 행정상 강제집행이 불가능한 경우 등 권리실현에 장애가 있게 되는 특별한 사정이 있다고 볼 수 있는 경우(대판 2017. 4. 28, 2016두39498)에는 행정법상 의무의 이행을 강제하기 위해 민사상 강제집행수단을 이용할 수 있다.

Ⅱ. 근 거

행정상 강제집행은 국민의 기본권에 대한 제한을 수반하므로 법적 근거가 있어야 한다.

대집행의 근거법으로는 대집행에 관한 일반법인 행정대집행법과 대집행에 관한 개별법 규정이 있고, 행정상 강제징수에 대한 근거법으로 국세징수법과 국세징수법을 준용하는 여러 개별법 규정이 있다. 직접강제와 집행벌은 각 개별법에서 예외적으로 인정되고 있다.

Ⅲ. 대 집 행

1. 의   의

행정대집행이란 "의무자가 행정상 의무(법령등에서 직접 부과하거나 행정청이 법령등에 따라 부과한 의무를 말한다)로서 타인이 대신하여 행할 수 있는 의무(대체적 작위의무)를 이행하지 아니하는 경우 법률로 정하는 다른 수단으로는 그 이행을 확보하기 곤란하고 그 불이행을 방치하면 공익을 크게 해칠 것으로 인정될 때에 행정청이 의무자가 하여야 할 행위를 스스로 하거나 제 3 자에게 하게 하고 그 비용을 의무자로부터 징수하는 것"을 말한다(행정기본법 제30조 제 1 항 제 1 호, 행정대집행법 제 2 조).

2. 대집행권자(대집행의 주체) : 해당 행정청

대집행을 할 수 있는 권한을 가진 자는 '해당 행정청'이다(행정대집행법 제 2 조). 해당 행정청이란 대집행의 대상이 되는 의무를 명하는 처분을 한 행정청을 말한다.

행정청은 대집행을 스스로 하거나 타인에게 대집행을 위탁할 수 있다.

공공단체 또는 사인에 대한 대집행의 위탁(엄밀한 의미의 위탁이 아니라 사실상의 대집행행위의 위탁(대집행보조를 위한 위탁)이라고 해석하여야 함)은 통상 계약의 방식으로 행해지는데, 대집행위탁계약의 형식이 공법상 계약인지 사법상 계약인지 문제된다.

판례는 "법령에 의해 대집행권한을 위탁받은 한국토지공사는 행정주체에 해당한다고 보고 있다(대판 2010. 1. 28, 2007다82950·82967).

3. 대집행의 요건

① 법령에 따라 직접 명령되거나 법령에 근거한 행정청의 명령에 따른 의무자의 대체적 작위의무 위반행위가 있어야 한다.

대체적 작위의무란 그 의무의 이행을 타인이 대신할 수 있는 작위의무를 말한다(예 불법주차차량의 견인, 건물의 철거, 물건의 파기).

부작위의무(예 불법공작물을 설치하지 않을 의무)와 수인의무(예 장례식장 사용중지의무), 토지·건물의 명도의무(점유자 자신에 대한 물리력의 행사를 수반하므로 직접강제의 대상임)는 성질상 대체적 작위의무가 아니다.

② 다른 수단(<mark>예</mark> 대집행보다 의무자의 권익을 적게 침해하는 수단)으로써 이행을 확보하기 곤란하고 또한 그 불이행을 방치함이 심히 공익을 해칠 것으로 인정되어야 한다. 이 규정은 비례의 원칙을 행정대집행에 구체화한 규정이다.

4. 대집행권 행사의 재량성

대집행의 요건이 충족되는 경우에 대집행을 하여야 한다는 견해가 있으나 대집행권을 발동할 것인가는 행정대집행법 제 2 조가 가능규정(… 할 수 있다)으로 규정하고 있으므로 행정청의 재량에 속한다고 보는 것이 타당하다. 판례도 재량으로 보고 있다(<mark>예</mark> 건물 중 위법하게 구조변경을 한 부분에 대한 철거 대집행계고처분이 재량권의 범위를 벗어나 위법하다(대판 1996. 10. 11, 96누8086)).

5. 대집행 절차

대집행은 계고, 대집행영장에 따른 통지, 대집행의 실행, 대집행비용의 징수의 단계를 거쳐 행해진다.

(1) 계   고

계고란 상당한 기간 내에 의무의 이행을 하지 않으면 대집행을 한다는 의사를 사전에 통지하는 행위를 말한다.

계고의 법적 성질은 준법률행위적 행정행위이다.

판례는 철거명령과 계고처분을 1장의 문서로써 동시에 행할 수 있다고 본다(대판 1992. 6. 12, 91누13564).

(2) 대집행영장에 따른 통지

대집행영장에 따른 통지란 의무자가 계고를 받고 그 지정 기한까지 그 의무를 이행하지 아니할 때에는 해당 행정청이 대집행영장으로써 대집행실행의 시기, 대집행책임자의 성명과 대집행비용의 개산액(槪算額: 어림잡은 금액)을 의무자에게 통지하는 행위를 말한다. 즉, 대집행을 실행하겠다는 의사를 구체적으로 통지하는 행위이다.

대집행영장에 따른 통지의 법적 성질은 준법률행위적 행정행위이다.

(3) 대집행의 실행

대집행의 실행이란 해당 행정청이 스스로 또는 타인으로 하여금 대체적 작위의무를 이행시키는 물리력의 행사를 말한다.

대집행 실행행위는 물리력을 행사하는 권력적 사실행위이다.

위법건축물의 철거에서와 같이 대집행의 실행에 대하여 저항하는 경우에 실력으로 그 저항을 배제하는 것이 대집행의 일부로서 인정되는가에 대하여 견해가 대립하고 있다.

판례에 따르면 행정청이 행정대집행의 방법으로 건물철거의무의 이행을 실현할 수 있는 경우에는 건물철거 대집행 과정에서 부수적으로 건물의 점유자들에 대한 퇴거 조치를 할 수 있고, 점유자들이 적법한 행정대집행을 위력을 행사하여 방해하는 경우 형법상 공무집행방해죄가 성립하므로, 필요한 경우에는「경찰관 직무집행법」에 근거한 위험발생 방지조치(법 제5조) 또는 형법상 공무집행방해죄의 범행방지 내지 현행범체포의 차원에서 경찰의 도움을 받을 수도 있다(대판 2017. 4. 28, 2016다213916).

(4) 비용징수

대집행의 비용은 원칙상 의무자가 부담하여야 한다. 납부하지 않으면 국세징수의 예에 따라 강제징수한다. 비용납부명령은 비용납부의무를 발생시키는 행정행위이다.

Ⅳ. 이행강제금(집행벌)

> 행정기본법
> 제31조(이행강제금의 부과) ① 이행강제금 부과의 근거가 되는 법률에는 이행강제금에 관한 다음 각 호의 사항을 명확하게 규정하여야 한다. 다만, 제4호 또는 제5호를 규정할 경우 입법목적이나 입법취지를 훼손할 우려가 크다고 인정되는 경우로서 대통령령으로 정하는 경우는 제외한다.
> 1. 부과·징수 주체
> 2. 부과 요건
> 3. 부과 금액
> 4. 부과 금액 산정기준
> 5. 연간 부과 횟수나 횟수의 상한
> ② 행정청은 다음 각 호의 사항을 고려하여 이행강제금의 부과 금액을 가중하거나 감

경할 수 있다.
 1. 의무 불이행의 동기, 목적 및 결과
 2. 의무 불이행의 정도 및 상습성
 3. 그 밖에 행정목적을 달성하는 데 필요하다고 인정되는 사유
③ 행정청은 이행강제금을 부과하기 전에 미리 의무자에게 적절한 이행기간을 정하여 그 기한까지 행정상 의무를 이행하지 아니하면 이행강제금을 부과한다는 뜻을 문서로 계고(戒告)하여야 한다.
④ 행정청은 의무자가 제 3 항에 따른 계고에서 정한 기한까지 행정상 의무를 이행하지 아니한 경우 이행강제금의 부과 금액·사유·시기를 문서로 명확하게 적어 의무자에게 통지하여야 한다.
⑤ 행정청은 의무자가 행정상 의무를 이행할 때까지 이행강제금을 반복하여 부과할 수 있다. 다만, 의무자가 의무를 이행하면 새로운 이행강제금의 부과를 즉시 중지하되, 이미 부과한 이행강제금은 징수하여야 한다.
⑥ 행정청은 이행강제금을 부과받은 자가 납부기한까지 이행강제금을 내지 아니하면 국세강제징수의 예 또는 「지방행정제재·부과금의 징수 등에 관한 법률」에 따라 징수한다.

1. 의   의

이행강제금의 부과란 "의무자가 행정상 의무를 이행하지 아니하는 경우 행정청이 적절한 이행기간을 부여하고, 그 기한까지 행정상 의무를 이행하지 아니하면 금전급부의무를 부과하는 것"을 말한다(행정기본법 제30조 제 1 항 제 2 호).

'벌(Strafe)'이라는 용어 때문에 행정벌로 오해될 소지가 있으나, 집행벌은 행정벌과 달리 과거의 법 위반에 대한 제재를 목적으로 하지 않고, 의무이행의 강제를 직접목적으로 하여 부과되는 금전적 부담이다. 따라서 집행벌은 범죄에 대하여 국가가 형벌권을 실행하다고 하는 과벌에 해당하지 아니하기 때문에, 헌법상 이중처벌금지의 원칙이 적용되지 아니한다(헌재 2011. 10. 25, 2009헌바140).

「행정기본법」을 비롯한 실정법에서는 집행벌을 사용하지 않고 '이행강제금'을 사용하고 있다.

2. 이행강제금의 대상

이행강제금은 부작위의무 또는 비대체적 작위의무의 불이행뿐만 아니라 대체적 작위의무의 불이행에 대하여도 가능하다.

특별한 규정이 없는 한 행정대집행과 이행강제금의 부과 사이에 행정청에게 선택재량이 인정된다. 이행강제금의 부과 후에 행정대집행을 실시할 수도 있다.

3. 법적 근거

현재 이행강제금의 부과절차에 대한 일반적인 법적 근거로는 「행정기본법」을 들 수 있고(법 제31조), 개별법에서 인정되고 있다(예 건축법 제80조, 농지법 제62조 등). 이행강제금 부과의 근거가 되는 법률에는 이행강제금에 관한 다음 각 호(1. 부과·징수 주체, 2. 부과 요건, 3. 부과 금액, 4. 부과 금액 산정기준, 5. 연간 부과 횟수나 횟수의 상한)의 사항을 명확하게 규정하여야 한다. 다만, 제 4 호 또는 제 5 호를 규정할 경우 입법목적이나 입법취지를 훼손할 우려가 크다고 인정되는 경우로서 대통령령으로 정하는 경우는 제외한다(행정기본법 제31조 제 1 항).

「행정기본법」은 이행강제금의 근거규정이 아니다.

4. 이행강제금 부과의 법적 성질

이행강제금 부과행위는 행정행위이다. 따라서 이행강제금 부과행위에는 행정절차법이 적용되고, 직권취소 또는 철회가 가능하다.

5. 이행강제금의 부과요건 및 부과절차

① 행정상 의무의 불이행   철거명령 등 시정명령(건축법 제79조 제 1 항 등)을 받은 후 시정의무를 이행하지 않았어야 한다.

② 계고처분   행정청은 이행강제금을 부과하기 전에 미리 의무자에게 적절한 이행기간을 정하여 그 기한까지 행정상 의무를 이행하지 아니하면 이행강제금을 부과한다는 뜻을 문서로 계고(戒告)하여야 한다(행정기본법 제31조 제 3 항).

③ 이행강제금의 부과   행정청은 의무자가 제 3 항에 따른 계고에서 정한 기한까지 행정상 의무를 이행하지 아니한 경우 이행강제금의 부과 금액·사유·시기를 문서로 명확하게 적어 의무자에게 통지하여야 한다(행정기본법 제31조 제 4 항).

행정청은 의무자가 행정상 의무를 이행할 때까지 이행강제금을 반복하여 부과할 수 있다(행정기본법 제31조 제 5 항).

의무자가 의무를 이행하면 새로운 이행강제금의 부과를 즉시 중지하되, 이미 부과한 이행강제금은 징수하여야 한다(행정기본법 제31조 제5항).

　④ 이행강제금의 강제징수　　　행정청은 이행강제금을 부과받은 자가 납부기한까지 이행강제금을 내지 아니하면 국세 체납처분의 예 또는 「지방행정제재·부과금의 징수 등에 관한 법률」에 따라 징수한다(행정기본법 제31조 제6항).

V. 직접강제

> 행정기본법
> 제32조(직접강제) ① 직접강제는 행정대집행이나 이행강제금 부과의 방법으로는 행정상 의무 이행을 확보할 수 없거나 그 실현이 불가능한 경우에 실시하여야 한다.
> ② 직접강제를 실시하기 위하여 현장에 파견되는 집행책임자는 그가 집행책임자임을 표시하는 증표를 보여 주어야 한다.
> ③ 직접강제의 계고 및 통지에 관하여는 제31조 제3항 및 제4항을 준용한다.

1. 의　　의

　직접강제란 행정법상의 의무의 불이행이 있는 경우(예 ① 외국인의 불법체류 ② 영업자가 영업허가의 취소나 영업소 폐쇄명령을 받고도 계속하여 영업을 하는 경우 등)에 의무자의 신체나 재산 또는 양자에 실력을 가하여 의무의 이행이 있었던 것과 동일한 상태를 실현하는 작용을 말한다(예 영업장 또는 사업장의 폐쇄(먹는물관리법 제46조 제1항), 외국인의 강제퇴거(출입국관리법 제46조) 등).

　직접강제는 가장 강력한 강제수단이기 때문에 엄격한 요건하에 행해져야 한다.

2. 직접강제의 법적 성질

　직접강제는 권력적 사실행위이다.
　인신구속의 경우에는 인신보호법상의 구제를 받을 수 있다.

3. 직접강제의 법적 근거

　직접강제의 일반적 근거는 없다 직접강제가 인정되기 위해서는 개별법에 법적 근거가 필요하다.

4. 직접강제의 보충성

직접강제는 행정대집행이나 이행강제금 부과의 방법으로는 행정상 의무 이행을 확보할 수 없거나 그 실현이 불가능한 경우에 실시하여야 한다(행정기본법 제32조 제 2 항).

5. 직접강제의 절차

직접강제를 실시하기 위하여 현장에 파견되는 집행책임자는 그가 집행책임자임을 표시하는 증표를 보여 주어야 한다(행정기본법 제32조 제 3 항).

6. 직접강제의 한계

직접강제는 행정상 강제집행 수단 중에서 국민의 인권을 가장 크게 제약하는 것이기 때문에 다른 강제집행수단으로 의무이행을 강제할 수 없을 때 최후의 수단으로 인정되어야 한다.

「집회 및 시위에 관한 법률」은 경찰관으로 하여금 불법시위가담자에 대하여 해산명령을 내릴 수 있도록 하고 있는 반면(법 제20조), 가담자가 의무를 불이행하는 경우에 이에 대한 강제집행수단으로 직접강제를 규정하고 있지 않다. 그러나 실제로 실력을 통한 불법시위의 강제해산은 발생한다(정하중).

VI. 행정상 강제징수

> 행정기본법
> 제30조(행정상 강제) ① 행정청은 행정목적을 달성하기 위하여 필요한 경우에는 법률로 정하는 바에 따라 필요한 최소한의 범위에서 다음 각 호의 어느 하나에 해당하는 조치를 할 수 있다.
>   4. 강제징수: 의무자가 행정상 의무 중 금전급부의무를 이행하지 아니하는 경우 행정청이 의무자의 재산에 실력을 행사하여 그 행정상 의무가 실현된 것과 같은 상태를 실현하는 것

1. 의의 및 법적 근거

강제징수란 의무자가 행정상 의무 중 금전급부의무를 이행하지 아니하는

경우 행정청이 의무자의 재산에 실력을 행사하여 그 행정상 의무가 실현된 것과 같은 상태를 실현하는 것을 말한다(행정기본법 제30조 제1항 제4호).

국세 및 지방세 납부의무의 불이행에 대하여는 국세징수법 및 지방세징수법에서 일반적으로 강제징수를 인정하고 있고, 다른 공법상의 금전급부의무의 불이행에 대하여는 일반적으로 관련 개별법의 규정(📕 지방세법 제28조 제4항, 토지보상법 제99조 등)에서 국세징수법 및 지방세징수법상의 강제징수에 관한 규정을 준용하고 있다.

2. 행정상 강제징수의 절차

국세징수법에 따른 강제징수의 절차는 다음과 같다: ① 독촉, ② 재산의 압류, ③ 압류재산의 매각(환가처분), ④ 청산(충당)이 그것이다. 이 중 재산의 압류, 압류재산의 매각 및 청산을 체납처분이라 한다.

(1) 독   촉

독촉이란 납세의무자에게 납세의무의 이행을 최고(催告: 상대방에 대하여 일정한 행위를 할 것을 요구하는 통지)하고 최고기한까지 납부하지 않을 때에는 강제징수를 하겠다는 것을 예고하는 통지행위로서 준법률행위적 행정행위에 해당한다.

(2) 재산의 압류

압류란 의무자의 재산에 대하여 사실상 및 법률상의 처분을 금지시키고 그것을 강제적으로 확보하는 행위를 말한다. 압류는 권력적 사실행위로서의 성질을 갖는다.

압류가 허용된 재산 중에서 어느 재산을 압류할 것인가는 세무공무원의 재량에 속한다. 그러나 비례의 원칙에 따라 가능한 한 체납자 또는 제3자의 권리를 적게 침해하는 재산을 압류하여야 할 것이다.

압류된 재산에 대하여는 사실상 및 법률상의 처분이 금지된다.

(3) 압류재산의 매각

압류한 재산은 통화(通貨: 화폐)를 제외하고는 매각하여 금전으로 환가(換價: 값으로 환산하는 일)하여야 하는데, 매각은 원칙적으로 공매로 하여야 한다(국세징수법 제65조). 예외적으로 수의계약(적당한 상대방을 임의로 선택하여 맺는 계약)이 허용된다(동법 제67조).

공매는 입찰 또는 경매(정보통신망을 이용한 것 포함)의 방법에 따른다(동법 제72조). 공매하기로 한 결정은 내부행위로서 처분이 아니고, 공매공고 및 공매통지도 처분이 아니다.

공매결정(매각결정)·통지는 공법상 대리행위로서 항고소송의 대상이 된다.

공매결정에 따라 낙찰자 또는 경락자가 체납자의 재산을 취득하는 법률관계는 사법상 매매계약관계이다.

(4) 청   산

세무서장은 압류재산의 매각대금 등 체납처분에 따라 취득한 금전을 체납액과 채권에 배분한다(동법 제94조, 제96조 제 1 항·제 2 항). 배분한 금전에 잔액이 있는 때에는 이를 체납자에게 지급하여야 한다(동법 제96조 제 3 항).

(5) 교부청구

세무서장은 납세자가 국세의 체납으로 체납처분을 받을 때, 지방세 또는 공과금의 체납으로 체납처분을 받을 때, 강제집행을 받을 때, 파산의 선고를 받은 때, 경매가 개시된 때, 법인이 해산한 때에 해당하는 경우에는 해당 관서·공공단체·집행법원·집행공무원·강제관리인·파산관재인 또는 청산인에 대하여 체납액의 교부를 청구하여야 한다(동법 제59조).

3. 행정상 강제징수에 대한 불복

행정상 강제징수에 대한 불복에 대하여는 국세기본법에서 특별한 규정을 두고 있다(법 제55조 이하). 즉, 독촉, 압류, 압류해제거부 및 공매처분에 대하여는 이의신청을 제기할 수 있고(국세청장이 조사·결정 또는 처리하거나 하였어야 할 것인 경우를 제외), 심사청구 또는 심판청구 중 하나에 대한 결정을 거친 후 행정소송을 제기하여야 한다.

제 3 항   즉시강제

행정기본법
제30조(행정상 강제) ① 행정청은 행정목적을 달성하기 위하여 필요한 경우에는 법률로 정하는 바에 따라 필요한 최소한의 범위에서 다음 각 호의 어느 하나에 해당하는 조

치를 할 수 있다.
  5. 즉시강제: 현재의 급박한 행정상의 장해를 제거하기 위한 경우로서 다음 각 목의
     어느 하나에 해당하는 경우에 행정청이 곧바로 국민의 신체 또는 재산에 실력을
     행사하여 행정목적을 달성하는 것
  가. 행정청이 미리 행정상 의무 이행을 명할 시간적 여유가 없는 경우
  나. 그 성질상 행정상 의무의 이행을 명하는 것만으로는 행정목적 달성이 곤란한 경우
제33조(즉시강제) ① 즉시강제는 다른 수단으로는 행정목적을 달성할 수 없는 경우에
만 허용되며, 이 경우에도 최소한으로만 실시하여야 한다.
② 즉시강제를 실시하기 위하여 현장에 파견되는 집행책임자는 그가 집행책임자임을
표시하는 증표를 보여 주어야 하며, 즉시강제의 이유와 내용을 고지하여야 한다.
③ 제 2 항에도 불구하고 집행책임자는 즉시강제를 하려는 재산의 소유자 또는 점유자
를 알 수 없거나 현장에서 그 소재를 즉시 확인하기 어려운 경우에는 즉시강제를 실시
한 후 집행책임자의 이름 및 그 이유와 내용을 고지할 수 있다. 다만, 다음 각 호에 해당
하는 경우에는 게시판이나 인터넷 홈페이지에 게시하는 등 적절한 방법에 의한 공고로
써 고지를 갈음할 수 있다.
  1. 즉시강제를 실시한 후에도 재산의 소유자 또는 점유자를 알 수 없는 경우
  2. 재산의 소유자 또는 점유자가 국외에 거주하거나 행방을 알 수 없는 경우
  3. 그 밖에 대통령령으로 정하는 불가피한 사유로 고지할 수 없는 경우

Ⅰ. 의   의

즉시강제란 현재의 급박한 행정상의 장해를 제거하기 위한 경우로서 행정
청이 미리 행정상 의무 이행을 명할 시간적 여유가 없는 경우와 그 성질상 행정
상 의무의 이행을 명하는 것만으로는 행정목적 달성이 곤란한 경우에 행정청이
곧바로 국민의 신체 또는 재산에 실력을 행사하여 행정목적을 달성하는 것을 말
한다(행정기본법 제30조 제 1 항 제 5 호)(예 감염병환자의 강제입원, 소방장애물의 제거, 출입국관리법
상의 강제퇴거조치, 도로교통법상의 주차위반차량의 견인·보관조치, 불법게임물의 수거·삭제·폐기 등).
즉시강제의 법적 성질은 권력적 사실행위이다.

Ⅱ. 법적 근거

종래에는 경찰긴급권이론에 따라 경찰상 긴급한 사태에 있어서는 법적 근거
없이도 행정상 즉시강제가 가능하다고 보았지만 법치주의가 확립된 오늘날에는
즉시강제에는 법적 근거가 필요하다고 보고 있다. 즉시강제에 대하여는 「행정기

본법」 제33조에서 규정하고 있다. 그리고 각 개별법(예「경찰관 직무집행법」, 「감염병의 예방 및 관리에 관한 법률」, 정신보건법, 소방기본법 등)에서 즉시강제를 인정하고 있다.

다만, 경찰분야에서 일반수권조항에 따른 수권을 인정하는 견해에 따르면 구체적인 법적 근거가 없이도 일반적 수권규정에 근거하여 경찰상 즉시강제가 행해질 수 있을 것이다.

Ⅲ. 즉시강제의 요건

일반적으로 행정상 즉시강제는 비례의 원칙상 급박한 행정상의 장해를 제거할 필요가 있는 경우에 미리 의무를 명할 시간적 여유가 없을 때 또는 성질상 의무를 명하여 가지고는 목적달성이 곤란할 때에 한하여 인정된다.

경찰권의 발동으로 표현의 자유 등 중대한 기본권이 침해되는 경우에는 명백하고 현존하는 위험(clear and present danger)이 요구된다.

즉시강제의 구체적 요건은 해당 개별법에서 규정된다.

Ⅳ. 즉시강제의 한계

1. 실체법상 한계로서의 비례원칙

즉시강제의 실체법상 한계로서 중요한 것은 비례원칙이다.

행정상 강제집행이 가능한 경우에는 즉시강제는 인정되지 않는다(예 행정상 즉시강제는 예외적으로 인정되어야 하지만 불법게임물은 증거인멸가능성, 사행성, 대량복제 유통가능성이 커서 '불법게임물 즉시 수거'의 법률조항은 그 불가피성과 정당성이 인정된다(헌재 2002. 10. 31, 2000헌가12)).

즉시강제는 다른 수단으로는 행정목적을 달성할 수 없는 경우에만 허용되며, 이 경우에도 최소한으로만 실시하여야 한다(행정기본법 제33조 제 1 항). 이 규정은 즉시강제의 보충성 및 비례의 원칙 중 최소침해의 원칙을 즉시강제에 적용하여 규정한 것이다.

2. 절차법적 한계(통제)

(1) 영장주의의 적용 여부

헌법상 영장주의가 행정상 즉시강제에 대해 적용될 것인가에 대하여 판례는 영장제도의 취지인 기본권보장을 위해서는 영장주의가 즉시강제에도 원칙상 적용되어야 하지만 긴급한 필요 등 영장 없는 즉시강제를 인정하여야 할 합리적 이유가 존재하는 경우에는 영장주의가 적용되지 않는다는 절충설을 취하고 있다 (대판 1995. 6. 30, 93추83).

(2) 실정법령상의 절차적 보장

즉시강제를 실시하기 위하여 현장에 파견되는 집행책임자는 그가 집행책임자임을 표시하는 증표를 보여 주어야 하며, 즉시강제의 이유와 내용을 고지하여야 한다(행정기본법 제33조 제 2 항).

제 2 항에도 불구하고 집행책임자는 즉시강제를 하려는 재산의 소유자 또는 점유자를 알 수 없거나 현장에서 그 소재를 즉시 확인하기 어려운 경우에는 즉시강제를 실시한 후 집행책임자의 이름 및 그 이유와 내용을 고지할 수 있다. 다만, 다음 각 호(1. 즉시강제를 실시한 후에도 재산의 소유자 또는 점유자를 알 수 없는 경우, 2. 재산의 소유자 또는 점유자가 국외에 거주하거나 행방을 알 수 없는 경우, 3. 그 밖에 대통령령으로 정하는 불가피한 사유로 고지할 수 없는 경우)에 해당하는 경우에는 게시판이나 인터넷 홈페이지에 게시하는 등 적절한 방법에 의한 공고로써 고지를 갈음할 수 있다(행정기본법 제33조 제 3 항: 2024. 1. 16. 신설).

제 3 절 행 정 벌

제 1 항 의 의

행정벌이란 행정법상의 의무 위반행위에 대하여 제재로서 가하는 처벌을 말한다.

행정벌은 과거의 의무 위반에 대한 제재를 직접적인 목적으로 하지만 간접적으로는 의무자에게 심리적 압박을 가함으로써 행정법상의 의무이행을 확보하는 기능을 가진다.

제 2 항   종   류

행정벌에는 행정형벌과 행정질서벌이 있다. 행정형벌이란 형법상의 형벌을 과하는 행정벌을 말한다. 행정질서벌은 과태료가 과하여지는 행정벌이다.

일반적으로 행정형벌은 행정목적을 직접적으로 침해하는 행위에 대하여 과하여지고, 행정질서벌은 신고의무 위반과 같이 행정목적을 간접적으로 침해하는 행위에 대하여 과하여진다. 그런데 실제에 있어서는 행정형벌의 행정질서벌화정책에 따라 행정형벌을 과하여야 할 행위에 행정질서벌을 과하는 경우가 있다.

또한 형벌을 과하여야 하는 행정법규 위반행위에 대하여 범칙금이 과하여지는 경우가 있다.

제 3 항   행정범과 행정형벌

Ⅰ. 의   의

행정범이란 행정법규의 위반으로 성립되는 범죄를 말한다.

행정형벌이란 행정법규 위반에 대하여 과하여지는 형벌을 말한다. 형법 제41조에서 규정한 형벌의 종류는 다음과 같다: ① 사형, ② 징역, ③ 금고, ④ 자격상실, ⑤ 자격정지, ⑥ 벌금, ⑦ 구류, ⑧ 과료, ⑨ 몰수.

Ⅱ. 행정범과 형사범의 구별

행정형벌의 대상이 되는 행정범과 형사벌의 대상이 되는 형사범의 구별에 관하여 통설은 피침해규범의 성질을 기준으로 하여 행정범과 형사범을 구별하고 있다. 형사범이란 살인행위 등과 같이 그 행위의 반도덕성·반사회성이 해당 행위를 범죄로 규정하는 실정법을 기다릴 것 없이 일반적으로 인식되고 있는 범죄를 말한다. 행정범이란 그 행위의 반도덕성·반사회성이 해당 행위를 범죄로 규정하는 법률의 제정 이전에는 당연히 인정되는 것은 아니며 해당 행위를 범죄로 규정하는 법률의 제정으로 비로소 인정되는 범죄를 말한다.

Ⅲ. 행정범과 행정형벌의 특수성과 법적 규율

행정범과 행정형벌의 특수성이란 일반적으로 형사범과 형사벌에 대한 특수성을 말한다.

① 죄형법정주의 등 형사범과 형사벌에 대한 형법총칙규정이 행정범 및 행정형벌에도 원칙적으로 적용된다. 다만, 통설은 행정범의 특수성에 비추어 제한적으로 형법총칙의 일부 배제를 인정하고 있다.

② 행정범에서는 형사범에 비하여 위법성 인식가능성이 없는 경우가 넓게 인정될 수 있다(예 초등학교 교장이 교육목적으로 양귀비를 재배한 경우).

③ 형사범에서는 범죄를 행한 자만을 벌하지만 행정범에서는 범죄행위자 이외의 자를 벌하는 것으로 규정하는 경우가 있다. 범죄행위자와 함께 행위자 이외의 자를 함께 처벌하는 법규정을 양벌규정이라 한다(예 종업원의 위반행위에 대하여 사업주도 처벌하는 것으로 규정하는 경우, 미성년자나 피성년후견인(민법개정 전의 금치산자)의 위반행위에 대하여 법정대리인을 처벌하는 것으로 규정하는 경우).

④ 행정범에서는 법인의 대표자 또는 법인의 종업원이 그 법인의 업무와 관련하여 행정범을 범한 경우에 행위자뿐만 아니라 법인도 아울러 처벌한다는 규정을 두는 경우가 많다.

⑤ 행정형벌도 원칙상 형사벌과 같이 형사소송법에 따라 과하여지지만, 예외적으로 통고처분이 인정된다. 통고처분이란 행정범에 대하여 형사절차에 따른 형벌(예 벌금 또는 과료)을 과하기 전에 행정청이 형벌을 대신하여 금전적 행정제재인 범칙금을 과하고 행정범을 범한 자가 그 금액을 납부하면 형사처벌을 하지 아니하고, 만일 지정된 기간 내에 그 금액을 납부하지 않으면 형사소송절차에 따라 형벌을 과하도록 하는 절차를 말한다.

통고처분은 현행법상 조세범, 관세범, 출입국관리사범, 교통사범 등에 대하여 인정되고 있다.

판례는 "도로교통법에서 규정하는 경찰서장의 통고처분은 행정소송의 대상이 되는 행정처분이 아니므로 그 처분의 취소를 구하는 소송은 부적법하고, 도로교통법상의 통고처분을 받은 자가 그 처분에 대하여 이의가 있는 경우에는 통고처분에 따른 범칙금의 납부를 이행하지 아니함으로써 경찰서장의 즉결심판을 받을 수 있게 될 뿐"이라고 판시하고 있다(대판 1995. 6. 29, 95누4674).

경찰서장은 특별한 사정이 없는 이상 이미 한 통고처분을 취소할 수도 없다(대판 2021. 4. 1, 2020도15194).

Ⅳ. 행정형벌규정의 변경·폐지와 행정형벌

종전에 허가를 받거나 신고를 하여야만 할 수 있던 행위 일부(⬛ 개발제한구역 내 비닐하우스 설치행위)를 허가나 신고 없이 할 수 있도록 법령이 개정되었다 하더라도 이는 법률 이념의 변천으로 과거에 범죄로서 처벌하던 일부 행위에 대한 처벌 자체가 부당하다는 반성적 고려에서 비롯된 것(이 경우 가벌성이 소멸한다)이라기보다는 사정의 변천에 따른 규제 범위의 합리적 조정의 필요에 따른 것이라고 보이면 그 위반행위의 가벌성이 소멸하는 것은 아니다(대판 2007. 9. 6, 2007도4197).

제 4 항   행정질서벌(과태료)

Ⅰ. 의   의

행정질서벌이란 행정법규 위반에 대하여 과태료가 과하여지는 행정벌이다. 행정질서벌을 법령 및 실무에서는 과태료라고 한다.

과태료에는 행정질서벌인 과태료 이외에 사법상의 의무위반에 대해 부과되는 과태료, 소송법상의 위무위반에 대한 과태료가 있다.

Ⅱ. 형법총칙 적용문제

행정질서벌인 과태료는 형벌이 아니므로 행정질서벌에는 형법총칙이 적용되지 않는다. 그런데 질서위반행위규제법은 행정질서벌인 과태료를 행정형벌과 상당히 유사하게 규율하고 있다.

Ⅲ. 질서위반행위규제법에 따른 행정질서벌의 부과

1. 부과권자

과태료 부과권자는 개별법률에서 정함이 없는 경우에는 법원이 비송사건절차에 따라 정한다(질서위반행위규제법 제28조). 비송사건(非訟事件)이란 법원이 다루는 사건 중에서 소송사건 이외의 민사에 관한 모든 사건을 말한다.

개별법률에서 행정청이 부과하도록 한 경우에도 행정청의 과태료부과에 불복하는 경우에는 법원이 비송사건절차에 따라 최종적으로 부과한다(동법 제21조 제1항, 제25조 이하).

2. 부과의 근거

행정질서벌의 부과는 법률에 근거가 있어야 한다. 행정질서벌에는 국가의 법령에 근거한 것과 지방자치단체의 조례에 근거한 것(지방자치법 제34조, 제156조)이 있다.

질서위반행위규제법은 과태료 부과의 근거법률은 아니며 '질서위반행위'(법 제2조 제1호)를 한 자에 대한 과태료 부과의 요건, 절차, 징수 등을 정하는 법률이다. 사법상의 의무위반에 대해 부과되는 과태료, 소송법상의 의무위반에 대한 과태료는 질서위반행위규제법의 적용대상에서 제외된다(법 제2조 제1호).

3. 부과요건

질서위반행위규제법은 질서위반행위의 요건을 행정범죄의 성립요건과 유사하게 규정하고 있다.

① 질서위반행위규제법은 고의 또는 과실이 없는 질서위반행위는 과태료를 부과하지 아니한다고 규정하고 있다(법 제7조).

② 질서위반행위의 성립과 과태료 처분은 원칙상 행위시의 법률에 따른다(동법 제3조 제1항).

③ 자신의 행위가 위법하지 아니한 것으로 오인하고 행한 질서위반행위는 그 오인에 정당한 이유가 있는 때에 한하여 과태료를 부과하지 아니한다(동법 제8조).

판례는 "과태료와 같은 행정질서벌은 … 위반자가 그 의무를 알지 못하는 것이 무리가 아니었다고 할 수 있어 그것을 정당시할 수 있는 사정이 있을 때 또는 그 의무의 이행을 그 당사자에게 기대하는 것이 무리라고 하는 사정이 있는 때 등 그 의무 해태를 탓할 수 없는 정당한 사유가 있는 때에는 이를 부과할 수 없다"고 판시했다(대판 2000. 5. 26, 98두5972).

④ 14세가 되지 아니한 자의 질서위반행위는 과태료를 부과하지 아니한다. 다만, 다른 법률에 특별한 규정이 있는 경우에는 그러하지 아니하다(동법 제9조).

4. 부과절차

행정질서벌은 형벌이 아니므로 그 과벌절차는 형사소송법에 따르지 않는다.

법원이 과태료 재판에 따라 부과하는 경우에는 질서위반행위규제법 및 비송사건절차법에 따른다.

행정청이 부과하는 경우에 과태료부과행위는 질서위반행위규제법(법 제16조 이하) 및 행정절차법에 따른다.

Ⅳ. 행정질서벌 부과행위의 법적 성질과 권리구제

① 행정질서벌인 과태료가 법원의 재판에 따라 부과되는 경우에 과태료부과행위는 사법행위(司法行爲)의 성질을 가지며 질서위반행위규제법 및 비송사건절차법에 정해진 절차에 따라 부과되고 다투어진다.

② 행정질서벌인 과태료를 행정청이 부과하는 경우에 과태료부과행위는 행정행위이다. 그런데 질서위반행위규제법은 이 경우에 이의가 제기된 경우에는 행정청의 과태료부과처분은 그 효력을 상실하고(법 제20조 제2항), 이의제기를 받은 부과행정청은 관할법원에 통보하여 관할법원이 질서위반행위규제법에 따라 과태료를 결정하도록 규정하고 있다(예 동법 제21조 제1항, 제25조 이하).

판례는 "과태료의 부과 여부 및 그 당부(當否)는 최종적으로 질서위반행위규제법에 의한 절차에 의하여 판단되어야 한다고 할 것이므로, 그 과태료 부과처분은 행정청을 피고로 하는 행정소송의 대상이 되는 행정처분이라고 할 수 없다"고 본다(대판 2012. 10. 11, 2011두19369[추징금등부과처분취소]).

[행정형벌과 행정질서벌]

구 분	행정형벌	행정질서벌
처벌 내용	사형·징역·금고·자격상실·자격정지·벌금·구류·과료·몰수	과태료
과벌대상	직접적으로 행정목적을 침해하는 경우	간접적으로 행정목적달성에 장해를 미칠 위험성이 있는 행위위반의 경우(주로 신고·등록·서류비치 등의 의무를 위반한 경우)
형법총칙	원칙적으로 적용됨	적용되지 않음
고의·과실	요함	요하지 않음(질서위반행위규제법에 따르면 요함)
과벌절차	형사소송법	질서위반행위규제법, 비송사건절차법

제 4 절 그 밖의 행정의 실효성 확보수단

전통적인 행정의 실효성 확보수단인 행정강제와 행정벌만으로는 행정의 실효성을 확보하기에 충분하지 않기 때문에 전통적인 실효성 확보수단을 보완하기 위하여 새로운 수단들이 등장하였다.

경제적 제재수단인 과징금, 가산세, 부당이득세, 공표제도, 공급거부, 관허사업의 제한, 취업제한, 행정행위의 철회 또는 정지, 시정명령 등이 그 예이다.

제 1 항 과 징 금

행정기본법
제 4 절 과징금
제28조(과징금의 기준) ① 행정청은 법령등에 따른 의무를 위반한 자에 대하여 법률로
정하는 바에 따라 그 위반행위에 대한 제재로서 과징금을 부과할 수 있다.
② 과징금의 근거가 되는 법률에는 과징금에 관한 다음 각 호의 사항을 명확하게 규정
하여야 한다.
  1. 부과·징수 주체
  2. 부과 사유
  3. 상한액
  4. 가산금을 징수하려는 경우 그 사항
  5. 과징금 또는 가산금 체납 시 강제징수를 하려는 경우 그 사항
제29조(과징금의 납부기한 연기 및 분할 납부) 과징금은 한꺼번에 납부하는 것을 원칙
으로 한다. 다만, 행정청은 과징금을 부과받은 자가 다음 각 호의 어느 하나에 해당하
는 사유로 과징금 전액을 한꺼번에 내기 어렵다고 인정될 때에는 그 납부기한을 연기
하거나 분할 납부하게 할 수 있으며, 이 경우 필요하다고 인정하면 담보를 제공하게 할
수 있다.
  1. 재해 등으로 재산에 현저한 손실을 입은 경우
  2. 사업 여건의 악화로 사업이 중대한 위기에 처한 경우
  3. 과징금을 한꺼번에 내면 자금 사정에 현저한 어려움이 예상되는 경우
  4. 그 밖에 제 1 호부터 제 3 호까지에 준하는 경우로서 대통령령으로 정하는 사유가
     있는 경우

Ⅰ. 의 의

　　과징금이라 함은 법령등 위반이나 행정법상 의무위반에 대한 제재로서 부
과하는 금전부과금을 말한다. 행정부과금중 제재적 성격이 없는 것은 과징금이
라고 할 수 없다.

　　과징금에는 경제적 이익환수 과징금, 영업정지에 갈음하는 과징금, 제재목
적 과징금이 있다. 경제적 이익환수 과징금을 '본래의 과징금'이라 하고, 그 이외
의 과징금을 '변형된 과징금'이라 한다. 과징금 중에는 경제적 이익환수와 제재
의 성격을 함께 갖는 경우(⑩ 공정거래법상 과징금)도 있다.

　　「행정기본법」 제28조와 제29조는 과징금을 규정하고 있는데, 행정기본법이

규정하는 과징금은 본래의 과징금뿐만 아니라 변형된 과징금도 포함한다.

Ⅱ. 과징금의 종류

1. 경제적 이익환수 과징금(본래의 과징금)

경제적 이익환수 과징금은 법규위반으로 인한 경제적 이득을 환수하는 것을 주된 목적으로 하면서도 부수적으로 법규위반행위에 대한 제재적 성격을 함께 갖는 과징금을 말한다.

2. 변형된 과징금

본래의 과징금과 다른 성질의 과징금을 '변형된 과징금'이라 하는데, 변형된 과징금에는 영업정지(사업정지)에 갈음하는 과징금, 순수한 금전적 제재로서의 과징금 등이 있다.

(1) 영업정지(사업정지)에 갈음하는 과징금

영업정지처분에 갈음하여 과징금을 부과할 수 있는 것으로 규정하고 있는 경우가 적지 않다.

영업정지처분에 갈음하는 과징금이 규정되어 있는 경우에는 과징금을 부과할 것인지 영업정지처분을 내릴 것인지는 통상 행정청의 재량에 속한다.

(2) 제재목적 과징금

제재목적 과징금은 금전적 제재로 법령 위반을 예방하여 행정법규의 실효성을 확보하는 것을 주된 목적으로 하는 과징금이다. 미국의 징벌적 손해배상의 영향을 받아 징벌적 과징금이 늘고 있는데, 징벌적 과징금은 제재목적 과징금의 대표적인 예이다.

Ⅲ. 과징금의 근거 및 기준

행정청은 법령등에 따른 의무를 위반한 자에 대하여 법률로 정하는 바에 따라 그 위반행위에 대한 제재로서 과징금을 부과할 수 있다(행정기본법 제28조 제1항). 「행정기본법」 제28조 제1항은 과징금 부과의 법적 근거가 될 수 없다.

과징금을 부과하기 위해서는 개별법률의 근거가 있어야 한다. 「행정기본법」 제28조 제 1 항의 과징금은 본래의 과징금과 영업정지에 갈음하여 부과되는 변형된 과징금을 모두 포함한다.

과징금의 근거가 되는 법률에는 과징금에 관한 다음 각 호의 사항을 명확하게 규정하여야 한다. 1. 부과·징수 주체, 2. 부과 사유, 3. 상한액, 4. 가산금을 징수하려는 경우 그 사항, 5. 과징금 또는 가산금 체납 시 강제징수를 하려는 경우 그 사항(동법 제28조 제 2 항).

Ⅳ. 과징금의 성질과 부과(벌금 등과 과징금의 이중부과가능성)

과징금은 행정상 제재금이고, 범죄에 대한 국가의 형벌권의 실행으로서의 과벌이 아니므로 행정법규 위반에 대하여 벌금이나 범칙금 이외에 과징금을 부과하는 것은 이중처벌금지의 원칙에 반하지 않는다(헌재 1994. 6. 30, 92헌바38).

Ⅴ. 과징금부과행위의 법적 성질, 법적 규율 및 법적 구제

과징금부과행위의 법적 성질은 침해적 행정행위이다. 따라서 과징금부과처분은 행정절차법의 적용대상이 되고, 항고쟁송의 대상이 된다.

Ⅵ. 과징금의 납부기한 연기 및 분할 납부

과징금은 한꺼번에 납부하는 것을 원칙으로 한다. 다만, 행정청은 과징금을 부과받은 자가 다음 각 호의 어느 하나에 해당하는 사유로 과징금 전액을 한꺼번에 내기 어렵다고 인정될 때에는 그 납부기한을 연기하거나 분할 납부하게 할 수 있으며, 이 경우 필요하다고 인정하면 담보를 제공하게 할 수 있다. 1. 재해 등으로 재산에 현저한 손실을 입은 경우, 2. 사업 여건의 악화로 사업이 중대한 위기에 처한 경우, 3. 과징금을 한꺼번에 내면 자금 사정에 현저한 어려움이 예상되는 경우, 4. 그 밖에 제 1 호부터 제 3 호까지에 준하는 경우로서 대통령령으로 정하는 사유가 있는 경우(동법 제29조).

납부기한이나 분할납부결정은 행정청의 재량사항이다.

제 2 항 가 산 세

가산세란 세법상의 의무의 성실한 이행을 확보하기 위하여 그 세법에 따라 산출된 세액에 가산하여 징수되는 세금을 말한다(국세기본법 제 2 조 제 4 호).

가산세는 세금의 형태로 가하는 행정벌의 성질을 가진 제재이므로 그 의무해 태에 정당한 이유가 있는 경우에는 부과할 수 없다(대판 1992. 4. 28, 91누9848).

세법상 가산세는 납세자가 정당한 사유없이 법에 규정된 신고·납세의무 등을 위반한 경우 부과하는 행정상의 제재로서, 납세자의 고의나 과실 여부는 고려되지 않고, 법령의 부지(不知) 또는 오인(誤認)은 정당한 사유에 해당하지 않는다(국세심판원 심판례 2023. 5. 13, 2023서3197).

제 3 항 명단공표

Ⅰ. 명단공표의 의의

명단공표란 행정법상의 의무 위반 또는 의무불이행이 있는 경우에 그 위반자의 성명, 위반사실 등을 일반에게 공개하여 명예 또는 신용에 침해를 가함으로써 심리적인 압박을 가하여 행정법상의 의무이행을 확보하는 간접강제수단을 말한다(예 체납기간 1년 이상·2억원 이상의 고액·상습세금체납자의 인적 사항 및 체납액 공개(국세기본법 제85조의5), 위반건축물표지의 설치(건축법 제79조 제 4 항, 동법 시행규칙 제40조), 미성년자에 대한 성범죄자(「아동·청소년의 성보호에 관한 법률」 제49조 제 1 항)의 등록정보 공개, 환경보전을 위한 관계 법령 위반에 따른 행정처분 사실의 공표(환경정책기본법 제30조 제 3 항) 등).

행정절차법은 제40조의3에서 '위반사실등의 공표'에 대해 규정하고 있다(2022. 1. 11 신설). 행정청은 위반사실등의 공표를 하기 전에 사실과 다른 공표로 인하여 당사자의 명예·신용 등이 훼손되지 아니하도록 객관적이고 타당한 증거와 근거가 있는지를 확인하여야 한다(행정절차법 제40조의3 제 2 항). 행정청은 위반사실등의 공표를 하기 전에 당사자가 공표와 관련된 의무의 이행, 원상 회복, 손해 배상

등의 조치를 마친 경우에는 위반사실등의 공표를 하지 아니할 수 있다(동조 제7항). 행정청은 공표된 내용이 사실과 다른 것으로 밝혀지거나 공표에 포함된 처분이 취소된 경우에는 그 내용을 정정하여, 정정한 내용을 지체 없이 해당 공표와 같은 방법으로 공표된 기간 이상 공표하여야 한다. 다만, 당사자가 원하지 아니하면 공표하지 아니할 수 있다(동조 제8항).

Ⅱ. 법적 성질 및 법적 규제

명단공표의 법적 성질에 관하여는 비권력적 사실행위설과 권력적 사실행위설 등 견해가 대립하고 있다.

판례는 명단공표(병무청장이 병역법에 따라 병역의무 기피자의 인적 사항 등을 인터넷 홈페이지에 게시한 것)는 항고소송의 대상인 행정처분에 해당하는 것으로 본다(대판 2019. 6. 27, 2018두49130: 대법원은 명단공표와 달리 관할 지방병무청장의 공개 대상자 결정은 병무청장의 최종적인 결정에 앞서 이루어지는 행정기관 내부의 중간적 결정에 불과하다고 본다). 즉, 판례는 명단공표를 공권력 행사로 보면서도 공개라는 사실행위는 행정결정의 집행행위로 보고 있는 점에서 명단공표를 사실행위로 보지 않고 행정행위(일반처분)로 보고 있는 것으로 보인다(대판 2019. 6. 27, 2018두49130).

Ⅲ. 위반사실등의 공표절차

행정청은 위반사실등의 공표를 할 때에는 미리 당사자에게 그 사실을 통지하고 의견제출의 기회를 주어야 한다. 다만, 다음 각 호의 어느 하나에 해당하는 경우에는 그러하지 아니하다. 1. 공공의 안전 또는 복리를 위하여 긴급히 공표를 할 필요가 있는 경우, 2. 해당 공표의 성질상 의견청취가 현저히 곤란하거나 명백히 불필요하다고 인정될 만한 타당한 이유가 있는 경우, 3. 당사자가 의견진술의 기회를 포기한다는 뜻을 명백히 밝힌 경우(행정절차법 제40조의3 제3항).

제1항에 따른 위반사실등의 공표는 관보, 공보 또는 인터넷 홈페이지 등을 통하여 한다(동조 제6항).

제 4 항 공급거부

Ⅰ. 의 의

공급거부란 행정법상의 의무를 위반하거나 불이행한 자에 대하여 행정상의 서비스 또는 재화의 공급을 거부하는 행위를 말한다.

국민생활에 필수적인 전기, 수도와 같은 재화 또는 서비스의 제공을 거부함으로써 행정법상의 의무의 이행을 간접적으로 강제하는 수단이다.

Ⅱ. 법적 근거

공급거부는 침해적 권력적 사실행위이므로 명시적인 법률상의 근거가 있어야 한다.

Ⅲ. 법적 성질 및 법적 구제

① 지방자치단체의 장에 대한 수도의 공급거부는 처분이므로 항고소송의 대상이 된다. 단수처분을 행정처분으로 본 판례가 있다(대판 1979. 12. 28, 79누218).

② 판례는 공급거부요청은 권고에 불과하므로 처분이 아니라고 하고 있다(대판 1996. 3. 22, 96누433).

제 5 항 관허사업의 제한

Ⅰ. 의 의

관허사업이란 사업을 하기 위해 반드시 행정관청의 인허가를 받아야 하는 사업을 말한다.

관허사업의 제한이란 행정법상 의무를 위반하거나 불이행한 자에 대하여 각종 인허가를 거부할 수 있게 함으로써 행정법상 의무 준수 또는 의무 이행을 확보하는 간접적 강제수단을 말한다.

Ⅱ. 종   류

관허사업의 제한에는 ① 의무 위반사항과 관련이 있는 사업에 대한 것(ⓔ 건축법 제79조 제 2 항의 위법 건축물을 이용한 영업허가의 제한)과 ② 의무 위반사항과 직접 관련이 없는 사업 일반에 대한 것(ⓔ 국세징수법 제112조의 국세체납자에 대한 일반적 관허사업의 제한)이 있다.

Ⅲ. 법적 근거

관허사업의 제한은 권익을 침해하는 권력적 행위이므로 법률의 근거가 있어야 한다.

Ⅳ. 성   질

관허사업의 제한은 의무불이행에 대한 제재적 처분의 성격을 갖기도 하지만, 기본적으로는 의무이행을 확보하기 위한 수단이다.

제 6 항   시정명령

Ⅰ. 의   의

시정명령이란 행정법규 위반으로 초래된 위법상태를 제거하는 것을 명하는 행정행위를 말한다. 시정명령은 강학상 하명에 해당한다.

시정명령을 받은 자는 시정의무를 부담하게 되며 시정의무를 이행하지 않은 경우에는 행정강제(대집행, 직접강제 또는 집행벌)의 대상이 될 수 있고, 시정의무 위반에 대하여는 통상 행정벌이 부과된다.

Ⅱ. 시정명령의 대상

시정명령의 대상은 원칙상 과거의 위반행위로 야기되어 현재에도 존재하는 위법상태이다. 그런데 판례는 예외적으로 장래의 위반행위도 시정명령의 대상이 되는 것으로 보고 있다(대판 전원합의체 2003. 2. 20, 2001두5347).

위법행위가 있었더라도 그 위법행위의 결과가 더 이상 존재하지 않는다면 시정의 대상이 없어진 것이므로 원칙상 시정명령을 할 수 없다(대판 2015. 12. 10, 2013두35013[시정명령취소]).

Ⅲ. 적용법령

시정명령의 경우 행정법규 위반 여부는 위반행위시법에 따라야 하지만, 시정명령은 장래에 향하여 행해지는 적극적 행정행위이므로 원칙상 행위시법을 적용하여야 한다.

제 7 항 행정법규 위반에 대한 제재조치

행정기본법
제22조(제재처분의 기준) ① 제재처분의 근거가 되는 법률에는 제재처분의 주체, 사유, 유형 및 상한을 명확하게 규정하여야 한다. 이 경우 제재처분의 유형 및 상한을 정할 때에는 해당 위반행위의 특수성 및 유사한 위반행위와의 형평성 등을 종합적으로 고려하여야 한다.
② 행정청은 재량이 있는 제재처분을 할 때에는 다음 각 호의 사항을 고려하여야 한다.
  1. 위반행위의 동기, 목적 및 방법
  2. 위반행위의 결과
  3. 위반행위의 횟수
  4. 그 밖에 제 1 호부터 제 3 호까지에 준하는 사항으로서 대통령령으로 정하는 사항
제23조(제재처분의 제척기간) ① 행정청은 법령등의 위반행위가 종료된 날부터 5년이 지나면 해당 위반행위에 대하여 제재처분(인허가의 정지·취소·철회, 등록 말

소, 영업소 폐쇄와 정지를 갈음하는 과징금 부과를 말한다. 이하 이 조에서 같다)을 할 수 없다.

② 다음 각 호의 어느 하나에 해당하는 경우에는 제1항을 적용하지 아니한다.

1. 거짓이나 그 밖의 부정한 방법으로 인허가를 받거나 신고를 한 경우
2. 당사자가 인허가나 신고의 위법성을 알고 있었거나 중대한 과실로 알지 못한 경우
3. 정당한 사유 없이 행정청의 조사·출입·검사를 기피·방해·거부하여 제척기간 이 지난 경우
4. 제재처분을 하지 아니하면 국민의 안전·생명 또는 환경을 심각하게 해치거나 해칠 우려가 있는 경우

③ 행정청은 제1항에도 불구하고 행정심판의 재결이나 법원의 판결에 따라 제재 처분이 취소·철회된 경우에는 재결이나 판결이 확정된 날부터 1년(합의제행정기관 은 2년)이 지나기 전까지는 그 취지에 따른 새로운 제재처분을 할 수 있다.

④ 다른 법률에서 제1항 및 제3항의 기간보다 짧거나 긴 기간을 규정하고 있으 면 그 법률에서 정하는 바에 따른다.

I. 「행정기본법」에서의 제재처분의 개념

「행정기본법」에서 "제재처분"이란 법령등에 따른 의무를 위반하거나 이행 하지 아니하였음을 이유로 당사자에게 의무를 부과하거나 권익을 제한하는 처 분을 말한다. 다만, 제30조 제1항 각 호에 따른 행정상 강제는 제외한다(법 제2조 제5호).

II. 제재처분의 대상

행정법규 위반에 대하여 가하는 제재조치는 행정목적의 달성을 위하여 행 정법규 위반이라는 객관적 사실에 착안하여 가하는 제재이므로, 반드시 현실적인 행위자가 아니라도 법령상 책임자로 규정된 자에게 부과되고, 위반자의 의무 해 태를 탓할 수 없는 정당한 사유가 있는 등의 특별한 사정이 없는 한 위반자에게 고의나 과실이 없다고 하더라도 부과될 수 있다(대판 2003. 9. 2, 2002두5177).

Ⅲ. 제재처분에 관한 입법

제재처분의 근거가 되는 법률에는 제재처분의 주체, 사유, 유형 및 상한을 명확하게 규정하여야 한다. 이 경우 제재처분의 유형 및 상한을 정할 때에는 해당 위반행위의 특수성 및 유사한 위반행위와의 형평성 등을 종합적으로 고려하여야 한다(동법 제22조 제1항).

Ⅳ. 제재처분시 고려사항

행정청은 재량이 있는 제재처분을 할 때에는 다음 각 호의 사항을 고려하여야 한다. 1. 위반행위의 동기, 목적 및 방법, 2. 위반행위의 결과, 3. 위반행위의 횟수, 4. 그 밖에 제1호부터 제3호까지에 준하는 사항으로서 대통령령으로 정하는 사항(행정기본법 제22조 제2항).

Ⅴ. 제재처분과 형벌의 병과

행정상 제재처분과 형벌은 각각 그 권력적 기초, 대상, 목적이 다르므로 동일한 법규위반행위에 대하여 독립적으로 행정상 제재처분이나 형벌을 부과하거나 이를 함께 부과할 수 있다. 그리고 법규가 예외적으로 형사소추 선행 원칙을 규정하고 있지 않은 이상 형사판결 확정에 앞서 일정한 위반사실을 들어 행정처분을 하였다고 하여 절차적 위반이 있다고 할 수 없다(대판 2017. 6. 19, 2015두59808).

Ⅵ. 제재처분의 제척기간

행정청은 법령등의 위반행위가 종료된 날부터 5년이 지나면 해당 위반행위에 대하여 제재처분(인허가의 정지·취소·철회, 등록 말소, 영업소 폐쇄와 정지를 갈음하는 과징금 부과만을 말한다. 이하 이 조에서 같다)을 할 수 없다(동법 제23조 제1항).

다만, 다음 각 호의 어느 하나에 해당하는 경우에는 제1항을 적용하지 아니한다. 1. 거짓이나 그 밖의 부정한 방법으로 인허가를 받거나 신고를 한 경우,

2. 당사자가 인허가나 신고의 위법성을 알고 있었거나 중대한 과실로 알지 못한 경우, 3. 정당한 사유 없이 행정청의 조사·출입·검사를 기피·방해·거부하여 제척기간이 지난 경우, 4. 제재처분을 하지 아니하면 국민의 안전·생명 또는 환경을 심각하게 해치거나 해칠 우려가 있는 경우(동법 제23조 제 2 항).

행정청은 제 1 항에도 불구하고 행정심판의 재결이나 법원의 판결에 따라 제재처분이 취소·철회된 경우에는 재결이나 판결이 확정된 날부터 1년(합의제행정기관은 2년)이 지나기 전까지는 그 취지에 따른 새로운 제재처분을 할 수 있다(동법 제23조 제 3 항).

다른 법률에서 제 1 항 및 제 3 항의 기간보다 짧거나 긴 기간을 규정하고 있으면 그 법률에서 정하는 바에 따른다(동법 제23조 제 4 항).

제 8 항   국외여행제한 등

위에서 살펴본 행정의 실효성 확보수단 이외에 행정법규 위반자에 대한 국외여행제한(예 출입국관리법 제 4 조), 출국금지(예 국세징수법 제113조), 행정법규 위반에 사용된 차량의 사용정지, 취업제한(예 병역법 제76조)과 행정법규위반행위신고포상금제 등이 있다.

제11장
행정절차

Ⅰ. 개 념

행정절차란 행정활동을 함에 있어서 거치는 사전통지, 의견청취, 이유제시 등 사전절차를 가리킨다.

Ⅱ. 필 요 성

행정절차는 행정의 절차적 통제, 행정의 민주화, 행정의 적정화, 국민의 권익보호를 위해 필요하다.

과도한 행정절차는 행정을 지체시킬 수 있지만, 행정을 예고하고 이해관계인의 의견을 반영한 행정을 함으로써 행정에 대한 국민의 수용과 협력을 증대시킬 수 있게 되고, 이는 궁극적으로 행정의 능률화에도 기여할 수 있다.

제 2 절 행정절차의 헌법적 근거

Ⅰ. 적법절차원칙

적법절차원칙이란 국가권력이 개인의 권익을 제한하는 경우에는 개인의 권익을 보호하기 위한 적정한 절차를 거쳐야 한다는 원칙을 말한다.

적법절차는 상이한 두 내용, 즉 실체적 적법절차(국가작용의 내용도 합리성과 정당성을 갖추어야 한다는 것)와 절차적 적법절차를 포함하는데 그 중심은 절차적 적법절차이다.

Ⅱ. 적법절차원칙과 행정절차

행정절차법은 헌법상의 적법절차의 원칙을 구체화한 것이다.

만약 적법한 행정절차규정이 없는 경우 또는 절차규정이 적법절차원칙에 반하는 경우에는 적법절차원칙이 직접 적용되어 적법한 절차에 따르지 않은 행정처분은 절차상 위법하게 된다(예 허가의 취소에 있어 적법절차원칙상 정식청문절차가 요구됨에도 불구하고 정식청문절차를 정하는 개별법규정이 없어 정식청문절차를 거치지 않고 의견제출의 기회만 주었다면 그 허가취소는 절차상 하자가 있다).

제 3 절 행정절차법의 적용범위

① 행정절차법은 처분절차, 신고절차, 확약, 위반사실의 공표, 행정계획, 행정상 입법예고절차, 행정예고절차, 행정지도절차를 규율대상으로 하고 있다. 그 중에서 처분절차가 중심적인 내용이 되고 있다.

② 현행 행정절차법은 행정계획확정절차, 행정조사절차 및 행정계약절차는 규정하고 있지 않다. 다만, 행정계획도 행정예고의 대상이 되며 행정계획이 입법의 형식을 띠는 경우에는 행정상 입법예고절차가 적용되고 행정처분의 성질

을 띠는 경우에는 처분절차가 적용된다.

③ 행정절차법은 주로 절차적 규정을 두고 있고 아주 예외적으로만 실체법 규정(신의성실의 원칙과 신뢰보호의 원칙)을 두고 있다.

④ 행정절차법은 일정한 사항에 대하여는 적용되지 아니하는 것으로 규정하고 있다(법 제3조 제2항).

제 4 절 행정절차법의 내용

행정절차법은 한편으로는 모든 행정작용에 공통적으로 적용되는 사항 및 절차를 정하고, 다른 한편으로는 행정처분, 확약, 위반사실의 공표, 입법, 행정지도 등 행위형식별로 거쳐야 할 행정절차를 정하고 있다.

제 1 항 공통사항 및 공통절차

Ⅰ. 신의성실 및 신뢰보호

행정청은 직무를 수행할 때 신의에 따라 성실히 하여야 한다(동법 제4조 제1항).

행정청은 법령 등의 해석 또는 행정청의 관행이 일반적으로 국민들에게 받아들여졌을 때에는 공익 또는 제3자의 정당한 이익을 현저히 해할 우려가 있는 경우를 제외하고는 새로운 해석 또는 관행에 따라 소급하여 불리하게 처리하여서는 아니 된다(동법 제4조 제2항).

Ⅱ. 투명성원칙과 법령해석요청권

행정청이 행하는 행정작용은 그 내용이 구체적이고 명확하여야 한다(동법 제5조 제1항). 행정작용의 근거가 되는 법령 등의 내용이 명확하지 아니한 경우 상대방은 해당 행정청에 그 해석을 요청할 수 있다. 이 경우 해당 행정청은 특별한 사유가 없으면 그 요청에 따라야 한다(동조 제2항).

누구든지 법령등의 내용에 의문이 있으면 법령을 소관하는 중앙행정기관의 장(이하 "법령소관기관"이라 한다)과 자치법규를 소관하는 지방자치단체의 장에게 법령해석을 요청할 수 있다(행정기본법 제40조 제1항). 법령 소관 행정기관의 법령해석을 유권해석이라 한다.

법령소관기관이나 법령소관기관의 해석에 이의가 있는 자는 대통령령으로 정하는 바에 따라 법령해석업무를 전문으로 하는 기관(민사법과 형사법의 경우 법무부, 그 밖의 법의 경우 법제처)에 법령해석을 요청할 수 있다(동법 제40조 제3항).

「법제업무 운영규정」(대통령령)은 중앙행정기관의 장, 지방자치단체의 장 및 민원인의 법제처에 대한 법령해석요청권을 규정하고 있다(규정 제26조).

Ⅲ. 행정청의 관할

행정절차법은 다음과 같이 관할 행정청에의 이송제도와 행정청의 관할 결정에 관한 규정을 두고 있다.

행정청이 그 관할에 속하지 아니하는 사안을 접수하였거나 이송받은 경우에는 지체 없이 이를 관할 행정청에 이송하여야 하고 그 사실을 신청인에게 통지하여야 한다. 행정청이 접수하거나 이송받은 후 관할이 변경된 경우에도 또한 같다(법 제6조 제1항).
행정청의 관할이 분명하지 아니하는 경우에는 해당 행정청을 공통으로 감독하는 상급 행정청이 그 관할을 결정하며, 공통으로 감독하는 상급 행정청이 없는 경우에는 각 상급 행정청이 협의하여 그 관할을 결정한다(동법 제6조 제2항).

Ⅳ. 행정절차법상 '당사자등'

행정절차법상 '당사자등'이란 행정청의 처분에 대하여 직접 그 상대가 되는 당사자와 행정청이 직권으로 또는 신청에 따라 행정절차에 참여하게 한 이해관계인을 말한다(법 제2조 제4호).

제2항 처분절차

행정절차법상 '처분'이란 행정청이 행하는 구체적 사실에 관한 법 집행으로서의 공권력의 행사 또는 그 거부와 그 밖에 이에 준하는 행정작용을 말한다(법 제2조 제2호). 이러한 행정절차법상의 처분개념규정은 행정쟁송법상의 그것과 동일하다.

[처분절차]

구 분	처분절차
공통사항	처분기준의 설정·공표(제20조), 처분의 이유제시(제23조), 처분의 방식(문서주의, 제24조), 처분의 정정(제25조), 고지(제26조)
수익적 처분	신청에 관한 사항(제17조), 다수의 행정청이 관여하는 처분(제18조), 처리기간의 설정·공표(제19조)
침해적 처분	사전통지(제21조), 의견청취(의견제출, 청문, 공청회)(제22조)

Ⅰ. 처분기준의 설정·공표

1. 처분기준의 설정·공표의 의의

처분기준의 설정·공표는 행정청의 자의적(恣意的)인 권한행사를 방지하고 행정의 통일성을 기하며 처분의 상대방에게 예측가능성을 부여하기 위하여 요청된다.

2. 처분기준의 설정·공표의무

행정청은 필요한 처분기준을 해당 처분의 성질에 비추어 되도록 구체적으로 정하여 공표하여야 한다. 처분기준을 변경하는 경우에도 또한 같다(동법 제20조 제1항). 「행정기본법」 제24조에 따른 인허가의제 처분의 경우 관련 인허가의 처분기준을 통합하여 공표하여야 한다(동법 제20조 제2항. 2023. 3. 24. 시행). 다만, 처분기준을 공표하는 것이 해당 처분의 성질상 현저히 곤란하거나 공공의 안전 또는 복리를 현저히 해치는 것으로 인정될 만한 상당한 이유가 있는 경우에는 처분기준을 공표하지 아니할 수 있다(동조 제3항. 2023. 3. 24. 시행).

3. 처분기준에 대한 당사자등의 해석·설명요청권

당사자등은 공표된 처분기준이 명확하지 아니한 경우 해당 행정청에 그 해석 또는 설명을 요청할 수 있다. 이 경우 해당 행정청은 특별한 사정이 없으면 그 요청에 따라야 한다(동법 제20조 제4항).

4. 설정·공표의무 위반의 효과

판례에 따르면 행정청이 행정절차법 제20조 제1항의 처분기준 사전공표 의무를 위반하여 미리 공표하지 아니한 기준을 적용하여 처분을 하였다고 하더라도, 그러한 사정만으로 곧바로 해당 처분에 취소사유에 이를 정도의 흠이 존재한다고 볼 수는 없다(부정설). 다만 해당 처분에 적용한 기준이 상위법령의 규정이나 신뢰보호의 원칙 등과 같은 법의 일반원칙을 위반하였거나 객관적으로 합리성이 없다고 볼 수 있는 구체적인 사정이 있다면 해당 처분은 위법하다고 평가할 수 있다(대판 2020. 12. 24, 2018두45633).

Ⅱ. 처분의 이유제시

1. 처분의 이유제시의 의의

처분의 이유제시란 행정청이 처분을 함에 있어 처분의 근거와 이유를 제시하는 것을 말한다.

2. 필요성(기능)

처분에 이유를 제시하도록 하는 것은 한편으로는 행정이 보다 신중하고 공정하게 행해지도록 하기 위한 것이고, 다른 한편으로는 상대방이 처분에 대하여 쟁송을 제기하고자 하는 경우에 쟁송제기 여부의 판단 및 쟁송준비에 편의를 제공하기 위한 것이다(이유제시의 설득기능 및 사전적·자기통제기능).

3. 이유제시의무 대상처분

행정절차법은 원칙상 모든 행정처분에 있어서 처분의 근거와 이유를 제시하도록 하고 있다.

4. 이유제시의무의 내용

이유제시의무가 있는 경우 행정청은 당사자에게 처분의 근거와 이유를 제시하여야 한다(동법 제23조 제1항).

행정청은 처분의 주된 법적 근거 및 사실상의 사유를 어떠한 근거와 이유로 처분이 이루어진 것인지를 충분히 알 수 있을 정도로 명확하고 구체적으로 제시하여야 한다.

판례는 "가산세부과처분이라고 하여 그 종류와 세액의 산출근거 등을 전혀 밝히지 않고 가산세의 합계액만을 기재한 경우에는 그 부과처분은 위법하다"고 판시하였다(대판 전원합의체 2012. 10. 18, 2010두12347).

처분서에 처분의 근거와 이유가 구체적으로 명시되어 있지 않았다고 하더라도 처분 당시 당사자가 어떠한 근거와 이유로 처분이 이루어진 것인지를 충분히 알 수 있어서 그에 불복하여 행정구제절차로 나아가는 데에 별다른 지장이 없었던 것으로 인정되는 경우에는 그 처분이 위법한 것으로 된다고 할 수는 없다(대판 2013. 11. 14, 2011두18571).

5. 이유제시의 하자

이유제시의 하자란 행정청이 처분이유를 제시하여야 함에도 처분이유를 전혀 제시하지 않거나 불충분하게 제시한 경우를 말한다.

6. 이유제시의 하자의 치유

판례는 행정쟁송의 제기 전에 한하여 이유제시의 하자가 치유될 수 있는 것으로 본다.

Ⅲ. 의견진술절차(의견청취절차)

1. 의견진술절차의 의의

행정처분의 상대방 등 이해관계인에게 행정처분 전에 의견진술의 기회를

주는 행정절차를 이해관계인의 입장에서 보면 의견진술절차라고 할 수 있고 행
정청의 입장에서 보면 의견청취절차라고 할 수 있다.

행정절차법은 제22조에서 의견청취라는 이름하에 의견제출, 청문, 공청회
를 규정하고 있다.

2. 의견진술절차의 종류

의견진술절차(의견청취절차)에는 의견제출절차, 청문, 공청회가 있다.

3. 의견제출절차

(1) 의   의

의견제출절차란 "행정청이 어떠한 행정작용을 하기 전에 당사자등이 의견
을 제시하는 절차로서 청문이나 공청회에 해당하지 아니하는 절차"를 말한다
(동법 제 2 조 제 7 호).

사전통지는 의견제출의 전치절차이다. 의견제출절차가 의무적인 경우에 사
전통지는 그 전제로서 당연히 행해진다.

(2) 의견제출절차의 인정범위

행정절차법은 '당사자등에게 의무를 부과하거나 권익을 제한하는 처분'에
한하여 그리고 '당사자등'에 대해서만 그리고, 법상 의견제출이 면제되는 경우
(청문이나 공청회를 실시하는 경우 등)가 아닌 경우 의견제출의 기회를 주어야 하는 것
으로 규정하고 있다(법 제22조 제 3 항).

① '권익을 제한하는 처분'이란 수익적 행정행위(예 허가)의 취소 또는 정지처
분 등을 말하고, '의무를 부과하는 처분'이란 조세부과처분, 시정명령과 같이 행
정법상의 의무를 부과하는 처분을 말한다.

② 신청에 대한 거부처분이 사전통지 및 의견제출절차의 대상이 되는지에
관하여 견해가 대립하고 있는데, 판례는 원칙상 소극설을 취하고 있다(대판 2003.
11. 28, 2003두674).

③ '당사자등'이란 행정청의 처분에 대하여 직접 그 상대가 되는 당사자와
행정청이 직권으로 또는 신청에 따라 행정절차에 참여하게 한 이해관계인을 말
한다(동법 제 2 조 제 4 호). 따라서, 상대방에게 이익이 되며 제 3 자의 권익을 침해하

는 이중효과적 행정행위(例 위험시설의 설치허가) 등은 행정절차법상의 의무적인 사전통지·의견제출절차가 적용되지 않는다. '이해관계인'이란 처분에 따라 법률상 또는 사실상의 영향을 받는 자로 넓게 해석하는 입장과 처분에 따라 법률상 영향을 받는 자에 국한시키는 견해가 있을 수 있다. 전자의 견해가 타당하다. 또한 행정절차법상 의견제출을 할 수 있는 이해관계인은 "행정청이 직권 또는 신청에 따라 행정절차에 참여하게 한 자"에 한정된다.

④ '법상 의견제출이 면제되는 경우'란 청문이나 공청회를 실시하는 경우, 제21조 제4항에 해당하는 경우(① 공공의 안전 또는 복리를 위하여 긴급히 처분을 할 필요가 있는 경우 ② 법령등에서 요구된 자격이 없거나 없어지게 되면 반드시 일정한 처분을 하여야 할 경우에 그 자격이 없거나 없어지게 된 사실이 법원의 재판 등에 의하여 객관적으로 증명된 경우 ③ 해당 처분의 성질상 의견청취가 현저히 곤란하거나 명백히 불필요하다고 인정될만한 상당한 이유가 있는 경우) 및 제22조 제4항의 경우(사전통지의무가 면제된 경우)를 말한다.

(3) 사전통지

사전통지는 의견진술의 전치절차이다.

행정청은 의견제출의 준비에 필요한 상당한 기간을 주어 통지하여야 한다(동법 제21조 제3항).

(4) 위반사실등의 공표

행정청은 위반사실등의 공표를 할 때에는 미리 당사자에게 그 사실을 통지하고 의견제출의 기회를 주어야 한다. 다만, 다음 각 호의 어느 하나에 해당하는 경우에는 그러하지 아니하다. 1. 공공의 안전 또는 복리를 위하여 긴급히 공표를 할 필요가 있는 경우, 2. 해당 공표의 성질상 의견청취가 현저히 곤란하거나 명백히 불필요하다고 인정될 만한 타당한 이유가 있는 경우, 3. 당사자가 의견진술의 기회를 포기한다는 뜻을 명백히 밝힌 경우(동법 제40조의3 제3항).

(5) 의견제출의 방식

당사자등은 처분 전에 그 처분의 관할 행정청에 서면·구술 또는 정보통신망을 이용하여 의견제출을 할 수 있다(동법 제27조 제1항).

(6) 의견제출절차의 하자의 효력

판례는 의견제출절차의 하자를 원칙상 취소사유라고 본다(例 사전통지를 하지 않고 의견제출의 기회를 주지 아니한 별정직 공무원에 대한 직권면직처분은 행정절차법 제21조 제1항,

제22조 제 3 항을 위반한 절차상 하자가 있어 위법하다(대판 2013. 1. 16, 2011두30687)).

4. 청문절차

(1) 의   의

청문이란 당사자등의 의견을 들을 뿐만 아니라 증거를 조사하는 등 재판에 준하는 절차를 거쳐 행하는 의견진술절차를 말한다(동법 제 2 조 제 5 호).

(2) 인정범위

행정청이 처분을 할 때 다음 각 호의 어느 하나에 해당하는 경우에는 청문을 한다(동법 제22조 제 1 항). ① 다른 법령등에서 청문을 하도록 규정하고 있는 경우(의무적 청문), ② 행정청이 필요하다고 인정하는 경우(임의적 청문), ③ 다음 각 목의 처분을 하는 경우(가. 인허가 등의 취소, 나. 신분·자격의 박탈, 다. 법인이나 조합 등의 설립허가의 취소시).

다만, 제21조 제 4 항 각 호의 어느 하나에 해당하는 경우와 당사자가 의견진술의 기회를 포기한다는 뜻을 명백히 표시한 경우에는 의견청취를 하지 아니할 수 있다(동조 제 4 항).

(3) 청문절차의 내용

1) 행정절차법상 청문절차규정의 의의

① 개별법령의 청문절차가 행정절차법상의 청문절차보다 엄격한 경우에는 개별법령의 청문절차가 우선적으로 적용되지만 그렇지 않은 경우에는 행정절차법에 따라 청문이 행해지는 것이 타당할 것이다.

② 청문의 실시를 규정하는 개별법에서 특별한 청문절차를 규정하고 있지 않은 경우에는 행정절차법상의 청문절차가 적용된다.

2) 사전통지

행정청은 청문을 실시하고자 하는 경우에 청문이 시작되는 날부터 10일 전까지 제21조 제 1 항 각 호의 사항을 당사자등에게 통지하여야 한다(동법 제21조 제 2 항).

3) 행정절차법상 청문절차의 내용

행정절차법은 청문주재자, 청문의 공개, 청문의 진행, 청문조서의 작성, 청문주재자의 의견서 작성, 청문의 종결, 청문결과의 반영, 청문의 재개, 문서의 열람 및 비밀유지에 관하여 규정하고 있다.

행정청은 다음 각 호의 어느 하나에 해당하는 처분을 하려는 경우에는 청문 주재자를 2명 이상으로 선정할 수 있다. 이 경우 선정된 청문 주재자 중 1명이 청문 주재자를 대표한다. 1. 다수 국민의 이해가 상충되는 처분, 2. 다수 국민에게 불편이나 부담을 주는 처분, 3. 그 밖에 전문적이고 공정한 청문을 위하여 행정청이 청문 주재자를 2명 이상으로 선정할 필요가 있다고 인정하는 처분(동법 제28조 제2항).

(4) 청문절차의 결여

판례는 청문절차의 결여를 취소사유에 해당한다고 본다(대판 2007. 11. 16, 2005두15700).

5. 공청회절차

(1) 의 의

공청회란 "행정청이 공개적인 토론을 통하여 어떠한 행정작용에 대하여 당사자등, 전문지식과 경험을 가진 사람 그 밖의 일반인으로부터 의견을 널리 수렴하는 절차"를 말한다(동법 제2조 제6호).

공청회에는 의견제출절차나 청문절차와 달리 전문지식을 가진 자 및 일반국민 등이 참여한다.

개별법에서 특별한 공청회절차를 규정하고 있지 않은 경우에는 행정절차법상 공청회절차가 적용된다. 다만, 행정청이 개최하는 공청회가 아닌 경우에는 그러하지 아니하다.

또한, 개별법령의 공청회절차가 행정절차법상의 공청회절차보다 엄격한 한도 내에서는 개별법령의 공청회절차가 우선적으로 적용되지만 그렇지 않은 경우에는 행정절차법에 따라 공청회가 행해지는 것이 타당할 것이다.

(2) 인정범위

공청회는 다음과 같은 경우에 한하여 예외적으로 인정되고 있다: ① 다른 법령등에서 공청회를 개최하도록 규정하고 있는 경우(의무적 공청회), ② 해당 처분의 영향이 광범위하여 널리 의견을 수렴할 필요가 있다고 행정청이 인정하는 경우(임의적 공청회)(동법 제22조 제2항).

(3) 사전통지

행정청은 공청회를 개최하고자 하는 경우에는 공청회 개최 14일 전까지 당사자등에게 통지하고 관보·공보·인터넷홈페이지 또는 일간신문 등에 공고하는 등의 방법으로 널리 알려야 한다(동법 제38조).

(4) 행정절차법상 공청회절차의 내용

행정절차법은 공청회의 주재자 및 발표자, 공청회의 진행, 공청회 및 온라인공청회(정보통신망을 이용한 공청회) 결과의 반영 등에 관한 규정을 두고 있다.

행정청은 처분을 할 때에 공청회·온라인공청회 및 정보통신망을 통하여 제시된 사실 및 의견이 상당한 이유가 있다고 인정하는 경우에는 이를 반영하여야 한다(동법 제39조의2).

Ⅳ. 처분의 방식: 문서주의

행정청이 처분을 하는 때에는 다른 법령등에 특별한 규정이 있는 경우를 제외하고는 원칙상 문서로 하여야 하며, 전자문서로 하는 경우에는 당사자등의 동의가 있어야 한다(동법 제24조 제1항).

제1항에도 불구하고 공공의 안전 또는 복리를 위하여 긴급히 처분을 할 필요가 있거나 사안이 경미한 경우에는 말, 전화, 휴대전화를 이용한 문자 전송, 팩스 또는 전자우편 등 문서가 아닌 방법으로 처분을 할 수 있다. 이 경우 당사자가 요청하면 지체 없이 처분에 관한 문서를 주어야 한다(동법 제24조 제2항).

제3항 입법예고절차

행정절차법은 법령등에 관한 정부입법안에 대한 입법예고절차를 규정하고 있다. 행정절차법은 법률안과 명령안을 구분하지 않고 동일하게 규율하고 있다(법 제41조).

입법예고제란 행정청으로 하여금 입법의 제정 또는 개정에 대하여 미리 국민에게 예고하도록 하고 그에 대한 국민의 의견을 듣고 행정입법안에 국민의 의견을 반영하도록 하는 제도를 말한다.

　　법령등을 제정·개정 또는 폐지(이하 "입법"이라 한다)하려는 경우에는 해당 입법안을 마련한 행정청은 이를 예고하여야 한다. 다만, 다음 각 호의 어느 하나에 해당하는 경우에는 예고를 하지 아니할 수 있다. 1. 신속한 국민의 권리 보호 또는 예측 곤란한 특별한 사정의 발생 등으로 입법이 긴급을 요하는 경우, 2. 상위 법령등의 단순한 집행을 위한 경우, 3. 입법내용이 국민의 권리·의무 또는 일상생활과 관련이 없는 경우, 4. 단순한 표현·자구를 변경하는 경우 등 입법내용의 성질상 예고의 필요가 없거나 곤란하다고 판단되는 경우, 5. 예고함이 공공의 안전 또는 복리를 현저히 해칠 우려가 있는 경우(동법 제41조 제1항).

　　입법예고기간은 예고할 때 정하되, 특별한 사정이 없으면 40일(자치법규는 20일) 이상으로 한다(동법 제43조).

제 4 항　행정예고절차

　　행정절차법은 행정예고에 관하여 규율하고 있다.

　　행정예고제란 다수 국민의 권익에 관계 있는 사항을 국민에게 미리 알리는 제도를 말한다.

　　행정청은 정책, 제도 및 계획(이하 "정책등"이라 한다)을 수립·시행하거나 변경하려는 경우에는 이를 예고하여야 한다. 다만, 다음 각 호의 어느 하나에 해당하는 경우에는 예고를 하지 아니할 수 있다. 1. 신속하게 국민의 권리를 보호하여야 하거나 예측이 어려운 특별한 사정이 발생하는 등 긴급한 사유로 예고가 현저히 곤란한 경우, 2. 법령등의 단순한 집행을 위한 경우, 3. 정책등의 내용이 국민의 권리·의무 또는 일상생활과 관련이 없는 경우, 4. 정책등의 예고가 공공의 안전 또는 복리를 현저히 해칠 우려가 상당한 경우(동법 제46조 제1항). 제1항에도 불구하고 법령등의 입법을 포함하는 행정예고는 입법예고로 갈음할 수 있다(동조 제2항). 행정예고기간은 예고 내용의 성격 등을 고려하여 정하되, 특별한 사정이 없으면 20일 이상으로 한다(동조 제3항).

제 5 절   행정영장

　행정영장은 행정목적으로 구금, 압수, 수색을 위해 발령하는 영장을 말한다. 행정영장은 행정절차의 하나로 볼 수 있다.

　현행법은 형사상 인신 구속에는 영장을 요구하는 것으로 규정하고 있지만, 행정구금(행정목적으로 행하는 구금) 등에 대하여는 영장을 요구하는 것으로 규정하고 있지 않다. 출입국관리법 제51조의 도주하거나 도주할 염려가 있는 외국인의 보호 등이 이에 해당한다.

　해석상 영장주의가 행정구금 등에도 적용되는지가 문제된다. 행정영장은 적법절차의 문제로 보는 것이 타당하다. 공정한 기관에 의해 공정한 절차에 따라 행정구금 등이 행해지고 사후적인 권리구제절차가 마련되면, 달리 말하면 적법절차에 따른 것으로 판단되면 위법하지 않은 것으로 보는 것이 타당하다. 다만, 기본권의 보호를 위해 행정구금 등에도 영장을 요구하는 것으로 규정하는 것은 가능하다. 이 경우 다른 견해가 있지만, 헌법 제12조 제 3 항은 사법영장(司法令狀)만을 규정한 것으로 보는 것이 타당하므로 검사 등이 영장을 청구하도록 한 헌법 제12조 제 3 항은 적용되지 않는 것으로 보는 것이 타당하다. 따라서 해당 행정기관의 장이 행정영장을 청구하는 것으로 규정하는 것도 위헌은 아닌 것으로 보는 것이 타당하다.

제 6 절   인허가의제제도

행정기본법
제2절 인허가의제
제24조(인허가의제의 기준) ① 이 절에서 "인허가의제"란 하나의 인허가(이하 "주된 인허가"라 한다)를 받으면 법률로 정하는 바에 따라 그와 관련된 여러 인허가(이하 "관련 인허가"라 한다)를 받은 것으로 보는 것을 말한다.
② 인허가의제를 받으려면 주된 인허가를 신청할 때 관련 인허가에 필요한 서류를 함께 제출하여야 한다. 다만, 불가피한 사유로 함께 제출할 수 없는 경우에는 주된 인허가 행정청이 별도로 정하는 기한까지 제출할 수 있다.

③ 주된 인허가 행정청은 주된 인허가를 하기 전에 관련 인허가에 관하여 미리 관련 인허가 행정청과 협의하여야 한다.

④ 관련 인허가 행정청은 제 3 항에 따른 협의를 요청받으면 그 요청을 받은 날부터 20일 이내(제 5 항 단서에 따른 절차에 걸리는 기간은 제외한다)에 의견을 제출하여야 한다. 이 경우 전단에서 정한 기간(민원 처리 관련 법령에 따라 의견을 제출하여야 하는 기간을 연장한 경우에는 그 연장한 기간을 말한다) 내에 협의 여부에 관하여 의견을 제출하지 아니하면 협의가 된 것으로 본다.

⑤ 제 3 항에 따라 협의를 요청받은 관련 인허가 행정청은 해당 법령을 위반하여 협의에 응해서는 아니 된다. 다만, 관련 인허가에 필요한 심의, 의견 청취 등 절차에 관하여는 법률에 인허가의제 시에도 해당 절차를 거친다는 명시적인 규정이 있는 경우에만 이를 거친다.

제25조(인허가의제의 효과) ① 제24조 제 3 항·제 4 항에 따라 협의가 된 사항에 대해서는 주된 인허가를 받았을 때 관련 인허가를 받은 것으로 본다.

② 인허가의제의 효과는 주된 인허가의 해당 법률에 규정된 관련 인허가에 한정된다.

제26조(인허가의제의 사후관리 등) ① 인허가의제의 경우 관련 인허가 행정청은 관련 인허가를 직접 한 것으로 보아 관계 법령에 따른 관리·감독 등 필요한 조치를 하여야 한다.

② 주된 인허가가 있은 후 이를 변경하는 경우에는 제24조·제25조 및 이 조 제 1 항을 준용한다.

③ 이 절에서 규정한 사항 외에 인허가의제의 방법, 그 밖에 필요한 세부 사항은 대통령령으로 정한다.

1. 의 의

인허가의제제도란 하나의 인허가(이하 "주된 인허가"라 한다)를 받으면 법률로 정하는 바에 따라 그와 관련된 여러 인허가(이하 "관련 인허가"라 한다)를 받은 것으로 보는 것을 말한다(행정기본법 제24조 제 1 항).

하나의 사업을 시행하기 위하여 여러 인허가 등을 받아야 하는 경우에 이들 인허가 등을 모두 각각 받도록 하는 것은 민원인에게 큰 불편을 주므로 원스톱행정을 통하여 민원인의 편의를 도모하기 위하여 만들어진 제도 중의 하나가 인허가의제제도이다.

인허가의제제도는 이론상 독일법상의 집중효제도와 비교되어 논의되고 있는 제도이다. 따라서 인허가의제제도를 집중효제도로 부르기도 한다.

「행정기본법」 제24조, 제25조 및 제26조는 인허가의제제도에 대해 규정하고 있다.

2. 인허가의제의 근거 및 대상

인허가의제는 행정기관의 권한에 변경을 가져오므로 법률에 명시적인 근거가 있어야 하며 인허가가 의제되는 범위도 법률에 명시되어야 한다. 신고로 허가가 의제되는 경우도 있다(예 건축법 제14조의 건축신고).

3. 인허가 등의 신청

인허가의제제도하에서 민원인은 하나의 인허가 신청만 하면 된다. 다만, 의제되는 인허가의 신청에 필요한 첨부서류도 명문의 규정이 없는 한 주된 인허가기관에 함께 제출하여야 한다.

인허가의제를 받으려면 주된 인허가를 신청할 때 관련 인허가에 필요한 서류를 함께 제출하여야 한다. 다만, 불가피한 사유로 함께 제출할 수 없는 경우에는 주된 인허가 행정청이 별도로 정하는 기한까지 제출할 수 있다(행정기본법 제24조 제 2 항).

인허가의제는 민원인의 편의를 위해 인정된 것이므로 인허가의제규정이 있는 경우에도 반드시 인허가의제 처리를 신청할 의무가 있는 것은 아니다(대판 2020. 7. 23, 2019두31839). 주된 인허가만을 우선 신청할 수도 있고, 의제되는 인허가의 일부만 의제(부분인허가의제) 처리를 신청할 수도 있다. 그러나 건축법 제11조 제 1 항, 제 5 항 제 3 호, 국토계획법 제56조 제 1 항 제 1 호, 제57조 제 1 항의 내용과 체계, 입법 취지를 종합하면, 건축주가 건축물을 건축하기 위해서는 건축법상 건축허가와 국토계획법상 개발행위(건축물의 건축) 허가를 각각 별도로 신청하여야 하는 것이 아니라, 건축법상 건축허가절차에서 관련 인허가의제제도를 통해 두 허가의 발급 여부가 동시에 심사·결정되도록 하여야 한다(대판 2020. 7. 23, 2019두31839).

4. 인허가절차

(1) 관련 인허가기관의 협의

인허가의제제도하에서 다른 관련 인허가기관의 인허가를 받지 않는 대신 다른 관련 인허가기관의 협의를 거치도록 하는 것이 보통이다.

주된 인허가 행정청은 주된 인허가를 하기 전에 관련 인허가에 관하여 미리 관련 인허가 행정청과 협의하여야 한다(동법 제24조 제3항). 관련 인허가 행정청은 제3항에 따른 협의를 요청받으면 그 요청을 받은 날부터 20일 이내(제5항 단서에 따른 절차에 걸리는 기간은 제외한다)에 의견을 제출하여야 한다. 이 경우 전단에서 정한 기간(민원 처리 관련 법령에 따라 의견을 제출하여야 하는 기간을 연장한 경우에는 그 연장한 기간을 말한다) 내에 협의 여부에 관하여 의견을 제출하지 아니하면 협의가 된 것으로 본다(동조 제4항). 제3항에 따라 협의를 요청받은 관련 인허가 행정청은 해당 법령을 위반하여 협의에 응해서는 아니 된다. 다만, 관련 인허가에 필요한 심의, 의견 청취 등 절차에 관하여는 법률에 인허가의제 시에도 해당 절차를 거친다는 명시적인 규정이 있는 경우에만 이를 거친다(동조 제5항).

관계기관의 협의의견을 자문의견으로 보는 견해, 동의로 보는 견해, 사실상 동의로 보는 견해가 있는데, 자문의견이면 법적 구속력이 없고, 동의이면 법적 구속력을 갖는다. 사실상 동의로 보면 협의의견이 법적 구속력은 없지만 주무인허가기관은 특별한 사정이 없는 한 협의의견을 존중하고 따라야 한다.

(2) 절차의 집중

제24조 제3항에 따라 협의를 요청받은 관련 인허가 행정청은 해당 법령을 위반하여 협의에 응해서는 아니 된다. 다만, 관련 인허가에 필요한 심의, 의견 청취 등 절차에 관하여는 법률에 인허가의제 시에도 해당 절차를 거친다는 명시적인 규정이 있는 경우에만 이를 거친다(행정기본법 제24조 제5항). 「행정기본법」제24조 제5항 본문은 관련 행정청은 관련 인허가의 실체적 요건을 충족한 경우에만 협의를 해주도록 규정한 것이므로 실체집중부정을 규정한 것이고, 단서는 절차집중을 규정한 것이다. 주된 인허가를 하기 위해서는 주된 인허가의 요건뿐만 아니라 의제되는 인허가의 요건도 충족하여야 한다. 그리고 주된 인허가를 규정하고 있는 법률에서 정한 절차는 거쳐야 하지만, 의제되는 인허가를 규정하는 법률에서 정한 절차는 거치지 않아도 된다.

5. 인허가의 결정

(1) 인허가결정기관

신청을 받은 주된 행정기관이 신청된 인허가 여부를 결정한다.

(2) 인허가 요건의 판단방식

판례는 주된 인허가 신청을 받은 행정기관은 의제되는 인허가 요건에 엄격히 구속되어 의제되는 인허가 요건을 모두 충족하여야 주된 인허가를 할 수 있다는 실체집중부정설을 취하고 있다.

「행정기본법」 제24조 제 5 항 본문은 관련 행정청은 관련 인허가의 실체적 요건을 충족한 경우에만 협의를 해주도록 규정한 것이므로 실체집중부정설을 규정한 것으로 볼 수 있다.

(3) 부분 인허가의제의 인정

주된 인허가시 협의절차가 종료되지 않은 인허가가 일부 있어도 관계행정청과 미리 협의한 사항에 한하여 관련 인허가 등이 의제된다. 주된 인허가 후(부분 인허가의제 후) 협의절차가 종료되지 않은 인허가에 관하여 관련 행정기관의 장과 협의를 거치면 그때 해당 인허가가 의제된다.

6. 인허가의 효력

「행정기본법」 제24조 제 3 항·제 4 항에 따라 협의가 된 사항에 대해서는 주된 인허가를 받았을 때 관련 인허가를 받은 것으로 본다(법 제25조 제 1 항). 인허가의제의 효과는 주된 인허가의 해당 법률에 규정된 관련 인허가에 한정된다(동조 제 2 항).

「행정기본법」 제24조 제 2 항은 재의제를 인정하지 않는다는 것을 명확히 규정한 것이다.

그리고 법률상 인허가의제는 의제되는 인허가가 법률상 존재하는 것을 의미하는 것으로 보아야 한다.

주된 인허가가 거부된 경우에는 의제된 인허가가 거부된 것으로 의제되지 않는다.

7. 의제된 인허가의 취소 또는 철회

판례에 따르면 주된 인허가(예 창업사업계획승인)로 의제된 인허가(예 산지전용허가)는 통상적인 인허가와 동일한 효력을 가지므로, 의제된 인허가의 직권취소나 철회가 허용된다. 그리고 의제된 인허가의 직권취소나 철회는 항고소송의 대상이 되는 처분에 해당한다(대판 2018. 7. 12, 2017두48734).

8. 인허가의제제도에서의 민원인 또는 제3자의 불복

판례는 이해관계인이 의제된 인허가가 위법함을 다투고자 하는 경우 원칙상 주된 처분(⬚ 주택건설사업계획승인처분)이 아니라 의제된 인허가(⬚ 지구단위계획결정)를 항고소송의 대상으로 삼아야 한다고 본다(대판 2018. 11. 29, 2016두38792).

9. 인허가의제의 사후관리

인허가의제의 경우 관련 인허가 행정청은 관련 인허가를 직접 한 것으로 보아 관계 법령에 따른 관리·감독 등 필요한 조치를 하여야 한다(동법 제26조 제1항). 주된 인허가가 있은 후 이를 변경하는 경우에는 제24조·제25조 및 이 조 제1항을 준용한다(동조 제2항).

「행정기본법」 제26조 제2항은 주된 인허가의 변경으로 관련 인허가의 변경이 의제될 수 있는 것을 전제로 주된 인허가의 변경으로 관련 인허가의 변경 의제가 필요한 경우에는 인허가 의제절차(관련 인허가기관과의 협력 등)를 준용하여 주된 인허가를 변경하고 이에 따라 관련 인허가의 변경이 의제된다는 것을 규정한 것으로 보는 것이 타당하다. 그리고 일반적으로 처분권에는 처분의 변경권도 포함되는 것으로 보아야 하므로 인허가의제조항은 인허가변경의제의 근거조항으로 보는 것이 타당하다.

제 7 절 절차의 하자의 독자적 위법성

행정처분에 절차상 위법이 있는 경우에 절차상 위법이 해당 행정처분의 독립된 위법사유(취소 또는 무효사유)가 되는가. 달리 말하면, 법원은 취소소송의 대상이 된 처분이 절차상 위법한 경우 해당 처분의 실체법상의 위법 여부를 따지지 않고 또는 실체법상 적법함에도 불구하고 절차상의 위법만을 이유로 취소 또는 무효확인할 수 있는가.

이러한 문제가 제기되는 것은 절차상 위법을 이유로 행정처분이 취소된 경우에는 실체법상의 위법을 이유로 취소된 경우와 달리 처분행정청은 취소된 처분과 동일한 처분을 할 수도 있는데 이렇게 되면 행정처분의 무용한 반복으로 인하여 행정상 또는 소송상 비경제적이라는 데 있다.

절차상 하자가 독립된 취소사유가 될 수 있는가에 관하여 적극설, 소극설 및 절충설이 대립하고 있는데, 판례는 적극설을 취하고 있다.

[판례] 과세처분시 납세고지서에 과세표준, 세율, 세액의 계산명세서 등을 첨부하여 고지하도록 한 것은 조세법률주의의 원칙에 따라 처분청으로 하여금 자의를 배제하고 신중하고도 합리적인 처분을 행하게 함으로써 조세행정의 공정성을 기함과 동시에 납세의무자에게 부과처분의 내용을 상세히 알려서 불복 여부의 결정 및 그 불복신청에 편의를 주려는 취지에서 나온 것이므로 이러한 규정은 강행규정으로서 납세고지서에 위와 같은 기재가 누락되면 과세처분 자체가 위법하여 취소대상이 된다(대판 1983. 7. 26, 82누420).

제12장
정보공개와 개인정보보호

제1절 정보공개제도

I. 의 의

정보공개제도란 공공기관(특히 행정기관)이 보유·관리하는 정보를 일부 비공개로 하여야 할 정보를 제외하고는 누구에게도 청구에 응해서 열람·복사·제공하도록 하는 제도를 말한다. 「공공기관의 정보공개에 관한 법률」(이하 "정보공개법"이라 한다)은 정보를 공공기관이 직무상 작성 또는 취득하여 관리하고 있는 문서(전자문서를 포함한다. 이하 같다) 및 전자매체를 비롯한 모든 형태의 매체 등에 기록된 사항으로 정의하고 있다(법 제2조 제1호).

엄격한 의미의 정보공개는 국민의 청구에 따라 공개되는 경우를 지칭하고 또한 그 공개가 의무지워지는 경우를 가리킨다. 그리고 행정기관이 적극적으로 정보를 제공하는 적극적 정보제공을 포함하여 넓은 의미의 정보공개라 할 수 있다.

II. 정보공개의 필요성과 법적 근거

1. 정보공개의 필요성

정보공개는 국민의 국정참여, 정치·행정의 민주적 통제 및 인격의 실현과 국민의 행복추구를 위해 필요하다.

2. 정보공개의 법적 근거

(1) 헌법적 근거

정보공개청구권은 헌법상의 알 권리에 근거하여 인정된다.

(2) 실정법률의 근거

정보공개청구권을 구체적으로 보장하기 위하여 1996년 12월 31일 정보공개법이 제정되어 1998년 1월 1일부터 시행되고 있다.

「교육관련기관의 정보공개에 관한 특례법」은 교육관련기관이 보유·관리하는 정보의 공개에 관하여 정보공개법에 대한 특례를 정하고 있다.

(3) 정보공개법과 다른 법령과의 관계

정보의 공개에 관하여는 다른 법률에 특별한 규정이 있는 경우를 제외하고는 이 법이 정하는 바에 따른다(동법 제4조). 이는 정보공개법이 정보공개에 관한 일반법임을 의미한다.

'정보공개에 관하여 다른 법률에 특별한 규정이 있는 경우'에 해당한다고 하여 정보공개법의 적용을 배제하기 위해서는, 특별한 규정이 '법률'이어야 하고, 나아가 내용이 정보공개의 대상 및 범위, 정보공개의 절차, 비공개대상정보 등에 관하여 정보공개법과 달리 규정하고 있는 것이어야 한다(대판 2016. 12. 15, 2013두20882).

Ⅲ. 정보공개의 내용

1. 정보공개청구권자

모든 국민은 정보의 공개를 청구할 권리를 가진다(동법 제5조 제1항).

정보공개청구권이 인정되는 '모든 국민'에는 자연인뿐만 아니라 법인, 권리능력 없는 사단·재단도 포함되고, 법인과 권리능력 없는 사단·재단 등의 경우에 설립목적을 불문한다. 정보공개청구는 이해관계가 없는 공익을 위한 경우에도 인정된다(대판 2003. 12. 12, 2003두8050).

외국인의 정보공개청구에 관하여는 대통령령으로 정하도록 하고 있는데(동법 제5조 제2항), 동법 시행령 제3조는 정보공개를 청구할 수 있는 외국인을 '국내에 일정한 주소를 두고 거주하거나 학술·연구를 위하여 일시적으로 체류하는 자'와 '국내에 사무소를 두고 있는 법인 또는 단체'에 한정하고 있다.

2. 정보공개의 대상

정보공개의 대상이 되는 정보는 '공공기관이 보유·관리하는 정보'이다(동법 제 3조).

정보공개법에 따른 공개는 원칙상 공공기관이 보유하는 정보 그 자체를 공개하는 것이지만, 전자적 형태로 보유·관리되는 정보의 경우에는 행정기관의 업무수행에 큰 지장을 주지 않는 한도 내에서 정보를 검색하고 편집하여 제공하여야 하는 것으로 보아야 한다(대판 2010. 2. 11, 2009두6001).

3. 정보공개법의 적용배제 정보

'국가안전보장에 관련되는 정보 및 보안업무를 관장하는 기관에서 국가안전보장과 관련된 정보의 분석을 목적으로 수집되거나 작성된 정보'에 대하여는 정보공개법을 적용하지 아니한다(동법 제4조 제3항).

4. 공공기관의 의무

공공기관은 정보의 공개를 청구하는 국민의 권리가 존중될 수 있도록 이 법을 운영하고 소관 관계 법령을 정비하며, 정보를 투명하고 적극적으로 공개하는 조직문화 형성에 노력하여야 한다(동법 제6조 제1항).

공공기관은 정보의 적절한 보존 및 신속한 검색과 국민에게 유용한 정보의 분석 및 공개 등이 이루어지도록 정보관리체계를 정비하고, 정보공개 업무를 주관하는 부서 및 담당하는 인력을 적정하게 두어야 하며, 정보통신망을 활용한 정보공개시스템 등을 구축하도록 노력하여야 한다(동법 제6조 제2항).

행정안전부장관은 공공기관의 정보공개에 관한 업무를 종합적·체계적·효율적으로 지원하기 위하여 통합정보공개시스템을 구축·운영하여야 한다(동법 제6조 제3항).

공공기관(국회·법원·헌법재판소·중앙선거관리위원회는 제외한다)이 제2항에 따른 정보공개시스템을 구축하지 아니한 경우에는 제3항에 따라 행정안전부장관이 구축·운영하는 통합정보공개시스템을 통하여 정보공개 청구 등을 처리하여야 한 다(동법 제 6 조 제 4 항).

공공기관은 소속 공무원 또는 임직원 전체를 대상으로 국회규칙·대법원규 칙·헌법재판소규칙·중앙선거관리위원회규칙 및 대통령령으로 정하는 바에 따 라 이 법 및 정보공개 제도 운영에 관한 교육을 실시하여야 한다(동법 제 6 조 제 5 항).

5. 정보공개 담당자의 의무

공공기관의 정보공개 담당자(정보공개 청구 대상 정보와 관련된 업무 담당자를 포함한다) 는 정보공개 업무를 성실하게 수행하여야 하며, 공개 여부의 자의적인 결정, 고 의적인 처리 지연 또는 위법한 공개 거부 및 회피 등 부당한 행위를 하여서는 아니 된다(동법 제 6 조의2).

6. 비공개대상정보

(1) 의   의

비공개대상정보란 공공기관이 공개를 거부할 수 있는 정보를 말한다. 비공 개대상정보는 공익 또는 타인의 권익을 보호하기 위하여 인정된다.

비공개정보는 비밀정보를 의미하지 않는다.

비공개정보에 해당한다고 하여 자동적으로 정보공개가 거부될 수 있는 것 도 아니다. 해당 정보의 공개로 달성될 수 있는 공익 및 사익과 비공개로 하여 야 할 공익 및 사익을 이익형량하여 공개 여부를 결정하여야 한다. 이것이 판례 의 입장이다.

(2) 종류 및 내용

정보공개법은 다음 제 1 호부터 제 8 호까지의 정보를 비공개대상정보로 열거 하고 있다(동법 제 9 조 제 1 항). 여기서 예로 제시한 것은 경찰청 홈페이지의 비공개 대상정보를 참조한 것이다.

① 다른 법률 또는 법률에서 위임한 명령(국회규칙·대법원규칙·헌법재판소규칙·중 앙선거관리위원회규칙·대통령령 및 조례에 한정한다)에 따라 비밀이나 비공개사항으로 규 정된 정보(제 1 호)예 국가 대테러 활동지침 등 국가대테러 정책 및 기구 운영에 관한 정보, 대테러 운영관련 인적사항 등 관련 정보, 경호안전에 관한 업무, 긴급신원조사 관련 정보, 예산회계 관련 비밀

또는 비공개사항으로 규정된 정보, 해킹 및 바이러스 예방대책 등).

② 국가안전보장·국방·통일·외교관계 등에 관한 사항으로서 공개될 경우 국가의 중대한 이익을 현저히 해할 우려가 있다고 인정되는 정보(제2호)(CI 특수경비 및 무기구입 관련 제반사항, 외국공관저 경비계획 및 지도, 청원경찰에 관한 연구 및 지도, 집회·시위 관리에 관한 계획 및 지도, 대테러 첩보 등 관련 정보, 을지훈련, 충무계획에 관한 정보, 요인 경호관련 정보, 국가중요물자 수송 등).

③ 공개될 경우 국민의 생명·신체 및 재산의 보호에 현저한 지장을 초래할 우려가 있다고 인정되는 정보(제3호)(CI 총포·화약류 취급업소 점검에 관한 사항, 지구대 보유장비 및 근무와 관련된 사항, 112 운영체계와 관련된 사항, 성폭력 피해자 진술녹화 영상물에 관한 사항, 특정 범죄에 대한 기획수사 및 단속계획, 피해자 및 수사협력자에 대한 보호 및 지원 조치 기록, 테러예방을 위한 연구자료로 대테러정책에 활용되는 기초자료 등).

④ 진행 중인 재판에 관련된 정보와 범죄의 예방, 수사, 공소의 제기 및 유지, 형의 집행, 교정, 보안처분에 관한 사항으로서 공개될 경우 그 직무 수행을 현저히 곤란하게 하거나 형사피고인의 공정한 재판을 받을 권리를 침해한다고 인정할 만한 상당한 이유가 있는 정보(제4호)(CI 풍속사범 단속에 관한 사항, 사이버 추적 기법 및 디지털 증거분석 관련 사항, 범죄수법, 과학수사 프로그램 및 장비에 관한 자료 등).

⑤ 감사·감독·검사·시험·규제·입찰계약·기술개발·인사관리에 관한 사항이나 의사결정 과정 또는 내부검토 과정에 있는 사항 등으로서 공개될 경우 업무의 공정한 수행이나 연구·개발에 현저한 지장을 초래한다고 인정할 만한 상당한 이유가 있는 정보. 다만, 의사결정 과정 또는 내부검토 과정을 이유로 비공개할 경우에는 제13조 제5항에 따라 통지를 할 때 의사결정 과정 또는 내부검토 과정의 단계 및 종료 예정일을 함께 안내하여야 하며, 의사결정 과정 및 내부검토 과정이 종료되면 제10조에 따른 청구인에게 이를 통지하여야 한다(제5호)(CI 집회·시위 등 관련 상황 정보, 국내치안질서 유지 등에 관한 정보, 치안정보업무에 관한 기획·지도 및 조정관련 업무, 특별감사활동 및 결과, 일상·특별 감찰활동, 공직기강 추진대책 및 실적, 신기술 적용 장비 중 연구·개발에 관련된 정보 등).

⑥ 해당 정보에 포함되어 있는 이름·주민등록번호 등 「개인정보 보호법」 제2조 제1호에 따른 개인정보로서 공개될 경우 사생활의 비밀 또는 자유를 침해할 우려가 있다고 인정되는 정보(제6호)(다만, 다음에 열거한 사항은 제외한다. 가. 법

령에서 정하는 바에 따라 열람할 수 있는 정보, 나. 공공기관이 공표를 목적으로 작성하거나 취득한 정보로서 사생활의 비밀 또는 자유를 부당하게 침해하지 아니하는 정보, 다. 공공기관이 작성하거나 취득한 정보로서 공개하는 것이 공익이나 개인의 권리 구제를 위하여 필요하다고 인정되는 정보, 라. 직무를 수행한 공무원의 성명·직위, 마. 공개하는 것이 공익을 위하여 필요한 경우로서 법령에 따라 국가 또는 지방자치단체가 업무의 일부를 위탁 또는 위촉한 개인의 성명·직업)(메 풍속업소 등 행정처분관련 사항, 불법무기 자진신고 관련 사항, 성·가정폭력 및 성매매 피해자 신원 및 사생활에 관한 사항, 성매매 및 인권유린 업소 단속에 관한 사항, 수사관 직무성과 관련 정보, 전문 수사관 인적사항, 범죄 분석 자료, 수사자료표(범죄경력조회 등) 관련 정보, 정보요원의 인사 및 복무관리 등에 대한 개인신상에 대한 정보, 집회·시위 등 관련 상황 정보, 개인정보가 포함된 정보화교육 관련 정보, 개별교통사고 관련정보(뺑소니 포함) 등).

⑦ 법인·단체 또는 개인(이하 '법인등'이라 한다)의 경영상·영업상 비밀에 관한 사항으로서 공개될 경우 법인등의 정당한 이익을 현저히 해칠 우려가 있다고 인정되는 정보(제 7 호)(다만, 다음에 열거한 정보는 제외한다. 가. 사업활동으로 발생하는 위해로부터 사람의 생명·신체 또는 건강을 보호하기 위하여 공개할 필요가 있는 정보, 나. 위법·부당한 사업활동으로부터 국민의 재산 또는 생활을 보호하기 위하여 공개할 필요가 있는 정보)(메 테러·살인·강도·불법마약거래·위조·실종자 소재확인 등 국제성범죄 등 관련 정보, 국제형사경찰기구 관련 정보 등).

> [판례] 정보공개법 제 9 조 제 1 항 제 7 호 소정의 '법인 등의 경영·영업상 비밀'은 부정경쟁방지법 제22조 제 2 호 소정의 '영업비밀'에 한하지 않고, '타인에게 알려지지 아니함이 유리한 사업 활동에 관한 일체의 정보' 또는 '사업 활동에 관한 일체의 비밀사항'으로 해석함이 상당하다(대판 2011. 1. 20, 2010두14951).

⑧ 공개될 경우 부동산 투기·매점매석 등으로 특정인에게 이익 또는 불이익을 줄 우려가 있다고 인정되는 정보(제 8 호).

개인정보의 공개제외의 규정방식에는 입법례에 비추어 볼 때, 특정 개인을 식별할 수 있는 정보를 비공개로 하는 개인식별형과 공개하면 개인의 프라이버시에 대한 침해를 가져오는 정보를 비공개로 하는 프라이버시형이 있다. 현행 정보공개법은 프라이버시형을 취하고 있다.

개인정보는 절대적으로 공개가 거부될 수 있는 것은 아니며 공개의 이익과 형량하여 공개 여부를 결정하여야 한다.

공공기관이 보유·관리하고 있는 개인정보의 공개에 관하여는 구 정보공개법 제9조 제1항 제6호가 「개인정보 보호법」에 우선하여 적용된다(대판 2021. 11. 11, 2015두53770).

7. 비공개 세부 기준 수립, 공개 및 점검·개선

공공기관은 제1항 각 호의 범위에서 해당 공공기관의 업무 성격을 고려하여 비공개 대상 정보의 범위에 관한 세부 기준(이하 "비공개 세부 기준"이라 한다)을 수립하고 이를 정보통신망을 활용한 정보공개시스템 등을 통하여 공개하여야 한다(동법 제9조 제3항).

공공기관(국회·법원·헌법재판소 및 중앙선거관리위원회는 제외한다)은 제3항에 따라 수립된 비공개 세부 기준이 제1항 각 호의 비공개 요건에 부합하는지 3년마다 점검하고 필요한 경우 비공개 세부 기준을 개선하여 그 점검 및 개선 결과를 행정안전부장관에게 제출하여야 한다(동법 제9조 제4항).

8. 권리남용

실제로는 해당 정보를 취득 또는 활용할 의사가 전혀 없이 정보공개 제도를 이용하여 사회통념상 용인될 수 없는 부당한 이득을 얻으려 하거나, 오로지 공공기관의 담당공무원을 괴롭힐 목적으로 정보공개청구를 하는 경우처럼 권리의 남용에 해당하는 것이 명백한 경우에는 정보공개청구권의 행사를 허용하지 아니하는 것이 옳다(대판 2014. 12. 24, 2014두9349; 대판 2006. 8. 24, 2004두2783).

IV. 정보공개절차

1. 정보공개청구

정보의 공개를 청구하는 자(이하 "청구인"이라 한다)는 해당 정보를 보유하거나 관리하고 있는 공공기관에 다음 각 호(1. 청구인의 성명·생년월일·주소 및 연락처(전화번호·전자우편주소 등을 말한다. 이하 이 조에서 같다). 다만, 청구인이 법인 또는 단체인 경우에는 그 명칭, 대표자의 성명, 사업자등록번호 또는 이에 준하는 번호, 주된 사무소의 소재지 및 연락처를 말한다.

2. 청구인의 주민등록번호(본인임을 확인하고 공개 여부를 결정할 필요가 있는 정보를 청구하는 경우로 한정한다). 3. 공개를 청구하는 정보의 내용 및 공개방법)의 사항을 적은 정보공개 청구서를 제출하거나 말로써 정보의 공개를 청구할 수 있다(동법 제10조 제 1 항).

2. 정보공개 여부의 결정

(1) 공개 여부 결정기간

공공기관은 원칙상 정보공개의 청구를 받은 날부터 10일 이내에 공개 여부를 결정하여야 한다(동법 제11조 제 1 항).

(2) 제 3 자의 의견청취

공공기관은 공개 청구된 공개 대상 정보의 전부 또는 일부가 제 3 자와 관련이 있다고 인정할 때에는 그 사실을 제 3 자에게 지체 없이 통지하여야 하며, 필요한 경우에는 그의 의견을 들을 수 있다(동법 제11조 제 3 항).

(3) 정보공개심의회

국가기관, 지방자치단체, 「공공기관의 운영에 관한 법률」 제 5 조에 따른 공기업 및 준정부기관, 「지방공기업법」에 따른 지방공사 및 지방공단(이하 "국가기관등"이라 한다)은 제11조에 따른 정보공개 여부 등을 심의하기 위하여 정보공개심의회(이하 "심의회"라 한다)를 설치·운영한다. 이 경우 국가기관등의 규모와 업무성격, 지리적 여건, 청구인의 편의 등을 고려하여 소속 상급기관(지방공사·지방공단의 경우에는 해당 지방공사·지방공단을 설립한 지방자치단체를 말한다)에서 협의를 거쳐 심의회를 통합하여 설치·운영할 수 있다(동법 제12조 제 1 항).

심의회는 위원장 1명을 포함하여 5명 이상 7명 이하의 위원으로 구성한다(동법 제12조 제 2 항). 심의회의 위원은 소속 공무원, 임직원 또는 외부 전문가로 지명하거나 위촉하되, 그 중 3분의 2는 해당 국가기관등의 업무 또는 정보공개의 업무에 관한 지식을 가진 외부 전문가로 위촉하여야 한다. 다만, 제 9 조 제 1 항 제 2 호 및 제 4 호에 해당하는 업무를 주로 하는 국가기관은 그 국가기관의 장이 외부 전문가의 위촉 비율을 따로 정하되, 최소한 3분의 1 이상은 외부 전문가로 위촉하여야 한다(동법 제12조 제 3 항). 심의회의 위원장은 위원 중에서 국가기관등의 장이 지명하거나 위촉한다(동법 제12조 제 4 항).

3. 정보공개의 방법

정보의 공개방법에는 열람, 사본·복제물의 제공 또는 정보통신망을 통한 정보의 제공 등이 있다(동법 제2조 제2호).

4. 정보공개 여부 결정의 통지

공공기관은 제11조에 따라 정보의 공개를 결정한 경우에는 공개의 일시 및 장소 등을 분명히 밝혀 청구인에게 통지하여야 한다(동법 제13조 제1항). 공공기관은 청구인이 사본 또는 복제물의 교부를 원하는 경우에는 이를 교부하여야 한다(동법 제13조 제2항). 공공기관은 공개 대상 정보의 양이 너무 많아 정상적인 업무수행에 현저한 지장을 초래할 우려가 있는 경우에는 해당 정보를 일정 기간별로 나누어 제공하거나 사본·복제물의 교부 또는 열람과 병행하여 제공할 수 있다(동법 제13조 제3항).

공공기관은 제1항에 따라 정보를 공개하는 경우에 그 정보의 원본이 더럽혀지거나 파손될 우려가 있거나 그 밖에 상당한 이유가 있다고 인정할 때에는 그 정보의 사본·복제물을 공개할 수 있다(동법 제13조 제4항).

공공기관은 제11조에 따라 정보의 비공개 결정을 한 경우에는 그 사실을 청구인에게 지체 없이 문서로 통지하여야 한다. 이 경우 제9조 제1항 각 호 중 어느 규정에 해당하는 비공개 대상 정보인지를 포함한 비공개 이유와 불복(不服)의 방법 및 절차를 구체적으로 밝혀야 한다(동법 제13조 제5항).

5. 비용부담

정보의 공개 및 우송 등에 드는 비용은 실비의 범위에서 청구인이 부담한다(동법 제17조 제1항).

V. 정보공개쟁송

정보공개청구에 대한 공공기관의 비공개결정에 대한 불복절차로 이의신청, 행정심판 및 행정소송이 있다. 이의신청은 행정심판이 아니다. 이의신청이나 행정심판은 임의적 불복절차이다.

청구인이 정보공개와 관련한 공공기관의 비공개 결정 또는 부분 공개 결정에 대하여 불복이 있거나 정보공개 청구 후 20일이 경과하도록 정보공개 결정이 없는 때에는 공공기관으로부터 정보공개 여부의 결정 통지를 받은 날 또는 정보공개 청구 후 20일이 경과한 날부터 30일 이내에 해당 공공기관에 문서로 이의신청을 할 수 있다(동법 제18조 제1항). 국가기관등은 제1항에 따른 이의신청이 있는 경우에는 심의회를 개최하여야 한다. 다만, 다음 각 호(1. 심의회의 심의를 이미 거친 사항, 2. 단순·반복적인 청구, 3. 법령에 따라 비밀로 규정된 정보에 대한 청구)의 어느 하나에 해당하는 경우에는 심의회를 개최하지 아니할 수 있으며 개최하지 아니하는 사유를 청구인에게 문서로 통지하여야 한다(동법 제18조 제2항).

공공기관은 이의신청을 받은 날부터 7일 이내에 그 이의신청에 대하여 결정하고 그 결과를 청구인에게 지체 없이 문서로 통지하여야 한다. 다만, 부득이한 사유로 정하여진 기간 이내에 결정할 수 없을 때에는 그 기간이 끝나는 날의 다음 날부터 기산하여 7일의 범위에서 연장할 수 있으며, 연장 사유를 청구인에게 통지하여야 한다(동법 제18조 제3항). 공공기관은 이의신청을 각하(却下) 또는 기각(棄却)하는 결정을 한 경우에는 청구인에게 행정심판 또는 행정소송을 제기할 수 있다는 사실을 제3항에 따른 결과 통지와 함께 알려야 한다(동법 제18조 제4항).

청구인이 정보공개와 관련한 공공기관의 결정에 대하여 불복이 있거나 정보공개 청구 후 20일이 경과하도록 정보공개 결정이 없는 때에는 행정심판법에서 정하는 바에 따라 행정심판을 청구하거나(동법 제19조 제1항) 행정소송법에서 정하는 바에 따라 행정소송을 제기할 수 있다(동법 제20조 제1항). 정보공개거부의 경우에는 취소소송 또는 무효확인소송을 제기하고, 부작위의 경우에는 부작위위법확인소송을 제기한다.

정보공개거부취소소송에서 공개정보와 비공개정보를 분리할 수 있는 경우에는 분리되는 공개정보에 대응하여 일부취소판결을 내려야 한다(동법 제14조).

Ⅵ. 정보의 사전적 공개

공공기관은 다음 각 호(1. 국민생활에 매우 큰 영향을 미치는 정책에 관한 정보, 2. 국가의 시책으로 시행하는 공사(工事) 등 대규모 예산이 투입되는 사업에 관한 정보, 3. 예산집행의 내용과 사업 평가 결과 등 행정감시를 위하여 필요한 정보, 4. 그 밖에 공공기관의 장이 정하는 정보)의 어느 하나에 해당하는 정보에 대해서는 공개의 구체적 범위, 주기, 시기 및 방법 등을 미리 정하여 정보통신망 등을 통하여 알리고, 이에 따라 정기적으로 공개하여야 한다. 다만, 제9조 제1항 각 호의 어느 하나에 해당하는 정보에 대해서는 그러하지 아니하다(동법 제7조 제1항).

공공기관은 제1항에 규정된 사항 외에도 국민이 알아야 할 필요가 있는 정보를 국민에게 공개하도록 적극적으로 노력하여야 한다(동법 제7조 제2항). 이 규정은 국민의 정보공개청구에 따른 정보의 공개가 아니라 공공기관이 이니시어티브를 갖고 적극적으로 정보를 제공할 것을 규정한 것이다.

제2절 개인정보보호제도

Ⅰ. 의　의

개인정보보호제도란 개인에 관한 정보가 부당하게 수집, 유통, 이용되는 것을 막아 개인의 프라이버시를 보호하는 제도를 말한다.

Ⅱ. 법적 근거

1. 헌법적 근거

개인정보보호제도의 헌법적 근거는 헌법상 기본권인 개인정보자기결정권(자기정보통제권)이다.

개인정보자기결정권은 공공의 안녕과 질서유지와 관련하여 중요한 의미를 갖는 원칙들을 포함하고 있다는 것이 긍정되어 있으므로 아무런 제한 없이 경찰법영역에도 적용된다고 보아야 한다.

2. 법률의 근거

자기정보통제권을 보호하기 위하여 공적 부문에서의 개인정보의 보호와 민간부문에서의 개인정보보호를 구분하여 규율하던 것을 통일적으로 규율하기 위하여 2011년 3월 29일「개인정보 보호법」이 제정되어 2011년 9월 30일부터 시행되었다. 2020년 1월에 「개인정보 보호법」이 대폭 개정되었다.

「개인정보 보호법」은 우리 사회 전반에 걸쳐 개인정보처리에 관련된 위험(◎ ① 신원도용과 같은 전통적인 침해사례, ② 부정확한 정보로 개인에 대한 각종 사회적·국가적 결정들이 왜곡될 수 있는 위험, ③ 집적된 정보를 이용한 새로운 감시권력이 등장할 위험 등)을 관리하여야 한다는 한 단계 더 진전된 인식을 바탕으로 제정된 개인정보보호에 관한 기본법이라 할 수 있다. 개인정보처리자에 대한 행위규제의 법적 본질은 개인정보와 관련하여 공공의 안녕과 질서에 위해가 발생할 수 있는 가능성을 경감시키기에 적절한 자에게 경찰상 의무를 부과하여 기본권을 제한하는 것이다. 경찰책임의 원칙을 위해의 제거뿐만 아니라 예방단계에도 적용해 본다면, 개인정보처리자의 개인정보 처리에 관한 책임은 일종의 경찰책임 중 상태책임이라 할 수 있다(이희정).

Ⅲ. 개인정보보호의 기본원칙

① 개인정보처리자(◎ 개인정보를 처리하는 공공기관, 법인, 단체, 사업자 및 개인)는 개인정보의 처리 목적을 명확하게 하여야 하고 그 목적에 필요한 범위에서 최소한의 개인정보만을 적법하고 정당하게 수집하여야 한다(「개인정보 보호법」 제3조 제1항).

② 개인정보처리자는 개인정보의 처리 목적에 필요한 범위에서 적합하게 개인정보를 처리하여야 하며, 그 목적 외의 용도로 활용하여서는 아니 된다(동법 제3조 제2항).

③ 개인정보처리자는 개인정보의 처리 목적에 필요한 범위에서 개인정보의 정확성, 완전성 및 최신성이 보장되도록 하여야 한다(동법 제3조 제3항).

④ 개인정보처리자는 개인정보의 처리 방법 및 종류 등에 따라 정보주체의 권리가 침해받을 가능성과 그 위험 정도를 고려하여 개인정보를 안전하게 관리

하여야 한다(동법 제3조 제4항).

⑤ 개인정보처리자는 개인정보 처리방침 등 개인정보의 처리에 관한 사항을 공개하여야 하며, 열람청구권 등 정보주체의 권리를 보장하여야 한다(동법 제3조 제5항).

⑥ 개인정보처리자는 정보주체의 사생활 침해를 최소화하는 방법으로 개인 정보를 처리하여야 한다(동법 제3조 제6항).

⑦ 개인정보처리자는 개인정보의 익명처리가 가능한 경우에는 익명으로 처 리될 수 있도록 하여야 한다(동법 제3조 제7항)(개정법에서는 가명처리 신설).

⑧ 개인정보처리자는 이 법 및 관계 법령에서 규정하고 있는 책임과 의무 를 준수하고 실천함으로써 정보주체의 신뢰를 얻기 위하여 노력하여야 한다(동 법 제3조 제8항).

Ⅳ. 「개인정보 보호법」의 주요 내용

① 전자적으로 처리되는 개인정보 외에 수기(手記) 문서까지 개인정보의 보호 범위에 포함한다.

② 개인정보 보호법의 보호대상이 되는 개인정보는 공공기관의 개인정보뿐 만 아니라 민간의 개인정보를 포함한다.

③ 개인정보 보호에 관한 사무를 독립적으로 수행하기 위하여 국무총리 소 속으로 개인정보 보호위원회(이하 "보호위원회"라 한다)를 둔다(동법 제7조 제1항). 보호 위원회는 「정부조직법」 제2조에 따른 중앙행정기관(합의제 행정청)으로 본다. 다만, 다음 각 호(1. 제7조의8 제3호 및 제4호의 사무, 2. 제7조의9 제1항의 심의·의결 사항 중 제1 호에 해당하는 사항)의 사항에 대하여는 「정부조직법」 제18조를 적용하지 아니한다(동법 제7조 제2항).

④ 개인정보 수집·활용이 수반되는 사업 추진시 개인정보 오남용으로 인 한 프라이버시 침해 위험이 잠재되어 있지 않는지를 조사·예측·검토하고 개선 하는 개인정보 영향평가제도가 도입되었다(동법 제33조)(예 민감정보(사상·신념, 노동조 합·정당의 가입·탈퇴, 정치적 견해, 건강, 성생활에 관한 정보) 또는 고유식별정보(주민등록번호 등)의 처리가 수반되는 개인정보파일, 다른 개인정보파일과 연계하려는 경우(연계결과 50만 명 이상의 정보주

체에 관한 개인정보가 포함된 경우), 일반적인 개인정보 파일(100만 명 이상의 정보주체에 관한 개인정보가 포함된 경우), 영향평가를 받은 후 개인정보 검색 체계 등 개인정보파일의 운용 체계를 변경하려는 경우에 의무적 실시).

⑤ 개인정보의 수집, 이용, 제공처리의 규제에 관한 규정을 두고 있다(예 조난·홍수 등으로 실종되거나 고립된 사람을 구조하기 위하여 연락처, 주소, 위치정보 등 개인정보를 수집하는 경우, 교통사고환자를 치료한 의료기관의 보험회사 등에 대한 진료기록 열람허용 등의 의무를 준수하기 위하여 관계 당사자에게 제공하는 경우, 경찰관서가 시급히 수술 등의 의료조치가 필요한 교통사고환자의 연락처를 의료기관에 알려주는 행위, 경찰서로부터 범죄수사를 위하여 회원의 개인정보를 제출하여 달라는 요청을 받은 경우에는 본인의 동의없이 제공 가능). 모든 개인관련정보의 수집은 법률유보의 원칙에 따를 때, 경찰관계법률에 규정되어 있는 일반적 요건에 따라 행해진다. 개인관련정보는 공개적으로, 그리고 당사자로부터 수집되어야 하는 것이 원칙이다.

⑥ 영상정보처리기기의 설치·운영 제한에 관한 규정을 두고 있다(동법 제25조)(예 법령에서 구체적으로 허용하고 있는 경우, 범죄의 예방 및 수사를 위하여 필요한 경우, 시설안전 및 화재 예방을 위하여 필요한 경우, 교통단속을 위하여 필요한 경우, 교통정보의 수집·분석 및 제공을 위하여 필요한 경우에는 허용).

⑦ 정보주체에게 다음의 권리를 인정하고 있다. i) 개인정보의 처리에 관한 정보(예 개인정보 수집, 이용, 제공 등의 처리 목적과 범위 등에 관한 정보)를 제공받을 권리, ii) 개인정보의 처리에 관한 동의 여부, 동의 범위 등을 선택하고 결정할 권리(예 포괄적 동의 금지), iii) 개인정보의 처리 여부를 확인하고 개인정보에 대하여 열람(사본의 발급을 포함한다) 및 전송을 요구할 권리(예 개인정보처리자의 무분별한 개인정보 수집·이용·제공 금지), iv) 개인정보의 처리 정지, 정정·삭제 및 파기를 요구할 권리(예 잘못된 개인정보 처리로 인한 피해방지, 개인정보 유출방지, 오남용 방지), v) 개인정보의 처리로 인하여 발생한 피해를 신속하고 공정한 절차에 따라 구제받을 권리(예 입증책임의 전환, 분쟁조정제도 및 권리침해 중지 단체소송제도 도입), vi) 완전히 자동화된 개인정보 처리에 따른 결정을 거부하거나 그에 대한 설명 등을 요구할 권리(동법 제 4 조).

> 개인정보 보호법
> 제37조의2(자동화된 결정에 대한 정보주체의 권리 등) ① 정보주체는 완전히 자동화

된 시스템(인공지능 기술을 적용한 시스템을 포함한다)으로 개인정보를 처리하여 이루어지는 결정(「행정기본법」 제20조에 따른 행정청의 자동적 처분은 제외하며, 이하 이 조에서 "자동화된 결정"이라 한다)이 자신의 권리 또는 의무에 중대한 영향을 미치는 경우에는 해당 개인정보처리자에 대하여 해당 결정을 거부할 수 있는 권리를 가진다. 다만, 자동화된 결정이 제15조 제 1 항 제 1 호·제 2 호 및 제 4 호에 따라 이루어지는 경우에는 그러하지 아니하다.
② 정보주체는 개인정보처리자가 자동화된 결정을 한 경우에는 그 결정에 대하여 설명 등을 요구할 수 있다.
③ 개인정보처리자는 제 1 항 또는 제 2 항에 따라 정보주체가 자동화된 결정을 거부하거나 이에 대한 설명 등을 요구한 경우에는 정당한 사유가 없는 한 자동화된 결정을 적용하지 아니하거나 인적 개입에 의한 재처리·설명 등 필요한 조치를 하여야 한다.
④ 개인정보처리자는 자동화된 결정의 기준과 절차, 개인정보가 처리되는 방식 등을 정보주체가 쉽게 확인할 수 있도록 공개하여야 한다.
⑤ 제 1 항부터 제 4 항까지에서 규정한 사항 외에 자동화된 결정의 거부·설명 등을 요구하는 절차 및 방법, 거부·설명 등의 요구에 따른 필요한 조치, 자동화된 결정의 기준·절차 및 개인정보가 처리되는 방식의 공개 등에 필요한 사항은 대통령령으로 정한다.
[시행일 2024. 3. 15.]

⑧ 권익구제제도로 행정심판 또는 행정소송, 손해배상책임, 개인정보 분쟁조정제도, 개인정보 단체소송이 인정되고 있다. 이 중 손해배상책임과 관련하여 「개인정보 보호법」은 제39조 제 1 항에서 '손해배상책임'을 규정하고 있고, 제39조 제 3 항에서는 '징벌적 손해배상(손해액의 5배를 넘지 아니하는 범위)', 제39조의2 제 1 항에서는 '법정 손해배상(300만원 이하의 범위에서 상당한 금액)'을 규정하고 있는 특색을 보이고 있다.

개인정보 분쟁조정에 있어서 특별한 사유가 있는 경우(예 개인정보처리와 관련된 분쟁이 아닌 경우, 신청자가 악의적으로 같은 사건에 대해 계속적으로 분쟁조정을 신청하는 경우, 관계 법령 또는 객관적인 증빙 등에 따라 조정의 실익이 없는 경우 등)에는 조정 거부가 가능하다.

그리고 단체소송은 일정한 자격을 갖춘 단체(예 등록 소비자단체, 비영리 민간단체)로 하여금 전체 피해자들의 이익을 위해 소송을 제기할 수 있는 권한을 부여하는 제도이다.

[「개인정보 보호법」상 손해배상책임]

개인정보 보호법
제39조(손해배상책임) ① 정보주체는 개인정보처리자가 이 법을 위반한 행위로 손해를 입으면 개인정보처리자에게 손해배상을 청구할 수 있다. 이 경우 그 개인정보처리자는 고의 또는 과실이 없음을 입증하지 아니하면 책임을 면할 수 없다.
② 삭제
③ 개인정보처리자의 고의 또는 중대한 과실로 인하여 개인정보가 분실·도난·유출·위조·변조 또는 훼손된 경우로서 정보주체에게 손해가 발생한 때에는 법원은 그 손해액의 5배를 넘지 아니하는 범위에서 손해배상액을 정할 수 있다. 다만, 개인정보처리자가 고의 또는 중대한 과실이 없음을 증명한 경우에는 그러하지 아니하다.
④ 법원은 제 3 항의 배상액을 정할 때에는 다음 각 호의 사항을 고려하여야 한다.
 1. 고의 또는 손해 발생의 우려를 인식한 정도
 2. 위반행위로 인하여 입은 피해 규모
 3. 위법행위로 인하여 개인정보처리자가 취득한 경제적 이익
 4. 위반행위에 따른 벌금 및 과징금
 5. 위반행위의 기간·횟수 등
 6. 개인정보처리자의 재산상태
 7. 개인정보처리자가 정보주체의 개인정보 분실·도난·유출 후 해당 개인정보를 회수하기 위하여 노력한 정도
 8. 개인정보처리자가 정보주체의 피해구제를 위하여 노력한 정도
제39조의2(법정손해배상의 청구) ① 제39조 제 1 항에도 불구하고 정보주체는 개인정보처리자의 고의 또는 과실로 인하여 개인정보가 분실·도난·유출·위조·변조 또는 훼손된 경우에는 300만원 이하의 범위에서 상당한 금액을 손해액으로 하여 배상을 청구할 수 있다. 이 경우 해당 개인정보처리자는 고의 또는 과실이 없음을 입증하지 아니하면 책임을 면할 수 없다.
② 법원은 제 1 항에 따른 청구가 있는 경우에 변론 전체의 취지와 증거조사의 결과를 고려하여 제 1 항의 범위에서 상당한 손해액을 인정할 수 있다.
③ 제39조에 따라 손해배상을 청구한 정보주체는 사실심(事實審)의 변론이 종결되기 전까지 그 청구를 제 1 항에 따른 청구로 변경할 수 있다.
제39조의7(손해배상의 보장) ① 개인정보처리자로서 매출액, 개인정보의 보유 규모 등을 고려하여 대통령령으로 정하는 기준에 해당하는 자는 제39조 및 제39조의2에 따른 손해배상책임의 이행을 위하여 보험 또는 공제에 가입하거나 준비금을 적립하는 등 필요한 조치를 하여야 한다.
② 제 1 항에도 불구하고 다음 각 호의 어느 하나에 해당하는 자는 제 1 항에 따른 조치를 하지 아니할 수 있다.
 1. 대통령령으로 정하는 공공기관, 비영리법인 및 단체
 2.「소상공인기본법」제 2 조 제 1 항에 따른 소상공인으로서 대통령령으로 정하는 자에게 개인정보 처리를 위탁한 자

　　3. 다른 법률에 따라 제39조 및 제39조의2에 따른 손해배상책임의 이행을 보장하는
　　　보험 또는 공제에 가입하거나 준비금을 적립한 개인정보처리자
③ 제1항 및 제2항에 따른 개인정보처리자의 손해배상책임 이행 기준 등에 필요한
사항은 대통령령으로 정한다.

제4편
경찰
행정구제법

제1장
경찰행정구제법 개설

I. 행정구제의 개념

행정구제란 행정권의 행사로 침해된 국민의 권익을 구제해 주는 것을 말한다. 이에 관한 법이 행정구제법이며 이에 관한 제도가 행정구제제도이다.

경찰행정구제도 일반적인 행정구제법리가 적용된다.

II. 행정구제제도의 체계

1. 권익침해행위의 위법과 적법의 구별

위법한 행정권의 행사로 침해된 권익의 구제제도로는 행정쟁송(행정심판과 행정소송), 헌법소원, 국가배상청구, 국민고충처리제도 등이 있다.

적법한 공권력 행사로 가해진 특별한 손해에 대한 구제제도로는 행정상 손실보상이 있다.

2. 행정구제의 방법

행정구제의 방법에는 원상회복적인 것과 금전적 보상이 있다. 전자로는 행정쟁송, 헌법소원과 공법상 결과제거청구가 있고, 후자로는 '행정상 손해전보', 즉 '행정상 손해배상'(국가배상)과 '행정상 손실보상'이 있다.

취소소송과 국가배상청구소송은 선택적인 관계에 있고, 취소소송과 국가배상청구소송을 함께 제기할 수도 있다. 취소소송이 불가능한 경우에는 행정상 손해전보만이 가능하다.

3. 공권력 행사 자체에 대한 다툼과 결과에 대한 구제

구제수단에는 위법·부당한 행정권의 행사 자체를 다투어 그 위법·부당을 시정하고 그를 통하여 국민의 권익을 구제하는 제도와 공권력 행사의 결과에 대한 구제제도가 있다.

공권력 행사의 위법·부당을 시정하는 구제제도로는 행정쟁송(행정심판과 행정소송)이 가장 대표적인 수단이다. 이 외에도 행정소송을 보충하는 구제제도인 헌법소원, 감사원에 대한 심사청구 등이 있다.

공권력 행사의 결과에 대한 구제제도로는 공권력 행사의 결과인 위법한 상태의 제거를 목적으로 하는 공법상 결과제거청구와 손해의 전보를 목적으로 하는 행정상 손해배상과 행정상 손실보상이 있다.

4. 재판적 구제수단과 비재판적 구제수단

법원을 통한 구제수단인 행정소송, 즉 항고소송과 공법상 당사자소송이 대표적인 재판적 구제수단이다. 헌법재판소가 심판기관인 헌법소원은 재판적 구제수단이다. 행정심판은 준사법적인 구제수단이다.

비재판적 구제제도로 대체적 분쟁해결제도(ADR, 분쟁조정제도), 국민고충처리제도, 청원, 행정절차 등이 있다.

[행정구제수단의 분류]

분 류	구제수단	
공권력 행사 자체를 다투어 그 위법·부당을 시정하는 구제제도	행정쟁송, 헌법소원, 감사원에 대한 심사청구	
공권력 행사의 결과에 대한 구제제도	위법한 상태의 제거를 목적	공법상 결과제거 청구권
	손해의 전보를 목적	행정상 손해배상, 행정상 손실보상
재판적 구제수단	행정소송, 행정심판, 헌법소원	
비재판적 구제수단	국민고충처리제도, 청원, 행정절차	
사전구제제도	행정절차	
사후구제제도	행정상 손해전보, 행정쟁송	

제 2 장

행정상 손해전보

제1절 개 설

행정상 손해전보는 좁은 의미로는 국가작용으로 개인에게 가해진 손해의 전보(塡補)를 의미한다. 행정상 손해배상과 행정상 손실보상이 이에 해당한다.

최근에는 행정상 손해배상과 행정상 손실보상 이외에 수용유사침해이론, 수용적 침해이론, 공법상 결과제거청구권의 도입이 논의되고 있다.

제2절 행정상 손해배상

제1항 서 론

Ⅰ. 개 념

행정상 손해배상이란 행정권의 행사로 우연히 발생한 손해에 대한 국가 등의 배상책임을 말한다. 행정상 손해배상은 국가배상이라고도 한다.

Ⅱ. 행정상 손해배상의 분류

행정상 손해배상은 과실책임(공무원의 위법·과실행위로 인한 책임), 영조물책임, 엄격한 의미의 무과실 책임인 공법상 위험책임으로 구분하는 것이 타당하다.

Ⅲ. 국가배상책임의 실정법상 근거

헌법 제29조 제 1 항은 "공무원의 직무상 불법행위로 손해를 받은 국민은 법률이 정하는 바에 의하여 국가 또는 공공단체에 정당한 배상을 청구할 수 있다"라고 규정하고 있다.

국가배상법은 국가와 지방자치단체의 과실책임(법 제 2 조) 및 영조물책임(동법 제 5 조)을 규정하고 있다. 국가나 지방자치단체의 손해배상 책임에 관하여 국가배상법에 규정된 사항 외에는 「민법」에 따른다. 다만, 「민법」 외의 법률에 다른 규정이 있을 때에는 그 규정에 따른다(국가배상법 제 8 조).

현행법상 공법상 위험책임은 극히 제한적으로만 인정되고 있다.

Ⅳ. 국가배상책임(또는 국가배상법)의 성격

국가배상책임을 공법상 책임으로 보고 국가배상법을 공법으로 보는 것이 행정법학자의 일반적 견해인데, 판례는 국가배상책임을 민사상 손해배상책임의 일종으로 보고, 국가배상법을 민법의 특별법으로 보고 있다(대판 1972. 10. 10, 69다701; 대판 1971. 4. 6, 70다2955). 그리고 국가배상청구소송을 민사소송으로 다루고 있다.

[국가배상에 관한 주요규정]

헌법 제29조	① 공무원의 직무상 불법행위로 손해를 받은 국민은 법률이 정하는 바에 의하여 **국가 또는 공공단체**에 정당한 배상을 청구할 수 있다. 이 경우 공무원 자신의 책임은 면제되지 아니한다(제 1 항). ② 군인·군무원·경찰공무원 기타 법령이 정하는 자가 전투·훈련 등 직무집행과 관련하여 받은 손해에 대하여는 법률이 정하는 보상 외에 국가 또는 공공단체에 공무원의 직무상 불법행위로 인한 배상은 청구할 수 없다(제 2 항).
국가배상법 제 2 조	**(배상책임)** ① **국가나 지방자치단체**는 공무원 또는 공무를 위탁받은 사인(이하 "공무원"이라 한다)이 직무를 집행하면서 고의 또는 과실로 법령을 위반하여 타인에게 손해를 입히거나, 「자동차손해배상 보장법」에 따라 손해배상의 책임이 있을 때에는 이 법에 따라 그 손해를 배상하여야 한다. 다만, 군인·군무원·경찰공무원 또는 예비군대원이 전투·훈련 등 직무 집행과 관련하여 전사(戰死)·순직(殉職)하거나 공상(公傷)을 입은 경우에 본인이나 그 유족이 다른 법령에 따라 재해보상금·유족연금·상이

	연금 등의 보상을 지급받을 수 있을 때에는 이 법 및 「민법」에 따른 손해배상을 청구할 수 없다(제 1 항). ② 제 1 항 본문의 경우에 공무원에게 고의 또는 중대한 과실이 있으면 국가나 지방자치단체는 그 공무원에게 구상(求償)할 수 있다(제 2 항).
국가배상법 제 5 조	**(공공시설 등의 하자로 인한 책임)** ① 도로·하천, 그 밖의 공공의 영조물(營造物)의 설치나 관리에 하자(瑕疵)가 있기 때문에 타인에게 손해를 발생하게 하였을 때에는 국가나 지방자치단체는 그 손해를 배상하여야 한다. 이 경우 제 2 조 제 1 항 단서, 제 3 조 및 제 3 조의2를 준용한다(제 1 항). ② 제 1 항을 적용할 때 손해의 원인에 대하여 책임을 질 자가 따로 있으면 국가나 지방자치단체는 그 자에게 구상할 수 있다(제 2 항).

제 2 항 국가의 과실책임(국가배상법 제 2 조 책임): 공무원의 위법행위로 인한 국가배상책임

Ⅰ. 개   념

국가의 과실책임이란 공무원의 불법행위(과실 있는 위법행위)로 인하여 발생한 손해에 대한 배상책임을 말한다.

Ⅱ. 국가배상책임의 성립요건

국가배상법 제 2 조에 따른 국가배상책임이 성립하기 위하여는 ① 공무원이 직무를 집행하면서 타인에게 손해를 가하였을 것, ② 공무원의 가해행위는 고의 또는 과실로 법령에 위반하여 행하여졌을 것, ③ 손해가 발생하였고, 공무원의 불법한 가해행위와 손해 사이에 인과관계(상당인과관계)가 있을 것이 요구된다.

1. 공 무 원

국가배상법 제 2 조상의 '공무원'은 국가공무원법 또는 지방공무원법상의 공무원뿐만 아니라 널리 공무를 위탁(넓은 의미의 위탁)받아 실질적으로 공무에 종사하는 자를 말한다(◙ 국가나 지방자치단체에 근무하는 청원경찰, 통장, 소집중인 예비군, '변호사등록에 관한 사무'를 수행하는 대한변호사협회장. 그러나 의용소방대원은 판례가 부인).

[판례] 국가로부터 위탁받은 공행정사무인 '변호사등록에 관한 사무'를 수행하는 대한변호사협회의 장(長)은 국가배상법 제 2 조에서 정한 공무원에 해당한다(대판 2020. 1. 28, 2019다260197).

국가배상법 제 2 조는 공무원을 "공무원 또는 공무를 위탁받은 사인"으로 규정하고 있다.

2. 직무행위

(1) 직무행위의 의미

국가배상법 제 2 조가 적용되는 직무행위에 관하여 판례 및 다수설은 공권력 행사(권력작용) 외에 비권력적 공행정작용(관리작용)(대판 1980. 9. 24, 80다1051)을 포함하는 모든 공행정작용을 의미한다고 본다(예 서울시가 그 산하 구청 관내의 청소를 목적으로 그 소속차량을 운행하는 것도 공권력의 행사이다).

국가 또는 공공단체라 할지라도 공권력의 행사가 아니고 순전히 대등한 지위에서 사경제의 주체로 활동하였을 경우에는 그 손해배상의 책임에 국가배상법의 규정이 적용될 수 없고 민법이 적용된다(대판 2004. 4. 9, 2002다10691). 다만, 이 중에서 영조물의 설치·관리의 하자로 인한 배상책임은 국가배상법 제 5 조에 따로 규정이 있으므로 국가배상법에 따라 규율된다.

(2) 입법작용 및 사법작용

국가배상법 제 2 조상의 '직무행위'에는 입법작용과 사법작용(재판작용)도 포함된다. 대법원은 헌법재판소 재판관이 청구기간 내에 제기된 헌법소원심판청구사건에서 청구기간을 오인하여 각하결정을 한 경우, 이에 대한 불복절차 또는 시정절차가 없는 때에는 국가배상책임(위법성)을 인정할 수 있다고 판시하였다(대판 2003. 7. 11, 99다24218).

3. 직무를 집행하면서(직무관련성)

공무원의 불법행위에 따른 국가의 배상책임은 공무원의 가해행위가 직무집행행위인 경우뿐만 아니라 그 자체는 직무집행행위가 아니더라도 직무와 일정한 관련이 있는 경우, 즉 '직무를 집행하면서' 행하여진 경우에 인정된다.

4. 법령 위반(위법)

(1) 국가배상법상 위법 개념

학설은 일반적으로 국가배상법상의 '법령 위반'이 위법 일반을 의미하는 것
으로 보고 있고 판례도 그러하다(대판 1973. 1. 30, 72다2062). 그러나 국가배상법상의
위법의 구체적 의미, 내용에 관하여 학설은 대립하고 있다.

1) 행위위법설

행위위법설은 국가배상법상의 위법은 행위의 '법규범'에의 위반을 의미한다
고 보는 견해이다.

2) 직무상 의무위반설

국가배상법상의 위법은 공무원의 직무상 의무위반을 의미한다고 본다. 직
무상 의무위반설도 행위위법설의 일종으로 볼 수 있다.

3) 상대적 위법성설

상대적 위법성설은 국가배상법상의 위법성을 행위 자체의 적법·위법뿐만
아니라, 피침해이익의 성격과 침해의 정도 및 가해행위의 태양 등을 종합적으로
고려하여 행위가 객관적으로 정당성을 결여한 경우를 의미한다고 보는 견해이다.
상대적 위법성설은 위법성 개념을 상대화하여 피해자와의 관계에서 상대적으로
위법성을 인정한다.

4) 판   례

① 국가배상책임에 있어서 법령 위반(위법)이란 엄격한 의미의 법령 위반뿐
만 아니라 인권존중, 권력남용금지, 신의성실, 공서양속 등의 위반도 포함하여
널리 그 행위가 객관적인 정당성을 결여하고 있음을 의미한다(대판 2002. 5. 17, 2000
다22607; 대판 2009. 12. 24, 2009다70180. 수사과정에서 여자 경찰관이 실시한 여성 피의자에 대한 신체
검사가 그 방식 등에 비추어 피의자에게 큰 수치심을 느끼게 한 경우 피의자의 신체의 자유를 침해하였
다고 본 사례).

② 판례는 행위위법설을 취한 경우도 있고, 상대적 위법성설을 취한 경우도
있다. 행위위법설을 취한 경우에는 원칙상 가해직무행위의 법에의 위반을 위법
으로 보고 있다. 그리고 명문의 규정이 없는 경우에도 일정한 경우에는 공무원
의 손해방지의무를 인정하고 있다(대판 1997. 7. 25, 94다2480: 경찰관들의 시위진압에 대항하

여 시위자들이 던진 화염병에 의하여 발생한 화재로 인하여 손해를 입은 주민의 국가배상청구를 인정한 원심판결을 법리오해를 이유로 파기한 사례). 특히 국민의 생명, 신체, 재산 등에 대하여 절박하고 중대한 위험상태가 발생하였거나 발생할 우려가 있어서 국민의 생명, 신체, 재산 등을 보호하는 것을 본래적 사명으로 하는 국가가 초법규적·일차적으로 그 위험 배제에 나서지 아니하면 국민의 생명, 신체, 재산 등을 보호할 수 없는 경우에는 형식적 의미의 법령에 근거가 없더라도 국가나 관련 공무원에 대하여 그러한 위험을 배제할 작위의무를 인정할 수 있다(대판 2005. 6. 10, 2002다53995).

③ 다만, 최근 판례 중 상대적 위법성설을 지지한 것으로 보이는 판례가 있다(대판 2000. 5. 12, 99다70600). 상대적 위법성설에 따르면 가해행위가 피해자에 대한 손해배상이라는 관점에서 객관적 정당성을 상실한 것을 국가배상법상 위법으로 본다. 가해행위 자체가 법을 위반한 경우에도 국가배상법상으로는 적법할 수 있고, 가해행위 자체가 법을 위반하지 않은 경우에도 국가배상법상으로는 위법할 수 있다. 객관적 정당성을 잃었는지는 행위의 양태와 목적, 피해자의 관여 여부와 정도, 침해된 이익의 종류와 손해의 정도 등 여러 사정을 종합하여 판단하되, 손해의 전보책임을 국가가 부담할 만한 실질적 이유가 있는지도 살펴보아야 한다(대판 2021. 10. 28, 2017다219218).

(2) 국가배상법상 위법의 유형

국가배상법상의 위법은 ① 행위(예 운전면허취소처분) 자체의 법 위반이 문제되는 경우, ② 행위의 집행방법상 위법이 문제되는 경우(예 판례는 경찰관이 교통법규 등을 위반하고 도주하는 차량을 순찰차로 추적하는 직무를 집행하는 중에 그 도주차량의 주행에 따라 제3자가 손해를 입은 사건에서 위법성 부정. 추적행위 자체는 적법하나 추적방법상의 위법(손해방지의무위반)이 있는 경우 통상 과실도 인정됨(대판 2000. 11. 10, 2000다26807)), ③ 직무상 의무(예 공무원의 일반적인 직무상 손해방지의무)의 위법이 문제되는 경우(예 선박안전법이나 「유선 및 도선사업법」의 각 규정이 공공의 안전 외에 일반인의 인명과 재화의 안전보장도 그 목적으로 함(대판 1993. 2. 12, 91다43466), ④ 부작위의 위법이 문제되는 경우(예 군산 윤락업소 화재사건에서 경찰관의 필요조치의 부작위의 위법성 인정(대판 2004. 9. 23, 2003다49009), 노후선박에 대한 운항정지 명령권의 불행사)가 있다.

5. 고의 또는 과실

주관설은 과실을 '해당 직무를 담당하는 평균적 공무원이 통상 갖추어야 할 주의의무를 해태한 것'을 의미한다고 본다. 이 견해가 다수설이며 판례의 입장이다. 객관설은 국가배상법상의 과실을 객관적으로 파악하여 '국가작용의 흠'으로 보고 있다.

통설·판례에 따르면 과실의 입증책임은 민법상 불법행위책임과 마찬가지로 피해자인 국민에게 있다.

6. 손   해

공무원의 불법행위가 있더라도 손해가 발생하지 않으면 국가배상책임이 인정되지 않는다.

국가배상책임의 성립요건 중 '손해'는 민법상 불법행위책임에 있어서의 그것과 다르지 않다. 다만, 순수한 반사적 이익(예 공익보호만을 목적으로 하는 엄격한 허가요건으로 인하여 기존업자가 받는 사실상 독점적 이익)의 침해만으로는 손해가 발생하였다고 할 수 없다.

주민들의 행정절차 참여권 침해를 이유로 한 손해배상의 경우 행정절차를 이행하지 않았다는 사실만으로 곧바로 손해배상이 인정되는 것은 아니고, 관련 행정처분이 취소되는 등의 조치로도 주민들의 정신적 고통이 남아 있다고 볼 특별한 사정이 있는 경우에만 손해배상책임이 인정되는 것이다(대판 2021. 7. 29, 2015다221668).

국가배상법 제 2 조 제 1 항을 적용할 때 피해자가 손해를 입은 동시에 이익을 얻은 경우에는 손해배상액에서 그 이익에 상당하는 금액을 빼야 한다(법 제 3 조의2 제 1 항).

7. 인과관계

공무원의 불법행위와 손해 사이에 인과관계가 있어야 한다. 국가배상에서의 인과관계는 민법상 불법행위책임에서의 그것과 동일하게 상당인과관계가 요구된다.

다만, 판례는 직무상 의무의 사익보호성을 국가배상에서의 상당인과관계의 판단요소로 요구하고 있다(대판 2010. 9. 9, 2008다77795). 즉, 공무원에게 직무상 의무를 부과한 법령의 목적이 사회 구성원 개인의 이익과 안전을 보호하기 위한 것이 아니고 단순히 공공일반의 이익이나 행정기관 내부의 질서를 규율하기 위한 것이라면, 설령 공무원이 그 직무상 의무를 위반한 것을 계기로 하여 제 3 자가 손해를 입었다고 하더라도 공무원이 직무상 의무를 위반한 행위와 제 3 자가 입은 손해 사이에 상당인과관계가 있다고 할 수 없다(대판 2020. 7. 9, 2016다268848).

Ⅲ. 공무원의 배상책임

1. 공무원의 피해자에 대한 책임(선택적 청구권)

판례는 가해공무원 개인에게 고의 또는 중과실이 있는 경우에는 국가 등이 국가배상책임을 부담하는 외에 가해 공무원도 피해자에 대하여 그로 인한 손해배상책임을 부담하고, 가해공무원 개인에게 경과실만이 인정되는 경우에는 공무원 개인은 손해배상책임을 부담하지 아니한다고 보고 있다(대판 전원합의체 1996. 2. 15, 95다38677).

공무원의 손해배상책임의 요건인 공무원의 중과실이란 공무원에게 통상 요구되는 정도의 상당한 주의를 하지 않더라도 약간의 주의를 한다면 손쉽게 위법·유해한 결과를 예견할 수 있는 경우임에도 만연히 이를 간과한 경우와 같이, 거의 고의에 가까운 현저한 주의를 결여한 상태를 의미한다(대판 2021. 11. 11, 2018다288631).

2. 공무원의 국가에 대한 구상책임

국가배상법 제 2 조 제 2 항은 국가의 가해공무원에 대한 구상권은 고의 또는 중과실의 경우에 한하는 것으로 규정하고 있다.

제 3 항   영조물의 설치·관리의 하자로 인한 배상책임

국가배상법 제 5 조는 영조물의 설치·관리의 하자로 인한 배상책임을 공무원의 불법행위로 인한 배상책임과 별도로 규정하고 있다.

> 국가배상법
> 제 5 조 ① 도로·하천, 그 밖의 공공의 영조물의 설치나 관리에 하자가 있기 때문에 타인에게 손해를 발생하게 하였을 때에는 국가나 지방자치단체는 그 손해를 배상하여야 한다. 이 경우에는 제 2 조 제 1 항 단서, 제 3 조 및 제 3 조의2의 규정을 준용한다.
> ② 제 1 항을 적용할 때 손해의 원인에 대하여 책임을 질 자가 따로 있으면 국가나 지방자치단체는 그 자에게 구상할 수 있다.

국가배상법 제 5 조에 따른 국가배상책임이 성립하기 위하여는 '공공의 영조물'의 설치 또는 관리의 '하자'로 인하여 타인에게 손해가 발생하였을 것을 요한다.

Ⅰ. 공공의 영조물

국가배상법 제 5 조상의 영조물은 본래의 의미의 영조물(공적 목적을 위하여 제공된 인적·물적 종합시설)이 아니라, 공물(직접 행정목적에 제공된 물건(유체물 또는 물적 설비))을 의미한다고 보는 것이 통설이며 판례이다(대판 1998. 10. 23, 98다17381).

Ⅱ. 설치나 관리의 '하자'

1. 설치나 관리의 하자의 개념

영조물의 '설치나 관리의 하자'가 무엇을 의미하는가에 관하여 학설은 객관설, 주관설, 절충설로 나뉘어 대립되고 있다.

(1) 객 관 설

이 견해는 '영조물의 설치나 관리의 하자'를 '영조물이 통상의 용법에 따라 이용될 때 통상 갖추어야 할 안전성을 결여한 것'을 말한다고 한다.

(2) 주관설(안전관리의무위반설)

이 견해는 '설치나 관리의 하자'라는 것은 '영조물을 안전하고 양호한 상태로 보전해야 할 관리의무를 위반함'을 의미한다고 본다.

(3) 절 충 설

이 견해는 '영조물의 설치나 관리의 하자'는 안전성의 결여라는 객관적인 물적 상태의 하자와 함께 관리의무위반이라는 주관적 측면도 함께 고려하여 판단하여야 한다는 견해이다. 객관설과 주관설의 중간에 위치하는 견해라고 할 수 있다.

(4) 판례의 태도

판례는 영조물의 설치·관리상 하자를 "영조물이 그 용도에 따라 통상 갖추어야 할 안전성을 갖추지 못한 상태에 있는 것"으로 본다.

판례는 전형적인 객관설도 아니고, 전형적인 주관설도 아닌 그 중간의 입장을 취하고 있다. 판례의 입장을 변형된(수정된) 객관설(사법연수원교재, 행정구제법, 316면) 또는 객관적 주관설 또는 절충설(제 2 설)로 부를 수 있다(대판 2007. 10. 26, 2005다51235; 대판 2009. 2. 26, 2007다22262).

2. 영조물의 설치·관리의 하자의 판단기준

판례는 영조물의 설치·관리상 하자를 "영조물이 그 용도에 따라 통상 갖추어야 할 안전성을 갖추지 못한 상태에 있음"을 말하는 것으로 정의하고, 물적 하자(해당 영조물을 구성하는 물적 시설 그 자체에 있는 물리적·외형적 흠결이나 불비로 인하여 그 이용자에게 위해를 끼칠 위험성이 있는 경우)와 기능상(이용상) 하자(그 영조물이 공공의 목적에 이용됨에 있어 그 이용상태 및 정도가 일정한 한도를 초과하여 제 3 자에게 사회통념상 참을 수 없는 피해를 입히는 경우)를 구분하고, 각각 다른 판단기준을 제시하고 있다.

① 영조물의 '물적 하자'란 해당 영조물의 용도, 그 설치장소의 현황 및 이용 상황 등 제반 사정을 종합적으로 고려하여 설치·관리자가 그 영조물의 위험성에 비례하여 사회통념상 일반적으로 요구되는 정도의 방호조치의무를 다하지 않은 경우를 말한다.

② 영조물의 '기능상 하자'(이용상 하자)란 '영조물이 공공의 목적에 이용됨에 있어 그 이용상태 및 정도가 일정한 한도를 초과하여 제 3 자에게 사회통념상 참을 수 없는 피해를 입히는 경우'를 말한다. 영조물의 기능상 하자의 판단에 있어 '사회통념상 참을 수 없는 피해인지의 여부'는 그 영조물의 공공성, 피해의 내용과 정도, 이를 방지하기 위하여 노력한 정도 등을 종합적으로 고려하여 판단하

여야 한다(대판 2004. 3. 12, 2002다14242[경기도 화성시 매향리 사격장사건]. 매향리 사격장에서 발생하는 소음 등으로 지역주민들이 입은 피해는 사회통념상 참을 수 있는 정도를 넘는 것으로서 사격장의 설치 또는 관리에 하자가 있었다고 본 사례).

③ 자연공물은 자연상태로 공적 목적에 제공되고 해당 영조물의 안전성은 연차적으로 강화되어야 하는 것이므로 이 한도 내에서 영조물의 하자의 인정에 한계가 주어질 수 있다(대판 2003. 10. 23, 2001다48057[중랑천 수해사건]).

④ 신호기의 설치·관리상 하자에 대해 고장이 현재의 기술수준상 부득이하다고 가정하더라도 그와 같은 사정만으로 손해발생의 예견가능성이나 회피가능성이 없어 영조물의 하자를 인정할 수 없는 경우라고 단정할 수 없다(대판 2001. 7. 27, 2000다56822).

⑤ 하천홍수위(홍수시 하천의 제방이 지탱할 수 있을 것으로 계획된 최대유량(제방의 높이))가 적정하게 책정된 제방(예 100년 발생빈도의 강우량을 기준으로 책정된 경우)에서 하천이 범람한 경우에는 불가항력으로 볼 수 있다. 그러나 하천홍수위보다 낮은 강우량에 하천제방이 붕괴한 경우에는 하천의 설치·관리상 하자가 있는 것으로 추정된다.

3. 하자의 입증책임

판례는 하자의 입증책임을 피해자에게 지우고 있다. 다만, 관리주체에게 손해발생의 예견가능성과 회피가능성이 없다는 것은 관리주체가 입증하여야 한다.

제 4 항 국가배상책임의 감면사유

불가항력(천재지변과 같이 인간의 능력으로는 예견할 수 없거나, 예견할 수 있어도 회피할 수 없는 외부의 힘으로 손해가 발생한 경우)의 경우 국가배상책임이 면제된다.

예산부족은 영조물의 안전성의 정도에 관하여 참작사유는 될 수 있을지언정 안전성을 결정지을 절대적 요건은 되지 못한다(대판 1967. 2. 21, 66다1723).

피해자의 과실로 확대된 한도 내에서 국가 등의 책임이 부분적으로 감면된다.

제 5 항   배상책임자

I. 피해자에 대한 배상책임자

영조물의 관리주체(또는 사무의 귀속주체)(예 ① 중랑천 수해사건에서의 국가, ② 교통신호기 고장사건에서의 지방자치단체)뿐만 아니라 비용부담주체(예 ① 중랑천 수해사건에서의 서울시, ② 교통신호기 고장사건에서의 국가)도 피해자에 대해 배상책임을 진다(국가배상법 제 6 조 제 1 항).

국가배상법 제 6 조 제 1 항의 비용부담자는 '형식상 부담자' 또는 '대외적 비용부담자'(대외적으로 해당 사무의 비용 또는 해당 영조물의 설치관리비용을 부담(지출)하여야 하는 것으로 되어 있는 자)뿐만 아니라 '실질적 비용부담자'도 포함한다는 것이 판례의 입장이다.

예를 들면, 지방자치단체장이 설치하여 관할 시·도경찰청장에게 관리권한을 위임한 교통신호기의 고장으로 인해 교통사고가 발생한 경우, 관리주체(관리자)인 지방자치단체뿐만 아니라 비용부담주체(비용부담자)인 국가도 손해배상책임을 진다. 즉 시·도경찰청장에 대한 관리권한의 위임은 기관위임이므로 권한을 위임한 관청이 소속된 지방자치단체가 사무의 귀속주체(관리주체)로서 배상책임을 지고, 국가배상법 제 6 조 제 1 항에 의해 교통신호기를 관리하는 시·도경찰청장 산하 경찰관들에 대한 봉급을 부담하는 국가도 실질적 비용부담주체로서 배상책임을 진다(대판 1999. 6. 25, 99다11120). [해설] 경찰법 개정으로 자치경찰제도가 도입되고, 지방경찰청이 시·도경찰청으로 변경되었다. 시·도 경찰청은 국가기관인 경찰청 소속의 국가기관(국가의 지방행정기관)이다(경찰청과 그 소속기관 직제 제 2 조 제 3 항). 따라서 개정 경찰법하에서도 신호기 관리비용을 형식적으로 부담하는 자(형식적 비용부담자)는 여전히 국가이다.

II. 종국적 배상책임자

1. 원인책임자에 대한 구상권

영조물 하자로 인한 손해의 원인에 대하여 책임을 질 자가 따로 있을 때에는 국가 또는 지방자치단체는 그 자에 대하여 구상할 수 있다(동법 제5조 제2항).

2. 관리주체(관리자)와 비용부담주체(비용부담자) 사이의 최종적 책임의 분담

국가배상법 제6조 제2항은 "제1항의 경우에 손해를 배상한 자는 내부관계에서 그 손해를 배상할 책임이 있는 자에게 구상할 수 있다"고 규정하고 있다.

관리주체와 비용부담자가 다른 경우에 이들 중 종국적 배상책임자는 누구인가에 대하여는 ① 관리주체설(관리책임의 주체가 최종적인 책임자라고 보는 견해), ② 비용부담주체설(해당 사무의 비용을 실질적으로 부담하는 자가 최종적인 책임자라고 보는 견해) 및 ③ 기여도설(손해발생의 기여도에 따라 부담자를 정해야 한다는 견해)이 있는데, 판례는 원칙상 기여도설을 취한 것으로 보인다. 다만, 관리주체와 비용부담주체 중 관리주체에게 보다 본질적이고 큰 배상책임이 있는 것으로 본 판례도 있다(대판 2000. 5. 12, 99다70600).

예를 들면, 위에서 예로 든 지방자치단체장(안산시장)이 설치하여 관할 시·도경찰청장에게 관리권한을 위임한 교통신호기의 고장으로 인해 교통사고가 발생한 경우 교통신호기의 관리사무는 지방자치단체가 설치하여 시·도경찰청장에게 그 권한을 기관위임한 사무로서 피고인 국가 소속 경찰공무원들은 원고인 지방자치단체의 사무를 처리하는 지위에 있으므로, 원고인 지방자치단체가 그 사무에 관하여 선임·감독자(관리주체, 사무귀속주체)에 해당하고, 그 교통신호기 시설은 원고인 안산시의 비용으로 설치·관리되고 있으므로, 그 신호기의 설치, 관리의 비용을 실질적으로 부담하는 비용부담자의 지위도 아울러 지니고 있는 반면, 피고인 국가는 단지 그 소속 경찰공무원에게 봉급만을 지급하고 있을 뿐이므로, 원고와 피고 사이에서 이 사건 손해배상의 궁극적인 책임은 전적으로 원고인 안산시에게 있다고 봄이 상당하다(대판 2001. 9. 25, 2001다41865).

제6항 국가배상법상 특례규정

I. 배상심의회에 대한 배상신청

배상금의 지급을 받고자 하는 자는 그 주소지·소재지 또는 배상원인 발생지를 관할하는 지구심의회에 대하여 배상신청을 하여야 한다(동법 제12조 제1항). 배상심의회에 대한 배상청구는 임의절차이다.

심의회(본부심의회, 특별심의회, 지구심의회)의 결정은 법적 구속력을 갖지 않는다.

Ⅱ. 손해배상의 기준에 관한 특례

국가배상법(법 제3조 및 제3조의2)은 생명 또는 신체를 해친 때 및 타인의 물건을 멸실·훼손한 때에 있어서의 배상기준을 정하고 있다. 이 배상기준은 단순한 배상의 기준에 불과하며 법원은 이에 구속되지 않는다고 보는 견해가 다수설이며 판례의 입장이다.

Ⅲ. 군인 등에 대한 국가배상청구권의 제한(특별법에 따른 보상)

국가배상법 제2조 제1항 단서는 "군인·군무원·경찰공무원 또는 예비군대원이 전투·훈련 등 직무 집행과 관련하여 전사·순직하거나 공상을 입은 경우에 본인이나 그 유족이 다른 법령에 따라 재해보상금·유족연금·상이연금 등의 보상을 지급받을 수 있을 때에는 이 법 및 「민법」에 따른 손해배상을 청구할 수 없다"라고 군인 등에 대해 국가배상청구를 제한하는 것으로 규정하고 있다. 이를 이중배상금지 규정이라 부르기도 한다.

판례는 「국가유공자 등 예우에 관한 법률」(국가유공자법)(대판 2017. 2. 23, 2014두40012), 「보훈대상자 지원에 관한 법률」(보훈보상자법)(대판 2017. 2. 3, 2015두60075), 군인연금법(대판 1994. 12. 13, 93다29969)이 정한 보상에 관한 규정은 국가배상법 제2조 제1항 단서가 정한 '다른 법령'에 해당한다고 본다.

군인 등이 공상을 입은 경우에도 그 장애의 정도가 군인연금법 등의 적용대상 등급에 해당하지 않아 다른 법령에 의한 보상을 받을 수 없는 경우에는 국가배상청구가 가능하다(대판 1997. 2. 14, 96다28066).

국가배상청구권의 제한을 받는 자는 군인 등과 그 유족이다. 청구권이 배제되는 유족 개념에는 생존자 가족은 포함되지 않는다(서울고법 2016. 12. 1, 2014나2011749). 따라서 생존자 가족은 국가를 상대로 별도로 위자료 등 손해배상청구를 할 수 있다.

Ⅳ. 양도 등 금지

생명·신체의 침해로 인한 국가배상을 받을 권리는 양도하거나 압류하지 못
한다(동법 제4조).

제 3 절 행정상 손실보상

제 1 항 행정상 손실보상의 의의

행정상 손실보상이란 적법한 공권력 행사로 국민이 직접 특별한 손해를 입
은 경우에 국가나 지방자치단체 또는 공익사업의 주체가 그 손해를 보상하여
주는 것을 의미한다.

판례는 간접손실(사업시행지외 손실)은 헌법 제23조 제3항에 규정한 손실보상
의 대상이 된다고 보고 있다(대판 1999. 10. 8, 99다27231).

제 2 항 행정상 손실보상의 근거

Ⅰ. 이론적 근거

손실보상의 이론적 근거는 특별희생설 또는 재산권과 공적 부담 앞의 평등
원칙이라고 보는 것이 타당하다.

Ⅱ. 실정법상 근거

1. 헌법적 근거

헌법 제23조 제3항은 "공공필요에 의한 재산권에 대한 수용·사용 또는 제
한 및 그에 대한 보상은 법률로써 하되, 정당한 보상을 지급하여야 한다"고 규

정하고 있다.

2. 법률상 근거

행정상 손실보상에 관한 일반법은 없다.

「공익사업을 위한 토지 등의 취득 및 보상에 관한 법률」(이하 '토지보상법'이라 한
다)은 공익사업을 위한 공용수용과 공용사용의 경우에 있어서의 손실보상에 관
한 일반법이다.

토지보상법 이외에 하천법, 소방기본법 등 개별법에서 공공필요에 따른 재
산권침해에 대한 보상이 규정되고 있다.

경찰작용에 대해서는 2013년 「경찰관 직무집행법」을 개정하여 제11조의2
를 신설함으로써 손실보상의 근거규정을 마련하였다(2014년 4월 6일 시행). 이 조항
은 "경찰관의 적법한 직무집행으로 인하여" 손실을 입은 경우에 적용된다.

[손실보상에 관한 주요규정]

헌법 제23조 제 3 항	공공필요에 의한 재산권의 수용·사용 또는 제한 및 그에 대한 보상은 법률로써 하되, 정당한 보상을 지급하여야 한다.
토지 보상법	제67조(보상액의 가격시점 등) ① 보상액의 산정은 협의에 따른 경우에는 협의 성립 당시의 가격을, 재결에 따른 경우에는 수용 또는 사용의 재결 당시의 가격을 기준으로 한다. ② 보상액을 산정할 경우에 해당 공익사업으로 인하여 토지등의 가격이 변동되었을 때에는 이를 고려하지 아니한다. 제70조(취득하는 토지의 보상) ① 협의나 재결에 따라 취득하는 토지에 대하여는 「부동산 가격공시에 관한 법률」에 따른 공시지가를 기준으로 하여 보상하되, 그 공시기준일부터 가격시점까지의 관계 법령에 따른 그 토지의 이용계획, 해당 공익사업으로 인한 지가의 영향을 받지 아니하는 지역의 대통령령으로 정하는 지가변동률, 생산자물가상승률(「한국은행법」 제86조에 따라 한국은행이 조사·발표하는 생산자물가지수에 따라 산정된 비율을 말한다)과 그 밖에 그 토지의 위치·형상·환경·이용상황 등을 고려하여 평가한 적정가격으로 보상하여야 한다. ② 토지에 대한 보상액은 가격시점에서의 현실적인 이용상황과 일반적인 이용방법에 따른 객관적 상황을 고려하여 산정하되, 일시적인 이용상황과 토지소유자나 관계인이 갖는 주관적 가치 및 특별한 용도에 사용할 것을 전제로 한 경우 등은 고려하지 아니한다. ③ 사업인정 전 협의에 따른 취득의 경우에 제 1 항에 따른 공시지가는 해당 토지의 가격시점 당시 공시된 공시지가 중 가격시점과 가장 가까운 시점에

공시된 공시지가로 한다.

④ 사업인정 후의 취득의 경우에 제1항에 따른 공시지가는 사업인정고시일 전의 시점을 공시기준일로 하는 공시지가로서, 해당 토지에 관한 협의의 성립 또는 재결 당시 공시된 공시지가 중 그 사업인정고시일과 가장 가까운 시점에 공시된 공시지가로 한다.

⑤ 제3항 및 제4항에도 불구하고 공익사업의 계획 또는 시행이 공고되거나 고시됨으로 인하여 취득하여야 할 토지의 가격이 변동되었다고 인정되는 경우에는 제1항에 따른 공시지가는 해당 공고일 또는 고시일 전의 시점을 공시기준일로 하는 공시지가로서 그 토지의 가격시점 당시 공시된 공시지가 중 그 공익사업의 공고일 또는 고시일과 가장 가까운 시점에 공시된 공시지가로 한다.

⑥ 취득하는 토지와 이에 관한 소유권 외의 권리에 대한 구체적인 보상액 산정 및 평가방법은 투자비용, 예상수익 및 거래가격 등을 고려하여 국토교통부령으로 정한다.

경찰관 직무 집행법	**제11조의2(손실보상)** ① 국가는 경찰관의 적법한 직무집행으로 인하여 다음 각 호의 어느 하나에 해당하는 손실을 입은 자에 대하여 정당한 보상을 하여야 한다.

제11조의2(손실보상) ① 국가는 경찰관의 적법한 직무집행으로 인하여 다음 각 호의 어느 하나에 해당하는 손실을 입은 자에 대하여 정당한 보상을 하여야 한다.

 1. 손실발생의 원인에 대하여 책임이 없는 자가 생명·신체 또는 재산상의 손실을 입은 경우(손실발생의 원인에 대하여 책임이 없는 자가 경찰관의 직무집행에 자발적으로 협조하거나 물건을 제공하여 생명·신체 또는 재산상의 손실을 입은 경우를 포함한다)

 2. 손실발생의 원인에 대하여 책임이 있는 자가 자신의 책임에 상응하는 정도를 초과하는 생명·신체 또는 재산상의 손실을 입은 경우

② 제1항에 따른 보상을 청구할 수 있는 권리는 손실이 있음을 안 날부터 3년, 손실이 발생한 날부터 5년간 행사하지 아니하면 시효의 완성으로 소멸한다.

③ 제1항에 따른 손실보상신청 사건을 심의하기 위하여 손실보상심의위원회를 둔다.

④ 경찰청장 또는 시·도경찰청장은 제3항의 손실보상심의위원회의 심의·의결에 따라 보상금을 지급하고, 거짓 또는 부정한 방법으로 보상금을 받은 사람에 대하여는 해당 보상금을 환수하여야 한다.

⑤ 보상금이 지급된 경우 손실보상심의위원회는 대통령령으로 정하는 바에 따라 국가경찰위원회에 심사자료와 결과를 보고하여야 한다. 이 경우 국가경찰위원회는 손실보상의 적법성 및 적정성 확인을 위하여 필요한 자료의 제출을 요구할 수 있다.

⑥ 경찰청장 또는 시·도경찰청장은 제4항에 따라 보상금을 반환하여야 할 사람이 대통령령으로 정한 기한까지 그 금액을 납부하지 아니한 때에는 국세체납처분의 예에 따라 징수할 수 있다.

⑦ 제1항에 따른 손실보상의 기준, 보상금액, 지급 절차 및 방법, 제3항에 따른 손실보상심의위원회의 구성 및 운영, 제4항 및 제6항에 따른 환수절차, 그 밖에 손실보상에 관하여 필요한 사항은 대통령령으로 정한다.

제11조의3(범인검거 등 공로자 보상) ① 경찰청장, 시·도경찰청장 또는 경찰서

장은 다음 각 호의 어느 하나에 해당하는 사람에게 보상금을 지급할 수 있다.
  1. 범인 또는 범인의 소재를 신고하여 검거하게 한 사람
  2. 범인을 검거하여 경찰공무원에게 인도한 사람
  3. 테러범죄의 예방활동에 현저한 공로가 있는 사람
  4. 그 밖에 제 1 호부터 제 3 호까지의 규정에 준하는 사람으로서 대통령령
으로 정하는 사람
② 경찰청장, 시·도경찰청장 및 경찰서장은 제 1 항에 따른 보상금 지급의
심사를 위하여 대통령령으로 정하는 바에 따라 각각 보상금심사위원회를 설
치·운영하여야 한다.
③ 제 2 항에 따른 보상금심사위원회는 위원장 1명을 포함한 5명 이내의 위원
으로 구성한다.
④ 제 2 항에 따른 보상금심사위원회의 위원은 소속 경찰공무원 중에서 경찰
청장, 시·도경찰청장 또는 경찰서장이 임명한다.
⑤ 경찰청장, 시·도경찰청장 또는 경찰서장은 제 2 항에 따른 보상금심사위원
회의 심사·의결에 따라 보상금을 지급하고, 거짓 또는 부정한 방법으로 보상
금을 받은 사람에 대하여는 해당 보상금을 환수한다.
⑥ 경찰청장, 시·도경찰청장 또는 경찰서장은 제 5 항에 따라 보상금을 반환
하여야 할 사람이 대통령령으로 정한 기한까지 그 금액을 납부하지 아니한
때에는 국세 체납처분의 예에 따라 징수할 수 있다.
⑦ 제 1 항에 따른 보상 대상, 보상금의 지급 기준 및 절차, 제 2 항 및 제 3 항
에 따른 보상금심사위원회의 구성 및 심사사항, 제 5 항 및 제 6 항에 따른 환수
절차, 그 밖에 보상금 지급에 관하여 필요한 사항은 대통령령으로 정한다.

제 3 항   행정상 손실보상의 요건

행정상 손실보상이 인정되기 위하여는 적법한 공용침해로 손실이 발생하였
고, 해당 손실이 특별한 손해(희생)에 해당하여야 한다.

Ⅰ. 적법한 공용침해

적법한 공용침해란 공공필요에 따라 법률에 근거하여 가해진 국민의 권익
에 대한 침해를 말한다.

Ⅱ. 공용침해로 손실이 발생하였을 것

① 손실보상이 인정되기 위하여는 손해가 현실적으로 발생하였어야 한다(대

판 2010. 12. 9, 2007두6571).

② 판례는 공익사업과 손실 사이에 상당인과관계가 있어야 손실보상의 대상인 손실이 된다고 본다(대판 2009. 6. 23, 2009두2672).

Ⅲ. 특별한 희생(손해)

공공필요를 위한 재산권의 침해가 있는 경우에 손실보상이 되기 위하여는 그 침해로 인한 손실이 '특별한 희생(손해)'에 해당하여야 한다. 그 손해가 '재산권에 내재하는 사회적 제약'에 불과한 경우에는 재산권자가 수인하여야 한다.

공용침해로 인하여 발생한 손해가 특별한 희생(손해)인가 아니면 재산권에 내재하는 사회적 제약에 불과한가의 판단기준이 무엇인가에 관하여 다음과 같은 학설이 있다.

1. 형식적 기준설

재산권에 대한 침해가 특정인 또는 한정된 범위의 사람에게 가해진 경우에는 특별한 희생에 해당하고 재산권 침해가 일반적으로 행해지면 사회적 제약에 해당한다고 본다.

2. 실질적 기준설

공용침해의 실질적 내용, 즉 침해의 본질성 및 강도를 기준으로 하여 특별한 희생과 사회적 제약을 구별하려는 견해인데, 이에는 보호가치설, 수인한도설, 사적 효용성설, 목적위배설, 사회적 제약설, 상황적 구속설 등이 있다.

3. 결론: 복수기준설

통설은 형식적 기준설과 실질적 기준설을 종합하여 특별한 희생과 사회적 제약을 구별하여야 한다고 본다.

제4항 행정상 손실보상의 기준과 내용

I. 행정상 손실보상의 일반적 기준: '정당한 보상'의 원칙

헌법은 정당한 보상의 원칙을 선언하고 있다. 정당한 보상의 의미에 관하여는 종래 완전보상설과 상당보상설이 대립하고 있다. 판례는 완전보상설을 취하고 있다(헌재 1990. 6. 25, 89헌마107).

II. 「경찰관 직무집행법」상 손실보상의 기준과 보상액

1. 손실보상의 기준

「경찰관 직무집행법」은 손실보상의 기준으로 '정당한 보상'을 규정하고 있다. 즉, 국가는 경찰관의 적법한 직무집행으로 인하여 다음 각 호(1. 손실발생의 원인에 대하여 책임이 없는 자가 생명·신체 또는 재산상의 손실을 입은 경우(손실발생의 원인에 대하여 책임이 없는 자가 경찰관의 직무집행에 자발적으로 협조하거나 물건을 제공하여 생명·신체 또는 재산상의 손실을 입은 경우를 포함한다), 2. 손실발생의 원인에 대하여 책임이 있는 자가 자신의 책임에 상응하는 정도를 초과하는 생명·신체 또는 재산상의 손실을 입은 경우)의 어느 하나에 해당하는 손실을 입은 자에 대하여 정당한 보상을 하여야 한다(법 제11조의2 제1항).

2. 손실보상액

「경찰관 직무집행법」 제11조의2 제1항에 따라 손실보상을 할 때 물건을 멸실·훼손한 경우에는 다음 각 호(1. 손실을 입은 물건을 수리할 수 있는 경우: 수리비에 상당하는 금액, 2. 손실을 입은 물건을 수리할 수 없는 경우: 손실을 입은 당시의 해당 물건의 교환가액, 3. 영업자가 손실을 입은 물건의 수리나 교환으로 인하여 영업을 계속할 수 없는 경우: 영업을 계속할 수 없는 기간 중 영업상 이익에 상당하는 금액)의 기준에 따라 보상한다(시행령 제9조 제1항). 물건의 멸실·훼손으로 인한 손실 외의 재산상 손실에 대해서는 직무집행과 상당한 인과관계가 있는 범위에서 보상한다(시행령 동조 제2항).

제 5 항 행정상 손실보상의 지급절차 및 방법

「경찰관 직무집행법」 제11조의2에 따라 경찰관의 적법한 직무집행으로 인하여 발생한 손실을 보상받으려는 사람은 별지 제 4 호서식의 보상금 지급 청구서에 손실내용과 손실금액을 증명할 수 있는 서류를 첨부하여 손실보상청구 사건 발생지를 관할하는 국가경찰관서의 장에게 제출하여야 한다(동법 시행령 제10조 제 1 항). 제 1 항에 따라 보상금 지급 청구서를 받은 국가경찰관서의 장은 해당 청구서를 제11조 제 1 항에 따른 손실보상청구 사건을 심의할 손실보상심의위원회가 설치된 경찰청, 해양경찰청, 시·도경찰청 및 지방해양경찰청의 장(이하 "경찰청장등"이라 한다)에게 보내야 한다(동조 제 2 항). 제 2 항에 따라 보상금 지급 청구서를 받은 경찰청장등은 손실보상심의위원회의 심의를 거쳐 보상 여부 및 보상 금액을 결정하되, 다음 각 호(1. 청구인이 같은 청구 원인으로 보상신청을 하여 보상금 지급 여부에 대하여 결정을 받은 경우. 다만, 기각 결정을 받은 청구인이 손실을 증명할 수 있는 새로운 증거가 발견되었음을 소명(疏明)하는 경우는 제외한다. 2. 손실보상 청구가 요건과 절차를 갖추지 못한 경우. 다만, 그 잘못된 부분을 시정할 수 있는 경우는 제외한다)의 어느 하나에 해당하는 경우에는 그 청구를 각하(却下)하는 결정을 하여야 한다(동조 제 3 항). 경찰청장등은 제 3 항에 따른 결정일부터 10일 이내에 다음 각 호(1. 보상금을 지급하기로 결정한 경우: 별지 제 5 호서식의 보상금 지급 청구 승인 통지서, 2. 보상금 지급 청구를 각하하거나 보상금을 지급하지 아니하기로 결정한 경우: 별지 제 6 호서식의 보상금 지급 청구 기각·각하 통지서)의 구분에 따른 통지서에 결정 내용을 적어서 청구인에게 통지하여야 한다(동조 제 4 항). 보상금은 다른 법률에 특별한 규정이 있는 경우를 제외하고는 현금으로 지급하여야 한다(동조 제 5 항). 보상금은 일시불로 지급하되, 예산 부족 등의 사유로 일시금으로 지급할 수 없는 특별한 사정이 있는 경우에는 청구인의 동의를 받아 분할하여 지급할 수 있다(동조 제 6 항). 제 1 항부터 제 6 항까지에서 규정한 사항 외에 손실보상의 청구 및 지급에 필요한 사항은 경찰청장 또는 해양경찰청장이 정한다(동조 제 7 항).

제 6 항   보상액의 결정 및 불복절차

경찰관의 적법한 직무집행으로 인한 손실보상신청 사건을 심의하기 위하여 손실보상심의위원회를 둔다(동법 제11조의2 제 3 항). 법 제11조의2 제 3 항에 따라 소속 경찰공무원의 직무집행으로 인하여 발생한 손실보상청구 사건을 심의하기 위하여 경찰청, 해양경찰청, 시·도경찰청 및 지방해양경찰청에 손실보상심의위원회(이하 "위원회"라 한다)를 설치한다(동법 시행령 제11조 제 1 항).

「경찰관 직무집행법」은 경찰청장등이 보상금을 결정하도록 규정하고 있지만, 특별한 불복절차가 규정되지 않은 경우에 개별법률의 근거가 있어야 보상금 증감청구소송이 인정된다는 일반적 견해에 따르면 이 경우 경찰청장등의 보상금의 결정은 처분이므로 행정심판법상의 행정심판 및 행정소송법상의 행정소송(취소소송)의 대상이 된다.

제 7 항   손실보상청구권

손실보상청구권이 공권인지 사권인지 이론상 다툼이 있다.

종전 판례는 손실보상청구권을 사권으로 보고 손실보상청구소송을 민사소송으로 보았으나, 최근 대법원 전원합의체 판결(대판 전원합의체 2006. 5. 18, 2004다6207)은 하천법상 손실보상청구가 민사소송이 아니라 행정소송인 당사자소송의 대상이 된다고 판례를 변경하였다.

제 8 항   법률의 근거 없는 수용 또는 보상 없는
공익사업 시행의 경우 손해배상청구

법률에 근거하지 않은 수용은 불법행위를 구성하므로 손해배상청구가 가능하다(대판 1966. 10. 18, 66다1715).

실정법령에 공용침해와 보상에 관한 규정이 있음에도 보상 없이 수용을 하거나 공사를 시행한 행위는 불법행위가 되므로 손해배상청구가 가능하다(대판 2000. 5. 26, 99다37382).

제 4 절 현행 행정상 손해전보제도의 흠결과 보충

Ⅰ. 현행 과실책임제도의 흠결

통설·판례에 따르면 위법하지만 과실이 없는 경우(위법·무과실의 경우)가 있을 수 있고(대판 1973. 10. 10, 72다2583; 대판 1984. 7. 24, 84다카597), 이 경우에는 국가의 배상책임은 성립하지 않는다.

Ⅱ. 공법상 위험책임제도의 흠결과 보충

공법상 위험책임이란 공익 목적을 위해 형성된 특별한 위험상태의 실현에 따라 생긴 손해에 대한 무과실배상책임을 말한다.

공법상 위험책임을 인정하기 위하여는 실정법률의 근거가 있어야 한다. 그런데 우리나라의 실정법상 엄격한 의미에서의 공법상 위험책임을 인정하고 있다고 볼 수 있는 규정은 거의 전무한 상태이다.

Ⅲ. 현행 행정상 손실보상제도의 흠결

① 법률이 재산권의 공권적 침해를 규정하면서 그에 대한 보상을 규정하지 않은 경우가 적지 않은데 이 경우에 피해자의 구제가 문제되고 있다.

② 헌법 제23조 제3항(행정상 손실보상)은 '재산권'에 대한 침해만을 대상으로 하고 있다고 본다면 비재산적 법익, 즉 생명·신체에 대한 침해는 구제될 수 없다.

③ 손실보상이 적법한 행정작용에 따른 의도된 손해만을 적용대상으로 하고 있다고 본다면, 적법한 공권력 행사에 따른 의도되지 않은 재산권 침해(수용적 침해)는 손실보상의 대상이 될 수 없다.

④ 간접손실이 보상되지 않고 있는 경우가 있다.

제3장
행정쟁송

제1절 개 설

Ⅰ. 행정쟁송의 의의

행정쟁송이란 행정법관계에 있어서의 법적 분쟁을 당사자의 청구에 따라 심리·판정하는 심판절차를 말한다.

좁은 의미의 행정쟁송은 행정소송과 행정심판을 총칭하는 개념이고, 여기에 헌법소원까지 포함하여 넓은 의미의 행정쟁송으로 부른다.

Ⅱ. 행정쟁송제도

행정소송은 심판기관이 독립된 사법기관이고, 정식의 사법절차에 따른다. 행정소송의 심판기관을 일반법원(사법법원)으로 하는 입법례(예 미국)와 일반법원으로부터 독립된 행정법원으로 하는 입법례(예 프랑스)가 있다. 다만, 행정소송의 공익성을 고려하여 행정소송을 민사소송과는 다른 특수한 소송절차를 정하는 행정소송법의 규율을 받도록 하고 있다.

행정심판의 심판기관은 행정기관이며 통상 정식의 사법절차보다 약식의 절차에 따른다. 헌법 제107조 제3항은 행정심판절차는 법률로 정하되, 사법절차에 준하는 절차가 되어야 한다고 규정하고 있다. 행정심판절차는 행정심판법과 각 개별법에 따라 규율되고 있다.

Ⅲ. 행정쟁송의 종류

1. 행정심판과 행정소송

행정심판이란 행정기관이 심판하는 행정쟁송절차를 말하고, 행정소송이란 법원이 심판하는 행정쟁송절차를 말한다.

2. 주관적 쟁송과 객관적 쟁송

주관적 쟁송이란 개인의 권리·이익의 구제를 주된 목적으로 하는 쟁송을 말한다(예 당사자소송).

객관적 쟁송이란 행정의 적법·타당성의 통제를 주된 목적으로 하는 쟁송을 말한다(예 기관소송, 민중소송).

항고쟁송(항고소송 및 행정심판)을 기본적으로 주관적 쟁송으로 보는 견해가 다수견해이지만, 항고쟁송은 주관쟁송적 성격과 함께 객관쟁송적 성격도 함께 갖고 있는 것으로 보는 것이 타당하다. 항고소송에서 처분의 위법성이 다투어지는 것은 객관소송적 측면이고, 법률상 이익이 침해될 것을 원고적격의 요소로 요구하는 것은 주관소송적 측면이다. 다만, 객관적 쟁송의 성격을 강하게 볼수록 원고적격과 소의 이익을 넓게 인정하게 되고, 주관적 쟁송의 성격을 강하게 볼수록 원고적격과 소의 이익을 좁게 인정하게 된다.

3. 정식쟁송과 약식쟁송

정식쟁송이란 심판기관이 독립된 지위를 갖는 제 3 자이고 당사자에게 구술변론의 기회가 보장되는 쟁송을 말한다.

약식쟁송이란 이 두 요건 중 어느 하나라도 결여하거나 불충분한 쟁송을 말한다.

행정소송은 정식쟁송이고, 행정심판은 약식쟁송이다.

4. 항고쟁송과 당사자쟁송

항고쟁송이란 일방적 공권력 행사의 위법·부당을 다투는 쟁송을 말한다.

당사자쟁송이란 상호 대등한 당사자 상호간의 행정법상의 법률관계의 형성 또는 존부를 다투는 쟁송을 말한다.

행정심판과 항고소송은 항고쟁송이며 당사자소송은 당사자쟁송이다.

5. 시심적 쟁송과 복심적 쟁송

시심적 쟁송이란 법률관계의 형성 또는 존부의 확인에 관한 행정작용 자체가 쟁송의 형식으로 행하여지는 행정작용을 말한다(예 토지수용위원회의 재결, 민주화운동관련자 명예회복 및 보상심의위원회의 결정 등). 시심적 쟁송은 행정심판이 아니며 원행정행위이다.

복심적 쟁송이란 이미 행하여진 행정작용의 흠(위법 또는 부당)을 시정하기 위하여 행하여지는 쟁송절차를 말한다(예 항고쟁송).

6. 민중쟁송과 기관쟁송

민중쟁송이란 행정법규의 적법·타당한 적용을 확보하기 위하여 일반 민중이 제기되는 쟁송을 말한다(예 선거인이 제기하는 선거소송, 주민소송).

기관쟁송이란 국가 또는 공공단체의 기관 상호간의 분쟁을 해결하기 위하여 제기되는 쟁송을 말한다(예 지방자치단체의 장이 대법원에 제기하는 위법한 지방의회의 조례안재의결의 무효확인소송(지방자치법 제120조 제 3 항)).

[행정쟁송의 종류]

형식적 쟁송			행정절차
실질적 쟁 송	(넓은 의미의) 행정심판	주관적 쟁송	항고쟁송(좁은 의미의 행정심판) — 다만 일부 객관소송적 측면이 있음 당사자쟁송
		객관적 쟁송	민중쟁송 기관쟁송
	행정소송	주관적 소송	항고소송 — 다만 일부 객관소송적 측면이 있음 당사자소송
		객관적 소송	민중소송 기관소송

제 2 절 행정심판

제 1 항 행정심판의 의의

1. 행정심판의 개념

행정심판이란 행정청의 위법·부당한 처분 또는 부작위에 대한 불복에 대하여 행정기관이 심판하는 행정심판법상의 행정쟁송절차를 말한다.

행정심판을 규율하는 법으로는 일반법인 행정심판법이 있고, 각 개별법률에서 행정심판법에 대한 특칙을 규정하고 있다. 각 개별법률에서는 행정심판에 대하여 이의신청, 심사청구 또는 심판청구(국세기본법 등) 또는 재심요구 등의 용어를 사용하고 있다.

행정기관이 심판기관이 되는 행정불복절차 모두가 엄밀한 의미의 행정심판(행정심판법의 규율대상이 되는 행정심판)이 아니며 준사법적 절차가 보장되는 행정불복절차만이 행정심판이다. 왜냐하면, 현행 헌법 제107조 제3항은 행정심판은 준사법적 절차가 되어야 한다고 규정하고 있고, 행정심판법은 행정심판을 규율하는 준사법적 절차를 규정하고 있기 때문이다.

2. 이의신청과 행정심판

(1) 이의신청의 의의

행정불복이란 행정결정에 대한 불복으로서 불복심사기관이 행정기관인 것을 말한다. 행정불복에는 이의신청(행정심판이 아닌 이의신청)과 행정심판이 있다.

이의신청(행정심판이 아닌 이의신청)은 통상 처분청에 제기하는 불복절차를 말한다. 다만, 개별법령상(예 국민기초생활 보장법 제40조) 또는 실무상 처분청이 아닌 기관(예 상급기관)에 대한 불복절차를 이의신청으로 부르는 경우도 있다. 해당 행정청에 불복하는 경우에도 이의신청이 아니라 심사청구(예 국민연금법 제108조)라는 용어를 사용하는 경우도 있다. 따라서 여기서는 행정심판이 아닌 행정불복절차를 엄격한 의미의 이의신청으로 부르기로 한다. 개별법률에서 정하는 이의신청 등 중 준사법절차가 보장되는 것만을 행정심판으로 보고, 그렇지 않은 것은 행정심판이 아닌 것으로 보는 것이 타당하다. 판례도 대체로 이러한 입장을 취하고 있다.

예를 들면, 판례는 개별공시지가결정에 대한 이의신청(대판 2010. 1. 28, 2008두19987), 「민원 처리에 관한 법률」상 이의신청(대판 2012. 11. 15, 2010두8676)을 행정심판이 아니라고 하였다.

행정심판에 따른 취소는 쟁송취소이다. 따라서 행정청이 쟁송의 제기와 관계없이 직권으로 위법한 행정행위의 효력을 상실시키는 직권취소와 구별된다. 감사원의 심사청구는 행정심판과는 성질을 달리하는 제도이므로 심사청구와는 별도로 행정심판을 제기할 수 있는 것으로 보아야 한다.

(2) 「행정기본법」상 이의신청의 규율범위

> 행정기본법
> 제36조(처분에 대한 이의신청) ① 행정청의 처분(「행정심판법」 제3조에 따라 같은 법에 따른 행정심판의 대상이 되는 처분을 말한다. 이하 이 조에서 같다)에 이의가 있는 당사자는 처분을 받은 날부터 30일 이내에 해당 행정청에 이의신청을 할 수 있다.
> ② 행정청은 제1항에 따른 이의신청을 받으면 그 신청을 받은 날부터 14일 이내에 그 이의신청에 대한 결과를 신청인에게 통지하여야 한다. 다만, 부득이한 사유로 14일 이내에 통지할 수 없는 경우에는 그 기간을 만료일 다음 날부터 기산하여 10일의 범위에서 한 차례 연장할 수 있으며, 연장 사유를 신청인에게 통지하여야 한다.
> ③ 제1항에 따라 이의신청을 한 경우에도 그 이의신청과 관계없이 「행정심판법」에 따른 행정심판 또는 「행정소송법」에 따른 행정소송을 제기할 수 있다.
> ④ 이의신청에 대한 결과를 통지받은 후 행정심판 또는 행정소송을 제기하려는 자는 그 결과를 통지받은 날(제2항에 따른 통지기간 내에 결과를 통지받지 못한 경우에는 같은 항에 따른 통지기간이 만료되는 날의 다음 날을 말한다)부터 90일 이내에 행정심판 또는 행정소송을 제기할 수 있다.
> ⑤ 다른 법률에서 이의신청과 이에 준하는 절차에 대하여 정하고 있는 경우에도 그 법률에서 규정하지 아니한 사항에 관하여는 이 조에서 정하는 바에 따른다.
> ⑥ 제1항부터 제5항까지에서 규정한 사항 외에 이의신청의 방법 및 절차 등에 관한 사항은 대통령령으로 정한다.
> ⑦ 다음 각 호의 어느 하나에 해당하는 사항에 관하여는 이 조를 적용하지 아니한다.
> 1. 공무원 인사 관계 법령에 따른 징계 등 처분에 관한 사항
> 2. 「국가인권위원회법」 제30조에 따른 진정에 대한 국가인권위원회의 결정

3. 「노동위원회법」 제 2 조의2에 따라 노동위원회의 의결을 거쳐 행하는 사항

4. 형사, 행형 및 보안처분 관계 법령에 따라 행하는 사항

5. 외국인의 출입국·난민인정·귀화·국적회복에 관한 사항

6. 과태료 부과 및 징수에 관한 사항

「행정기본법」은 처분에 대한 이의신청을 일반적으로 규정하고 있다(「행정기본법」상 이의신청규정은 2023년 3월 24일부터 시행한다). 다른 법률에서 이의신청과 이에 준하는 절차에 대하여 정하고 있는 경우에도 그 법률에서 규정하지 아니한 사항에 관하여는 이 조에서 정하는 바에 따른다(법 제36조 제5항).

(3) 「행정기본법」상 이의신청의 대상

「행정기본법」상 이의신청은 처분을 대상으로 한다(동법 제36조 제1항). 개별법에 명문의 규정이 있으면 처분이 아닌 행정결정에 대한 이의신청도 인정될 수 있다.

다만, 다음 각 호의 어느 하나에 해당하는 사항에 관하여는 이 조를 적용하지 아니한다. 1. 공무원 인사 관계 법령에 따른 징계 등 처분에 관한 사항, 2. 「국가인권위원회법」 제30조에 따른 진정에 대한 국가인권위원회의 결정, 3. 「노동위원회법」 제 2 조의2에 따라 노동위원회의 의결을 거쳐 행하는 사항, 4. 형사, 행형 및 보안처분 관계 법령에 따라 행하는 사항, 5. 외국인의 출입국·난민인정·귀화·국적회복에 관한 사항, 6. 과태료 부과 및 징수에 관한 사항(동조 제7항).

적용 제외 사항은 공무원 인사 관련 처분 등과 같이 특수성이 있거나, 국가인권위원회 결정 등과 같이 준사법적 성격이 있거나, 형사·행형·보안처분 관련 사항과 같이 사법작용으로서의 성격이 있으나, 상호주의가 적용되는 외국인 관련 사항과 같이 특수성이 있는 점 등을 적극 고려한 것이다.

(4) 「행정기본법」상 이의신청의 제기기간과 처리기간

행정청의 처분에 이의가 있는 당사자는 처분을 받은 날부터 30일 이내에 해당 행정청에 이의신청을 할 수 있다(동법 제36조 제1항).

행정청은 제 1 항에 따른 이의신청을 받으면 그 신청을 받은 날부터 14일 이내에 그 이의신청에 대한 결과를 신청인에게 통지하여야 한다. 다만, 부득이한 사유로 14일 이내에 통지할 수 없는 경우에는 그 기간을 만료일 다음 날부터 기산하여 10일의 범위에서 한 차례 연장할 수 있으며, 연장 사유를 신청인에게

통지하여야 한다(동법 제36조 제 2 항).

(5)「행정기본법」상 이의신청과 행정심판 또는 행정소송의 관계

이의신청은 임의절차이다. 즉, 제 1 항에 따라 이의신청을 한 경우에도 그 이의신청과 관계없이「행정심판법」에 따른 행정심판 또는「행정소송법」에 따른 행정소송을 제기할 수 있다(동법 제36조 제 3 항).

이의신청을 하면 행정심판이나 행정소송의 청구·제소기간이 이의신청 결과 통지일부터 계산된다. 즉, 이의신청에 대한 결과를 통지받은 후 행정심판 또는 행정소송을 제기하려는 자는 그 결과를 통지받은 날(제 2 항에 따른 통지기간 내에 결과를 통지받지 못한 경우에는 같은 항에 따른 통지기간이 만료되는 날의 다음 날을 말한다)부터 90일 이내에 행정심판 또는 행정소송을 제기할 수 있다(동법 제36조 제 4 항).

3.「행정기본법」상 처분의 재심사

행정기본법

제37조(처분의 재심사) ① 당사자는 처분(제재처분 및 행정상 강제는 제외한다. 이하 이 조에서 같다)이 행정심판, 행정소송 및 그 밖의 쟁송을 통하여 다툴 수 없게 된 경우(법원의 확정판결이 있는 경우는 제외한다)라도 다음 각 호의 어느 하나에 해당하는 경우에는 해당 처분을 한 행정청에 처분을 취소·철회하거나 변경하여 줄 것을 신청할 수 있다.
  1. 처분의 근거가 된 사실관계 또는 법률관계가 추후에 당사자에게 유리하게 바뀐 경우
  2. 당사자에게 유리한 결정을 가져다주었을 새로운 증거가 있는 경우
  3.「민사소송법」제451조에 따른 재심사유에 준하는 사유가 발생한 경우 등 대통령령으로 정하는 경우
② 제 1 항에 따른 신청은 해당 처분의 절차, 행정심판, 행정소송 및 그 밖의 쟁송에서 당사자가 중대한 과실 없이 제 1 항 각 호의 사유를 주장하지 못한 경우에만 할 수 있다.
③ 제 1 항에 따른 신청은 당사자가 제 1 항 각 호의 사유를 안 날부터 60일 이내에 하여야 한다. 다만, 처분이 있은 날부터 5년이 지나면 신청할 수 없다.
④ 제 1 항에 따른 신청을 받은 행정청은 특별한 사정이 없으면 신청을 받은 날부터 90일(합의제행정기관은 180일) 이내에 처분의 재심사 결과(재심사 여부와 처분의 유지·취소·철회·변경 등에 대한 결정을 포함한다)를 신청인에게 통지하여야 한다. 다만, 부득이한 사유로 90일(합의제행정기관은 180일) 이내에 통지할 수 없는 경우에는 그 기간을 만료일 다음 날부터 기산하여 90일(합의제행정기관은 180

일)의 범위에서 한 차례 연장할 수 있으며, 연장 사유를 신청인에게 통지하여야 한다.

⑤ 제4항에 따른 처분의 재심사 결과 중 처분을 유지하는 결과에 대해서는 행정 심판, 행정소송 및 그 밖의 쟁송수단을 통하여 불복할 수 없다.

⑥ 행정청의 제18조에 따른 취소와 제19조에 따른 철회는 처분의 재심사에 의하여 영향을 받지 아니한다.

⑦ 제1항부터 제6항까지에서 규정한 사항 외에 처분의 재심사의 방법 및 절차 등에 관한 사항은 대통령령으로 정한다.

⑧ 다음 각 호의 어느 하나에 해당하는 사항에 관하여는 이 조를 적용하지 아니한다.

  1. 공무원 인사 관계 법령에 따른 징계 등 처분에 관한 사항
  2. 「노동위원회법」제2조의2에 따라 노동위원회의 의결을 거쳐 행하는 사항
  3. 형사, 행형 및 보안처분 관계 법령에 따라 행하는 사항
  4. 외국인의 출입국·난민인정·귀화·국적회복에 관한 사항
  5. 과태료 부과 및 징수에 관한 사항
  6. 개별 법률에서 그 적용을 배제하고 있는 경우

제재처분 및 행정상 강제를 제외한 처분에 대해서는 쟁송을 통하여 더 이상 다툴 수 없게 된 경우에도 처분의 근거가 된 사실관계 또는 법률관계가 추후에 당사자에게 유리하게 바뀐 경우 등 일정한 요건에 해당하면 그 사유를 안 날부터 60일 이내에 행정청에 대하여 처분을 취소·철회하거나 변경하여 줄 것을 신청할 수 있다(동법 제37조 제1항, 제3항). 다만, 처분이 있은 날부터 5년이 지나면 재심사를 신청할 수 없다(동조 제3항 단서). 다만, 다음 각 호의 어느 하나에 해당하는 사항에 관하여는 이 조를 적용하지 아니한다. 1. 공무원 인사 관계 법령에 따른 징계 등 처분에 관한 사항, 2. 「노동위원회법」제2조의2에 따라 노동위원회의 의결을 거쳐 행하는 사항, 3. 형사, 행형 및 보안처분 관계 법령에 따라 행하는 사항, 4. 외국인의 출입국·난민인정·귀화·국적회복에 관한 사항, 5. 과태료 부과 및 징수에 관한 사항, 6. 개별 법률에서 그 적용을 배제하고 있는 경우(동조 제8항).

(1) 처분의 재심사의 의의

처분의 재심사란 처분을 불복기간의 경과 등으로 쟁송을 통하여 더 이상 다툴 수 없는 경우에 신청(처분의 취소·철회 또는 변경의 신청)에 의해 처분청이 해당 처분을 재심사하는 것을 말한다. '처분의 재심사' 제도는 민·형사 재판절차상 재심

제도와 유사하다.

(2) 재심사의 신청사유

「행정기본법」상 처분의 재심사를 신청하기 위해서는 처분(제재처분 및 행정상 강제는 제외. 재심사의 대상인 처분은 주로 수익적 처분의 신청에 대한 거부처분이 될 것이다)이 행정심판, 행정소송 및 그 밖의 쟁송을 통하여 다툴 수 없게 된 경우(법원의 확정판결이 있는 경우는 제외), 즉 처분에 대해 불가쟁력이 발생한 경우로서 다음 각 호의 어느 하나에 해당하는 경우에 해당하여야 한다. 1. 처분의 근거가 된 사실관계 또는 법률관계가 추후에 당사자에게 유리하게 바뀐 경우, 2. 당사자에게 유리한 결정을 가져다주었을 새로운 증거가 있는 경우, 3. 「민사소송법」제451조에 따른 재심사유에 준하는 사유가 발생한 경우 등 대통령령으로 정하는 경우(동법 제37조 제1항). 행정기본법 제37조 제1항 제3호에서 "「민사소송법」제451조에 따른 재심사유에 준하는 사유가 발생한 경우 등 대통령령으로 정하는 경우"란 다음 각 호의 어느 하나에 해당하는 경우를 말한다. 1. 처분 업무를 직접 또는 간접적으로 처리한 공무원이 그 처분에 관한 직무상 죄를 범한 경우, 2. 처분의 근거가 된 문서나 그 밖의 자료가 위조되거나 변조된 것인 경우, 3. 제3자의 거짓 진술이 처분의 근거가 된 경우, 4. 처분에 영향을 미칠 중요한 사항에 관하여 판단이 누락된 경우(동법 시행령 제12조).

제1호의 사유는 철회(변경포함)사유이고, 제2호와 제3호는 취소(변경포함)사유이다.

제1호에 따른 재심사는 제1호에 따른 재심사 신청사유가 있는 경우에 당사자에게 철회신청권을 인정하는 의미가 있다.

제1항에 따른 신청은 해당 처분의 절차, 행정심판, 행정소송 및 그 밖의 쟁송에서 당사자가 중대한 과실 없이 제1항 각 호의 사유를 주장하지 못한 경우에만 할 수 있다(동법 제37조 제2항).

(3) 재심사 신청권자

재심사를 신청할 수 있는 자는 처분의 당사자이다. 처분의 당사자란 처분의 상대방을 말한다. 따라서 처분의 상대방이 아닌 이해관계 있는 제3자는 재심사를 신청할 수 없다.

(4) 재심사 신청기간

재심사 신청은 당사자가 제 1 항 각 호의 재심사 신청사유를 안 날부터 60일 이내에 하여야 한다. 다만, 처분이 있은 날부터 5년이 지나면 신청할 수 없다(동법 제37조 제 3 항).

(5) 재심사 신청에 대한 처리기간

제 1 항에 따른 신청을 받은 행정청은 특별한 사정이 없으면 신청을 받은 날부터 90일(합의제행정기관은 180일) 이내에 처분의 재심사 결과(재심사 여부와 처분의 유지·취소·철회·변경 등에 대한 결정을 포함한다)를 신청인에게 통지하여야 한다. 다만, 부득이한 사유로 90일(합의제행정기관은 180일) 이내에 통지할 수 없는 경우에는 그 기간을 만료일 다음 날부터 기산하여 90일(합의제행정기관은 180일)의 범위에서 한 차례 연장할 수 있으며, 연장 사유를 신청인에게 통지하여야 한다(동조 제4항).

(6) 재심사 결과에 대한 불복

재심사신청에 대한 결정은 행정행위의 성질을 갖는다. 재심사신청에 대해 처분을 유지하는 결정은 철회·취소 또는 변경신청에 대한 거부처분의 성질을 갖고, 재심사신청에 대해 처분을 철회·취소 또는 변경하는 결정은 철회·직권취소 또는 직권변경처분의 성질을 갖는다.

그러므로 재심사신청에 대한 결정은 행위의 성질상 행정쟁송의 대상이 되는 처분으로서의 성질을 갖는다. 그런데, 행정기본법은 제 4 항에 따른 처분의 재심사 결과 중 처분을 유지하는 결과에 대해서는 행정심판, 행정소송 및 그 밖의 쟁송수단을 통하여 불복할 수 없다(동조 제5항)고 규정하고 있다. 그러나 재심사 신청이 법령상 또는 조리상 철회·취소 또는 변경신청권에 근거한 일반 철회·취소 또는 변경신청의 성질도 갖는 경우에는 철회·취소 또는 변경신청권에 근거한 철회·취소 또는 변경신청에 대한 거부는 처분이므로 행정쟁송의 대상이 되는 처분으로 보아야 하고, 이에 대해서도 불복할 수 없게 하는 것은 국민의 재판을 받을 권리를 침해하는 것으로서 위헌의 소지가 있다.

그리고 재심사 신청에 대한 철회·취소 또는 변경은 처분이므로 이를 다툴 법률상 이익이 있는 자는 행정쟁송을 제기할 수 있다.

(7) 재심사와 처분에 대한 취소 또는 철회의 청구

행정청의 「행정기본법」 제18조에 따른 취소와 제19조에 따른 철회는 처

분의 재심사에 의하여 영향을 받지 아니한다(동조 제 6 항). 행정청은 처분의 재
심사와 별도로 취소 또는 철회를 할 수 있다. 민원인은 처분의 재심사와 별도
로 취소 또는 철회의 신청을 할 수 있다. 취소 또는 철회의 신청을 받은 행정
청은 법령상 또는 조리상 신청권에 따른 신청인 경우에는 그 신청에 응답할
의무를 진다.

제 2 항   행정심판의 종류

행정심판법은 행정심판의 종류로 취소심판, 무효등확인심판, 의무이행심판
을 규정하고 있다.

Ⅰ. 취소심판

취소심판이란 '행정청의 위법 또는 부당한 처분을 취소하거나 변경하는 심
판'을 말한다(행정심판법 제 5 조 제 1 호).

취소는 적극적 처분의 취소(예 운전면허 정지 및 취소처분의 취소)뿐만 아니라 소극
적 처분인 거부처분의 취소를 포함한다. 변경이란 취소와 달리 적극적 변경(예
허가취소처분을 영업정지처분으로 변경)을 의미한다.

Ⅱ. 무효등확인심판

무효등확인심판이란 '행정청의 처분의 효력 유무 또는 존재 여부를 확인하
는 심판'을 말한다(동법 제 5 조 제 2 호).

무효등확인심판은 처분의 무효, 유효, 실효, 존재 또는 부존재가 다투어지
는 경우에 해당 처분의 무효, 유효, 실효, 존재 또는 부존재의 확인을 구하는 행
정심판이다. 따라서 무효등확인심판에는 처분무효확인심판, 처분유효확인심판,
처분실효확인심판, 처분존재확인심판 및 처분부존재확인심판이 있다.

Ⅲ. 의무이행심판

　　의무이행심판이란 '행정청의 위법 또는 부당한 거부처분이나 부작위에 대하여 일정한 처분을 하도록 하는 심판'을 말한다(동법 제5조 제3호).

　　의무이행심판은 행정청의 거부처분 또는 부작위에 대하여 적극적인 처분을 구하는 행정심판이다. 행정소송에 있어서는 의무이행소송이 인정되고 있지 않지만 행정심판에 있어서는 의무이행심판이 인정되고 있다(예 개발제한구역 내 행위허가 신청에 대한 일정한 처분을 할 의무이행청구).

[행정심판의 종류]

	취소심판	무효등확인심판	의무이행심판
의의	행정청의 위법 또는 부당한 처분의 취소 또는 변경을 구하는 심판	처분의 효력 유무 또는 존재 여부에 대한 확인을 구하는 심판	행정청의 위법 또는 부당한 거부처분 또는 부작위에 대하여 일정한 처분을 하도록 하는 심판
성질	형성적 쟁송설(통설)	준형성적 쟁송설(통설)	이행쟁송
인용재결	처분취소(변경)재결 처분변경명령재결	유효·무효·실효·존재·부존재확인재결	처분재결 처분명령재결
특징	(1) 청구기간의 제한 ○ (2) 집행정지결정 ○ (3) 사정재결규정 적용 ○	(1) 청구기간의 제한 × (2) 집행정지결정 ○ (3) 사정재결규정 적용 ×	(1) 청구기간제한 × (거부처분: 제한 ○) (2) 임시처분 ○ (3) 사정재결규정 적용 ○

제 3 항 행정심판의 당사자 및 관계인

Ⅰ. 청 구 인

　　청구인이란 행정심판을 제기하는 자를 말한다.

　　청구인적격이란 행정심판을 청구할 자격이 있는 자를 말한다. 청구인적격이 없는 자가 제기한 행정심판은 부적법 각하된다.

　　행정심판의 청구인은 행정심판을 제기할 '법률상 이익이 있는 자'이다(동법

제13조).

통설·판례는 행정심판법상의 '법률상 이익'을 취소소송에서와 같이 공권 또는 법적 이익으로 해석하고 있다. 따라서 처분의 근거법규 및 관계법규에 의해 보호되는 이익이 침해되거나 침해될 가능성이 있는 자가 제기할 수 있다.

Ⅱ. 피청구인

피청구인이란 심판청구의 상대방을 말한다.

행정심판은 처분을 한 행정청(의무이행심판의 경우에는 청구인의 신청을 받은 행정청)을 피청구인으로 하여 청구하여야 한다.

Ⅲ. 참가인(심판참가)

심판참가란 현재 계속 중인 타인 간의 행정심판의 심판결과에 대하여 이해관계가 있는 제3자 또는 행정청이 참가하는 것을 말한다.

심판참가에는 제3자의 심판참가와 행정청의 심판참가가 있다. 또한, 심판참가는 이해관계인 또는 행정청의 신청에 따른 참가(동법 제20조 제1항)와 위원회의 요구에 따른 참가(동법 제21조 제1항)로 나눌 수도 있다.

제4항 행정심판과 행정소송의 관계

Ⅰ. 행정심판임의주의 — 예외적 행정심판전치주의

1994년 개정 행정소송법은 행정심판전치주의를 폐지하고 행정심판을 임의절차로 하였다.

개별법에서 행정심판전치주의를 규정하고 있는 것은 국세부과처분, 징계처분 등 공무원의 의사에 반하는 불리한 처분, 도로교통법에 따른 처분 등이다.

Ⅱ. 행정심판의 전심절차성

행정심판이 임의절차인 경우에도 행정심판은 행정소송의 전심절차로서의 성격을 갖는다.

Ⅲ. 행정심판의 제기와 행정소송의 제기

행정심판의 제기가 임의적인 경우에는 ① 행정소송제기 후 행정심판을 제기할 수도 있고, ② 행정심판 제기 후 행정소송을 제기할 수도 있고, ③ 행정심판과 행정소송을 동시에 제기할 수도 있다.

제 5 항 행정심판의 대상

행정심판의 대상은 '행정청의 처분(동법 제 2 조 제 1 호) 또는 부작위(동법 제 2 조 제 2 호)'이다.

행정심판의 대상인 '처분' 또는 '부작위'는 기본적으로 행정소송의 대상이 되는 처분 또는 부작위와 동일하므로 후술하기로 한다.

다만, 행정심판법은 대통령의 처분 또는 부작위에 대하여는 다른 법률에 특별한 규정이 있는 경우를 제외하고는 행정심판을 제기할 수 없도록 규정하고 있다(법 제 3 조 제 2 항).

제 6 항 행정심판의 청구

Ⅰ. 행정심판청구기간

심판청구기간은 취소심판청구와 거부처분에 대한 의무이행심판청구에만 적용되고, 무효등확인심판청구나 부작위에 대한 의무이행심판청구에는 적용되지 아니한다(동법 제27조 제 7 항).

1. 원칙적인 심판청구기간

행정심판 제기기간은 원칙적으로 처분이 있음을 안 날로부터 90일 이내, 처분이 있은 날부터 180일 이내이다(동법 제27조). 이 두 기간 중 어느 하나라도 지나면 원칙상 행정심판청구를 할 수 없다. 다만, 처분이 있은 날부터 180일 이내에 처분이 있음을 알았을 때에는 그 때부터 90일 이내에 행정심판을 제기하여야 한다.

2. 예외적인 심판청구기간

(1) 90일에 대한 예외

① 행정심판은 처분이 있음을 알게 된 날부터 90일 이내에 제기하여야 하지만, 천재지변, 전쟁, 사변 그 밖의 불가항력으로 인하여 그 기간 내에 제기할 수 없었을 때에는 그 사유가 소멸한 날부터 14일(국외에서는 30일) 이내에 제기할 수 있다(동법 제27조 제 2 항).

② 처분청이 행정심판청구기간을 상대방에게 알리지 아니한 경우에는 당사자가 처분이 있음을 알았다고 하더라도 심판청구기간은 처분이 있었던 날부터 180일 이내가 된다(동법 제27조 제 6 항).

(2) 180일에 대한 예외

처분이 있은 날부터 180일 이내에 제기하여야 하지만 정당한 사유가 있는 경우에는 180일이 넘어도 제기할 수 있다(동법 제27조 제 3 항 단서).

행정처분의 직접 상대방이 아닌 제 3 자는 일반적으로 처분이 있는 것을 바로 알 수 없는 처지에 있으므로, 위와 같은 심판청구기간 내에 심판청구를 제기하지 아니하였다고 하더라도, 그 기간 내에 처분이 있은 것을 알았거나 쉽게 알 수 있었기 때문에 심판청구를 제기할 수 있었다고 볼 만한 특별한 사정이 없는 한, 위 법조항 본문의 적용을 배제할 '정당한 사유'가 있는 경우에 해당한다고 보아 위와 같은 심판청구기간이 경과한 뒤에도 심판청구를 제기할 수 있다(대판 1988. 9. 27, 88누29; 대판 1992. 7. 28, 91누12844). 다만, 그 제 3 자가 어떤 경위로든 행정처분이 있음을 알았거나 쉽게 알 수 있는 등 심판청구가 가능하였다는 사정이 있는 경우에는 그 때부터 90일 이내에 행정심판을 청구하여야 한다(대판 1996. 9. 6, 95누16233).

(3) 심판청구기간의 오고지 및 불고지의 경우

심판청구기간을 고지함에 있어서 법상 규정된 기간보다 긴 기간으로 잘못 알린 경우에는 그 잘못 고지된 긴 기간 내에 심판청구를 할 수 있고(동법 제27조 제5항), 심판청구기간을 고지하지 아니한 경우에는 처분이 있었던 날부터 180일 이내에 심판청구를 할 수 있다(동법 제27조 제6항).

(4) 특별법상의 심판청구기간

각 개별법에서 심판청구기간을 정한 경우가 있다(예 토지수용재결에 대한 이의신청 기간은 재결서의 정본을 받은 날부터 30일 이내로 규정되어 있고(토지보상법 제83조 제3항), 국가공무원법상 소청심사청구기간은 처분을 안 날부터 30일 이내로 규정되어 있다(국가공무원법 제76조 제1항)).

Ⅱ. 심판청구의 방식

심판청구는 서면으로 하여야 한다(행정심판법 제28조 제1항).

형식과 관계없이 그 내용이 행정심판을 청구하는 것이면 행정심판청구로 보아야 한다(예 비록 제목이 '진정서'로 되어 있으나, 피청구인인 처분청과 청구인의 이름·주소가 기재되어 있고, 청구인의 기명이 되어 있으며, 문서의 기재내용에 의하여 심판청구의 대상이 되는 행정처분의 내용과 심판청구의 취지 및 이유, 처분이 있은 것을 안 날을 알 수 있는 경우(대판 2000. 6. 9, 98두2621; 대판 1995. 9. 5, 94누16250). ② 지방자치단체의 변상금부과처분에 대하여 '답변서'란 표제로 토지점유사실이 없어 변상금을 납부할 수 없다는 취지의 서면을 제출한 경우(대판 1999. 6. 22, 99두2772)).

Ⅲ. 행정심판청구서 제출기관

심판청구서는 행정심판위원회 또는 피청구인인 행정청(처분청 또는 부작위청)에 제출하여야 한다(동법 제23조 제1항).

제 7 항   행정심판제기의 효과

I. 행정심판위원회에 대한 효과

행정심판이 제기되면 행정심판위원회는 심판청구를 심리·재결한다.

II. 처분에 대한 효과: 계쟁처분의 집행부정지 또는 집행정지

행정심판청구가 제기되어도 처분의 효력이나 그 집행 또는 절차의 속행이 정지되지 아니한다(동법 제30조 제1항). 이를 집행부정지의 원칙이라 한다.

다만, 예외적으로 위원회는 일정한 요건을 갖춘 경우에 당사자의 신청 또는 직권으로 처분의 효력 등을 정지시키는 결정을 할 수 있다(동법 제30조 제2항 이하).

제 8 항   행정심판법상의 가구제

I. 집행정지

집행정지란 계쟁처분의 ① 효력이나 ② 집행 또는 ③ 절차의 속행을 정지시키는 것을 말한다(①의 예 운전면허취소처분의 효력정지, ②의 예 외국인 강제출국명령에 따른 강제조치의 정지, ③의 예 행정대집행 절차 중 대집행영장에 의한 통지를 다투는 심판청구사건에서 대집행을 정지시키는 것). 행정심판법 제30조는 예외적으로 일정한 요건을 갖춘 경우에 집행정지를 인정하고 있다.

위원회는 처분, 처분의 집행 또는 절차의 속행 때문에 중대한 손해가 생기는 것을 예방할 필요성이 긴급하다고 인정할 때에는 직권으로 또는 당사자의 신청에 따라 처분의 효력, 처분의 집행 또는 절차의 속행의 전부 또는 일부의 정지(이하 "집행정지"라 한다)를 결정할 수 있다. 다만, 처분의 효력정지는 처분의 집행 또는 절차의 속행을 정지함으로써 그 목적을 달성할 수 있을 때에는 허용되지 아니한다(동법 제30조 제2항). 다만, 집행정지는 공공복리에 중대한 영향을 미칠 우려가 있을 때에는 허용되지 아니한다(동조 제3항).

Ⅱ. 임시처분

임시처분은 행정소송에서의 임시의 지위를 정하는 가처분에 해당하는 것으로서 의무이행심판에 의한 권리구제의 실효성을 보장하기 위한 제도이다. 행정심판법 제31조는 임시처분을 규정하고 있다(圆 국공립대학에의 입학신청에 대한 거부처분(불합격처분)이 내려진 경우에 그에 대한 행정심판의 재결이 있을 때까지 임시적으로 입학을 허가하는 것).

처분 또는 부작위가 위법·부당하다고 상당히 의심되는 경우로서 처분 또는 부작위 때문에 당사자가 받을 우려가 있는 중대한 불이익이나 당사자에게 생길 급박한 위험을 막기 위하여 임시지위를 정하여야 할 필요가 있는 경우에는 위원회는 직권으로 또는 당사자의 신청에 따라 임시처분을 결정할 수 있다(동법 제31조 제1항). 임시처분은 집행정지로 목적을 달성할 수 없는 경우에 인정된다(동법 제31조 제3항). 즉, 임시처분은 집행정지와의 관계에서 보충적 구제제도이다.

제 9 항 행정심판기관

Ⅰ. 의　　의

행정심판기관이란 행정심판의 제기를 받아 심판청구를 심리·재결하는 권한을 가진 행정기관을 말한다.

2008년 2월 29일 개정 행정심판법은 접수 및 결과통보 단계에서의 불필요한 처리기간을 단축하기 위해 재결청을 없애고, 행정심판위원회가 재결을 하도록 하였다.

Ⅱ. 행정심판위원회

1. 종　　류

행정심판위원회는 행정심판법에 따라 설치되는 일반행정심판위원회와 개별법에 따라 설치되어 특별행정심판을 담당하는 특별행정심판위원회가 있다.

(1) 일반행정심판위원회

일반행정심판위원회에는 독립기관 등 소속 행정심판위원회, 중앙행정심판위원회, 시·도행정심판위원회, 직근(直近) 상급행정기관 소속 행정심판위원회(圓 대통령령으로 정하는 국가행정기관(법무부 및 대검찰청 소속 특별지방행정기관(직근 상급행정기관이나 소관 감독행정기관이 중앙행정기관인 경우는 제외)(동법 시행령 제3조)) 소속 특별지방행정기관의 장의 처분 또는 부작위에 대한 심판청구 담당)가 있다(동법 제6조).

(2) 특별행정심판위원회

개별법에 따라 설치되어 특별행정심판을 담당하는 특별행정심판위원회로는 소청심사위원회, 조세심판원, 중앙토지수용위원회 등이 있다. 경찰공무원은 인사혁신처 소청심사위원회에 소청을 제기한다.

2. 법적 지위

행정심판위원회는 행정심판청구를 심리·재결하는 기관이다. 달리 말하면 행정심판위원회는 합의제행정청의 지위를 갖는다.

행정심판위원회는 소속기관으로부터 직무상 독립된 행정청이다.

행정심판위원회는 상설기관이 아니다. 행정심판위원회는 행정심판청구를 심리·의결할 필요가 있는 때마다 이미 임명되어 있는 행정심판위원 중 일부 위원으로 구성된다.

행정심판위원은 원칙상 비상임이지만 중앙행정심판위원회에는 4명 이내의 상임위원을 둘 수 있도록 되어 있다.

3. 권   한

행정심판위원회는 행정심판사건을 심리하여 재결하는 권한을 가진다.

[행정심판기관의 권한]

행정심판위원회의 권한	행정심판위원장의 권한
(1) **심리권**: 대표자선정 권고권(동법 제15조 제2항), 청구인지위의 승계 허가권(동법 제16조 제5항), 피청구인경정 결정권(동법 제17조 제2항), 대리인선임 허가권(동법 제18조 제1항 제5호), 심판참가 허가 및 요구권(동법 제20조	• 제척 또는 기피 여부에 대한 결정권 • 행정심판위원회를 구성하는 위원의 지정권

제 5 항, 제21조), 청구의 변경 허가권(동법 제29조 제 6 항), 보정요구권 및 직권보정권(동법 제32조 제 1 항), 증거조사권(동법 제36조 제 1 항) **(2) 재결권**: 재결, 집행정지결정(동법 제30조 제 2 항), 집행정지결정의 취소(동법 제30조 제 4 항), 사정재결(동법 제44조 제 1 항), 임시처분결정 **(3) 중앙행정심판위원회의 불합리한 명령 등의 시정조치요청권**	• 일정한 경우(긴급한 경우) 집행정지결정권

제10항 행정심판의 심리

행정심판의 심리란 행정심판청구에 대한 재결을 하기 위하여 그 기초가 될 심판자료를 수집하는 절차를 말한다.

Ⅰ. 심리의 내용

1. 요건심리

요건심리란 해당 행정심판청구가 행정심판제기요건을 갖추고 있는지 여부를 심리하는 것을 말한다. 행정심판제기요건으로는 ① 행정심판의 대상인 처분 또는 부작위의 존재, ② 당사자능력 및 당사자적격의 존재, ③ 심판청구기간의 준수, ④ 필요적 전치절차의 이행, ⑤ 심판청구서 기재사항의 구비 등을 들 수 있다.

2. 본안심리

본안심리란 요건심리의 결과 해당 심판청구가 심판청구요건을 구비한 것으로 인정되는 경우에 심판청구의 당부(圓 취소심판에서의 처분의 위법·부당 여부)를 심리하는 것을 말한다.

Ⅱ. 심리의 범위

1. 불고불리의 원칙 및 불이익변경금지의 원칙

위원회는 심판청구의 대상이 되는 처분 또는 부작위 외의 사항에 대하여는 재결하지 못한다(불고불리의 원칙).

위원회는 심판청구의 대상이 되는 처분보다 청구인에게 불리한 재결을 하지 못한다(불이익변경금지의 원칙).

2. 법률문제, 재량문제와 사실문제

행정심판의 심리에 있어서는 행정소송에서처럼 심판청구의 대상인 처분이나 부작위에 관한 적법·위법의 판단인 법률문제 및 사실문제를 심리할 수 있을 뿐만 아니라 행정소송과 달리 당·부당의 문제도 심리할 수 있다.

중앙행정심판위원회는 위법 또는 불합리한 법령 등의 시정조치를 요청할 권한을 가진다(동법 제59조).

Ⅲ. 심리의 기본원칙

1. 대심주의

대심주의란 대립되는 분쟁 당사자들의 공격·방어를 통하여 심리를 진행하는 소송원칙을 말한다.

행정심판법은 심판청구인과 피청구인이라는 대립되는 당사자를 전제로 하여(법 제13조부터 제20조까지) 당사자 쌍방에게 공격과 방어방법을 제출하도록 하고 있다(동법 제23조, 제33조, 제34조, 제36조 등). 원칙적으로 당사자가 제출한 공격·방어방법을 심리의 기초로 삼으며 행정심판위원회가 중립적인 지위에서 심리를 행하도록 하고 있다.

2. 직권심리주의

직권심리주의란 심리에 있어서 심판기관이 당사자의 사실의 주장에 근거하지 않거나 그 주장에 구속되지 않고 적극적으로 직권으로 필요한 사실상의 탐지 또는 증거조사를 행하는 소송원칙을 말한다.

행정심판법은 "위원회는 필요하면 당사자가 주장하지 아니한 사실에 대하여도 심리할 수 있다"라고 위원회의 직권탐지를 인정하고 있고(법 제39조), 위원회에 직권으로 증거조사를 할 수 있도록 하고 있다(동법 제36조 제 1 항).

3. 심리의 방식: 서면심리주의와 구술심리주의

행정심판의 심리는 구술심리나 서면심리로 한다. 다만, 당사자가 구술심리를 신청한 경우에는 서면심리만으로 결정할 수 있다고 인정되는 경우 외에는 구술심리를 하여야 한다(동법 제40조 제1항).

4. 비공개주의

행정심판법에는 이에 관한 명문규정은 없다. 그러나 행정심판법이 서면심리주의, 직권심리주의 등을 채택한 점 등에 비추어 볼 때 행정심판법이 비공개주의를 원칙으로 한 것으로 해석된다.

Ⅳ. 소관 중앙행정기관의 장의 의견진술권

중앙행정심판위원회에서 심리·재결하는 심판청구의 경우 소관 중앙행정기관의 장은 의견서를 제출하거나 위원회에 출석하여 의견을 진술할 수 있다(동법 제35조 제4항).

Ⅴ. 당사자의 절차적 권리

행정심판의 당사자에게 ① 위원·직원에 대한 기피신청권, ② 이의신청권, ③ 보충서면제출권, ④ 구술심리신청권, ⑤ 물적 증거제출권, ⑥ 증거조사신청권이 인정되고 있다.

심판참가인에게 당사자에 준하는 절차적 권리가 주어지고, 관련 서류를 참가인에게도 송달하도록 하는 등 참가인의 절차적 권리가 보장되고 있다.

Ⅵ. 행정심판법상 조정

2018년 5월 1일 시행된 개정 행정심판법은 양 당사자 간의 합의가 가능한 사건의 경우 행정심판위원회가 개입·조정하는 절차를 통하여 갈등을 조기에 해결할 수 있도록 행정심판에 조정을 도입하였다(동법 제43조의2).

제11항 행정심판의 재결

Ⅰ. 재결의 의의

행정심판의 재결이란 행정심판청구에 대한 심리를 거쳐 재결청이 내리는 결정을 말한다.
① 재결은 행정행위로서 확인행위의 성질을 갖는다.
② 재결은 준사법작용의 성질을 갖는다. 따라서 재결에는 불가변력이 발생한다.

Ⅱ. 행정심판위원회의 재결

행정심판위원회는 심리를 마치면 직접 재결한다.

Ⅲ. 재결의 종류

행정심판의 재결에는 각하재결, 기각재결, 인용재결이 있다.

1. 각하재결(요건재결)

각하재결이란 행정심판의 제기요건이 결여되어 행정심판이 부적법한 것인 때에 본안심리를 거절하는 재결이다.

2. 기각재결

기각재결이란 본안심리의 결과 행정심판청구가 이유 없다고 인정하여 원처분을 유지하는 재결을 말한다(동법 제43조 제2항).
기각재결이 있은 후에도 원처분청은 원처분을 직권으로 취소 또는 변경할 수 있다.

3. 인용재결

인용재결이란 본안심리의 결과 심판청구가 이유 있다고 판단하여 청구인의 청구취지를 받아들이는 재결을 말한다.

인용재결에는 취소재결, 변경재결 및 변경명령재결, 무효등확인재결, 의무이행재결이 있다.

(1) 취소재결·변경재결 및 변경명령재결

위원회는 취소심판의 청구가 이유 있다고 인정하면 재결로써 스스로 처분을 취소(취소재결) 또는 다른 처분으로 변경하거나(변경재결) 처분청에게 처분을 다른 처분으로 변경(변경명령(재결))할 것을 명한다(동법 제43조 제3항).

처분을 취소하는 재결은 ① 해당 처분의 전부취소(뗸 영업정지처분의 취소)를 내용으로 하는 것과 ② 일부취소(뗸 영업정지처분기간의 단축)를 내용으로 하는 것이 있다.

처분을 변경하거나 변경을 명하는 재결은 행정심판기관이 행정기관이므로 처분내용을 적극적으로 변경하거나 변경을 명하는 재결을 말한다(뗸 허가취소처분을 영업정지처분으로 또는 영업정지처분을 과징금부과처분으로 변경하거나 변경을 명령하는 경우 등).

(2) 무효등확인재결

위원회는 무효등확인심판의 청구가 이유 있다고 인정하면 재결로써 처분의 효력 유무 또는 존재 여부를 확인한다(동법 제43조 제4항). 따라서 무효확인재결에는 처분무효확인재결, 처분실효확인재결, 처분유효확인재결, 처분존재확인재결, 처분부존재확인재결이 있다.

(3) 의무이행재결

1) 의   의

의무이행재결이란 의무이행심판의 청구가 이유 있다고 인정한 때에 신청에 따른 처분을 스스로 하거나 처분을 할 것을 피청구인에게 명하는 재결(뗸 청구인이 2022. 10. 12, 피청구인에게 한 ○○시 ○○면 ○○리 산 60번지 4필지에 대한 개발제한구역 내 행위허가 신청에 대한 일정한 처분을 할 의무를 이행하라)을 말한다(동법 제43조 제5항).

2) 종류와 성질

의무이행재결에는 처분재결과 처분명령재결이 있다.

㈎ **처분재결**   처분재결은 위원회가 스스로 처분을 하는 것이므로 형성재

결이다. 처분재결에는 ① 청구인의 청구내용대로 특정한 처분을 하는 전부인용처분재결과 ② 청구인의 청구 중 일부만 인용하는 특정내용의 처분재결이 있다.

(나) **처분명령재결**   처분명령재결은 처분청에게 처분을 명하는 재결이므로 이행재결이다. 처분명령재결에는 특정한 처분을 하도록 명하는 특정처분명령재결과 재결의 취지에 따라 어떠한 처분을 할 것을 명하는 일정처분명령재결이 있다.

(4) 사정재결

사정재결이란 심판청구가 이유 있다고 인정되는 경우에도 이를 인용하는 것이 공공복리에 크게 위배된다고 인정하는 때에 그 심판청구를 기각하는 재결을 말한다(동법 제44조 제1항). 무효등확인심판의 경우에는 사정재결이 인정되지 않는다(동조 제3항).

위원회는 사정재결을 하는 경우에 그로 인하여 청구인이 받는 손해에 대하여 "상당한 구제방법(예 원칙상 사정재결로 인하여 청구인이 받는 손해 전체)을 취하거나 상당한 구제방법을 취할 것을 피청구인에게 명할 수 있다"라고 규정하고 있지만(동법 제44조 제2항), 반드시 명하여야 하는 것으로 해석하여야 한다.

[행정심판 재결의 종류]

각하재결		
기각재결 * 사정재결		
인용재결	취소(변경)재결	처분취소(변경)재결
		처분변경명령재결
	무효등재결: 처분무효(유효·실효·존재·부존재)확인재결	
	의무이행재결	처분재결
		처분명령재결

Ⅳ. 재결의 효력

행정심판법은 재결의 효력에 관하여 기속력과 직접처분에 관한 규정만을 두고 있다. 그런데 취소재결, 변경재결과 처분재결에는 형성력이 발생한다고 보아야 한다. 재결은 행정행위이므로 재결 일반에 대하여 행정행위에 특수한 효력인 공정력, 불가변력 등이 인정된다고 보아야 할 것이다.

1. 형 성 력

재결의 형성력이란 재결의 내용에 따라 새로운 법률관계의 발생이나 종래의 법률관계의 변경, 소멸을 가져오는 효력을 말한다(대판 전원합의체 1999. 12. 16, 98두18619)(⑤ 처분을 취소하는 재결이 있으면 해당 처분은 행정청이 다시 이를 취소하지 않아도 소급적으로 효력을 상실하여 처음부터 없었던 것과 같은 상태가 되는 것).

재결의 형성력은 제 3 자에게도 미치므로 이를 '대세적 효력'이라고도 한다.

형성력이 인정되는 재결로는 취소재결, 변경재결, 처분재결이 있다. 형성재결이 있는 경우에 그 대상이 된 행정처분은 재결 자체에 의해 당연히 취소되어 소멸된다(대판 전원합의체 1999. 12. 16, 98두18619).

처분을 취소하는 재결이 있으면 취소된 처분은 소급적으로 효력을 상실한다. 일부취소재결의 경우에는 일부취소된 부분에 한하여 소급적으로 효력을 상실하고 일부취소되지 않은 부분에 한하여 원처분은 효력을 유지한다.

판례는 변경재결이 있으면 원처분이 변경재결로 변경되어 존재하는 것이 된다고 본다. 예를 들어, A장관이 공무원 갑(甲)에게 내린 '해임처분'을 소청심사위원회가 '3개월 정직처분'으로 변경하는 처분변경재결(형성재결)을 한 경우에는 A장관의 별도의 변경을 기다릴 것 없이 당연히 그 처분의 효력이 처분 당시로 소급하여 변경되는 형성력이 인정된다. 그러나 변경재결(3개월 정직처분)이 있으면 원처분(해임처분)은 효력을 상실하고, 변경재결(3개월 정직처분)로 인한 새로운 처분은 제 3 자의 권익을 침해하지 않는 한 소급하여 효력을 발생한다고 보는 것이 타당하다.

의무이행재결 중 처분재결이 있는 경우에는 해당 재결은 장래에 향하여 즉시 효력을 발생한다.

2. 기 속 력

재결의 기속력이란 처분청(피청구인) 및 관계행정청(행정심판의 대상인 처분등과 관련되는 처분이나 부수되는 행위를 할 수 있는 행정청)이 재결의 취지에 따르도록 처분청 및 관계행정청을 구속하는 효력을 말한다(동법 제49조 제1항). 따라서 재결의 기속력을 재결의 구속력이라 부르는 견해도 있다. 재결의 기속력은 인용재결의 효력이며 기각재결에는 인정되지 않는다.

(1) 반복금지효

행정청은 처분의 취소재결, 변경재결 또는 무효, 부존재, 실효재결이 있는 경우 동일한 사정 아래에서는 같은 내용의 처분을 되풀이하지 못하며 동일한 과오를 되풀이하지 못한다(대판 1983. 8. 23, 82누302).

(2) 원상회복의무(위법상태제거의무)

취소재결의 기속력에는 해석상 원상회복의무가 포함되는 것으로 보는 것이 타당하다. 따라서 취소재결이 확정되면 행정청은 취소된 처분으로 초래된 위법상태를 제거하여 원상회복할 의무가 있다.

(3) 처분의무

1) 거부처분취소재결

2017년 10월 19일부터 시행된 행정심판법에 따르면, 재결에 의하여 취소되거나 무효 또는 부존재로 확인되는 처분이 당사자의 신청을 거부하는 것을 내용으로 하는 경우에는 그 처분을 한 행정청은 재결의 취지에 따라 다시 이전의 신청에 대한 처분을 하여야 한다(법 제49조 제2항).

2) 처분명령재결

당사자의 신청을 거부하거나 부작위로 방치한 처분의 이행을 명하는 재결이 있으면 행정청은 지체 없이 이전의 신청에 대하여 재결의 취지에 따라 처분을 하여야 한다(동법 제49조 제3항).

3) 절차의 하자를 이유로 한 신청에 따른 처분을 취소하는 재결

신청에 따른 처분(예 건축허가)이 절차의 위법 또는 부당을 이유로 재결로써 취소된 경우 적법한 절차에 따라 ① 신청에 따른 처분(예 건축허가)을 하거나 ② 신청을 기각하는 처분(예 거부처분)을 하여야 한다(동법 제49조 제4항).

4) 변경명령재결

취소심판에 있어서 변경을 명하는 재결이 있을 때 행정심판법 제49조 제1항(기속력)에 따라 처분청은 해당 처분을 변경하여야 한다.

(4) 기속력의 객관적 범위

기속력의 객관적 범위는 '재결의 취지'라고 할 수 있다. 기속력의 객관적 범위는 재결의 주문 및 재결이유 중 그 전제가 된 요건사실의 인정과 처분의 효력 판단에 한정되고, 재결의 결론과 직접 관련이 없는 방론(傍論: 판결에서 판결이유를 쓰는데 그 판결이유 가운데 그 사건의 판결과 직접적인 관계가 없는 부분)이나 간접사실(間接事實: 주요사실의 존부를 간접적으로 추인하는 사실)에 대한 판단에까지는 미치지 않는다.

(5) 이행재결의 기속력 확보수단으로서의 직접처분

1) 의　　의

직접처분이란 행정청이 처분명령재결의 취지에 따라 이전의 신청에 대한 처분을 하지 아니하는 때에 위원회가 해당 처분을 직접 행하는 것을 말한다(동법 제50조 제1항). 직접처분은 의무이행재결의 실효성을 확보하기 위하여 인정된 의무이행재결의 이행강제제도이다. 행정심판에서는 간접강제는 인정되고 있지 않다.

2) 직접처분의 성질

직접처분은 처분명령재결의 실효성을 확보하기 위한 행정심판작용이면서 동시에 행정처분(원처분)으로서의 성질을 갖는다.

생각건대, 직접처분제도는 지방자치단체의 사무집행에 대한 행정적 감독제도가 아니고, 행정심판재결의 실효성을 확보하기 위해 인정되는 행정심판제도이므로 자치사무인 처분을 직접 처분하는 것이 자치권의 침해가 되지 않는다고 보는 것이 타당하다. 다만, 자치권 존중의 차원에서 자치사무에 관한 것은 위법한 경우에 한하여 직접처분을 하도록 하는 것이 타당하다.

3) 요　　건

① 처분명령재결이 있었을 것.

② 위원회가 당사자의 신청에 따라 기간을 정하여 시정을 명하였을 것.

③ 해당 행정청이 그 기간 내에 시정명령을 이행하지 아니하였을 것.

④ 그 처분의 성질이나 그 밖의 불가피한 사유로 위원회가 직접처분을 할 수 없는 경우에 해당하지 않을 것(동법 제50조 제1항)(예 정보공개명령재결의 경우에 정보공개처분의 성질상 위원회가 직접처분을 할 수 없다).

4) 직접처분에 대한 불복

지방자치단체가 자치권 침해를 이유로 자치사무에 관한 직접처분의 취소를 구할 수 있는가에 대하여 견해가 대립하고 있다.

(6) 행정심판위원회의 간접강제

행정심판법상 간접강제제도는 행정심판 인용재결에 따른 행정청의 재처분의무에도 불구하고 행정청이 인용재결에 따른 처분을 하지 아니하는 경우 행정심판위원회가 당사자의 신청에 의하여 결정으로 상당한 기간을 정하고, 행정청이 그 기간 내에 이행하지 아니하는 경우에 지연기간에 따라 일정한 배상을 하도록 명하거나 즉시 배상을 명하는 제도이다.

행정심판법에 따르면 위원회는 피청구인이 제49조 제2항(제49조 제4항에서 준용하는 경우를 포함한다) 또는 제3항에 따른 처분을 하지 아니하면 청구인의 신청에 의하여 결정으로 상당한 기간을 정하고 피청구인이 그 기간 내에 이행하지 아니하는 경우에는 그 지연기간에 따라 일정한 배상을 하도록 명하거나 즉시 배상을 할 것을 명할 수 있다(동법 제50조의2 제1항).

청구인은 간접강제결정 또는 간접강제변경결정에 불복하는 경우 그 결정에 대하여 행정소송을 제기할 수 있다(동조 제4항).

3. 불가변력

재결은 당사자의 참여 아래 심리절차를 거쳐 내려지는 심판행위이므로 성질상 보통의 행정행위와 달리 재결을 한 위원회 자신도 이를 취소·변경할 수 없다.

Ⅴ. 재결에 대한 불복

1. 재심판청구의 금지

심판청구에 대한 재결이 있는 경우에는 그 재결 및 동일한 처분 또는 부작위에 대하여 다시 행정심판을 청구할 수 없다(동법 제51조).

2. 원고 등의 행정소송

원고는 기각재결 또는 일부인용재결의 경우 항고소송을 제기할 수 있다. 또한 처분을 취소하는 인용재결로 인하여 비로소 권익침해를 당한 원처분의 상대방은 재결을 대상으로 행정소송을 제기할 수 있다.

3. 처분청의 불복가능성

인용재결에 대해 처분청이 행정소송을 제기할 수 있는지에 관하여 학설은 대립하고 있다. 판례는 재결은 피청구인인 행정청과 그 밖의 관계행정청을 구속한다고 규정하고 있는 행정심판법 제49조 제 1 항에 근거하여 처분청은 행정심판의 재결에 대해 불복할 수 없다고 본다(대판 1998. 5. 8, 97누15432).

위원회가 처분청과 동일한 행정주체에 속하는 경우에 행정의사의 통일성에 비추어 명문의 규정이 없는 한 인용재결에 대한 불복을 인정하는 것은 타당하지 않다. 다만, 자치사무에 속하는 처분의 경우 위원회와 처분청은 동일한 법주체에 속하지 않으며 지방자치단체의 자치권을 보장할 필요가 있으므로 행정심판의 인용재결에 대하여 항고소송을 제기할 수 있다고 보아야 한다(제한적 긍정설).

제12항 고지제도

Ⅰ. 고지제도의 의의

행정심판의 고지제도란 행정청이 처분을 함에 있어서 상대방에게 그 처분에 대하여 행정심판을 제기할 수 있는지 여부, 심판청구절차, 청구기간 등 행정심판의 제기에 필요한 사항을 미리 알려 주도록 의무지우는 제도를 말한다.

Ⅱ. 직권에 따른 고지

행정청이 처분을 할 때에는 처분의 상대방에게 처분에 대하여 행정심판을 청구할 수 있는지의 여부, 행정심판을 청구하는 경우의 심판청구절차 및 심판청구기간을 알려야 한다(동법 제58조 제 1 항).

Ⅲ. 청구에 따른 고지

행정청은 이해관계인이 요구하면 ① 해당 처분이 행정심판의 대상이 되는 처분인지 및 ② 행정심판의 대상이 되는 경우 소관 위원회 및 심판청구 기간을 지체 없이 알려 주어야 한다. 이 경우 서면으로 알려 줄 것을 요구받으면 서면으로 알려 주어야 한다(동법 제58조 제 2 항).

Ⅳ. 불고지 또는 오고지의 효과

1. 불고지의 효과

(1) 심판청구서제출기관과 권리구제

처분청이 고지를 하지 아니하여 청구인이 심판청구서를 처분청이나 위원회가 아닌 다른 행정기관에 제출한 때에는 해당 행정기관은 그 심판청구서를 지체 없이 정당한 권한이 있는 피청구인에게 송부하고(동법 제23조 제 2 항), 지체 없이 그 사실을 청구인에게 통지하여야 한다(동조 제 3 항). 이 경우에 심판청구 기간을 계산할 때에는 제 1 항에 따른 피청구인이나 위원회 또는 제 2 항에 따른 행정기관에 심판청구서가 제출되었을 때에 행정심판이 청구된 것으로 본다(동조 제 4 항).

(2) 청구기간

처분청이 심판청구기간을 고지하지 아니한 때에는 심판청구기간은 처분이 있음을 안 경우에도 해당 처분이 있은 날로부터 180일이 된다(동법 제27조 제 6 항).

2. 오고지의 효과

(1) 심판청구서제출기관과 권리구제

처분청이 심판청구서제출기관을 잘못 고지하여 청구인이 심판청구서를 처분청이나 위원회가 아닌 다른 행정기관에 제출한 때의 효과도 위의 불고지의 경우와 같다(동법 제23조 제 2 항·제 3 항·제 4 항).

(2) 청구기간

처분청이 심판청구기간을 '처분이 있음을 안 날로부터 90일 이내'보다 더

긴 기간으로 잘못 알린 경우에 그 잘못 알린 기간 내에 심판청구가 있으면 그 심판청구는 적법한 기간 내에 제기된 것으로 의제된다(동법 제27조 제5항).

3. 불고지 또는 오고지와 처분의 효력

불고지(不告知)나 오고지(誤告知)는 처분 자체의 효력에 직접 영향을 미치지 않는다(대판 1987. 11. 24, 87누529[차량면허취소처분취소]).

제13항 특별행정심판

특별행정심판이란 행정심판법에 대한 특례규정이 두어진 행정심판을 말한다. 특별행정심판에 대하여 행정심판법에 따른 행정심판을 일반행정심판이라 할 수 있다.

행정심판에 관한 개별 법률의 특례규정은 행정심판법에 대한 특별법적 규정이므로 해당 특례규정이 행정심판법에 우선하여 적용된다. 그리고 행정심판에 관하여 개별 법률에서 규정하고 있지 않은 사항과 절차는 일반법인 행정심판법이 적용된다(법 제4조 제2항). 다만, 조세심판에 대하여는 행정심판법의 일부 규정을 준용하는 외에 원칙상 그 적용이 배제되고 있다(국세기본법 제56조 제1항, 지방세기본법 제98조 제1항).

제3절 행정소송

제1항 행정소송의 의의와 종류

Ⅰ. 행정소송의 의의

행정소송이란 행정청의 공권력 행사에 대한 불복 및 그 밖의 행정법상의 법률관계에 관한 분쟁에 대하여 법원이 정식의 소송절차를 거쳐 행하는 행정쟁송절차를 말한다.

II. 행정소송의 법원(法源)

행정소송에 관한 일반법으로 행정소송법이 있다. 행정소송법은 행정소송의 특수성(공익성, 전문성 등)을 고려하여 민사소송과 달리 행정소송에 대한 특수한 규율을 규정하고 있다.

다만, 행정소송에 관하여 행정소송법에 특별한 규정이 없는 사항에 대하여는 법원조직법과 민사소송법 및 민사집행법의 규정을 준용한다(동법 제8조). 따라서, 행정소송법에 규정되어 있지 않는 사항에 대하여는 민사소송에 관한 규정을 그대로 적용하거나 행정소송의 특수성을 고려하여 수정하여 적용하여야 한다. 행정소송은 권리구제기능뿐만 아니라 행정통제기능도 수행하는 것이므로 성질상 민사소송법의 규정을 그대로 준용할 수 없는 경우에는 민사소송법이 준용되지 아니한다. 그러한 예로는 청구의 인낙, 포기, 화해 등을 들 수 있다.

III. 행정소송제도의 유형

대륙법형이란 일반법원과는 다른 계통의 행정법원으로 하여금 민사소송절차와는 다른 특수한 소송절차에 따라 행정사건을 심판하도록 하는 행정소송제도를 말한다.

영미법형이란 행정사건도 일반 사법법원의 관할에 속하는 것으로 본다.

우리나라의 행정소송제도는 영미법형과 대륙법형을 혼합한 제도라고 할 수 있다. 행정사건을 일반 사법법원의 관할에 두고 있는 것은 영미법형을 취한 것이지만, 행정소송법에서 행정사건에는 민사소송절차와 다른 특수한 소송절차를 인정하고 있는 점은 대륙법형을 취한 것이다.

IV. 행정소송의 종류

행정소송법은 행정소송을 항고소송, 당사자소송, 기관소송, 민중소송으로 구분하고 있다(법 제3조).

V. 항고소송

1. 의　　의

항고소송이란 행정청의 우월한 일방적인 행정권 행사 또는 불행사에 불복하여 권익구제를 구하는 소송을 말한다.

2. 종　　류

현행 행정소송법은 항고소송을 취소소송, 무효등확인소송, 부작위위법확인소송으로 구분하고 있다(법 제4조). 이와 같이 법에 따라 명시적으로 인정되고 있는 항고소송을 법정항고소송이라 한다.

법에 정해지지는 않았지만 해석으로 인정되는 항고소송을 법정외항고소송 또는 무명항고소송이라 한다.

3. 취소소송

취소소송이란 '행정청의 위법한 처분 등을 취소 또는 변경하는 소송'을 말한다(동법 제4조 제1호). 소송실무상 취소소송이 행정소송의 중심적 지위를 차지하는 것으로 운용되고 있다. 이와 같이 취소소송을 행정소송의 중심으로 하는 것을 취소소송중심주의라 한다.

취소소송은 위법한 처분이나 재결을 다투어 위법한 처분이나 재결이 없었던 것과 같은 상태를 만드는 것을 주된 내용으로 한다.

4. 무효등확인소송

무효등확인소송이란 '행정청의 처분이나 재결의 효력 유무 또는 존재 여부의 확인을 구하는 소송'을 말한다. 무효등확인소송에는 처분이나 재결의 존재확인소송, 부존재확인소송, 유효확인소송, 무효확인소송, 실효확인소송이 있다. 그러나 행정청에 일정한 의무가 있다는 내용의 확인을 구하는 소송은 여기에 속하지 않는다.

무효등확인소송에는 취소소송에서와 달리 행정심판전치주의, 제소기간, 사정판결, 간접강제 등의 규정이 적용되지 않는다.

무효확인청구를 주위적 청구, 취소청구를 예비적 청구로 할 수 있다. 그러
나 취소청구를 주위적 청구, 무효확인청구를 예비적 청구로 할 수는 없다. 왜냐
하면 행정처분의 위법이 인정되지 않아 취소청구가 배척되면 논리상 무효확인
은 인정될 수 없기 때문이다. 다만, 취소청구가 출소기간의 경과 등 기타의 이
유로 각하되는 경우에 대비하여 취소청구에 대해 본안판결이 행해지는 것을 해
제조건으로 무효확인청구를 예비적으로 제기할 수는 있다.

그러나 행정처분에 대한 무효확인청구와 취소청구는 서로 양립할 수 없는
청구로서 선택적 청구로서의 병합이나 단순 병합은 허용되지 아니한다(대판
1999. 8. 20, 97누6889).

5. 부작위위법확인소송

부작위위법확인소송이란 '행정청의 부작위가 위법하다는 것을 확인하는 소
송'을 말한다. 일종의 간접강제수단인 소송형식이다.

6. 의무이행소송

(1) 의   의

의무이행소송이란 행정청의 거부처분 또는 부작위에 대하여 법상의 작위의
무의 이행을 청구하는 소송을 말한다. 행정청의 위법한 부작위에 대한 가장 직
접적인 구제수단이다.

(2) 허용 여부

현행법의 해석상 의무이행소송이 인정될 수 있는가에 관하여는 견해가 긍
정설, 부정설, 절충설로 나뉘어 대립하고 있다. 판례는 부정설을 취하고 있다.

7. 예방적 부작위청구소송(예방적 금지소송)

(1) 의   의

예방적 부작위청구소송이란 행정청의 공권력 행사로 국민의 권익이 침해될
것이 예상되는 경우에 미리 그 예상되는 침익적 처분을 저지하는 것을 목적으
로 하여 제기되는 소송을 말한다. 예방적 부작위청구소송은 예방적 금지소송이
라고도 한다.

(2) 예방적 부작위청구소송의 허용 여부

현행법의 해석상 예방적 부작위청구소송이 인정될 수 있는가에 관하여는 견해가 긍정설, 부정설, 절충설로 나뉘어 대립하고 있다. 판례는 부정설을 취하고 있다.

Ⅵ. 당사자소송

1. 의   의

당사자소송이란 공법상 법률관계의 주체가 당사자가 되어 다투는 공법상 법률관계에 관한 소송을 말한다.

행정소송법은 공법상 당사자소송을 "행정청의 처분 등을 원인으로 하는 법률관계에 관한 소송, 그 밖에 공법상의 법률관계에 관한 소송으로서 그 법률관계의 한쪽 당사자를 피고로 하는 소송"이라고 정의하고 있다(법 제 3 조 제 2 호).

소송실무상(판례상) 당사자소송이 널리 활용되고 있지 않다.

2. 실질적 당사자소송

실질적 당사자소송이란 공법상 법률관계에 관한 소송으로서 그 법률관계의 주체를 당사자로 하는 소송을 말한다. 통상 당사자소송이라 하면 실질적 당사자소송을 말한다(예 ① 공법상 신분이나 지위의 확인에 관한 소송, ② 공법상 사무관리나 계약에 관한 소송, ③ 공법상 금전지급청구소송에 관한 소송 등).

공법상 법률관계 자체가 소송의 대상이 되는 경우에는 당사자소송으로 제기하여야 하는데, 행정소송법 제 3 조 제 2 호에서 당사자소송을 일반적으로 인정하고 있으므로 당사자소송의 인정에 있어서는 개별법의 근거가 필요하지 않다.

3. 형식적 당사자소송

일반적으로 형식적 당사자소송을 형식적으로는(소송형태상) 당사자소송의 형식을 취하고 있지만 실질적으로는 처분 등의 효력을 다투는 항고소송의 성질을 가지는 소송이라고 이해한다. 그 원인이 되는 처분등에 불복하여 소송을 제기할 때 처분청을 피고로 하는 것이 아니라 그 법률관계의 한쪽 당사자(실질적 이해관계를 가진 자)를 피고로 하는 소송이다.

형식적 당사자소송에서는 항고소송에서와 달리 법원이 다툼의 대상이 되는 법률관계의 내용을 직접 결정한다.

토지보상법 제85조 제 2 항의 보상금증감(增減)청구소송을 형식적 당사자소송이라고 보는 견해가 일반적 견해이다. 현행법상 인정되는 예로는 특허무효심판 등 각종 지식재산권에 관한 소송(특허법 제187조 단서)을 들 수 있다.

Ⅶ. 민중소송

민중소송이란 "국가 또는 공공단체의 기관이 법률에 위반되는 행위를 한 때에 직접 자기의 법률상 이익과 관계없이 그 시정을 구하기 위하여 제기하는 소송"을 말한다(행정소송법 제 3 조 제 3 호).

민중소송은 국가 또는 공공단체의 기관의 위법행위를 시정하는 것을 목적으로 하는 공익소송이며, 개인의 법적 이익의 구제를 목적으로 하는 소송이 아니다. 따라서 원고적격이 법률상 이익의 침해와 관계없이 국민, 주민 또는 선거인 등 일정 범위의 일반국민에게 인정된다. 따라서 민중소송은 주관적 소송이 아니라 객관적 소송이다.

민중소송은 특별히 법률의 규정이 있을 때에 한하여 예외적으로 인정된다(민중소송법정주의: 예 선거에 관한 소송, 국민투표에 관한 소송, 주민소송).

민중소송은 민중소송을 인정하는 개별 법률에서 정한 사항을 제외하고는 행정소송법의 규정을 준용한다.

Ⅷ. 기관소송

기관소송이란 "국가 또는 공공단체의 기관 상호간에 있어서의 권한의 존부 또는 그 행사에 관한 다툼이 있을 때에 이에 대하여 제기하는 소송"을 말한다(동법 제 3 조 제 4 호 본문). 다만, 헌법재판소의 관장사항으로 되어 있는 권한쟁의심판은 행정소송법상 기관소송에서 제외된다(동조 제 4 호 단서).

현행 행정소송법은 기관소송을 법률이 정한 경우에 한하여 제기할 수 있는 것으로 규정하여 기관소송법정주의를 취하고 있다(법 제45조)(예 지방의회의 재의결에 대한 소송, 주무부장관이나 시·도지사의 이행명령에 대한 지방자치단체의 장의 소송, 시·도의회 또는 교육위원회의 재의결에 대한 소송 등).

　기관소송은 기관소송을 인정하는 개별 법률에서 정한 사항을 제외하고는 행정소송법의 규정을 준용한다.

[행정소송의 종류]

주관적 소송	항고소송	법정항고소송	취소소송
			무효등확인소송
			부작위위법확인소송
		무명(법정외)항고소송	의무이행소송
			예방적 부작위(금지)청구소송
	당사자소송	실질적 당사자소송	
		형식적 당사자소송	
객관적 소송	민중소송		
	기관소송		

[행정소송법의 규정 적용]

구 분	취소소송	무효등확인소송	부작위위법확인소송	당사자소송
재판관할(제9조)	○	○	○	○
사건의 이송(제10조)	○	○	○	○
피고적격(제13조)	○	○	○	×
피고의 경정(제14조)	○	○	○	○
공동소송(제15조)	○	○	○	○
소송참가(제16조·제17조)	○	○	○	○
행정심판전치주의(제18조)	○	×	○	×
취소소송의 대상(제19조)	○	○	○	×

구 분	취소 소송	무효등 확인소송	부작위위법 확인소송	당사자 소송
제소기간의 제한(제20조)	○	×	제20조 제 2 항은 준용 안 됨	×
소의 변경(제21조·제22조)	○	○	제22조는 준용 안 됨	○
집행부정지의 원칙(제23조)	○	○	×	×
행정심판기록제출명령(제25조)	○	○	○	○
직권심리(제26조)	○	○	○	○
사정판결(제28조)	○	×	×	×
확정판결의 대세적효력(제29조)	○	○	○	×
판결의 기속력(제30조)	○	○	○	○
제 3 자의 재심청구(제31조)	○	○	○	×
간접강제(제34조)	○	×	○	×

제 2 항 소송요건

소송요건이란 본안심리를 하기 위하여 갖추어야 하는 요건을 말한다.

소송요건이 충족된 소송을 적법한 소송이라 하고 이 경우 법원은 본안심리로 넘어간다.

소송요건이 결여된 소송을 부적법한 소송이라 하며 이 경우 법원은 각하판결을 내린다.

Ⅰ. 행정소송의 대상

1. 취소소송 및 무효등확인소송의 대상

(1) 원처분주의

원처분주의란 행정심판의 재결의 당부(當否)를 다투는 취소소송의 대상을 원처분으로 하고, 원처분의 취소소송에서는 원처분의 위법만을 다투고 재결에 고유한 위법은 재결취소소송에서 다투도록 하는 제도를 말한다. 이에 대하여 재결주의는 행정심판의 재결에 대하여 불복하는 경우에 재결을 대상으로 취소소송을 제기하도록 하는 제도를 말한다.

현행 행정소송법은 원처분주의를 채택하고 있다(법 제19조). 다만, 개별법률에서 예외적으로 재결주의를 채택하고 있는 경우가 있다(⬛ 감사원 변상판정(원처분)에 대한 재심의 판정(행정심판의 재결)에 대한 불복(감사원법 제40조), 지방노동위원회 구제명령(원처분)에 대한 중앙노동위원회의 재심판정(재결)(근로기준법 제31조 제 1 항)).

(2) 처   분

행정소송법상 처분이란 "행정청이 행하는 구체적 사실에 관한 법집행으로서의 공권력의 행사 또는 그 거부와 그 밖에 이에 준하는 행정작용"을 말한다(법 제 2 조 제 1 항 제 1 호).

행정소송법상의 처분개념이 실체법적 개념인 학문상의 행정행위 개념과 동일한지에 관하여 이를 동일하다고 보는 실체법적 개념설(일원설)과 동일하지 않고 전자가 후자보다 넓다고 보는 견해(이원설)가 대립하고 있다. 이원설(행정행위보다 넓은 개념으로 보는 견해)에는 형식적 행정행위론(실체법상 행정행위뿐만 아니라 형식적 행정행위(사실상 강제력이 있는 비권력적 행위)를 항고소송의 대상으로 보는 견해)과 쟁송법적 개념설(행정쟁송법상 처분개념을 실체법상의 행정행위 개념보다 넓은 행정쟁송법상의 독자적인 개념으로 보는 견해)이 있다.

쟁송법적 개념설은 행정행위뿐만 아니라 권력적 사실행위, 비권력적 행위라도 국민의 권익에 사실상의 지배력을 미치는 행위, 처분적 명령 등을 처분으로 보는데, 이 견해가 다수설이다.

판례는 행정소송법상 처분을 "행정청이 공권력주체로서 행하는 구체적 사실에 관한 법집행으로서 국민의 권리의무에 직접적으로 영향을 미치는 행위"로 넓게 정의하기도 하고(대판 2007. 10. 11, 2007두1316; 대판 2018. 11. 29, 2015두52395), "행정청의 공법상 행위로서 특정사항에 대하여 법규에 의한 권리의 설정 또는 의무의 부담을 명하며 기타 법률상 효과를 발생하게 하는 등 국민의 구체적 권리의무에 직접적 변동을 초래하는 행위를 말한다"고 좁게 정의하기도 한다. 전자의 정의는 쟁송법적 개념설에 입각한 것으로 볼 수 있고, 후자는 실체법적 개념설에 입각한 것으로 볼 수 있다.

판례는 처분성의 인정에 법률의 근거는 필요하지 않은 것으로 본다(대판 2018. 11. 29, 2015두52395).

[신청권의 인정 여부에 관한 판례]

신청권이 인정된 예	신청권이 부인된 예
① 건축허가를 신청하려는 자의 건축계획심의신청권	① 도시계획시설변경신청
② 수변구역 매수신청권	② 국·공립 대학교원 임용지원자의 임용 여부에 대한 응답신청
③ 건축물대장작성신청권	③ 직권취소신청
④ 도시계획구역 내 토지소유자의 도시계획입안신청권	④ 제3자에 대한 건축허가와 준공검사의 취소신청 및 제3자 소유의 건축물에 대한 철거명령신청
⑤ 자신의 토지에 대한 보안림의 해제신청권	⑤ 주민의 도시관리계획변경신청
⑥ 검사임용신청권	⑥ 산림 복구설계승인 및 복구준공통보에 대한 이해관계인의 취소신청
⑦ 국·공립대학의 기간제 전임강사의 재임용신청권	
⑧ 유일한 면접심사 대상자로 선정된 임용신청자의 교원임용신청권	
⑨ 3급 승진대상자로 결정된 공무원의 3급 승진임용신청권	
⑩ 공사중지명령의 상대방의 공사중지명령의 철회신청권	

* 신청권이 인정되는 경우에는 그 신청의 거부는 처분이 된다.

[처분에 관한 판례]

처분성이 인정된 예	처분성이 부인된 예
① 국가인권위원회의 성희롱결정 및 시정조치권고	① 받아오던 퇴직연금 중 일부에 대한 지급거부
② 민주화운동관련자 명예회복 또는 보상의 결정	② 어업권면허에 선행하는 우선순위결정
③ 민간투자에 관한 실시협약시 우선협상대상자의 지정	③ 혁신도시 입지선정
④ 동일한 내용의 신청에 대한 반복된 거부처분	④ 국립공원경계표지의 설치
⑤ 보건복지부 고시인 약제급여·비급여목록 및 급여상한금액표	⑤ 공중보건의사 채용계약의 해지의 의사표시(단, 징계적 성격의 경우 처분)
	⑥ 대학입시기본계획 내의 내신성적산정지침
	⑦ 농어촌도로기본계획

처분성이 인정된 예	처분성이 부인된 예
⑥ 모집단위별 입학정원을 개정한 학칙 개정행위	⑧ 혁신도시 최종입지 선정행위
⑦ 청소년유해매체물 결정 및 고시	⑨ 공매통지
⑧ 공설화장장 설치	⑩ 자동차운전면허대장상 일정한 사항의 등재행위
⑨ 건축물대장 작성신청 반려행위, 토지대장 직권말소, 지목변경거부	⑪ 일정한 경우 무허가건물관리대장 등재 삭제행위, 토지대장상 소유자명의변경 거부
⑩ 농지개량조합의 직원에 대한 징계처분	
⑪ 인사기록카드에 기록되는 행정규칙에 따른 '불문경고조치'	⑫ 부가가치세법상의 사업자등록 직권말소 행위
⑫ 세무조사결정	⑬ 4대강 살리기 마스터플랜
⑬ 건축신고의 거부(자기완결적 신고의 거부이지만 처분성 인정)	⑭ 각 군 참모총장의 수당지급대상자 추천행위
⑭ 금융기관의 임원에 대한 금융감독원장의 문책경고	⑮ 한국조폐공사 직원의 파면행위(사법상의 행위)
⑮ 친일반민족행위자재산조사위원회의 재산 조사개시결정	⑯ 행정소송 이외의 특별불복절차가 마련 된 처분(비송사건절차법에 따라 부과되 는 과태료부과처분, 통고처분, 검사의 불기소 처분 또는 공소제기, 형집행정지 취소처분)
⑯ 방산물자 지정취소	
⑰ 건축법상 이행강제금 납부의 최초 독촉	
⑱ 공정거래위원회의 '표준약관 사용권장 행위'	⑰ 금융감독원장이 종합금융주식회사의 전 대표이사에게 '문책경고장(상당)'을 보 낸 행위(관련 법령의 개정으로 처분으 로 볼 여지가 있게 되었음)
⑲ 지방계약직공무원에 대한 보수의 삭감	
⑳ 재활용자원화시설의 민간위탁대상자 선 정행위	⑱ 해양수산부장관의 항만 명칭결정
㉑ 사법상 계약에 근거한 나라장터 종합쇼 핑몰 거래정지 조치	
㉒ 대검찰청 내부규정에 근거한 검찰총장 의 검사에 대한 경고조치	

(3) 재　결

재결이 항고소송의 대상이 되는 경우는 행정심판의 재결이 그 자체에 고유한 위법이 있어 행정소송법 제19조에 따라 항고소송의 대상이 되는 경우(원처분 주의하에서 재결이 대상이 되는 경우)와 개별법률에서 재결주의를 취하는 결과 해당 법률상의 재결이 항고소송의 대상이 되는 경우로 나뉜다.

1) 행정소송법 제19조에 따라 재결이 대상이 되는 경우

행정심판의 재결은 그 자체에 고유한 위법이 있는 경우에 한하여 항고소송의 대상이 된다(동법 제19조 단서).

　　재결 자체의 고유한 위법에는 재결의 주체에 관한 위법, 재결의 절차에 관한 위법, 재결의 형식에 관한 위법, 재결의 내용에 관한 위법이 있다.

　　적법한 처분(예 건축허가)에 대한 인용재결이 정당하지 않은 경우(예 적법한 처분을 취소하는 재결)에 대하여 판례는 행정소송법 제19조 단서의 재결 자체에 고유한 위법이 있는 경우로 본다.

　　원처분의 위법 여부에 대한 취소재결의 부당이라는 위법사유로 취소재결이 취소된 경우에 행정심판기관은 다시 재결을 할 필요가 없고 취소재결의 취소로 원처분은 원상을 회복하게 된다.

2) 개별법률에 따라 재결이 항고소송의 대상이 되는 경우(재결주의)

　　개별법률에서 예외적으로 재결주의를 규정하고 있는 경우가 있는데, 이 경우에는 재결주의에 따라 원처분이 아니라 재결이 항고소송의 대상이 된다(예 회계관계직원에 대한 감사원의 변상판정(원처분)에 대하여 감사원에 재심의를 청구할 수 있고, 감사원의 재심의 판정(행정심판의 재결)에 대하여 불복하고자 하는 경우에는 감사원의 재심의 판정을 대상으로 하여야 함(대판 1984. 4. 10, 84누91). 노동위원회의 처분(원처분)에 대한 중앙노동위원회의 재심판정(행정심판의 재결)에 불복하여 취소소송을 제기하는 경우에는 재결주의에 따라 중앙노동위원회의 재심판정을 대상으로 중앙노동위원장을 피고로 하여 재심판정취소의 소를 제기하여야 함(대판 1995. 9. 15, 95누6724)).

　　행정심판전치주의와 재결주의는 별개의 제도인데, 재결주의는 행정심판전치주의를 전제로 한다(헌재 2001. 6. 28, 2000헌바77).

2. 부작위위법확인소송의 대상

　　부작위위법확인소송의 대상은 부작위이다.

　　부작위위법확인소송에서의 '부작위'란 행정청이 당사자의 신청에 대하여 상당한 기간내에 일정한 처분을 하여야 할 법률상 의무가 있음에도 불구하고 이를 하지 아니하는 것을 말한다(동법 제 2 조 제 1 항 제 2 호)(예 4급 공무원이 해당 지방자치단체 인사위원회의 심의를 거쳐 3급 승진대상자로 결정되고 임용권자가 그 사실을 대내외에 공표까지 하였다면, 3급 승진임용을 신청할 조리상의 권리가 있다(대판 2009. 7. 23, 2008두10560)).

3. 당사자소송의 대상

당사자소송의 대상은 공법상 법률관계이다(예 공무원의 지위확인을 구하는 소송, 미지급퇴직연금지급청구소송, 광주민주화운동관련 보상금지급청구소송 등). 또한 공법상 계약(예 전문직 공무원 채용계약) 등 일정한 비권력적인 법적 행위는 공법상 당사자소송의 대상이다.

[판례 1] 공법상 계약의 한쪽 당사자가 다른 당사자를 상대로 효력을 다투거나 이행을 청구하는 소송은 공법상의 법률관계에 관한 분쟁이므로 분쟁의 실질이 공법상 권리·의무의 존부·범위에 관한 다툼이 아니라 손해배상액의 구체적인 산정방법·금액에 국한되는 등의 특별한 사정이 없는 한 공법상 당사자소송으로 제기하여야 한다(대판 2021. 2. 4, 2019다277133).

[판례 2] 재개발조합은 조합원에 대한 법률관계에서 적어도 특수한 존립목적을 부여받은 특수한 행정주체로서 국가의 감독하에 그 존립 목적인 특정한 공공사무를 행하고 있다고 볼 수 있는 범위 내에서는 공법상의 권리의무 관계에 서 있다. 따라서 조합을 상대로 한 쟁송에 있어서 강제가입제를 특색으로 한 조합원의 자격 인정 여부에 관하여 다툼이 있는 경우에는 그 단계에서는 아직 조합의 어떠한 처분 등이 개입될 여지는 없으므로 공법상의 당사자소송에 의하여 그 조합원 자격의 확인을 구할 수 있다(대판 전원합의체 1996. 2. 15, 94다31235).

[판례 3] 구 도시 및 주거환경정비법상 재개발조합이 공법인이라는 사정만으로 재개발조합과 조합장 또는 조합임원 사이의 선임·해임 등을 둘러싼 법률관계는 사법상의 법률관계로서 그 조합장 또는 조합임원의 지위를 다투는 소송은 민사소송에 의하여야 할 것이다(대결 2009. 9. 24, 2009마168, 169).

Ⅱ. 원고적격

1. 의   의

원고적격이란 구체적인 소송에서 원고로서 소송을 수행하여 본안판결을 받을 수 있는 자격을 말한다.

행정소송법 제12조 전단은 "취소소송은 처분등의 취소를 구할 법률상 이익이 있는 자가 제기할 수 있다"고 원고적격을 규정하고 있다.

2. 원고적격의 요건

'원고적격이 있는 자'가 되기 위하여는 ① 법률상 이익이 있는 자이어야 하며, ② 동시에 그 이익이 직접적·구체적으로 침해를 당하였거나 침해될 것이 우려되는(보다 정확히 말하면 개연성이 있는) 경우이어야 한다.

현행 행정소송법상 '법률상 이익'의 개념과 관련하여 권리구제설, 법률상 보호되는 이익구제설(법적 이익구제설), 보호할 가치 있는 이익구제설, 적법성보장설이 대립하고 있는데, 다수설 및 판례는 법적 이익구제설을 취하고 있다.

판례는 처분의 근거법규 및 관계법규(취지 포함)에 의해 보호되는 직접적이고 구체적인 개인적 이익(사적 이익)을 법률상 이익으로 보고 있다.

예를 들면, 처분의 관계법규인 환경영향평가법의 입법취지는 환경영향평가를 실시하여야 할 사업(환경영향평가 대상사업)이 환경을 해치지 아니하는 방법으로 시행되도록 함으로써 해당 사업과 관련된 환경공익을 보호하려는 데 그치는 것이 아니라, 인근 주민들이 전과 비교하여 수인한도를 넘는 환경침해를 받지 아니하고 쾌적한 환경에서 생활할 수 있는 개별적 이익(사적 이익)까지도 보호하려는 데에 있다(대판 2006. 6. 30, 2005두14363).

판례에 따르면 환경영향평가 대상지역 안에 있는 주민에게 당연히 원고적격이 인정되는 것은 아니며 환경영향평가의 대상이 되는 개발사업의 승인으로 환경상의 개인적 이익이 직접 구체적으로 침해될 것이 사실상 추정되어 원고적격이 있는 것으로 추정된다. 환경영향평가 대상지역 밖의 주민이라 할지라도 처분 등으로 인하여 그 처분 전과 비교하여 수인한도를 넘는 환경피해를 받거나 받을 우려가 있는(개연성이 있는) 경우에는, 처분 등으로 인하여 환경상 이익에 대한 침해 또는 침해우려가 있다는 것을 입증함으로써 그 처분 등의 취소 또는 무효확인을 구할 원고적격을 인정받을 수 있다. 다만, 환경영향평가 대상지역 밖의 주민이라도 그 환경영향평가 대상지역 내에서 농작물을 경작하는 등 현실적으로 환경상 이익을 향유하는 자는 환경상 이익에 대한 침해 또는 침해 우려가 있는 것으로 사실상 추정되어 원고적격이 인정되는 자에 포함된다. 그렇지만 단지 그 환경영향평가 대상지역 내의 건물·토지를 소유하거나 환경상 이익을 일시적으로 향유하는 데 그치는 자는 환경상 이익에 대한 침해 또는 침해 우려가 있는 것으로 사실상 추정되어 원고적격이 인정되는 자에 포함되지 않는다.

[취소소송에서의 원고적격의 인정 여부에 관한 판례]

원고적격이 인정된 예	원고적격이 부인된 예
① 취임승인이 취소된 학교법인의 정식이사의 취임승인취소처분 및 임시이사 선임처분에 대한 취소소송 ② 시민단체의 정보공개거부에 대한 취소청구 ③ 약제를 제조·공급하는 제약회사의 보건복지부 고시인 '약제급여·비급여 목록 및 급여 상한금액표' 중 약제의 상한금액 인하 부분에 대한 취소소송 ④ 임차인대표회의의 임대주택 분양전환승인처분의 취소소송 ⑤ 제약회사의 약제상한금액고시의 취소소송 ⑥ 취수장에서 물을 공급받는 부산광역시 또는 양산시에 거주하는 주민의 공장설립승인처분의 취소소송 ⑦ 기존업자의 담배소매인지정처분에 대한 취소소송 ⑧ 채석허가 양수인의 채석허가를 취소하는 처분의 취소소송 ⑨ 조합설립추진위원회의 구성에 동의하지 아니한 정비구역 내의 토지 등 소유자의 조합설립추진위원회 설립승인처분의 취소소송 ⑩ 학교법인임원으로 선임된 사람의 학교법인의 임원취임승인신청 반려처분에 대한 취소소송 취소청구 ⑪ 기존골프장회원의 회원모집계획승인처분 취소소송 ⑫ 분양신청기간 내에 분양신청을 하지 않거나 분양신청을 철회함으로 인해 조합원의 지위를 상실한 토지 등 소유자의 관리처분계획의 무효확인 또는 취소소송 ⑬ 환경영향평가 대상지역 내에 거주하는 주민의 환경영향평가의 대상이 되는 개발사업시행계획승인처분에 대한 취소소송	① 기존 일반소매인의 신규 구내소매인 지정처분의 취소소송 ② 아파트관리사무소 소장의 관리사무소 종합소득세 경정청구 거부에 대한 취소소송 ③ 법인의 주주가 법인에 대한 행정처분(운송사업양도·양수신고수리처분) 이후의 주식 양수인인 주주의 동 처분에 대한 취소소송 ④ 사단법인 대한의사협회의 보건복지부 고시인 '건강보험요양급여행위 및 그 상대가치점수 개정'에 대한 취소소송 ⑤ 도로의 일반이용자의 도로의 공용폐지처분에 대한 취소소송

Ⅲ. 좁은 의미의 소의 이익: 권리보호의 필요

좁은 의미의 소의 이익이란 원고가 소송상 청구에 대하여 본안판결을 구하는 것을 정당화시킬 수 있는 현실적 이익 또는 필요성을 말한다. 소의 이익을 '권리보호의 필요'라고도 한다.

1. 항고소송에서의 좁은 의미의 소의 이익

(1) 취소소송에서의 좁은 의미의 소의 이익

취소소송(무효확인소송)에서 소의 이익은 계쟁처분의 취소(무효확인)를 구할 현실적 법률상 이익이 있는지 여부를 기준으로 판단된다.

행정처분을 다툴 좁은 의미의 소의 이익은 개별·구체적 사정을 고려하여 판단하여야 한다(대판 2020. 4. 9, 2019두49953).

일반적으로 원고적격이 있는 자가 항고소송을 제기한 경우에는 원칙상 좁은 의미의 소의 이익(권리보호의 필요)이 있는 것으로 보아야 한다. 그런데 ① 소송목적이 실현된 경우(예 처분의 효력이 소멸한 경우(예 영업정지나 면허정지기간이 지난 경우), 권익침해가 해소된 경우(예 의사국가시험에 불합격한 후 새로 실시된 의사국가시험에 합격한 경우) 등), ② 원상회복이 불가능한 경우(예 건축허가가 건축법 소정의 이격거리를 두지 아니하고 건축물을 건축하도록 되어 있어 위법하다 하더라도 건축이 완료되어버린 경우) 및 ③ 보다 실효적인 다른 권리구제절차가 있는 경우(예 인가에 있어서 기본행위의 하자를 이유로 기본행위를 다투는 소송이 기본행위의 하자를 이유로 인가처분을 다투는 것보다는 더 실효적인 권리구제임)에는 소의 이익이 부정된다. 다만, 이 경우에도 취소를 구할 현실적 이익이 있는 경우에는 소의 이익이 인정된다. 예를 들면, 원상회복이 불가능하게 보이는 경우라 하더라도, 동일한 소송 당사자 사이에서 그 행정처분과 동일한 사유로 위법한 처분이 반복될 위험성이 있어 행정처분의 위법성 확인 내지 불분명한 법률문제에 대한 해명이 필요하다고 판단되는 경우 등에는 행정의 적법성 확보와 그에 대한 사법통제, 국민의 권리구제 확대 등의 측면에서 여전히 그 처분의 취소를 구할 이익이 있다(대판 2019. 5. 10, 2015두46987). 여기에서 '그 행정처분과 동일한 사유로 위법한 처분이 반복될 위험성이 있는 경우'란 불분명한 법률문제에 대한 해명이 필요한 상황에 대한 대표적인 예시일 뿐이며, 반드시 '해당 사건의 동일한 소송 당사자 사이에서' 반복될 위험이 있는 경우만을 의미하는 것은 아니다(대판 2020. 12. 24, 2020두30450).

좁은 의미의 소의 이익에서의 '법률상 이익'은 취소소송을 통하여 구제되는 기본적인 법률상 이익(예 공무원 지위 회복)뿐만 아니라 부수적인 법률상 이익(예 봉급청구)도 포함한다고 보는 점에서 원고적격에서의 법률상 이익보다 넓은 개념이라는 것이 다수견해이다(예 파면처분을 다투던 중 원고가 정년에 달한 경우에는 기본적 권리인 공무원 지위의 회복은 불가능하지만, 봉급청구 등 부수적 이익이 있으므로 파면처분을 취소할 소의 이익이 있다).

판례는 행정소송법 제12조 소정의 '법률상 이익'을 전문(원고적격)의 그것과 후문(좁은 의미의 소의 이익)의 그것을 구별하지 않고 모두 '해당 처분의 근거 법률에 의하여 보호되는 직접적이고 구체적인 이익'이라고 해석하고, 간접적이거나 사실적·경제적 이해관계를 가지는 데 불과한 경우는 여기에 해당되지 아니한다고 보고 있다(대판 전원합의체 1995. 10. 17, 94누14148).

(2) 무효확인소송에서의 소의 이익과 확인의 이익

무효확인소송에서도 취소소송에서 논한 소의 이익이 요구된다. 그런데 그 이외에 무효확인소송에 있어서 일반 확인소송(민사소송인 확인소송)에서 요구되는 '확인의 이익(즉시 확정의 이익)'이 요구되는지에 관하여 긍정설과 부정설이 대립하고 있다. 종래 판례는 긍정설(필요설, 즉시확정이익설)을 취하고 있었지만, 최근(2008. 3. 20.) 대법원 전원합의체는 판례를 변경하여 무효확인소송에서 부정설과 같이 행정처분의 근거 법률에 의해 보호되는 직접적이고 구체적인 이익이 있는 경우에는 이와 별도로 민사소송(확인소송)에서 요구하는 확인의 이익(무효확인소송의 보충성: 현재의 권리 또는 법률적 지위에 대한 위험이나 불안을 제거하기 위한 유효적절한 수단으로 인정)을 요구하지 않는 것으로 하였다(대판 전원합의체 2008. 3. 20, 2007두6342).

(3) 부작위위법확인소송에서의 소의 이익

① 당사자의 신청이 있은 이후 당사자에게 생긴 사정의 변화로 인하여 부작위가 위법하다는 확인을 받는다고 하더라도 종국적으로 침해되거나 방해받은 권리와 이익을 보호·구제받는 것이 불가능하게 되었다면 그 부작위가 위법하다는 확인을 구할 이익은 없다(대판 2002. 6. 28, 2000두4750).

② 변론종결시까지 처분청이 처분(거부처분 포함)을 한 경우에는 부작위상태가

해소되므로 소의 이익이 없게 된다(대판 1990. 9. 25, 89누4758).

2. 공법상 당사자소송에서의 소의 이익

행정소송법은 공법상 당사자소송에 대하여는 원고적격이나 소의 이익에 관한 규정을 두고 있지 않다. 따라서, 공법상 당사자소송의 소의 이익에 관하여는 민사소송법이 준용된다(법 제8조 제2항).

당사자소송에서 원고적격이 있는 자는 당사자소송을 통하여 주장하는 공법상 법률관계의 주체이다.

당사자소송에서의 좁은 의미의 소의 이익은 민사소송의 소의 이익의 법리에 따른다.

공법상 법률관계의 확인을 구하는 당사자소송의 경우, 즉 공법상 당사자소송인 확인소송의 경우에는 항고소송인 무효확인소송에서와 달리 확인의 이익(즉시 확정의 이익)이 요구된다(대판 2009. 9. 24, 2008다60568).

Ⅳ. 피고적격이 있는 행정청을 피고로 할 것

1. 항고소송의 피고

행정소송법은 항고소송의 피고를 행정주체로 하지 않고 '처분 등을 행한 행정청'으로 하고 있다.

피고가 되는 '처분 등을 행한 행정청'이란 그의 이름으로 처분을 한 행정기관을 말한다. 정당한 권한을 가진 행정청인지 여부는 불문한다. 처분권한이 있는지 여부는 본안의 문제이다.

'행정청'에는 본래의 행정청(국가 또는 지방자치단체의 행정청 및 공공단체) 이외에 법령에 따라 행정권한의 위임 또는 위탁을 받은 행정기관, 공공단체 및 그 기관 또는 사인이 포함된다(동법 제2조 제2항). 공무수탁사인이 자신의 이름으로 처분을 한 경우에 공무수탁사인이 피고가 된다.

재결이 항고소송의 대상이 되는 경우에는 재결을 한 행정심판기관(행정심판위원회 등)이 피고가 된다.

2. 당사자소송의 피고

당사자소송은 '국가·공공단체 그 밖의 권리주체'를 피고로 한다(동법 제39조). 여기에서 '그 밖의 권리주체'란 공권력을 수여받은 행정주체인 사인, 즉 공무수탁사인을 의미한다.

당사자소송의 피고는 권리주체를 피고로 하는 점에서 처분청을 피고로 하는 항고소송과 다르다.

Ⅴ. 제소기간 내에 제기할 것

1. 항고소송의 제소기간

(1) 행정심판을 거친 경우

행정심판을 거쳐 취소소송을 제기하는 경우에는 취소소송은 재결서의 정본을 송달받은 날부터 90일 이내에 제기하여야 한다(동법 제20조 제1항).

여기에서 '행정심판을 거쳐 취소소송을 제기하는 경우'란 행정심판을 거쳐야 하는 경우와 그 밖에 행정심판청구를 할 수 있는 경우 또는 행정청이 행정심판청구를 할 수 있다고 잘못 알린 경우에 행정심판청구를 한 경우를 말한다(동법 제20조 제1항 단서).

제20조 제1항에 따른 기간은 불변기간이다(동법 제20조 제3항).

(2) 행정심판을 거치지 않고 직접 취소소송을 제기하는 경우

행정심판을 거치지 않고 직접 취소소송을 제기하는 경우 취소소송은 처분 등이 있음을 안 날부터 90일 이내에 제기하여야 하고(동법 제20조 제1항 본문), 처분 등이 있은 날부터 1년을 경과하면 이를 제기하지 못한다. 다만, 정당한 사유가 있는 때에는 그러하지 아니하다(동법 제20조 제2항).

(3) 무효등확인소송의 제소기간

무효등확인소송을 제기하는 경우에는 제소기간에 제한이 없다(동법 제38조 제1항).

(4) 부작위위법확인소송의 제소기간

판례는 행정심판을 거치지 않은 경우에는 부작위위법확인소송의 특성상 제소기간의 제한을 받지 않는다고 보고, 행정심판을 거친 경우에는 행정소송법 제20조가 정한 제소기간 내(재결서의 정본을 송달받은 날부터 90일 이내)에 부작위위법확인의 소를 제기하여야 한다고 본다(대판 2009. 7. 23, 2008두10560).

2. 당사자소송의 제소기간

당사자소송의 제기기간에는 원칙상 제한이 없고, 이 경우에는 공법상 권리가 시효 등에 따라 소멸되지 않는 한 당사자소송을 제기할 수 있다.

Ⅵ. 행정심판전치주의가 적용되는 경우 그 요건을 충족할 것

1. 행정심판임의주의 — 예외적 행정심판전치주의

행정소송법은 행정심판을 원칙상 임의적인 구제절차로 규정하고 있다. 즉, 취소소송은 법령의 규정에 따라 해당 처분에 대한 행정심판을 제기할 수 있는 경우에도 이를 거치지 아니하고 제기할 수 있다. 다만, 다른 법률에 해당 처분에 대한 행정심판의 재결을 거치지 아니하면 취소소송을 제기할 수 없다는 규정이 있는 때에는 그러하지 아니하다(법 제18조 제1항).

2. 행정심판전치주의의 적용범위

행정심판전치주의는 취소소송과 부작위위법확인소송에서 인정되며(동법 제18조 제1항, 제38조 제2항) 무효확인소송에는 적용되지 않는다(동법 제38조 제1항).

무효선언을 구하는 취소소송에는 행정심판전치주의가 적용된다(대판 전원합의체 1976. 2. 24, 75누128; 대판 1987. 6. 9, 87누219).

3. 행정심판전치주의의 예외

(1) 행정심판의 재결 없이 행정소송을 제기할 수 있는 경우

① 행정심판청구가 있은 날부터 60일이 지나도 재결이 없는 때.

② 처분의 집행 또는 절차의 속행으로 생길 중대한 손해를 예방하여야 할 긴급한 필요가 있는 때.

③ 법령의 규정에 따라 행정심판기관이 의결 또는 재결을 하지 못할 사유

가 있는 때.

④ 그 밖의 정당한 사유가 있는 때.

(2) 행정심판의 제기 없이 행정소송을 제기할 수 있는 경우

① 동종사건에 관하여 이미 행정심판의 기각재결이 있은 때.

② 서로 내용상 관련되는 처분 또는 같은 목적을 위하여 단계적으로 진행되는 처분 중 어느 하나가 이미 행정심판의 재결을 거친 때.

③ 행정청이 사실심의 변론종결 후 소송의 대상인 처분을 변경한 경우 그 변경된 처분에 관하여 소를 제기하는 때.

④ 처분을 행한 행정청이 행정심판을 거칠 필요가 없다고 잘못 알린 때.

Ⅶ. 관할법원

1. 항고소송의 관할법원

행정법원이 설치된 지역(서울지역)에서는 행정법원, 행정법원이 설치되지 않은 지역(서울 이외의 지역)에서는 해당 지방법원 본원이 제 1 심 관할법원이 된다.

다만, ① 중앙행정기관, 중앙행정기관의 부속기관과 합의제행정기관 또는 그 장, ② 국가의 사무를 위임 또는 위탁받은 공공단체 또는 그 장이 피고인 경우 그 피고에 대하여 취소소송을 제기하는 경우에는 대법원소재지를 관할하는 행정법원에 제기할 수 있다(행정소송법 제 9 조 제 2 항).

2. 당사자소송의 관할법원

당사자소송의 관할법원은 취소소송의 경우와 같다. 다만, 국가 또는 공공단체가 피고인 경우에는 관계행정청의 소재지를 피고의 소재지로 본다(동법 제40조).

3. 행정소송의 관할의 성격: 전속관할

행정소송의 관할은 행정법원의 전속관할이므로 민사법원은 계쟁사건의 관할이 행정법원인 경우 해당 사건을 행정법원으로 이송하여야 한다. 계쟁행정사건의 관할이 행정법원이 아니라 지방법원인 경우에는 그러하지 아니하다.

제 3 항 행정소송에서의 가구제

I. 행정소송법상의 집행정지

1. 집행부정지의 원칙

취소소송의 제기는 처분 등의 효력(처분이 갖는 행정법상의 효력으로서 형성력, 구속력 또는 기속력을 포함)이나 그 집행(처분내용을 강제로 실현하는 집행력의 행사) 또는 절차의 속행(처분이 유효함을 전제로 법률관계를 진전시키고 후속처분을 하는 것)에 영향을 주지 아니한다(동법 제23조 제 1 항). 이와 같이 위법한 처분 등을 다투는 항고소송이 제기된 경우에도 처분 등의 효력을 잠정적으로나마 정지시키지 않고 처분 등의 후속적인 집행을 인정하는 것을 '집행부정지의 원칙'이라 한다.

2. 예외적인 집행정지

취소소송이 제기된 경우에 처분 등이나 그 집행 또는 절차의 속행으로 인하여 생길 회복하기 어려운 손해(사회통념상 그 원상회복이나 금전배상이 불가능하다고 인정되는 손해)를 예방하기 위하여 긴급한 필요(회복하기 어려운 손해의 발생이 시간상으로 절박하여 손해를 피하기 위해 본안판결을 기다릴 여유가 없는 것)가 있다고 인정할 때에는 본안이 계속되고 있는 법원은 당사자의 신청 또는 직권에 따라 처분 등의 효력이나 그 집행 또는 절차의 속행의 전부 또는 일부의 정지(이하 '집행정지'라 한다)를 결정할 수 있다(예 ① 처분의 효력정지: 허가의 취소나 영업정지처분의 효력정지, ② 처분의 집행정지: 출국명령을 다투는 사건에서 강제출국을 위한 행정강제를 할 수 없게 하는 것, ③ 절차속행의 정지: 대집행영장에 따른 통지를 다투는 사건에서 대집행의 실행을 정지시키는 것). 다만, 처분의 효력정지는 처분 등의 집행 또는 절차의 속행을 정지함으로써 목적을 달성할 수 있는 경우에는 허용되지 아니한다(동법 제23조 제 2 항).

판례에 따르면 거부처분은 집행정지의 대상이 되지 못한다. 그 이유는 신청에 대한 거부처분의 효력을 정지하더라도 거부처분이 없었던 것과 같은 상태, 즉 거부처분이 있기 전의 신청시의 상태로 되돌아가는 데에 불과하고 행정청에게 신청에 따른 처분을 하여야 할 의무가 생기는 것이 아니므로, 거부처분의 효력정지는 그 거부처분으로 인하여 신청인에게 생길 손해를 방지하는 데 아무런 보탬이 되지 아니하여 그 효력정지를 구할 이익이 없기 때문이다(대결 1995. 6. 21, 95두26).

집행정지는 공공복리에 중대한 영향을 미칠 우려가 있을 때에는 허용되지 않는다(동법 제23조 제3항). "공공복리에 중대한 영향을 미칠 우려"란 일반적이고 추상적인 공익에 대한 침해의 가능성이 아니라 해당 처분의 집행과 관련된 구체적이고도 개별적인 공익에 중대한 해를 입힐 개연성을 말한다(대결 1999. 12. 20, 99무42). 이 요건에 의해 집행정지를 허가하지 않은 사례로는 공설화장장 이전설치처분(대결 1971. 3. 5, 71두2), 시외버스운송사업면허 내인가처분취소(대결 1991. 5. 6, 91두13), 출입국관리법상 강제퇴거명령의 집행을 위한 보호명령(대결 1999. 1. 20, 96두31) 등이 있다.

본안청구가 이유 없음이 명백하지 아니할 것이 행정소송법상 명문으로 집행정지의 요건으로 규정되어 있지는 않지만 판례는 본안청구가 이유 없음이 명백하지 아니할 것을 집행정지의 소극적 요건으로 요구한다.

3. 집행정지의 효력

첫째, 집행정지 중 효력정지는 처분의 효력을 잠정적으로 상실시키는 효력을 갖는다. 둘째, 집행정지결정은 취소판결의 기속력에 준하여 해당 사건에 관하여 당사자인 행정청과 관계행정청을 기속한다(동법 제23조 제6항). 셋째, 집행정지결정의 효력은 결정 주문에서 정한 기간까지 존속하다가 그 기간이 만료되면 장래에 향하여 당연히 소멸한다(대판 2020. 9. 3, 2020두34070).

【판례 1】제재처분에 대한 행정쟁송절차에서 처분에 대해 집행정지결정이 이루어졌더라도 본안에서 해당 처분이 최종적으로 적법한 것으로 확정되어 집행정지결정이 실효되고 제재처분을 다시 집행할 수 있게 되면, 처분청으로서는 당초 집행정지결정이 없었던 경우와 동등한 수준으로 해당 제재처분이 집행되도록 필요한 조치를 취하여야 한다. 집행정지는 행정쟁송절차에서 실효적 권리구제를 확보하기 위한 잠정적 조치일 뿐이므로, 본안 확정판결로 해당 제재처분이 적법하다는 점이 확인되었다면 제재처분의 상대방이 잠정적 집행정지를 통해 집행정지가 이루어지지 않은 경우와 비교하여 제재를 덜 받게 되는 결과가 초래되도록 해서는 안 된다(대판 2017. 7. 11, 2013두25498; 대판 2020. 9. 3, 2020두34070).

【판례 2】 처분상대방이 집행정지결정을 받지 못했으나 본안소송에서 해당 제 재처분이 위법하다는 것이 확인되어 취소하는 판결이 확정되면, 처분청은 그 제재 처분으로 처분상대방에게 초래된 불이익한 결과를 제거하기 위하여 필요한 조치를 취하여야 한다(대판 2020. 9. 3, 2020두34070).

Ⅱ. 가처분의 가부(可否)

우리 행정소송법은 행정처분에 대하여는 가처분(금전채권 이외의 특정의 지급을 목적으로 하는 청구권을 보전하기 위하거나(예 처분금지 가처분, 점유이전금지 가처분, 방해배제 가처분 등) 또는 다투어지고 있는 권리관계에 관하여 임시의 지위를 정함(예 건축공사금지 가처분, 출입금지 가 처분, 건축공사방해금지 가처분 등)을 목적으로 하는 재판)에 관한 민사집행법상의 규정을 적 용하지 아니한다는 것을 명시한 일본의 행정사건소송법(법 제44조)과는 달리 이에 대하여 명문의 규정을 두고 있지 않다.

① 항고소송에 있어서 민사집행법상의 가처분에 관한 규정을 준용할 수 있 다는 견해와 이를 부정하는 견해가 대립하고 있는데, 판례는 소극설(대결 1992. 7. 6, 92마54. 민사집행법상의 가처분으로써 행정청의 어떠한 행정행위의 금지를 구하는 것은 허용될 수 없 다)을 취하고 있다.

② 공법상 당사자소송에서는 집행정지는 인정되지 않는다. 당사자소송은 민사소송과 유사하므로 민사집행법상의 가처분이 준용된다는 것이 실무 및 학 설의 일반적 견해이다. 공법상 당사자소송에서는 가압류가 인정된다.

③ 객관적 소송에서는 개별 법률에 따른다(예 국회의원입후보등록공고의 가처분을 부인한 사례(대결 1963. 11. 23, 63주1(결정), 공직선거에서 전자개표기(투표지분류기) 사용금지의 가처 분을 부인한 사례(대판 2013. 4. 3, 2013주6(결정)).

제 4 항   행정소송의 심리

Ⅰ. 개   설

소송의 심리란 소에 대한 판결을 하기 위하여 그 기초가 될 소송자료를 수 집하는 절차를 말한다.

Ⅱ. 심리의 내용

1. 요건심리

요건심리란 제기된 소가 소송요건을 갖춘 것인지의 여부를 심리하는 것을 말한다. 요건심리의 결과 소송요건을 갖추지 않은 것으로 인정될 때에는 해당 소는 부적법한 소가 되고 각하판결이 내려진다.

소송요건으로는 ① 관할권, ② 제소기간, ③ 처분성, ④ 원고적격, ⑤ 소의 이익, ⑥ 전심절차, ⑦ 당사자능력, ⑧ 중복소송이 아닐 것, ⑨ 기판력에 반하지 않을 것 등이 있다.

2. 본안심리

본안심리란 요건심리의 결과 그 소송이 소송요건을 갖춘 것으로 인정되는 경우 사건의 본안(예 취소소송에서의 처분의 위법 여부)에 대하여 실체적 심사를 행하는 것을 말한다.

본안심리의 결과 청구가 이유 있다고 인정되면 청구인용판결을 하고, 청구가 이유 없다고 인정되면 청구기각판결을 한다.

Ⅲ. 심리의 범위

1. 불고불리의 원칙

행정소송에도 민사소송에서와 같이 불고불리의 원칙이 적용된다(동법 제8조). 불고불리의 원칙이란 법원은 소송의 제기가 없으면 재판할 수 없고, 소송의 제기가 있는 경우에도 당사자가 신청한 사항에 대하여 신청의 범위내에서 심리·판단하여야 한다는 원칙을 말한다(민사소송법 제203조).

2. 재량문제의 심리

법원은 재량행위에 대하여 취소소송이 제기된 경우에는 각하할 것이 아니라 본안심리를 하여 재량권의 일탈·남용 여부를 판단하여 재량권의 일탈·남용이 있으면 인용판결을 하고 재량권의 일탈·남용이 없으면 기각판결을 하여야 한다.

그러나 법원은 재량권 행사가 부당한 것인지 여부는 심리·판단할 수 없다.

3. 법률문제·사실문제

법원은 소송의 대상이 된 처분 등의 모든 법률문제 및 사실문제에 대하여 처음부터 새롭게 다시(de novo) 심사할 수 있다.

Ⅳ. 심리의 일반원칙

1. 민사소송법상의 심리절차의 준용

행정소송사건의 심리절차에 관하여 행정소송법에 특별한 규정이 없는 경우에는 법원조직법과 민사소송법 및 민사집행법의 관련규정이 준용되는데(행정소송법 제8 조 제2 항), 행정소송법에 제26조(직권심리) 및 제25조(행정심판기록의 제출명령)를 제외하고는 특별한 규정이 없으므로 민사소송의 심리에 관한 일반원칙인 공개심리주의, 쌍방심리주의, 구술심리주의, 변론주의 등이 행정소송의 심리에도 적용된다.

2. 행정소송법상의 특수한 소송절차

(1) 직권심리주의

1) 의   의

직권심리주의란 소송자료의 수집을 법원이 직권으로 할 수 있는 소송심리원칙을 말한다.

법원은 필요하다고 인정할 때에는 직권으로 증거조사를 할 수 있고, 당사자가 주장하지 아니한 사실에 대하여 판단(직권탐지)할 수 있다(동법 제26조).

2) 직권탐지 인정범위

행정소송법 제26조는 직권증거조사와 함께 일정한 한도 내에서 직권탐지를 인정하고 있다.

판례는 행정소송의 직권심리주의를 극히 예외적으로만 인정하고 있다. 즉, 직권탐지는 소송기록에 나타난 사실에 한정된다(예 증거신청서류에 나타난 사실에 대하여도 당사자가 주장하지 않은 사실의 직권탐지가 가능하다).

3) 당사자소송에의 준용

취소소송의 직권심리주의를 규정하는 행정소송법 제26조는 공법상 당사자소송에 준용된다(동법 제44조 제 1 항).

(2) 행정심판기록제출명령

행정소송법 제25조는 원고의 입증방법의 확보를 위하여 행정심판기록제출명령제도를 규정하고 있다.

V. 심리과정의 제문제

1. 관련청구소송의 병합

행정소송법상 관련청구소송의 병합이란 취소소송, 무효등확인소송 또는 당사자소송(이하 '취소소송 등'이라 한다)에 해당 취소소송 등과 관련이 있는 청구소송(관련청구소송)을 병합하여 제기하는 것을 말한다(예 처분에 대한 취소소송에 해당 처분으로 인한 손해에 대한 국가배상청구소송의 병합).

행정소송법은 다음과 같이 관련청구소송의 병합을 인정하고 있다. 취소소송에는 사실심의 변론종결시까지 관련청구소송을 병합하거나 피고외의 자를 상대로 한 관련청구소송을 취소소송이 계속된 법원에 병합하여 제기할 수 있다(법 제10조 제 2 항). 이 규정은 무효등확인소송 및 당사자소송에 준용된다(동법 제38조 제 1 항, 제44조 제 2 항).

'관련청구소송'이란 주된 취소소송 등의 대상인 처분등과 관련되는 손해배상·부당이득반환·원상회복 등 청구소송 및 취소소송을 말한다(동법 제10조 제 1 항).

2. 소송참가

(1) 제 3 자의 소송참가

제 3 자의 소송참가란 소송의 결과에 따라 권리 또는 이익의 침해를 받을 제 3 자가 있는 경우에 당사자 또는 제 3 자의 신청 또는 직권에 의하여 그 제 3 자를 소송에 참가시키는 제도를 말한다(예 제 3 자효 행정행위에 대한 취소소송).

법원은 소송의 결과에 따라 권리 또는 이익의 침해를 받을 제 3 자가 있는 경우에는 당사자 또는 제 3 자의 신청 또는 직권에 따른 결정으로써 그 제 3 자를 소송에 참가시킬 수 있다(동법 제16조 제 1 항).

(2) 제 3 자의 재심청구

처분등을 취소하는 판결로 권리 또는 이익의 침해를 받은 제 3 자는 자기에게 책임 없는 사유로 소송에 참가하지 못함으로써 판결의 결과에 영향을 미칠 공격 또는 방어방법을 제출하지 못한 때에는 이를 이유로 확정된 종국판결에 대하여 재심의 청구를 할 수 있다(동법 제31조 제 1 항). 제 3 자의 재심청구는 확정판결이 있음을 안 날부터 30일 이내, 판결이 확정된 날부터 1년 이내에 제기하여야 한다(동조 제 2 항). 재심청구기간은 불변기간이다(동조 제 3 항).

행정소송법 제31조의 해석상 소송참가를 한 제 3 자는 판결 확정 후 행정소송법 제31조에 의한 재심의 소를 제기할 수 없다.

(3) 행정청의 소송참가

행정청의 소송참가란 관계행정청이 행정소송에 참가하는 것을 말한다.

법원은 다른 행정청을 소송에 참가시킬 필요가 있다고 인정할 때에는 당사자 또는 해당 행정청의 신청 또는 직권에 의한 결정으로써 그 행정청을 소송에 참가시킬 수 있다(동법 제17조 제 1 항).

Ⅵ. 주장책임과 입증책임

1. 주장책임

주장책임이란 당사자가 유리한 사실을 주장하지 않으면 그 사실은 없는 것으로 취급되어 불이익한 판단을 받게 되는데, 이 경우에 있어서의 해당 당사자의 불이익을 받는 지위를 말한다.

2. 입증책임

(1) 의   의

입증책임이란 소송상 증명을 요하는 어느 사실의 존부가 확정되지 않은 경우에 해당 사실이 존재하지 않는 것으로 취급되어 불리한 법률판단을 받게 되는 당사자 일방의 위험 또는 불이익을 말한다.

입증책임의 분배란 어떤 사실의 존부가 확정되지 않은 경우에 당사자 중 누구에게 불이익을 돌릴 것인가의 문제이다. 입증책임을 지는 자가 소송상 증명을 요하는 어느 사실이 입증되지 않는 경우에 불이익을 받게 된다.

증명책임은 사실에 대한 것이며 법에 대한 것은 아니다. 법에 대한 판단은 법원이 책임을 지고 해야 한다.

(2) 취소소송에 있어서의 입증책임

취소소송에서의 입증책임의 분배에 관하여는 ① 민사소송상의 입증책임의 분배원칙(법률요건분류설: 각 당사자는 자기에게 유리한 법규요건사실의 존부에 대해 입증책임을 지는 것으로 분배하는 것)에 따라야 한다는 견해와 ② 행정소송의 입증책임은 행정소송의 특수성을 고려하여 독자적으로 정하여야 한다는 견해(권리와 자유의 제한 및 의무부과는 행정청이 적법성에 대한 입증책임 부담, 개인의 권리영역 및 이익영역의 확장은 원고가 입증책임 부담)로 나뉜다.

판례는 행정소송에서의 입증책임도 원칙적으로 민사소송의 일반원칙에 따라 당사자간에 분배되어야 한다고 하면서도(囲 ① 과세처분의 적법성에 대한 증명책임은 과세관청이 부담(대판 1981. 5. 26, 80누521), ② 과세처분에서 면세, 비과세대상물인 점에 대하여는 원고에게 증명책임이 있음(대판 1986. 10. 14, 85누722 등) 항고소송의 특성도 고려하여야 하는 것으로 본다.

(3) 무효확인소송에서의 입증책임의 분배

판례는 무효원인에 대한 주장·입증책임은 취소소송의 경우와는 달리 원고가 부담한다고 판시하고 있다(대판 1992. 3. 10, 91누6030).

(4) 부작위위법확인소송에서의 입증책임

부작위위법확인소송에서 신청사실 및 신청권의 존재는 소송요건에 해당한다. 따라서, 원고에게 입증책임이 있다.

일정한 처분을 하여야 할 법률상의 의무의 존부 및 상당한 기간의 판단은 법률판단의 문제이므로 입증책임의 대상이 되지 아니한다.

처분이 없는 사실의 존재는 부작위를 주장하는 원고에게 입증책임이 있다.

상당한 기간이 경과하였음에도 신청에 따른 처분을 하지 못한 것을 정당화하는 사유에 대하여는 행정청이 주장·입증책임을 진다.

제5항 행정소송의 판결

I. 판결의 의의

판결이란 구체적인 법률상 쟁송을 해결하기 위하여 법원이 소송절차를 거쳐 내리는 결정을 말한다.

II. 판결의 종류

1. 소송판결과 본안판결

소송판결이란 소송요건(행정처분의 존재, 행정심판의 경유, 제소기간의 준수 등) 또는 상소요건의 흠결이 있는 경우에 소송을 부적법하다 하여 각하하는 판결을 말한다. 소송요건의 결여는 변론종결시를 기준으로 판단한다. 소각하판결은 소송판결이다.

본안판결이란 본안심리의 결과 청구의 전부 또는 일부를 인용하거나 기각하는 종국판결을 말한다. 본안판결은 내용에 따라 인용판결과 기각판결로 나뉜다.

2. 본안판결 : 인용판결과 기각판결

인용판결이란 본안심리의 결과 원고의 주장이 이유 있다고 하여 그 청구의 전부 또는 일부를 인용하는 판결을 말한다. 인용판결은 소의 종류에 따라 이행판결, 확인판결, 형성판결로 나뉜다.

기각판결이란 본안심리의 결과, 원고의 주장이 이유 없다고 하여 그 청구를 배척하는 판결을 말한다.

원고의 청구가 이유 있다고 인정하는 경우에도 그 처분을 취소 또는 변경하는 것이 현저히 공공복리에 적합하지 아니하다고 인정하는 때에는 법원은 원고의 청구를 기각할 수 있는데, 이러한 기각판결을 사정판결이라 한다(図 학칙개정처분의 취소를 구하는 사안에서 그 개정학칙에 근거하여 입학생 모집을 완료함으로써 다수 구성원이 새로운 이해관계를 맺게 된 경우(대판 2009. 1. 30, 2008두19550, 2008두19567(병합)).

Ⅲ. 항고소송에서의 위법판단의 기준시

법원이 본안심리의 결과 처분의 위법 여부를 판단함에 있어서 어느 시점의 법률상태 및 사실상태를 기준으로 하여야 할 것인가 하는 문제가 제기되는데, 이에 관하여 처분시설, 판결시설과 절충설이 대립하고 있다. 판례는 처분시설(처분의 위법 여부의 판단은 처분시의 사실 및 법률상태를 기준으로 하여 행하여야 한다는 견해)을 취하고 있다. 따라서 판례는 처분 이후에 새로이 발생한 사실이나 법령의 개정 등은 처분등의 적법 여부를 가리는 자료로 삼을 수 없다고 한다(대판 1984. 5. 29, 83누692 등). 즉, 행정처분의 위법 여부는 행정처분이 있을 때의 법령과 사실 상태를 기준으로 판단하여야 한다.

이와 같이 행정처분의 위법 여부는 처분시의 법령 및 사실 상태를 기준으로 판단하지만, 처분시의 법령 및 사실 상태에 대한 법령의 적용에 관한 판단자료는 판결시를 기준으로 한다. 즉, 법원은 행정처분 당시 행정청이 알고 있었던 자료뿐만 아니라 사실심 변론종결 당시까지 제출된 모든 자료를 종합하여 처분 당시 존재하였던 객관적 사실을 확정하고 그 사실에 기초하여 처분의 위법 여부를 판단할 수 있다(대판 2019. 7. 25, 2017두55077). 사실관계(안전, 위험, 인과관계 등)의 판단은 판결시의 과학기술 등 증거자료에 의한다. 법령의 해석도 처분시의 법령 해석에 구속되지 않고 언제든 자유롭게 할 수 있다.

부작위위법확인소송은 아무런 처분을 전제로 하지 않고, 인용판결의 효력(동법 제38조 제2항, 제30조 제2항)과의 관계에서 볼 때 현재의 법률관계에 있어서의 처분권 행사의 적부(適否)에 관한 것이라고 할 수 있기 때문에 판결시설이 타당하다는 것이 통설이며 판례의 입장이다(대판 1990. 9. 25, 89누4758).

Ⅳ. 취소소송의 판결의 종류

1. 각하판결

취소소송의 소송요건을 결여한 부적법한 소에 대하여는 본안심리를 거절하는 각하판결을 내린다. 소송요건의 충족 여부는 변론종결시를 기준으로 판단한다.

2. 기각판결

본안심리의 결과 원고의 취소청구가 이유 없다고 판단되는 경우에는 기각 판결을 내린다. 기각판결은 다음과 같은 경우에 내린다. ① 계쟁처분이 위법하지 아니하고 적법하거나 단순한 부당에 그친 경우, ② 사정판결을 할 경우에도 기각판결을 내린다.

3. 인용판결(취소판결)

(1) 의   의

취소소송에서 인용판결이란 취소법원이 본안심리의 결과 원고의 취소청구 또는 변경청구가 이유 있다고 인정하는 경우에는 해당 처분의 전부 또는 일부를 취소하는 판결을 말한다.

(2) 종   류

취소소송에서의 인용판결에는 처분이나 재결에 대한 취소판결, 무효선언을 하는 취소판결이 있다. 또한, 계쟁처분에 대한 전부취소판결과 일부취소판결이 있다.

(3) 적극적 변경의 불허

판례는 취소소송에서는 적극적 변경(예 영업허가취소처분→3개월의 영업정지처분)은 불가능하고, 소극적 변경(예 3개월의 영업정지처분→2개월의 영업정지처분), 즉 일부취소만 가능하다고 본다(대판 1964. 5. 19, 63누177).

(4) 일부취소의 가능성(일부취소의 인정기준)

처분의 일부만이 위법한 경우에 위법한 부분만의 일부취소가 가능한지가 문제된다. 처분의 일부취소의 가능성은 일부취소의 대상이 되는 부분의 분리취소가능성에 따라 결정된다.

일부취소되는 부분이 분리가능하고, 당사자가 제출한 자료만으로 일부취소되는 부분을 명확히 확정할 수 있는 경우에는 일부취소가 가능하지만, 일부취소되는 부분이 분리가능하지 않거나 당사자가 제출한 자료만으로 일부취소되는 부분을 명확히 확정할 수 없는 경우에는 일부취소를 할 수 없다.

4. 사정판결

(1) 의   의

사정판결이란 취소소송에 있어서 본안심리 결과, 원고의 청구가 이유 있다고 인정하는 경우(처분이 위법한 것으로 인정되는 경우)에도 공공복리를 위하여 원고의 청구를 기각하는 판결을 말한다.

(2) 사정판결의 요건

원고의 청구가 이유 있다고 인정되는 경우에도 그 처분이나 재결을 취소·변경하는 것이 현저히 공공복리에 적합하지 아니하다고 인정하는 때에는 법원은 원고의 청구를 기각할 수 있다(동법 제28조 제 1 항 전단).

(3) 사정판결

사정판결을 하는 경우에 법원은 그 판결의 주문에서 그 처분 등이 위법함을 명시하여야 한다.

(4) 원고의 권익구제

원고는 피고인 행정청이 속하는 국가 또는 공공단체를 상대로 손해배상, 제해시설의 설치 그 밖에 적당한 구제방법의 청구를 해당 취소소송 등이 계속된 법원에 병합하여 제기할 수 있다(동법 제28조 제 3 항).

(5) 적용범위

행정소송법상 사정판결은 취소소송에서만 인정되고, 무효등확인소송과 부작위위법확인소송에는 준용되고 있지 않다(동법 제38조).

V. 부작위위법확인소송의 판결의 종류

1. 각하판결

부작위위법확인소송의 소송요건을 결여한 부적법한 소에 대하여는 본안심리를 거절하는 각하판결을 내린다. 부작위 자체가 성립하지 않는 경우(剛 신청권이 없는 경우(이견 있음), 거부처분이 행해졌음에도 부작위로 알고 소송을 제기한 경우) 및 부작위가 성립하였으나 소송계속 중 처분이 내려져 소의 이익이 상실된 경우에는 각하판결을 내린다.

2. 기각판결

본안심리의 결과 원고의 부작위위법확인청구가 이유 없다고 판단되는 경우에는 기각판결을 내린다.

3. 인용판결

본안심리의 결과 원고의 부작위위법확인청구가 이유 있다고 인정하는 경우에는 인용판결(부작위위법확인판결)을 내린다.

부작위가 존재하는 경우 통상 그 부작위는 위법하므로 인용판결을 한다. 판례는 부작위는 그 자체로서 위법하다고 한다(대판 2005. 4. 14, 2003두7590).

Ⅵ. 무효등확인소송의 판결의 종류

1. 각하판결

무효등확인소송이 소송요건을 결여한 경우에는 본안심리를 거절하는 각하판결을 내린다.

2. 기각판결

본안심리의 결과 원고의 무효등확인청구가 이유 없다고 판단되는 경우에는 기각판결을 내린다. 기각판결은 다음과 같은 경우에 내린다. ① 계쟁처분이 적법하거나 위법하지 아니하고 단순한 부당에 그친 경우, ② 계쟁처분이 위법하지만 해당 위법이 중대하거나 명백하지 않은 경우.

다만, 계쟁처분의 위법이 취소사유에 불과하나 해당 무효확인소송이 취소소송의 요건을 충족하고 있는 경우에 무효확인청구에는 취소청구가 포함되어 있다고 보고 취소판결을 하여야 한다는 것이 판례의 입장이다.

3. 인용판결

본안심리의 결과 원고의 무효등확인청구가 이유 있다고 인정하는 경우(무효인 경우)에는 인용판결(무효등확인판결)을 내린다.

Ⅶ. 공법상 당사자소송의 판결의 종류

1. 각하판결

당사자소송이 소송요건을 결여한 경우에는 본안심리를 거절하는 각하판결을 내린다.

2. 기각판결

본안심리의 결과 원고의 청구가 이유 없다고 판단되는 경우에는 기각판결을 내린다.

3. 인용판결

본안심리의 결과 원고의 청구가 이유 있다고 인정하는 경우에는 인용판결을 내리는데, 당사자소송의 소의 종류에 따라 확인판결을 내리기도 하고(⑩ 공무원 지위를 확인하는 판결) 이행판결을 내리기도 한다(⑩ 공법상 금전급부의무의 이행을 명하는 판결).

Ⅷ. 취소판결의 효력

확정된 취소판결의 효력에는 형성력, 기속력 및 기판력이 있다. 형성력과 기속력은 인용판결에 인정되는 효력이고, 기판력은 인용판결뿐만 아니라 기각판결에도 인정되는 효력이다.

1. 형 성 력

(1) 의　　의
형성력이란 계쟁처분 또는 재결의 취소판결이 확정되면 해당 처분은 처분청의 취소를 기다릴 것 없이 당연히 효력을 상실하는 것을 말한다.

(2) 형성력의 내용
1) 형 성 효
형성효란 계쟁처분의 효력을 상실(배제)시키는 효력을 말한다. 사실행위의 경우에는 그 지배력을 배제하는 의미를 갖는다.

2) 소 급 효

취소판결의 취소의 효과는 처분시에 소급하는데, 이를 취소판결의 소급효라 한다.

3) 제 3 자효(대세적 효력, 대세효)

취소판결의 취소의 효력(형성효 및 소급효)은 소송에 관여하지 않은 제 3 자에 대하여도 미치는데 이를 취소의 대세적 효력(대세효)이라 한다.

(3) 취소판결의 형성력의 준용

행정소송법 제29조 제 1 항의 취소판결의 형성력은 집행정지결정 또는 집행정지결정의 취소결정에 준용되고(법 제29조 제 2 항), 무효확인소송에도 준용된다(동법 제38조 제 1 항).

2. 기 속 력

(1) 의   의

기속력이란 행정청에 대하여 판결의 취지에 따라 행동하도록 소송당사자인 행정청과 그 밖의 관계행정청을 구속하는 효력을 말한다. 그리하여 기속력을 구속력이라 부르는 견해도 있다. 행정소송법은 "처분 등을 취소하는 확정판결은 그 사건에 관하여 당사자인 행정청과 그 밖의 관계행정청을 기속한다"(법 제30조 제 1 항)고 규정하고 있다.

기속력은 인용판결이 확정된 경우에 한하여 인정되고 기각판결에는 인정되지 않는다. 따라서 취소소송의 기각판결이 있은 후에도 처분청은 해당 처분을 직권으로 취소할 수 있다.

(2) 내   용

1) 소극적 효력: 반복금지효(저촉금지효)

저촉금지효(반복금지효)란 동일한 행위(처분)의 반복을 금지하고, 판결의 취지에 반하는 행위(달리 말하면 동일한 과오를 반복하는 행위(처분))를 금지하는 효력이다. 판결의 취지란 판결의 주문과 판결이유를 말한다. 취소판결의 취지는 취소된 처분이 위법하다는 것과 취소판결의 이유가 된 위법사유를 말한다.

2) 원상회복의무(위법상태제거의무)

취소판결의 기속력에 원상회복의무(위법상태제거의무)가 포함되는지에 관하여 명문의 규정은 없지만, 판례는 이를 긍정하고 있다. 행정청은 취소판결이 확정되면 취소된 처분으로 초래된 위법상태를 제거하여 원상회복시킬 의무를 진다(예 파면처분이 취소된 경우 행정청은 원고를 복직시켜야 하는 것).

3) 재처분의무

(가) **거부처분취소에 따른 재처분의무**　판결에 따라 취소 또는 변경되는 처분이 당사자의 신청을 거부하는 것을 내용으로 하는 경우에는 그 처분을 행한 행정청은 판결의 취지에 따라 다시 이전의 신청에 대한 가부(可否)의 처분을 하여야 한다(동법 제30조 제 2 항).

재처분의무의 내용은 해당 거부처분의 취소사유에 따라 다르다. ① 거부처분이 형식상 위법(예 무권한, 형식의 하자, 절차의 하자)을 이유로 취소된 경우에는 적법한 절차를 거치는 등 적법한 형식을 갖추어 신청에 따른 가부의 처분을 하여야 한다. 행정청은 실체적 요건을 심사하여 신청된 대로 처분을 할 수도 있고 다시 거부처분을 할 수도 있다. ② 위법판단기준시에 관하여 판례와 같이 처분시설을 취한다면, 거부처분이 실체상 위법을 이유로 취소된 경우에 거부처분 이후의 사유(예 법령의 변경 또는 사실상황의 변경)를 이유로 다시 거부처분을 하는 것은 재처분의무를 이행한 것이다.

(나) **절차상의 위법을 이유로 신청에 따른 인용처분이 취소된 경우의 재처분의무**　절차상의 위법을 이유로 신청에 따른 인용처분(예 건축허가)이 취소된 경우에는 판결의 취지에 따른 적법한 절차를 거쳐 신청에 대한 가부의 처분을 하여야 한다.

(다) **종전 거부처분 이후 법령 등의 변경과 재처분내용의 문제**　재처분은 새로운 처분이므로 재처분시의 법령 및 사실상태를 기초로 하여 행해져야 한다. 따라서 종전의 거부처분 후 법령 및 사실상태에 변경이 있는 경우에 위법판단의 기준시에 관하여 처분시설에 따르면 처분청은 재처분으로 다시 거부처분을 할 수 있다.

다만, 처분청이 취소판결 이후에 재처분을 부당하게 늦추면서 인위적으로 새로운 사유를 만든 경우에는 그 새로운 사유를 들어 다시 거부처분을 하는 것은 신의성실의 원칙에 반하고 재결의 기속력을 무력화시키는 행위이므로 인정될 수 없다.

또한 처분시의 법령(개정 전 법령)의 존속에 대한 국민의 신뢰, 인용판결에 대한 신뢰와 거부처분 후 개정된 법령의 적용에 관한 공익 사이의 이익형량의 결과, 전자가 후자보다 더 보호가치가 있다고 인정되는 경우에는 그러한 국민의 신뢰를 보호하기 위하여 처분 후의 개정 법령을 적용하지 말고 개정 전 법령을 적용하여야 한다.

(라) 거부처분취소에 따른 재처분의무의 실효성 확보: 간접강제   행정소송법은 거부처분취소에 따른 재처분의무의 실효성을 확보하기 위하여 간접강제제도를 두고 있다. 즉, 행정청이 거부처분의 취소판결의 취지에 따라 처분을 하지 아니하는 때에는 1심 수소법원은 당사자의 신청에 따른 결정으로서 상당한 기간을 정하고 행정청이 그 기간 내에 이행하지 아니하는 때에는 그 지연기간에 따라 일정한 배상을 할 것을 명하거나 즉시 손해배상할 것을 명할 수 있다(법 제34조 제1항). 이를 간접강제결정이라고 한다.

간접강제제도는 거부처분취소소송에 인정되고 있다. 그리고 부작위위법확인소송에 준용되고 있으나(동법 제38조 제2항) 무효확인판결에는 준용되고 있지 않은데, 이는 입법의 불비이다.

간접강제결정에서 정한 의무이행기한이 경과한 후에라도 확정판결의 취지에 따른 재처분의 이행이 있으면 특별한 사정이 없는 한 배상금을 추심함으로써 심리적 강제를 꾀할 당초의 목적이 상실되어 처분상대방이 더 이상 배상금을 추심하는 것은 허용되지 않는다(대판 2004. 1. 15, 2002두2444; 2010. 12. 23, 2009다37725).

(3) 범   위

1) 주관적 범위

기속력은 당사자인 행정청과 그 밖의 관계행정청을 기속한다(동법 제30조 제1항).

2) 객관적 범위

기속력은 '판결의 취지'에 따라 행정청을 구속하는 효력인데, 판결의 취지는 처분이 위법이라는 것을 인정하는 판결의 주문과 판결이유 중에 나타난 개개의 위법사유를 포함한다(대판 2001. 3. 23, 99두5238).

3) 시간적 범위

처분의 위법 여부의 판단시점은 처분시이기 때문에 기속력은 처분 당시까지 존재하던 사유에 대하여만 미치고 그 이후에 생긴 사유에는 미치지 아니한다.

(4) 기속력 위반의 효과

기속력에 위반하여 한 행정청의 행위는 당연무효가 된다(대판 1990. 12. 11, 90누 3560).

기속력에 반하는 공권력의 행사 또는 불행사로 손해를 받은 경우 국가배상을 청구할 수 있다.

3. 기 판 력

(1) 의   의

기판력이란 일단 재판이 확정된 때에는 소송당사자는 동일한 소송물에 대하여는 다시 소를 제기할 수 없고 설령 제기되어도 상대방은 기판사항이라는 항변을 할 수 있으며 법원도 일사부재리의 원칙에 따라 확정판결과 내용적으로 모순되는 판단을 하지 못하는 효력을 말한다.

행정소송법은 기판력에 관한 명문의 규정을 두고 있지 않다. 행정소송에서의 판결의 기판력은 행정소송법 제 8 조 제 2 항에 따라 민사소송법상 기판력규정이 준용되어 인정되는 것이다.

기판력은 확정된 종국판결에 인정된다. 인용판결뿐만 아니라 기각판결, 소송판결(각하판결)에도 인정된다.

(2) 범   위

1) 주관적 범위

취소소송의 기판력은 당사자 및 이와 동일시할 수 있는 자에게만 미치며 제 3자에게는 미치지 않는다(예 처분청을 상대로 한 국가공무원해임처분취소소송에서 원고승소판결이 확정되면, 그 판결의 기판력은 해임처분이 효력 없음을 이유로 하여 국가를 상대로 급여지급을 청구하는 소송에도 미침). 소송참가를 한 제 3 자에게도 기판력이 미치지 않는다.

판례는 기판력이 관계 행정청에도 미치는 것으로 보고 있다(대판 1992. 12. 8, 92누6891).

2) 객관적 범위

일반적으로 기판력은 판결의 주문에 포함된 것에 한하여 인정된다(민사소송법 제216조 제 1 항). 전소(前訴)와 후소(後訴)가 각기 다른 처분에 관한 것이어서 소송물을 달리하는 경우에는 전소 확정판결의 기판력은 후소에 미치지 않는다(대판

2009. 1. 15, 2006두14926). 기판력이라 함은 기판력 있는 전소판결의 소송물과 동일한 후소를 허용하지 않는 것임은 물론, 후소의 소송물이 전소의 소송물과 동일하지 않다고 하더라도 전소의 소송물에 관한 판단이 후소의 선결문제가 되거나 모순관계에 있을 때에는 후소에서 전소판결의 판단과 다른 주장을 하는 것을 허용하지 않는 작용을 하는 것이다(대판 2001. 1. 16, 2000다41349).

확정판결의 기판력은 그 변론종결 후에 새로 발생한 사유가 있을 경우에는 효력이 차단되는데, 여기서 말하는 변론종결 후에 발생한 새로운 사유란 법률관계 사실 자체를 말하는 것이지 기존의 법률관계에 대한 새로운 증거자료를 의미하는 것이 아니다(대판 2001. 1. 16, 2000다41349).

취소소송의 소송물을 위법성 일반이라고 본다면 취소소송의 기판력은 ① 인용판결의 경우에는 해당 처분이 위법하다는 점에 미친다. ② 기각판결의 경우에는 해당 처분이 적법하다는 점에 미친다. 기각판결이 난 경우에는 원고는 다른 위법사유를 들어 해당 처분의 효력을 다툴 수 없다. ③ 다만, 사정판결의 경우에는 해당 처분이 위법하다는 점에 기판력이 미친다.

무효확인소송의 기판력은 ① 인용판결의 경우에는 해당 처분이 위법하다는 점과 해당 처분이 무효라는 점에 대하여 미치고, ② 기각판결의 경우에는 해당 처분이 무효가 아니라는 점에 미친다.

소송판결(각하판결)의 기판력은 그 판결에서 확정한 소송요건의 흠결에 관하여 미친다.

3) 시간적 범위

기판력은 사실심 변론의 종결시를 기준으로 하여 발생한다. 처분청은 해당 사건의 사실심 변론종결 이전에 주장할 수 있었던 사유를 내세워 확정판결과 저촉되는 처분을 할 수 없고 하여도 무효이다.

IX. 무효등확인판결의 효력

무효등확인판결에는 취소판결의 제 3 자효와 기속력에 관한 규정(행정소송법 제29조, 제30조)이 준용된다(동법 제38조 제 1 항).

X. 부작위위법확인판결의 효력

부작위위법확인판결에는 취소판결의 제 3 자효와 기속력에 관한 규정(동법 제29조, 제30조) 및 거부처분취소판결의 간접강제에 관한 규정(동법 제34조)이 준용된다(동법 제38조 제 2 항).

부작위위법확인판결의 기속력은 행정청의 판결의 취지에 따른 재처분의무이다. 부작위위법확인판결의 기속력으로서의 재처분의무는 행정청의 응답의무라고 보는 것이 다수견해이며 판례의 입장이다. 따라서 부작위위법확인판결이 난 경우에도 행정청은 거부처분을 할 수 있다.

XI. 기각판결의 효력

기각판결에는 대세효가 인정되지 않고 당사자 사이에 상대적인 기판력만이 발생한다. 그리고 처분이 위법하지 않아 기각판결이 난 경우에는 처분이 적법하다는 것에 기판력이 발생한다는 것이 통설 및 판례의 입장이다.

사정판결의 경우에는 처분의 위법에 대하여 기판력이 발생한다.

제 4 절 행정구제수단으로서의 헌법소송

헌법소송에는 위헌법률심판, 헌법소원, 탄핵심판, 정당해산심판, 권한쟁의심판이 있는데, 행정구제수단으로서 중요한 것은 헌법소원 및 권한쟁의심판이다.

I. 헌법소원

헌법소원이란 공권력으로 말미암아 국민의 기본권이 침해된 경우에 헌법재판소에 제기하는 기본권 구제수단을 말한다.

권리구제형 헌법소원에서는 공권력의 행사 또는 불행사가 다투어지는데,

여기에서의 공권력에는 행정권도 포함된다.

권리구제형 헌법소원의 요건은 다음과 같다. ① 공권력의 행사 또는 불행사로 자신의 기본권이 침해된 자가 제기할 것. 따라서 기본권의 주체만이 헌법소원을 제기할 수 있다. ② 공권력작용에 의해 자신의 기본권이 현재 그리고 직접 침해를 당했어야 한다. 즉 자기관련성, 현재성 및 직접성이 있어야 한다. ③ 헌법소원은 다른 법률에 구제절차가 있는 경우에는 그 절차를 모두 거친 후에 심판청구를 하여야 한다(헌법재판소법 제68조 제1항 단서). 이를 헌법소원의 보충성 내지 보충성의 원칙이라 한다. ④ 헌법소원심판은 법이 정한 청구기간내에 제기하여야 한다(헌법재판소법 제69조). ⑤ 권리보호이익 내지 심판의 이익이 있어야 한다.

'다른 법률의 구제절차'란 공권력의 행사 또는 불행사를 직접 대상으로 하여 그 효력을 다툴 수 있는 권리구제절차(예 항고소송)를 의미하고, 사후적·보충적 구제수단(예 손해배상청구, 손실보상청구)을 뜻하는 것은 아니다(헌재 1989. 4. 17, 88헌마3). 따라서 항고소송이 가능한 경우에는 원칙상 헌법소원이 인정되지 않는다(헌재 2009. 2. 26, 2008헌마370).

Ⅱ. 권한쟁의심판

권한쟁의심판이란 국가기관 상호간, 국가기관과 지방자치단체간 및 지방자치단체 상호간에 권한의 존부(存否) 또는 범위에 관하여 다툼이 있을 때 해당 국가기관 또는 지방자치단체가 헌법재판소에 제기하는 권한쟁의에 관한 심판을 말한다(헌법재판소법 제2조 제4호, 제61조 제1항).

제 5 절   대체적 분쟁해결수단

대체적 분쟁해결수단(ADR: Alternative Dispute Resolution)이란 재판에 따르지 않는 분쟁해결수단을 말한다. 분쟁조정제도라고도 한다.

알선, 조정, 재정 등이 있다. 알선이란 알선위원이 분쟁당사자의 의견을 듣고 사건이 공정하게 해결되도록 주선하여 분쟁당사자간의 화해(협의)를 유도함으로써 분쟁을 해결하는 절차를 말한다. 조정이란 조정기관이 분쟁당사자의 의견을 들어 직권으로 분쟁해결을 위한 타협방안(조정안)을 마련하여 분쟁당사자에게 수락을 권고하고, 분쟁당사자들이 이를 받아들임으로써 분쟁을 해결하는 방식이다. 중재란 당사자의 합의에 의해 선출된 중재인의 중재판정에 의해 분쟁을 해결하는 절차를 말한다. 중재판정은 확정판결과 같은 효력을 갖는다. 재정(裁定)이란 재정기관이 준사법적 절차에 따라 일방적으로 분쟁해결을 위한 결정을 내리는 것을 말한다.

재판상 화해는 재판상 강제력이 있는데, 재판외 화해는 민법상 계약의 구속력이 있지만, 재판상 강제력이 없다.

찾아보기

공저자약력

박균성

서울대학교 법과대학 졸업, 서울대학교 법과대학 법학석사
프랑스 액스-마르세이유대학 법학박사
프랑스 액스-마르세이유대학 초청교수(Professeur invité)
단국대학교 법학대학 교수, 서울대학교·사법연수원 강사
한국공법학회 학술장려상 수상(1996. 6), 2018년 법의 날 황조근정훈장 수훈
세계인명사전 마르퀴즈 후즈후 등재(2007. 11), 법제처 자체평가위원장
한국법학교수회 회장, 사법행정자문회의 위원
국무총리 행정심판위원회 위원, 중앙행정심판위원회 위원
법원행정처 행정소송법개정위원회 위원, 헌법재판소법 개정위원회 자문위원
한국법제연구원 자문위원, 법제처 행정심판법개정심의위원회 위원
법제처 법령해석심의위원회 위원, 감사원 정책자문위원, 중앙토지수용위원회 위원
민주화운동관련자 명예회복 및 보상심의위원회 위원(대법원장 추천)
사학분쟁조정위원회 위원(대법원장 추천), 법무부 정책위원회 위원
한국공법학회 회장, 한국인터넷법학회 회장, 한국행정판례연구회 연구이사
한국토지보상법연구회 회장, 한국토지공법학회 부회장, 입법이론실무학회 회장
사법시험, 행정고시, 입법고시, 변호사시험, 승진시험, 외무고시, 변리사, 기술고시,
　　감정평가사, 관세사, 세무사, 서울시·경기도 등 공무원시험 등 시험위원
현재 경희대학교 법학전문대학원 고황명예교수
　　　한국공법학회 고문, 한국행정법학회 법정이사, 법제처 자체평가위원장

[주요저서]
행정법강의(제21판), 박영사, 2024
행정법 기본강의(제16판), 박영사, 2024
행정법론(상)(제23판), 박영사, 2024
행정법론(하)(제22판), 박영사, 2024
박균성 교수의 경세치국론, 박영북스, 2012
정책, 규제와 입법, 박영사, 2022
행정법연습(제5판), 삼조사, 2015
행정법입문(제10판), 박영사, 2023
환경법(제11판, 공저), 박영사, 2023
경찰행정법(제7판, 공저), 박영사, 2024
경찰행정법입문(제8판, 공저), 박영사, 2024

김재광

경희대학교 및 동 대학원 졸업(법학박사 — 행정법전공)
서울대학교 행정대학원 정보통신방송정책과정 수료
서울대학교 법학연구소 객원연구원 역임
경희대학교 법과대학·법과대학원/숙명여대 법과대학 강사 역임
국무총리 소속 한국법제연구원 연구위원 역임
행정고시, 경찰공무원시험 등 국가시험 위원 역임
경찰청 새경찰추진자문위원회 위원 역임
경찰의 날 기념 행정자치부장관 감사장 수상(2006)
경찰의 날 기념 경찰청장 감사장 수상(2003, 2005, 2008)
경찰청장 감사패 수상(2016), 경찰청장 감사장 수상(2017)
교육과학기술부장관 표창장 수상(2012), 법제처장 표창장 수상(2019)
경찰청 성과평가위원회 위원, 행정안전부 자문위원(전자정부, 개인정보보호, 자치행정), 법무부 범죄피해자보호위
　　원회 위원, 국민권익위원회 규제개선위원회 위원, 식품의약품안전처 식품위생심의위원회 위원, 국무총리 소속
　　포항지진진상조사위원회 자문위원, 법제처 행정법제 혁신 자문위원회 위원, 충남경찰청 경찰개혁자문위원장,
　　충청남도행정심판위원회 위원, 한국법제연구원 연구자문위원, 국민권익위원회 소속 중앙행정심판위원회 비상
　　임위원, 한국법학교수회 부회장(사무총장 역임) 등 역임
한국사이버안보법정책학회 회장, 입법이론실무학회 회장, 한국공법학회 부회장, 한국토지공법학회 부회장, 한국
　　행정법학회 부회장 등 역임
현재 선문대학교 인문사회대학장 및 법·경찰학과 교수, 국토교통부 소속 중앙토지수용위원회 비상임위원, 국민
　　권익위원회 공공재정환수법 해석자문위원, 충남교육청행정심판위원회 위원, 충청남도의회 입법평가위원회
　　위원, 아산시 지방세심의위원회 위원, 국립경찰대학교 발전자문협의회 위원, 경찰수사연수원 발전자문위원
　　회 위원, 서울시 시민감사옴부즈만 위원회 법률자문단 자문위원, 한국사이버안보법정책학회 고문, 입법이
　　론실무학회 고문, 한국공법학회 회장(제43대 회장)

[주요저서]
경찰법각론, 한국법제연구원, 2007
경찰관직무집행법, 학림, 2012
관광법규론(제 2 판, 공저), 학림, 2013
정보법판례백선(Ⅱ)(공저), 박영사, 2016
민간경비업법(공저), 박영사, 2022
행정법담론(중판), 박영사, 2019
경찰행정법(제 7 판, 공저), 박영사, 2024
도로교통법 전문개정방안연구, 2002
민간경비 관련법제의 개선방안 연구, 2004
경범죄처벌법 전문개정방안연구, 2006
교통안전법·제도 개선방안 연구, 2009

전자정부법, 한국법제연구원, 2010
사회갈등시설법론(제 3 판), 한국학술정보, 2013
국책사업갈등관리법론, 박영사, 2013
광고판례백선(공저), 정독, 2019
법학산책(제 3 판), 박영사, 2023
사이버안보와 법(공저), 박영사, 2021
경찰행정법입문(제 8 판, 공저), 박영사, 2024
경찰관직무집행법의 개선방안 연구, 2003
도로교통법 시행령·시행규칙 전문개정방안연구, 2005
총포·도검·화약류등 단속법 전문개정방안연구, 2007
경범죄처벌법 하위법령 개정방안 연구, 2012 등 다수

제 8 판

경찰행정법입문

초판발행	2014년 6월 10일
제 8 판발행	2024년 2월 25일
지은이	박균성 · 김재광
펴낸이	안종만 · 안상준
편 집	이승현
기획/마케팅	정연환
표지디자인	권아린
제 작	고철민 · 조영환

펴낸곳   (주) 박영사
서울특별시 금천구 가산디지털2로 53, 210호(가산동, 한라시그마
등록 1959. 3. 11. 제300-1959-1호(倫)

전 화	02)733-6771
f a x	02)736-4818
e-mail	pys@pybook.co.kr
homepage	www.pybook.co.kr
ISBN	979-11-303-4704-2 93360

정 가   30,000원